D1699780

Christian Hartmann
Hans-Joachim Minow
Gunar Senf

Sport verstehen –

Sport erleben

Bewegungs- und trainingswissenschaftliche
Grundlagen

Mit 139 Abbildungen und 52 Tabellen

lehmanns
media

Bibliografische Information der Deutschen Nationalbibliothek
Die Deutsche Nationalbibliothek verzeichnet diese Publikation in der Deutschen Nationalbibliografie; detaillierte bibliografische Angaben sind im Internet unter http://dnb.ddb.de abrufbar.

Bildnachweis
Christine Dähnert, Universität Leipzig: S. 125, 126, 249, 252, 253, 261, 341, 345; Elsevier – Verlag Urban & Fischer: S. 72, 92, 93 unten, 165 unten, 219, 221, 226, 227, 228, 334; W.-D. Kaeubler, Universität Leipzig: 308, 309, 310; Thomas Kleinfeldt: S. 254; C. Götjes: S. 250; Alexander Lorenz, Andreas Matthes: Cover; Alexander Lorenz: S. 278; Dr. Hans-Joachim Minow, Universität Leipzig: S. 78, 157, 161, 192, 193, 195, 214, 248; Dr. Gunar Senf, Universität Leipzig: S. 137, 291; Springer Verlag Heidelberg: S. 163; Marion Wenzel, Universität Leipzig: 336, 337; www.sbc-leipzig.com: S. 121; Roger Vogel: S. 251.
Alle anderen Abbildungen Universität Leipzig.

© Lehmanns Media, Berlin 2010
Hardenbergstraße 5
10623 Berlin
Umschlagfoto: Alexander Lorenz, Andreas Matthes, Leipzig
Layout: Clara Eichler
Druck und Bindung: Mercedes-Druck, Berlin

ISBN 978-3-86541-392-5   www.lehmanns.de

Inhaltsverzeichnis

Inhaltsverzeichnis

Vorwort

In den Jahren 1997 und 1999 erschienen erstmals die beiden Teile des interdisziplinären Studienmaterials für den Leistungskurs Sport an den Gymnasien im Freistaat Sachsen „**Sport verstehen – Sport erleben**".

Nach mehr als zehn Jahren erfolgreichem Einsatz war die Zeit reif, dieses Material grundlegend zu überarbeiten.

Herausgekommen ist ein kompaktes Lehrmaterial über die wesentlichen Lehrinhalte der Fachgebiete *Sportmotorik/Bewegungslehre* und *Allgemeine Trainingswissenschaft/Trainingslehre* insbesondere für Schüler der Sekundarstufe II und deren Lehrer, aber auch für Sport- und Lehramtstudierende, Trainer und Übungsleiter. Diese Synthese und die Betonung des Gemeinsamen stellt eine Besonderheit des Buches dar.

Die ersten Kapitel beinhalten *allgemeine und übergreifende Themenfelder* wie

- gesellschaftliche Aspekte sowie
- zentrale Kategorien des Sports

und im weiteren Verlauf dann *bewegungs- und trainingswissenschaftliche Grundlagen* wie

- motorische Ontogenese,
- Kognition und Motorik,
- Prozesse der Leistungsentwicklung,
- Belastungs-Beanspruchungs-Konzept,
- biomechanische Prinzipien,
- Eignungsdiagnostik und Talentauswahl,
- Kontrollmethode sportmotorischer Test,
- Trainingsmethoden und
- der Langfristige Leistungsaufbau,

die aus *sportmotorischer, -biomechanischer, -psychologischer, -soziologischer, physiologischer* und vor allem *trainingswissenschaftlicher Sicht* abgehandelt werden.

Die weiteren Kapitel beschäftigen sich mit den *Grundlagen* der **motorischen Fähigkeiten** wie Kraft, Ausdauer, Schnelligkeit, Beweglichkeit und Koordination und den **sporttechnischen Fertigkeiten** sowie deren *Ausbildung* und *Kontrolle* im Trainingsprozess.

Der Anspruch dieses Buches besteht weiterhin darin, Wissen und Kenntnisse, die in allen Sportarten und Disziplinen und daher auch für die selbst ausgeübte Sportart und somit das eigene Üben und Trainieren Gültigkeit haben, zu vermitteln.

Die Schwierigkeit bei der Erarbeitung eines Buches für die Gymnasiale Oberstufe besteht in der notwendigen Balance zwischen Wissenschaftlichkeit und Allgemeinverständlichkeit. Einerseits soll der Stoff aus anderen Unterrichtsfächern nicht nochmals behandelt werden, sondern aufbauend spezifische Sachverhalte des Sports ergänzend und vertiefend in den Mittelpunkt gestellt werden. Andererseits soll der „Leistungskurs Sport" das sportwissenschaftliche Studium an einer Universität nicht vorwegnehmen. Die Besonderheit der Wissensvermittlung in der Gymnasialen Oberstufe besteht gerade darin, trotz der individuell wählbaren Grund- und Leistungskurse die allgemeine Studierfähigkeit zu sichern. Dieser Anspruch besteht für das Fach Sport mit seiner Teilung in sportpraktische und -theoretische Anteile in besonderem Maße. Er kann nur eingelöst werden, wenn eine enge Verzahnung beider Bereiche angestrebt wird.

Ziel des Buches ist aus diesen Gründen, durch die Vermittlung von Wissen und Kenntnissen Verständnis für die dem Sporttreiben zugrundeliegenden theoretischen Probleme zu wecken und die Hintergründe der von Trainern, Sportlern, Journalisten u. a. oft umgangssprachlich formulierten Sachverhalte aufzudecken, also zu fragen, was das „Gemeinte des Gesagten" ist.

Das vorliegende Buch steht in der Tradition der „Leipziger Sportwissenschaftlichen Schule", ohne darüber andere Ansätze zu vernachlässigen oder zu negieren. Entsprechend der Zielgruppe und dem Verwendungszweck des Buches wurden gesicherte Erkenntnisse in den Mittelpunkt gestellt und versucht, all das zu thematisieren, was dem Leser hilft, „Sport zu verstehen" und aus diesem Verständnis das eigene Handeln im Sport aktiv beeinflussen zu können. Das betrifft sowohl das aktive individuelle Sporttreiben als auch den übergreifenden Umgang mit den Erscheinungsformen des Sports in der Gesellschaft.

Die Herausgeber und Autoren bedanken sich bei Lehrern des Leistungskurses Sport in Sachsen für die eingereichten Überarbeitungshinweise und konstruktiven Diskussionsrunden, bei den Fotografen, die uns ihre Fotos zur Verfügung stellten, bei Herrn PD Dr. Rolf Frester für Textpräzisierungen, die in das Kapitel 2.2 eingeflossen sind, und besonders bei Herrn Marcel Reinhardt, der bei der Endredaktion, Fotoauswahl bzw. -erstellung und der Formatierung des Manuskripts hilfreich zur Seite stand.

Aus Platzgründen und zur Vereinfachung wird im Text generell die *maskuline Bezeichnung* verwendet; alle getroffenen Aussagen sind – wenn nicht ausdrücklich anders vermerkt – ebenfalls für das *weibliche Geschlecht* relevant.

Wir wünschen allen Lesern des Buches viel Freude bei der Benutzung und den erhofften Wissenszuwachs. Für Hinweise oder Präzisierungen und Anregungen sind die Autoren jederzeit offen und dankbar.

Leipzig, im Februar 2010

1. Soziale Aspekte des Sports

1.1 Sport und Gesellschaft

1.1.1 Sport und Sportwissenschaft

SPORT– ein ebenso selbstverständlicher wie faszinierender Begriff, der mit einer Vielzahl von Zuschreibungen und Deutungen bedacht wurde.

Vielen ist Sport die schönste Nebensache der Welt. In pathetischer Überhöhung heißt es in Coubertins Ode an den Sport „O Sport, du Göttergabe, du Lebenselexier", weiter besingt er ihn u. a. als „die Schönheit, die Fruchtbarkeit, die Ehre". Der Volksmund rät je nach Situation „Treib Sport und (oder) Du bleibst gesund" und befindet sich mit der zweiten Deutung in der Gesellschaft von Bertolt Brecht, für den der große Sport erst da begann, wo er aufgehört hatte, gesund zu sein.

Ungeachtet kontroverser Deutungen: die Faszination des Sports scheint noch immer zu wachsen. Die Mitgliederzahlen in bundesdeutschen Sportvereinen stiegen von 3,2 Millionen im Jahr 1950 über 10 Millionen 1970 auf 23 Millionen im Jahr 1990 an, gegenwärtig stellt der Deutsche Olympische Sportbund (DOSB) mit 27,5 Millionen Mitgliedschaften die größte Freiwilligenorganisation in diesem Land dar. Große Teile der Bevölkerung in der Bundesrepublik Deutschland geben in Befragungen zum Freizeitverhalten an, sich zumindest gelegentlich sportlich zu betätigen, viele tun dies regelmäßig, ein nicht geringer Teil davon sogar mehrmals pro Woche. Betrachtet man, wofür die Deutschen ihr Geld ausgeben, zeigt sich, dass die Sport- und Fitnessbranche selbst in Krisenzeiten noch deutliche Zuwächse registriert. Die Umsätze für Sportbekleidung und Sportgeräte steigen jährlich, immer neue Fitnessstudios und Freizeitsportanlagen finden ihre Nutzer.

Aber auch diejenigen, die nicht selbst sportlich aktiv werden, interessieren sich vielfach für Sport, gehen als Zuschauer zu Sportveranstaltungen oder verfolgen die Berichterstattung über Sportereignisse in den Medien. So pilgern Wochenende für Wochenende Hunderttausende in die Fußballstadien, ungezählte Begeisterte säumen die Streckenränder von Tour de France und Formel I. Der Sportteil in den Zeitungen gehört zu den bevorzugt gelesenen, und auch im Fernsehen findet die zehnte Übertragung eines Biathlon-Weltcups ebenso ihr Publikum wie die hundertste Fußballreportage. In der Konsequenz hat dies dazu geführt, dass die Massenmedien sich des Themas Sport immer umfangreicher annehmen: die Vielfalt der Sportzeitschriften ist kaum noch überschaubar, fortlaufend neue Sportsendungen und sogar eigene Sportkanäle werben um ihre Konsumenten. Immer mehr Nutzer rufen das Sportgeschehen, aktuell oder archiviert, auch im Internet ab.

Die steigende Popularität des Sports könnte man auch damit belegen, dass sich mittlerweile Bewerberstädte von allen Kontinenten um die Austragung der Olympischen Spiele bemühen. Gleichgültig, ob man dies als Indiz der mittlerweile globusumspannenden Begeisterung für diese besondere Form des Leistungsvergleiches betrachtet oder als zunehmendes Bestreben sieht, ein gigantisches Geschäft abzuschließen – als sicher kann gelten, dass auch bei künftigen Olympischen Spielen weltweit Milliarden Menschen vor den Bildschirmen sitzen werden.

Ein Phänomen, das derart viele und, betrachten wir Alter, sozialen Status, Geschlecht oder Nationalität, offenbar auch gänzlich unterschiedliche Menschen in seinen Bann zu ziehen vermag, verdient es, genauer betrachtet zu werden.

Worin liegt sie also, die Faszination des Sports? Seit wann, wie und warum überhaupt treiben Menschen Sport oder lassen sich von sportlichen Spitzenleistungen beeindrucken?

Jeder, der sich mit Sport beschäftigt, hat solche und viele andere Fragen nach Ursachen und Zusammenhängen sportlichen Handelns sicher schon geäußert. Erste Antworten lassen sich bereits aus eigenen Erfahrungen, aus dem Alltagswissen ableiten.

Gültige Antworten auf eine Vielzahl den Sport betreffender Fragen zu finden, ist vor allem aber Aufgabe der Wissenschaft, insbesondere der Sportwissenschaft, die aus verschiedenen Perspektiven versucht, der „Sache Sport" auf den Grund zu gehen.

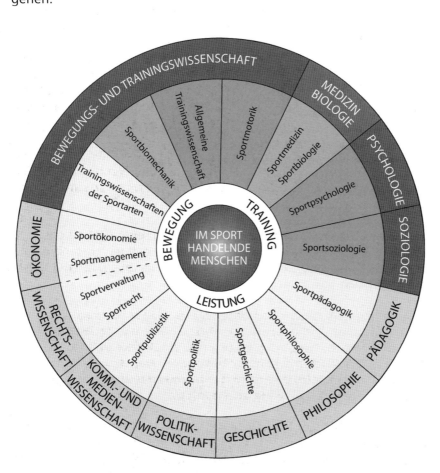

Abb. 1.1-1: Strukturmodell Sportwissenschaft

Jede der sportwissenschaftlichen Disziplinen liefert aus ihrem Blickwinkel unter Berücksichtigung vorliegender Erkenntnisse und allgemeiner Theorien Beiträge zur Erklärung des Phänomens Sport, die in die Praxis der Sportausübung eingehen sollen.

Das wechselseitige Verhältnis von Sport und Gesellschaft sowie die sozialen Strukturen und Prozesse innerhalb des Sports kritisch zu betrachten, zu analysieren und zu erklären, ist dabei vor allem Anliegen der Sportsoziologie. Sie ist einerseits Theoriefeld der Sportwissenschaft und andererseits spezielle und angewandte Soziologie, die mit den Methoden der empirischen Sozialforschung systematisch das Handlungsfeld Sport untersucht.

1.1.2 Begriff „Sport" – Erscheinungsformen des Sports

Die Schwierigkeiten der Wissenschaftler beginnen bereits mit dem Versuch festzulegen, was SPORT denn überhaupt ist. Die Vielfalt der heute als Sport bezeichneten Phänomene ist kaum zu überschauen.

Spitzensport, Schulsport, Behindertensport, Gesundheitssport, Fitnesssport, Funsport, Risikosport, Seniorensport, Nachwuchsleistungssport – die Kette ließe sich leicht fortsetzen und deutet an, wie kompliziert es wird, wenn man versucht, den Begriff zu definieren.

Was ist all diesen Erscheinungen gemeinsam, so dass der Begriff Sport zu rechtfertigen wäre, wie kann man aber auch ihre Unterschiedlichkeit erklären?

Noch schwieriger wird es, wenn man anerkennt, dass auch scheinbar gleiche Tätigkeiten einerseits Sport sein können, andererseits aber wieder nicht als Sport gelten. Sprintet zum Beispiel ein Schüler auf dem Sportplatz 100 m, so wird es keinen Zweifel geben: er treibt Sport. Läuft er aber im Sprinttempo morgens 100 m zur Haltestelle, um die abfahrbereite Straßenbahn noch zu erreichen, so wird dies kaum als Sport betrachtet werden. Schwerer fällt das Urteil, wenn unser Schüler verkündet, dass er stets mit Absicht so spät das Haus verlässt, um sich im Wettlauf mit der Straßenbahn zu messen.

Was ist SPORT?

In sportwissenschaftlichen Publikationen finden wir zahlreiche Definitionsversuche, mitunter begegnet uns sogar Kapitulation vor der Vielfalt der Erscheinungen. Gemeinsam sind vielen Begriffsbestimmungen folgende Merkmale, um das Wesen des Sports zu kennzeichnen:

> **Sport ist eine spezielle Form des Umgangs mit dem Körper, eine besondere Ausprägungsform menschlichen Bewegungsverhaltens. Entscheidend ist die ihm zugewiesene Bedeutung, d. h. Sport muss ausdrücklich als solcher betrieben werden.**
> **Sport ist soziales Handeln, das nach bestimmten Regeln erfolgt. Er ist darauf orientiert, Leistung zu erzielen.**

Sport ist also eine spezifisch organisierte Form des Verfügens über den **Körper**. Der Umgang mit dem Körper, seine Wahrnehmung und Kontrolle, das Körperethos ist gesellschaftlich bestimmt. Das Verhältnis zu ihm wird von kultur-, schichten-, geschlechts- und auch altersspezifischen Werten und Normen beeinflusst.

Bewegung ist eine grundlegende Verhaltensweise des Menschen, mit entscheidender Bedeutung für sein Alltags-, Arbeits- und Freizeitverhalten. Im Sport erhalten (körperliche) Bewegungen eine spezifische Bedeutung zugewiesen.

Handeln ist (nach Max WEBER, 1920) ein menschliches Verhalten, mit dem der Handelnde einen subjektiven Sinn verbindet. **Soziales Handeln** ist es dann, wenn es in dem gemeinten Sinn auf das (vergangene, gegenwärtige, künftige) Verhalten anderer Menschen (konkreter oder abstrakter Anderer) bezogen ist und daran in seinem Ablauf orientiert ist. Der Begriff „sozial" wird in der Soziologie also völlig wertfrei verwendet, hier besteht ein Unterschied zum Alltagssprachgebrauch, in dem mit „sozial" meist positiv bewertetes Handeln im Sinne von gut oder gerecht bezeichnet wird.

Sport ist ein spezifischer sozialer Handlungsbereich mit eigenen Werten, Normen und Rollen.

Leistung ist ein integraler Bestandteil von Handlungsvollzügen im Sport auf allen Ebenen. Der Begriff der Leistung wird damit zu einer zentralen Größe, die aus der Sicht der verschiedenen sportwissenschaftlichen Disziplinen erörtert wird. In der Biomechanik wird sie z. B. als physikalische Größe gesehen, die das Maß für die mechanische Arbeit angibt, die in einer bestimmten Zeit erbracht wird. Die Sportphilosophie betrachtet das Streben nach Leistung als im Wesen des Menschen angelegt; uneingeschränkte Leistungsorientierung im Spitzensport, die jeglichen Mitteleinsatz zu rechtfertigen scheint, erfährt durch die Sportethik teilweise scharfe Kritik.

Aus der Perspektive der Sportsoziologie wird die soziale Dimension von Leistung im Sport diskutiert. Die sportliche Leistung wird in Abhängigkeit von den jeweiligen soziokulturellen Bedingungen und Normen gesehen.

Leistung konstituiert sich durch die Bewertung von sportlichen Handlungen. Leistungsbewertung geschieht durch Vergleich. Was im Sport als „Leistung" bewertet wird, kann in unterschiedlichen Handlungssituationen und -zusammenhängen sehr verschieden sein. Für die Bewertung können unterschiedliche Bezugsrahmen herangezogen werden:

Die Leistungsbewertung kann **sachlich-technisch** orientiert sein, das geschieht beispielsweise in der Einschätzung, dass ich etwas gut gemacht habe, dass es mir z. B. gelungen ist, mit dem Snowboard die Piste sturzfrei zu bewältigen.

Die Beurteilung kann auf eine individuelle Norm bezogen sein. Die Bewältigung der sportlichen Anforderung wird **personenbezogen** beurteilt, etwa wenn ich einschätze, dass ich heute weniger Fehlpässe hatte als beim letzten Spiel oder bei der diesjährigen Meisterschaft weiter gesprungen bin als im letzten Jahr.

Der Vergleich kann unmittelbar mit anderen erfolgen. Hier tritt das **Konkurrenzprinzip** besonders hervor, nämlich wenn eingeschätzt wird, dass ich genauso schnell war wie mein Rivale oder meine Mannschaft mehr Punkte bzw. Tore erzielt hat als das gegnerische Team.

Die Leistungsbewertung kann auf eine **soziale Norm** orientiert sein. Das könnte die Punkttabelle des Sportlehrers, aber auch die Qualifikationsnorm für die Teilnahme an den Deutschen Meisterschaften sein. Solche allgemeinen Gütekriterien berücksichtigen unterschiedliche individuelle Voraussetzungen kaum, ansatzweise geschieht das jedoch durch die Einführung von Alters- oder Gewichtsklassen.

Leistung im Sport ist also das Erzielen eines neuen Weltrekordes im Stabhochsprung (absolute Leistung) ebenso wie das Überwinden des „inneren Schweinehundes" durch allmorgendliches Joggen (relative Leistung). Leistung ist damit nicht nur das Resultat sportlicher Handlungen, auch der Handlungsvollzug selbst, der Prozess, wird als Leistung verstanden (vgl. Kap. 2).

Diese Wesensmerkmale sind allen Ausprägungsformen des Sports gemeinsam. Die Komplexität und Vielfalt seiner Erscheinungsformen wird durch strukturprägende Merkmale erklärbar, die auf folgenden Ebenen erfasst werden können:

Personale Ebene – Wer treibt Sport?
Das Spektrum der Sportaktiven wird immer größer, Kinder und Jugendliche, Erwachsene bis in das hohe Lebensalter, Frauen und Männer treiben in spezifischer Art und Weise Sport. Zu berücksichtigen ist auch, ob der Sport allein, mit einem Partner oder in der Gruppe ausgeübt wird.

Zeitliche Ebene – Wann wird Sport getrieben?
Meist wird der Sport in der Freizeit betrieben, besonders häufig auch am Wochenende oder im Urlaub. Aber auch Sport in der Arbeitszeit gibt es, wobei da nicht vordergründig an Pausengymnastik, sondern eher an den Berufssport zu denken wäre.

Organisatorische Ebene – Wo bzw. mit wem wird der Sport ausgeübt?
Einerseits findet der Sport in Institutionen und Organisationen statt, z. B. im Rahmen von Schulen, Sportvereinen, Betrieben, sogar im Strafvollzug. Auch Krankenkassen oder Volkshochschule bieten Sportkurse an. Andererseits wird Sport zunehmend in nicht institutionalisierter Form allein, mit der Familie oder in lockeren Gruppen, bezeichnet auch als informelles Sporttreiben, ausgeübt.

Zielebene – Warum wird Sport getrieben?
Stehen Spaß und gemeinsame Erlebnisse im Vordergrund, werden Risiko und Abenteuer gesucht, geht es um internationale Spitzenleistungen oder die körperliche Rehabilitation?

Die zunehmende Differenziertheit des Sports findet je nach Ausprägungsgrad der einzelnen Merkmale Ausdruck in verschiedenen **Sportmodellen**. Neben dem wettkampfbezogenen Sportmodell, das dem traditionellen Sportverständnis vom regelgeleiteten Leistungsvergleich entspricht, etabliert sich in jüngerer Zeit zunehmend ein expressives Sportmodell, bei dem Körpererleben und Selbsterfahrung dominieren. Daneben finden wir ein funktionalistisches Modell, in dem Sport als Mittel zum Erreichen eines bestimmten Zweckes wie z. B. Gesundheit oder Fitness dient. Das kommerzielle Sportmodell repräsentiert Formen des Sports, die in starkem Maße von wirtschaftlichen Prinzipien und Medieninteressen geprägt sind.

1.1.3 Gesellschaftlicher Wandel und Sport

Will man die Veränderungen des Sports in der Gesellschaft besser verstehen, erscheint es sinnvoll, zunächst generelle Wandlungen im Umgang mit dem Körper zu charakterisieren. Die Betrachtung der Menschheitsgeschichte zeigt, wie sehr in vorindustriellen Gesellschaften der Einsatz des Körpers in den verschiedensten Lebensbereichen gefordert wurde – robuste Körperlichkeit, Kraft, Ausdauer, Gewandtheit waren unerlässlich in der Auseinandersetzung mit der Natur und zur Sicherung des Lebensunterhalts. Im Prozess der Industrialisierung wurde körperliche Aktivität zunehmend verdrängt und verzichtbar gemacht. Der Einsatz von Maschinen, die Entwicklung von Technologien und die Erschließung neuer Energiequellen reduzierten die Anforderungen an die menschliche Physis. Gravierende Wandlungen für die zeitliche und räumliche Struktur der Gesellschaft wurden mit der Erfindung von Eisenbahn und Automobil eingeleitet, zugleich wurde die elementarste Art menschlicher Fortbewegung, das Gehen, zurückgedrängt.

In der Literatur finden wir in diesem Zusammenhang Begriffe wie Körperabwertung, Körperdistanzierung oder auch Entkörperlichung. Sie beziehen sich darauf, dass das Funktionieren sozialer Systeme weitgehend unabhängig von körperlichen Fähigkeiten geworden ist. Recht vor Gericht können auch körperlich Schwache zugesprochen bekommen, und für das Auffinden und Sicherstellen der täglichen Nahrung sind Geschicklichkeit und Ausdauer bedeutungslos geworden. Körperliche Aktivitäten und Fähigkeiten scheinen so geradezu nicht mehr notwendig zu sein. Auch für den gesellschaftlichen Rang eines Menschen sind physische Merkmale kaum noch maßgeblich: um eine hohe Position zu erlangen, bedarf es nicht mehr beeindruckender Stärke und Kampfestugenden. Sowohl in der Arbeitssphäre als auch im Alltag wird der menschliche Körper kaum noch gefordert, dennoch entspricht er in seiner Konstruktion noch immer den motorischen Erfordernissen des Jägers und Sammlers.

Sport erscheint heute somit als eine der wenigen Gelegenheiten überhaupt, den menschlichen Körper in der Vielfalt seiner Bewegungsmöglichkeiten kennenzulernen, ihn zu belasten, herauszufordern, seine Grenzen zu verschieben; auch als günstiger Moment zur Darstellung des Körpers. Man könnte schlussfolgern, dass Sport spätestens aus dem Grund hätte „erfunden" werden müssen, um die im Zivilisationsprozess entstandenen Defizite an körperlicher Aktivität auszugleichen.

Ein Blick in die Geschichte verdeutlicht jedoch, dass sich Spuren von sportlicher Betätigung bis an die Anfänge der Menschheitsentwicklung zurückverfolgen lassen und in den meisten Kulturen nachweisbar sind.

Wie sich Körper- und Bewegungskultur von der Antike über das Mittelalter bis in die Gegenwart in Abhängigkeit von den sozioökonomischen und kulturellen Rahmenbedingungen, aber auch in Abhängigkeit von der Wertigkeit des Körpers, verändert haben, ist Gegenstand sozial- und kulturhistorischer Betrachtungen. Vergleiche der Strukturen und Funktionen des Sports werden sowohl im historischen Längsschnitt, aber auch als Systemvergleich zum gleichen Zeitpunkt vorgenommen. Die Analyse des Verhältnisses von Sport und Gesellschaft und der Wechselwirkungen des Sports mit anderen gesellschaftlichen Subsystemen ist eine wesentliche Perspektive der Soziologie.

Sport, nicht im engen Sinne des heutigen „modernen" Sports, sondern im weiten Sinne von Körper- und Bewegungskultur kann somit als eine universelle kulturelle und gesellschaftliche Erscheinung bezeichnet werden. Dabei sind die Auffassungen darüber, was als Sport galt und seine Sinnzuschreibungen in den verschiedenen Kulturen, gemessen an unserem heutigen Verständnis, recht unterschiedlich. Zu den „Funktionen" des Sports in frühen Kulturen gehören:

- Training für Arbeitsbewegungen (z. B. melanesische Wettkämpfe im Kanu fahren zur Verbesserung der Effizienz der Nahrungsbeschaffung),
- Rechtsprechung (z. B. Ringkämpfe zur Regelung von Grenzstreitigkeiten unter philippinischen Reisbauern),
- militärisches Training (z. B. Speerwerfen auf Samoa),
- Kriegsersatz, Konfliktaustragung (z. B. Ringkämpfe zur Lösung von Kontroversen zwischen Dörfern auf den Cook Islands),
- Demonstration von Macht und Prestige (z. B. Kampfformen auf Hawai),
- Bestandteil von Ritualen und Feiern (z. B. Tänze zur Kontaktaufnahme mit Naturphänomenen oder Verstorbenen bei fast allen Naturvölkern, rituelle Korbballspiele bei den Mayas zur Götterverehrung),
- Brautwahl und -werbung (z. B. melanesische Brautwerbespiele),
- Spaß, Unterhaltung, Erholung (z. B. Ballspiele der Eskimos) (Norden, Schulz, 1988).

Auch in komplexeren Kulturformen lässt sich Sport in unterschiedlichen Ausprägungen und Funktionen nachzeichnen.

So entwickelte sich der Sport im antiken Griechenland wie in vielen anderen Gesellschaften aus militärischen Motiven, für die Entstehung der antiken Wettkampfspiele waren kultische Zeremonien wie Fruchtbarkeits- und Bestattungsriten mitbestimmend.

Bis in das 18. Jahrhundert ist festzustellen, dass Sport, oder genauer: Körper- und Bewegungskultur, eingesetzt wurde zum Lernen und Üben von Nutz- und Arbeitsbewegungen, für Kriegswesen und Rechtsprechung sowie für religiöse bzw. kultische Handlungen. Körperliche Betätigung war ein wesentliches Element von Festkultur und Ritualen.

Auch die Herausbildung und Ausdifferenzierung des neuzeitlichen Sports ist nur vor dem Hintergrund gesellschaftlicher Veränderungen zu erklären. Streng genommen erst mit der Industrialisierung, und ebenso wie diese von England ausgehend, entstand ausgangs des 18. Jahrhunderts der moderne Sport. Er etablierte sich als eigene gesellschaftliche Institution und löste sich aus anderen gesellschaftlichen Institutionen wie Religion, Rechtsprechung oder Militärwesen heraus. Das selbstständig Werden des Sportes offenbart sich u. a. in:

- Spezifischen, festgeschriebenen Regeln zur Sportausübung,
- Entstehen eigener Organisationen für Sport (Vereine, Verbände, nationale und internationale Gremien),
- Schaffen von speziellen Orten (Sporthallen, -plätze),
- Tragen einer besonderen Kleidung zur Sportaktivität,
- Konstruktion von Geräten und Hilfsmitteln eigens zum Sportbetreiben.

Bereits diese Beispiele belegen, dass Sport autonome Züge trägt, dass er für die Ausübenden einen Freiraum, etwas Abgehobenes von anderen Lebensbereichen darstellt.

Dennoch existiert Sport nicht isoliert und unabhängig, sondern, bei aller Autonomie und Einzigartigkeit, stets in Abhängigkeit und Austausch mit der Gesellschaft, deren Teil er ist. Unverkennbar bestehen vielfältige Beziehungen zwischen dem Sport und anderen sozialen Institutionen. Besonders ausgeprägte Wechsel-wirkungen sind im Verhältnis zwischen Sport und Politik sowie im Dreieck Sport, Medien und Wirtschaft festzustellen.

Einerseits stecken gesellschaftliche Bedingungen den Rahmen ab, in dem Sport möglich ist. So eröffnen beispielsweise moderne Produktionsverfahren und das Entstehen von mehr Freizeit für eine wachsende Zahl von Menschen den Zugang zu sportlichen Aktivitäten, wissenschaftlich-technische Innovationen schaffen die Voraussetzungen für internationale Sportwettbewerbe. Andererseits wird Sport nicht nur von der Gesellschaft oder gesellschaftlichen Teilsystemen beeinflusst, er erbringt auch Leistungen für diese und wirkt somit zurück. Diese Wirkungen des Sports werden auch als Funktionen bezeichnet, sie sind sowohl auf der gesellschaft-lichen als auch auf der individuellen Ebene wirksam.

Zu den **gesellschaftlichen Funktionen** des Sports gehören:

- Gesundheitliche Funktion (physische, psychische und soziale Aspekte),
- Sozialisationsfunktion (Einfluss auf Persönlichkeitsentwicklung),
- politische Funktion (Identifikationsfunktion, Repräsentationsfunktion, Kom-pensationsfunktion),
- Integrationsfunktion (im Sport/in die Gesellschaft),
- wirtschaftliche Funktion (Arbeitsplätze im/durch Sport; Tourismus; Sportarti-kel-, Sportbekleidungsindustrie; Werbung; Massenmedien ...),
- ökologische Funktion (Entwicklung von Umweltbewusstsein).

Zumeist werden diese Funktionen als fördernde oder positive Wirkungen des Spor-tes auf die Gesellschaft bzw. gesellschaftliche Teilsysteme verstanden, sie können jedoch in gegenteiliger Weise auch als **Dysfunktionen** auftreten, wenn negative bzw. unerwünschte Wirkungen entstehen.

So ist z. B. einerseits als gesundheitliche Funktion der erwartete und auch nach-weisbare günstige Einfluss sportlicher Aktivität zur Vorbeugung und Behebung von Bewegungsmangelkrankheiten, die bezeichnenderweise auch Zivilisationskrank-heiten heißen, zu sehen. Andererseits ist hier die wachsende Zahl von Sportverlet-zungen, Überlastungen oder auch Doping, keineswegs nur im Hochleistungssport, als unerwünschte Auswirkung zu nennen.

1.2 Sport und Sozialisation

1.2.1 Sozialisationsbedingungen

Eine weitere wichtige Perspektive der Soziologie stellt das soziale Handeln bzw. menschliche Interaktionen in das Zentrum der Betrachtung. Bei dieser Betrachtungsweise begegnen sich Soziologie und Sozialpsychologie, etwa wenn das Verhalten in sozialen Gruppen untersucht wird. Im Sport wird hier beispielsweise der Zusammenhang von Gruppenstruktur und Leistung erforscht.

Weitere wesentliche Fragen aus dieser Perspektive sind:

- Wie wird die Motivation, Sport zu treiben, erworben? Welche Voraussetzungen müssen vorhanden sein, um Sportaktivität auszulösen?
- In welchem Maße wird im Sport Handlungskompetenz erworben, und ist es möglich, dieses erworbene Handlungspotential in andere Daseinsbereiche zu übertragen?

Auf die letztgenannten Fragen soll im Folgenden eingegangen werden – sie berühren das Problemfeld der Sozialisation zum, im und durch den Sport.

Dazu muss zunächst der Begriff „Sozialisation" geklärt werden.

Es existieren vor allem soziologische und psychologische Theorien der Sozialisation. Während soziologische Theorien sich besonders auf den Einfluss von sozialen Lebensbedingungen auf die Persönlichkeitsentwicklung konzentrieren, sind psychologische stärker auf die Art und Weise der Verarbeitung von Lebensbedingungen durch das Individuum und psychische Regelmäßigkeiten der Persönlichkeitsentwicklung orientiert. Neuere Sozialisationstheorien versuchen Erkenntnisse aus verschiedenen Wissenschaften gleichermaßen zu berücksichtigen.

> **Sozialisation bezeichnet einen Prozess der Entstehung und Entwicklung der Persönlichkeit in wechselseitiger Abhängigkeit von der gesellschaftlich vermittelten sozialen und dinglich-materiellen Umwelt einerseits und der biophysischen Struktur des Organismus andererseits.**
>
> **Gesamtheit der Erfahrungsprozesse mittels derer sich der Mensch im Laufe seines Lebens sowohl zu einer individuell einzigartigen als auch sozial anpassungsfähigen Persönlichkeit entwickelt.**

Dieses Sozialisationskonzept geht von der Annahme aus, dass physiologische, psychische und soziale Faktoren gemeinsam die Persönlichkeitsentwicklung beeinflussen, Beziehungen zwischen Person und Umwelt werden als komplexe Wechselwirkungen gesehen.

Durch den Prozess der Sozialisation wird der Mensch zur sozialen, gesellschaftlich handlungsfähigen Persönlichkeit, indem er in gesellschaftliche Struktur- und Interaktionszusammenhänge hineinwächst; dieser Vorgang wird auch als zweite, „soziokulturelle Geburt" bezeichnet. Der Prozess der Sozialisation wird nicht etwa mit dem Eintritt in das Erwachsenenalter als abgeschlossen betrachtet, sondern als lebensbegleitend angesehen (nach Hurrelmann, 2008).

Soziale Normen sind Verhaltenserwartungen an Individuen und Gruppen in spezifischen sozialen Situationen mit unterschiedlich starken Verbindlichkeiten, die mittels Sanktionen (Belohnung oder Bestrafung) durchgesetzt werden. Sie erzeugen Interaktionsmuster, die bewirken, dass sich der Einzelne nicht am zufälligen Verhalten eines Partners, sondern an wechselseitigen Erwartungen, an gemeinsamen Einschätzungen und Bewertungen der Handlungssituation orientiert.

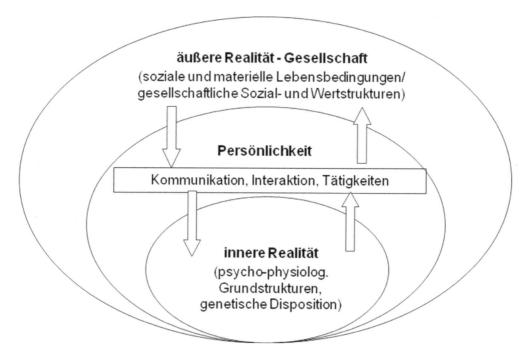

Abb. 1.2-1: Sozialisation als produktive Verarbeitung der äußeren und inneren Realität (nach Hurrelmann, 2008)

Im Prozess der sportspezifischen Sozialisation erwirbt der Sportler nicht nur Fähigkeiten und Fertigkeiten zum sportlichen Bewegungsvollzug, sondern er verinnerlicht auch das Normensystem des Sports (z. B. Spielregeln, Fairnesserwartungen).

Bevor auf die Möglichkeiten der Sozialisation im Sport eingegangen werden kann, ist zunächst zu fragen, wie die Sozialisation in den Sport erfolgt, denn es sind ja längst nicht alle Kinder, Jugendlichen oder gar Erwachsenen sportlich aktiv, und unter den Nichtsporttreibenden geben einige an, sich damit wohl zu fühlen. Sportengagement ist also nicht zwangsläufig, damit muss geklärt werden, welche Einflüsse und Bedingungen Sportaktivität begünstigen.

Die Abb. 1.2-2 gibt einen Überblick zu den Faktoren, die beeinflussen, ob jemand überhaupt Sport treibt und in welcher Form, also z. B. in welcher Sportart und mit welchem Leistungsanspruch, dies geschieht.

Auf einige der in Abb. 1.2-2 dargestellten Bedingungen und Instanzen und ihren Einfluss auf das Sportengagement soll detaillierter eingegangen werden.

Damit Sport überhaupt ausgeübt werden kann, müssen entsprechende materiell-dingliche Voraussetzungen erfüllt sein. Es liegt nahe, dass ohne entsprechende Gelegenheitsstruktur (Bedingungen, Voraussetzungen) Sportaktivität nicht oder nur erschwert möglich ist (Raum zum Bewegen und Spielen im Wohnumfeld, auf Sportplätzen, in Schwimmhallen). Verschiedene Untersuchungen belegen, dass ein nicht nur auf Wettkampfsport zugeschnittenes, differenziertes Bewegungsangebot in der Wohnumgebung große Bedeutung besitzt. So sind Jugendliche, die als Kinder keinen Spielplatz in der Nähe ihrer Wohnung hatten, vergleichsweise sportlich inaktiver.

Natürlich spielen auch andere Umweltfaktoren eine wesentliche Rolle. So stammen erfolgreiche Skispringer höchst selten aus Gegenden, in denen weder Schnee, noch Berge zu finden sind, und in den Niederlanden ist Eisschnelllauf ebenso wie das Skilaufen in Österreich vor allem deshalb Nationalsportart Nr. 1, weil Landschaft und Klima ideale Voraussetzungen dafür liefern. Selbst wenn der Spitzensport durch Technisierung in vielen Bereichen von den natürlichen Gegebenheiten unabhängig gemacht wurde, ist beim Einstieg in den Sport die leichte Zugänglichkeit weiterhin bedeutsam.

Das Vorhandensein einer guten sportspezifischen Infrastruktur wirkt fördernd auf Sportaktivität, allerdings nur dann, wenn weitere günstige Sozialisationsfaktoren gegeben sind.

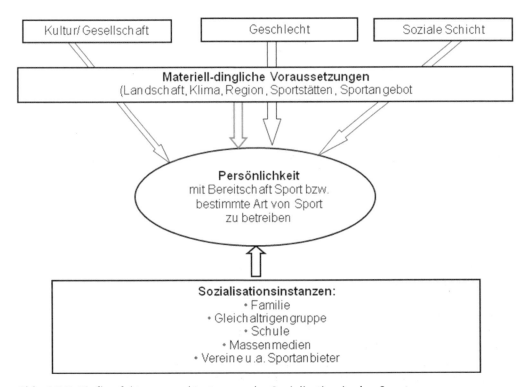

Abb. 1.2-2: Einflussfaktoren und Instanzen der Sozialisation in den Sport

1.2.2 Soziale Ungleichheit und Sportaktivität

Neben gesellschaftlichen Bedingungen und kulturspezifischen Werten ist die soziale Lage eine weitere beeinflussende Größe für den Zugang zum Sport.

Außer individueller Ungleichheit zwischen Menschen, also einer ungleichen Ausprägung biologischer Merkmale (Aussehen, Größe, Konstitution, auch sportliches Talent) und/oder besonderer erworbener Fertigkeiten, gibt es offensichtlich auch soziale Ungleichheiten zwischen den Mitgliedern einer Gesellschaft. Dieses Thema hat die Soziologie seit ihren Anfängen bis heute besonders herausgefordert.

Soziale Ungleichheit liegt dann vor, wenn Menschen aufgrund ihrer Stellung in sozialen Beziehungsgefügen von den wertvollen Gütern einer Gesellschaft regelmäßig mehr als andere erhalten.

Wertvolle Güter können beispielsweise Geld, eine (unkündbare) Berufsstellung, Bildungsabschlüsse, Lebens- und Arbeitsbedingungen oder auch Macht (d. h. das Handeln anderer Menschen gegebenenfalls auch gegen deren Widerstand zu beeinflussen) sein. Je mehr der Einzelne von diesen „Gütern" besitzt, desto besser sind seine Lebensbedingungen (Hradil 2001, S. 28). Soziale Ungleichheit heißt somit, dass die Chancen der Individuen, ihre jeweiligen Bedürfnisse zu befriedigen, ungleich verteilt sind. Zur empirischen Erforschung von sozialer Ungleichheit werden vor allem folgende Merkmale berücksichtigt:

- Berufliche Position (ergibt meist den Schlüsselstatus),
- wirtschaftliche Lage (Einkommen, Vermögen, Besitz),
- Bildung (Schulbildung, Abschlüsse),
- Macht, Ausmaß an Handlungs- und Entscheidungsfreiheit und
- Sozialprestige.

Soziale Schichtung ist dabei ein Konstrukt, mit dem versucht wird, soziale Ungleichheit nach bestimmten Kriterien zu ordnen.

Soziale Schicht bezeichnet eine Bevölkerungsgruppe, deren Mitglieder bestimmte gemeinsame Merkmale (Statusmerkmale wie Einkommen, Beruf, Bildung, auch Prestige) besitzen und sich dadurch von anderen Bevölkerungsgruppen in einer als hierarchisches Gefüge vorgestellten Sozialstruktur unterscheiden. Die Mitglieder jeder Schicht besitzen einen gleich oder ähnlich hohen Status.

Die Angehörigen einer sozialen Schicht befinden sich in einer gemeinsamen, durch objektive Faktoren bestimmten und für ihre Lebenschancen und Lebensweise entscheidenden Soziallage. Auf Grund dieser gleichen bzw. ähnlichen sozialen Lage unterscheiden sie sich von Mitgliedern anderer Schichten in ihren Einstellungen, ihrem Verhalten, ihrem Lebensstil.

Diese Schichtenunterschiede werden ebenfalls in Bezug auf das Sportengagement sichtbar. Der Zugang zum Sport ist auch abhängig von der sozialen Position, die Menschen in der Gesellschaft innehaben. Durch Untersuchungen wurde nachgewiesen, dass Mitglieder mittlerer und oberer Sozialschichten vergleichsweise häufiger Sport treiben als Vertreter unterer Sozialschichten; im Kindes- und Jugendalter sind diese Unterschiede etwas geringer ausgeprägt. Der Anteil derer, die niemals zum Sport gefunden haben, ist in den unteren Schichten sehr viel höher.

Neben diesen quantitativen Unterschieden gibt es auch qualitative Abweichungen. In oberen Schichten werden andere Sportarten bevorzugt als in unteren, die Vorstellung von „volkstümlichen" und „Nobel"-Sportarten lässt sich empirisch belegen. Von höheren Schichten werden Sportarten bevorzugt, in denen der Stellenwert individueller Leistung groß ist, während Mannschaftssportarten ebenso wie Sportarten mit stärkerem Körperkontakt häufiger von unteren Schichten ausgeübt werden. Kommen neue Sportarten auf, so liegt hier der Anteil der Aktiven aus oberen Schichten zunächst höher.

Nicht nur die generelle Beteiligung an Sport, die Häufigkeit und Art des Sporttreibens und die Wahl der Sportarten ist schichtenspezifisch geprägt, auch bei der Entwicklung der Motorik sind Unterschiede feststellbar. Über die von der sozialen Schichtzugehörigkeit beeinflussten Einstellungen und Verhaltensweisen des Elternhauses wird die Bewegungssozialisation von Kindern und Jugendlichen maßgeblich geformt. Kinder aus unteren sozialen Lagen verfügen über weniger materielle und soziale Ressourcen zur Bewältigung von Entwicklungsaufgaben. Dies spiegelt sich nicht nur in einem schlechteren Gesundheitszustand wider, soziale Benachteiligung wirkt sich auch auf die Entwicklung der Motorik aus. Als nachteilig erweisen sich:

- Geringe Wohnungsgröße,
- schlechte Wohnlage (verkehrsreiche Gegenden, wenige Spiel- und Grünflächen in der Umgebung, kaum eigener Garten),
- weniger oder geringwertiges Spielzeug zur Anregung von Geschicklichkeit, Beweglichkeit,
- geringes Sportengagement der Eltern (besonders der Mütter) sowie
- seltene gemeinsame Sport- und Spielaktivitäten mit den Eltern.

Diese nachteiligen Sozialisationsbedingungen bewirken eine Einschränkung der allgemeinen Bewegungsmöglichkeiten von Kindern und davon ausgehend auch eine erschwerte Vorsozialisation für den Einstieg in den Sport.

1.2.3 Sportengagement und Geschlecht

Ein weiterer Einflussfaktor auf die Sportsozialisation ist das Geschlecht. Beim Sportengagement von Frauen und Männern, Mädchen und Jungen, sind quantitative und qualitative Unterschiede zu erkennen. Obwohl im Sport der Gleichheitsgrundsatz ein grundlegendes Gebot ist, sind hier offenbar besonders hohe Hürden auf dem Weg zur gleichen Teilhabe beider Geschlechter zu überwinden. Betrachtet man die unterschiedliche Beteiligung, wird schnell erkennbar, dass die Ursachen dafür nicht sportspezifischer Natur sind, sondern aus allgemeinen gesellschaftlichen Strukturen und Wertvorstellungen resultieren, die sich auch im Sport widerspiegeln.

In den Anfängen war der moderne Sport ebenso wie das in Deutschland seit dem 19. Jahrhundert traditionell betriebene Turnen vorrangig eine Aktivität der Männer; Frauen blieben vom spielerisch- oder leistungsorientierten Sport lange Zeit ausgegrenzt.

Vom Beginn des 20. Jahrhunderts an bis in die Gegenwart lässt sich eine Reihe positiver Entwicklungen konstatieren: Mit zunehmender Akzeptanz von Frauen auf höheren Bildungswegen und in beruflicher Tätigkeit haben sie sich Möglichkeiten selbstbestimmter Lebensgestaltung geschaffen. Parallel dazu wurden traditionelle Rollenerwartungen, die Haushalt und Kinderbetreuung trotz Berufstätigkeit weiterhin als weibliche Bereiche definierten, zurückgedrängt. Mittlerweile haben Frauen sich den Zugang zu den meisten Sportarten erobert, internationale Meisterschaften werden in nahezu allen Disziplinen ebenfalls für Frauen ausgetragen. Am Beispiel der Sportbekleidung der Frauen, ihrer augenfälligen Veränderung in den zurückliegenden Jahrzehnten, ließe sich zugleich eine Emanzipationsgeschichte der Frauen im Sport schreiben.

Übersehen werden sollte dabei jedoch nicht, dass diese Entwicklungen für Deutschland und einen Großteil der anderen europäischen Länder so zu verzeichnen sind, es aber noch zahlreiche Länder gibt, deren Werte- und Normensystem den Frauen einen Platz in der Gesellschaft zuweist, auf dem sportliche Aktivitäten nahezu undenkbar sind.

Obwohl der Anteil sportaktiver Frauen in den letzten Jahren gestiegen ist, bleibt er hinter dem der Männer zurück. Nach aktuellen Umfrageergebnissen sind in Deutschland ca. 38 % der Männer und 34 % der Frauen regelmäßig sportlich aktiv (IFAK, Infratest u. a., 2007, 2008). Das spiegelt sich auch in der Mitgliedschaft in Sportvereinen wider; auch wenn in den vergangenen Jahren in nahezu allen Altersklassen der weibliche Mitgliederanteil gestiegen ist, sind Mädchen und Frauen in Sportvereinen unterrepräsentiert. In den alten Bundesländern sind 40,1 %, in den neuen Bundesländern nur 36,1 % der Vereinsmitglieder weiblich (DOSB-Bestandserhebung 2008). Dabei steigt der Frauenanteil sowohl mit der Sportvereinsgröße als auch mit der Gemeindegröße an. Insbesondere im Osten besteht eine starke Unterrepräsentanz von weiblichen Vereinsmitgliedern in Kleinstädten und auf dem Land.

Häufiger anzutreffen sind Frauen hingegen bei kommerziellen Anbietern und bei Sportkursen der Krankenkassen oder Volkshochschulen. Dies sind jedoch Angebote, die von Kindern und Jugendlichen insgesamt wenig genutzt werden und damit auch einen geringeren Stellenwert in der Sportsozialisation aufweisen. Außerdem gilt auch hier: die Schichtenzugehörigkeit (d. h. Bildung, berufliche Position, schichtenspezifische Wert- und Normensysteme) bestimmt das Sportengagement maßgeblich mit; Frauen und Mädchen aus mittleren und höheren sozialen Lagen sind aktiver.

Wie sind nun diese Geschlechterdifferenzen im Sportengagement zu begründen?

Das oft verwendete Argument des Zeitmangels aufgrund der Mehrfachbelastung von Frauen durch Erwerbstätigkeit, Haushalt, Kinderbetreuung liefert keine hinreichende Erklärung. Einerseits verdeutlichen die Mitgliederanalysen der Vereine, dass Mädchen bereits im Jugendalter auffallend weniger im organisierten Sport anzutreffen sind. Andererseits belegen Ergebnisse verschiedener Untersuchungen zudem, dass berufstätige Frauen sogar häufiger sportaktiv sind als Nichterwerbstätige.

Da auch die lange vertretenen biologischen Thesen, dass Sport für Frauen auf Grund ihrer körperlichen Konstitution weniger geeignet sei, hinreichend widerlegt wurden, sollten Ursachen vorrangig in der geschlechtsspezifischen Sozialisation zu finden sein.

Hier wird sichtbar, dass viele traditionelle Deutungen des Sports wie Kraft, Aktivität und Leistung nicht in Übereinstimmung mit herkömmlichen Vorstellungen von Weiblichkeit stehen. Für beide Geschlechter bestehen unterschiedliche festgelegte, soziale Verhaltensmuster, die sich als weibliche oder männliche Rollenbilder manifestieren.

Konfrontiert mit Erwartungen, die an weibliches Aussehen und Handeln gestellt werden, erfordert Rollengestaltung also die Bereitschaft und Fähigkeit der Mädchen und Frauen, eigene Vorstellungen zu verwirklichen. Unverkennbar hat es in den letzten Jahren auch Veränderungen des gesellschaftlichen Wert- und Normengefüges gegeben.

Ein wesentlicher Faktor der Sozialisation zum Sport ist das Elternhaus, besonders das Vorbild der sportaktiven Mutter wäre für Mädchen wichtig. Da gerade Frauen dieser Altersgruppe weniger sportaktiv sind, haben Mädchen auf der Suche nach einer Identifikationsfigur hier Nachteile.

Die Gruppe der Gleichaltrigen verstärkt als wichtige Sozialisationsinstanz des späten Schulalters vorhandene Geschlechtsunterschiede noch mehr. Die Chance, durch die sportaktive Freundin zu eigener Betätigung angeregt zu werden, ist bei weiblichen Jugendlichen erheblich geringer als bei gleichaltrigen Jungen durch das Beispiel der Freunde.

Von nicht geringem Einfluss dürfte sein, dass im Sport Handelnde überwiegend Männer sind. Nur rund ein Viertel aller ehrenamtlichen Positionen in den Sportvereinen ist von Frauen besetzt, von den Vereinsvorsitzenden sind ganze 10 % weiblich. Daraus folgt, dass Entscheidungen z. B. über die Struktur von Vereinen, neu zu gründende Sektionen, zielgruppenorientierte, beispielsweise frauenspezifische Angebote, einschließlich der Vergabe von Mitteln, Hallenzeiten usw. selten von den Frauen selbst getroffen werden.

Nicht nur Funktionäre, auch Sportlehrer, -wissenschaftler oder -journalisten sind mehrheitlich Männer.

Gerade die Medien stellen einen weiteren, nicht zu unterschätzenden Faktor nicht nur bei der Rezeption von Sport, sondern auch als Anreger zu eigener Aktivität dar. Bei Medienanalysen ist festzustellen, dass Sportberichterstattung über Frauen nur einen Bruchteil der gesamten Sportbeiträge ausmacht. Auch hier agieren zumeist Männer mit ihrer Sicht auf Sportaktivität, die ein entsprechend selektives Bild vom Sport reproduzieren.

Einhergehend mit einer Umstrukturierung des gesamten Sportpanoramas verringern sich jedoch qualitative und quantitative Unterschiede im Sportengagement von Männern und Frauen. Im Leistungssport haben Sportlerinnen mittlerweile ihnen lange verwehrtes Terrain erschlossen und überzeugen dort mit Höchstleistungen, denken wir nur an Fußball, von Frauen erst seit1996 unter olympischen Ringen gespielt oder an Stabhochsprung, der seit den ersten neuzeitlichen Spielen für die Männer im olympischen Programm ist – für Frauen erst seit dem Jahr 2000. Das Gesundheitsversprechen des Sports lässt ihn zudem als geeignetes Feld bei der Suche nach dem idealen, jugendlichen Körper, dem Streben nach Fitness und Wohlbefinden erscheinen. „Sportlich" sein oder erscheinen liegt auch bei Mädchen und Frauen zunehmend im Trend.

1.2.4 Sozialisationsinstanzen und Sport

Neben den Einflussgrößen Kultur, soziale Schicht und Geschlecht sind es ganz unmittelbar die Sozialisationsinstanzen, die den Einstieg in den Sport beeinflussen.

> **Sozialisationsinstanzen (auch Sozialisationsagenturen, Sozialisationsmedien) sind alle gesellschaftlichen Einrichtungen, die Lernprozesse von Kindern, aber auch Erwachsenen steuern und die geltenden Werte, Normen, Ziele und Wissensbestände vermitteln (Familie, Kindergarten, Schule, Gleichaltrige, Beruf, Massenmedien).**

Erste und wichtigste Sozialisationsinstanz für ein Kind ist die Familie; sie gilt daher in diesem doppelten Sinne als „primäre Sozialisationsinstanz".

Als primäre Sozialisation wird die Herausbildung der grundlegenden Persönlichkeitsmerkmale, Sprach- und Handlungskapazitäten in den ersten Lebensjahren bezeichnet. Sekundäre Sozialisation beinhaltet den Erwerb neuer Rollen sowie die Ausdifferenzierung der Fähigkeit der Rollenübernahme in den Jahren danach.

Damit kommt der Familie auch für die Sozialisation zum Sport ein ganz besonderer Stellenwert zu. Zwischen dem Vorbild sportaktiver Eltern und dem Sportengagement von Kindern besteht ein deutlicher Zusammenhang. Wenn Eltern Sport positiv bewerten, Sportveranstaltungen besuchen bzw. in den Massenmedien verfolgen, wenn sie sich mit Kindern sportlich betätigen, wird das Sportinteresse ihrer Kinder positiv beeinflusst. Zudem sind sportlich aktive Eltern eher bereit, zeitliche und finanzielle Belastungen zu tragen, um ihren Kindern Sportausübung zu ermöglichen. Besonders nachhaltig wirkt eigene (auch frühere) wettkampfsportliche Erfahrung der Eltern.

Die Sozialisationswirkung der Familie wird mit zunehmendem Alter durch den Einfluss der Gleichaltrigen (in der Soziologie: peer-group) überlagert, die im Prozess der sekundären Sozialisation einen wesentlichen Anteil haben. Durch sie wird das familiär erworbene Bewegungs- und Sportrepertoire häufig erweitert. Sportartenwechsel werden durch Gruppeninteressen nicht selten angeregt. Oft ist Sport auch der Anlass zur Bildung von peer-groups und das Fundament ihres Bestehens.

Dagegen ist der Stellenwert der Schule als Sozialisationsinstanz für Sportaktivität mit Einschränkungen zu versehen. Untersuchungen zeigen, dass in den Fällen, bei denen die Schule als Ort des ersten Sportinteresses angegeben wurde, im weiteren Lebensverlauf die Sportaktivität gering war, d. h. die Sozialisation zum Sporttreiben war weniger stabil und zeitüberdauernd als bei denjenigen, deren Familie den ersten Zugang zum Sport vermittelte. Der Muss-Charakter des Schulsports im Gegensatz zur sonst üblichen Freiwilligkeit des Sporttreibens und der Druck der Notenvergabe können Erklärungsansätze liefern.

Ebenfalls nicht widerspruchsfrei ist die Wirkung der Massenmedien für die Sportsozialisation zu bewerten. Auch wenn die übermittelten Informationen überwiegend dem Spitzensport entstammen und damit nur sehr eingeschränkt handlungswirksam werden können, so ist doch der „Boom" einiger Sportarten (Tennis in den 1980er; Radsport in den 1990er Jahren) wesentlich auf die Medienpräsenz zurückzuführen. Ob Weltmeisterschaftsmedaillen im eigenen Land im Fußball 2006, Handball 2007 und in der Leichtathletik 2009 zu deutlichen Mitgliederzuwächsen beitragen, ist noch offen.

Zusammenfassend können als Hauptaussagen der sportspezifischen Sozialisationsforschung festgehalten werden:

Für die Sozialisation zum Sport sind Vorbilder im sozialen Nahbereich entscheidend. Je mehr Bezugspersonen Sport betreiben, desto intensiver und dauerhafter ist die Sozialisation zum Sport.

Je früher das Interesse an Sport entwickelt wird, je früher mit der Sportausübung begonnen wird, desto stabiler ist die Bindung an den Sport. Das Fundament der Bereitschaft zum Sporttreiben wird bereits im Kindesalter gelegt.

1.2.5 Möglichkeiten der Sozialisation im und durch den Sport

Haben das Interesse an Sport und günstige Möglichkeiten zur Sportausübung zum Einstieg in den Sport geführt, hat also eine Sozialisation zum Sport stattgefunden, kann nun gefragt werden, wie dieser Sport selbst sozialisierend wirkt.

Sozialisation im Sport und das Übertragen von im Sport erworbenen Handlungskompetenzen in andere Lebensbereiche ist eines der umstrittensten Felder der Sozialisationsforschung überhaupt.

Unbestritten wirkt sportliche Aktivität unmittelbar auf den Körper; die Aussage, dass jemand „sportlich aussieht", bezieht sich auf ein bestimmtes Körpererscheinungsbild. Außer Zweifel steht auch, dass bestimmte Sportarten den Körper in ganz spezifischer Weise formen und verändern. So sieht ein Kraftsportler nach ein paar Jahren Training anders aus als ein Langstreckenläufer. Gibt es nun aber darüber hinaus auch Veränderungen von Eigenschaften und Handlungsweisen? Macht Sport besonders mutig, zielstrebig, diszipliniert, durchsetzungsfähig oder was ihm sonst an Erwartungen zugesprochen wird?

Einen einheitlichen Befund zum Sozialisationswert des Sportes gibt es nicht, eindeutige Aussagen sind weder für das Ausmaß der Persönlichkeitsveränderungen zu treffen, noch darüber, ob die Einflüsse auf die Persönlichkeitsentwicklung nun in der gewünschten Richtung liegen oder ob nicht auch unerwünschte Sozialisationswirkungen des Sportes zu verzeichnen sind. Dazu sind die sozialen Strukturen des Sportes zu unterschiedlich. Es gibt eine Vielzahl einwirkender Variablen, so dass etwa die Frage, wie sich der Betreffende ohne Sportaktivität entwickelt hätte, nicht klar beantwortet werden kann.

Es kann jedoch zumindest betrachtet werden, welches Sozialisationspotential der Sport besitzt, um Normenkonformität, Ich-Identität, Ich-Stärke und Solidarität auszuprägen oder zumindest zu verstärken.

Sport gilt als ideales Feld zur Einübung sozialen Handelns, da er relativ eindeutige Regeln besitzt und über genau festgelegte Sanktionsmechanismen verfügt.

Sportliche Aktivitäten gestatten das Wetteifern, den Vergleich von Leistungen auf vielen Gebieten: Kraft, Ausdauer, Schnelligkeit, Beweglichkeit, Koordination. Sport ermöglicht dem Einzelnen, seine besonderen Fähigkeiten zu erkennen und speziell zu fördern.

Sport kann dazu beitragen, Enttäuschungen und Niederlagen verarbeiten zu lernen; er fordert auch zum Umgang mit Siegen und Überlegenheit heraus.

Sportliches Handeln kann eine der selten gewordenen Gelegenheiten für selbstbestimmtes, eigenverantwortliches Handeln sein.

Ob Sport die genannten, in unserer Gesellschaft überwiegend positiv eingeschätzten Sozialisationsleistungen tatsächlich erbringt, hängt wesentlich davon ab, mit welcher Einstellung und unter welchen Bedingungen er betrieben wird. Sport ist nicht an sich schon „gut" für die Entwicklung der Persönlichkeit, aber er bietet jede Menge Möglichkeiten dafür.

Kontrollfragen und Aufgaben

1. Setzen Sie sich damit auseinander, ob es sich bei den Funktionen des Sports um *Wirkungen* handelt, die der Sport grundsätzlich aufweist, oder ob es sich um *Erwartungen* und *Zuschreibungen* zur Rechtfertigung des Sports handelt.

2. Betrachten Sie alle genannten *Funktionen des Sports* unter dem Aspekt *positiver* oder *negativer Wirkungen*.

3. Versuchen Sie, mögliche Begründungen für *schichtenspezifische Unterschiede* bei der *Sportausübung* zu finden, beziehen Sie sich dabei auf die Merkmale sozialer Schichten.

4. Suchen Sie Erklärungsansätze für die *Geschlechterunterschiede* beim Sportengagement.

5. Welche Möglichkeiten zur Aufwertung der *Schule* als *Sozialisationsinstanz* sehen Sie?

6. Welche *Faktoren* waren für Ihren eigenen *Zugang zum Sport* ausschlaggebend? Berücksichtigen Sie auch das Alter der ersten Sporterfahrungen und eventuelle Sportartenwechsel.

2. Zentrale Kategorien des Sports und der Sportwissenschaft

Das Sporttreiben des Menschen, als ganzheitlich handelnde Persönlichkeit, ist als eine Auseinandersetzung mit der Umwelt zu verstehen, die auf der Grundlage vorhandener und genutzter personaler Voraussetzungen durch gezielte, (sport-)praktische Tätigkeit geführt wird. Diese Auseinandersetzung zwischen *Subjekt* (Mensch) und *Objekt* (Umwelt) und in Auseinandersetzung mit sich selbst ist *Verhaltens prägend*, wird über psychische Regulationsprozesse gestaltet und trägt gleichzeitig zur Veränderung (Entwicklung) der Persönlichkeit bei (z. B. deutlich sichtbar nach einem regelmäßigen Maximalkrafttraining). Zudem kann dadurch auch die Umwelt verändert werden (z. B. beim Wintersport/Abfahrtslauf). Die Interaktion des Menschen mit sich und seiner Umwelt findet unter verschiedenartigen *sozialpersonalen Aspekten* statt, die auf die Persönlichkeitsentwicklung Einfluss nehmen:

- Kooperation mit anderen Sportlern, z. B. als Mitglied einer Basketballmannschaft oder Ruderer im Mannschafts-Vierer;
- Kommunikation mit Trainern, Übungsleitern und Sportlehrern im Lernprozess;
- Einflussnahme von Eltern, Freunden (peer-group), Bekannten, Zuschauern, Kampf- und Schiedsrichtern;
- Auseinandersetzung mit Gegnern im sportlichen Wettkampf;
- Ausnutzung vorhandener Bedingungen wie z. B. die Trainings- und Übungsstätten;
- Einbezug von Ausrüstungsgegenständen (Sportgeräte, Kleidung) und Wettkampfgeräten;
- Freizeitfonds und Anfahrten zu Trainings- und Wettkampfstätten;
- klimatische und Witterungsbedingungen;
- Erfüllen von (persönlichen und gesellschaftlichen) Zielstellungen und Anforderungen, z. B. das Erringen von Siegen und Medaillen (vgl. Kap. 1).

Zunächst werden einige **Kategorien** des Sports beschrieben, die zum besseren Verständnis der nachfolgenden Abhandlungen beitragen. Sie sind *hierarchisch* geordnet.

Sportliches Verhalten

Die Regulation des sportlichen Verhaltens ist als ein *Prozess des Informationsaustauschs* zwischen dem Menschen und seiner Umwelt aufzufassen. Charakteristisch sind die *bewusste Steuerung* der sportlichen *Tätigkeit* und die *soziale Bestimmtheit*. Es umfasst die Gesamtheit der Lebensäußerungen und schließt insofern auch Fragen der (gesunden) Ernährung, Kleidung etc. mit ein. In den weiteren Abhandlungen wird dieser Kategorie weniger Aufmerksamkeit geschenkt, da sie zu allgemein, vielschichtig ist und zu wenig differenziert auf wesentliche Sachverhalte hinzuführen vermag.

Sportliche Tätigkeit
Durch Prägung und Umgestaltung der gegenständlichen Umwelt schafft sich der Sport treibende Mensch in einem *bewusst* geführten Prozess sportlichen *Handelns* seine eigenen Lebensbedingungen, wobei er sich selbst verändert und nach der Zielstellung weiter entwickelt.

Sportliche Handlung
Typisch für eine sportliche Handlung sind ihre *zeitliche Begrenztheit und Zielgerichtetheit*. *Bewusste*, in sich geschlossene und aufeinander abgestimmte (Teil-)Handlungen werden *selbstständig* ausgeführt und tragen somit zur Erfüllung der *Gesamtzielstellung* der Tätigkeit bei.

Sportliche Bewegung
Sportliche Bewegungen sind im Allgemeinen *Hauptmittel zur Verhaltenssteuerung im Sport* (motorische Komponente) und des *Vollzugs sportlicher Handlungen*. Im Besonderen stellen sie eine *gezielte Ortsveränderung* des Körpers und seiner Glieder dar, die durch anfänglich *bewusst* (Aneignungsphase/Anfänger) und zunehmend durch Üben/Trainieren *un-* bzw. *unterbewusst* (Fortgeschrittener/Könner) regulierte Muskelaktionen verursacht wird. In ihr drückt sich auch ein verändertes, sportliches Verhalten aus.

Sportliche Kompetenz
Sportliche Kompetenz zeigt sich in einer im Sport handelnden Person, die mit ihren *individuellen* (Leistungs-) *Voraussetzungen* (Ressourcen) Anforderungen aus der *Umwelt* (u. a. Trainingsreize, Wettkämpfe) der *Situation angemessen* und erfolgreich *bewältigt* (Abb. 2-1).

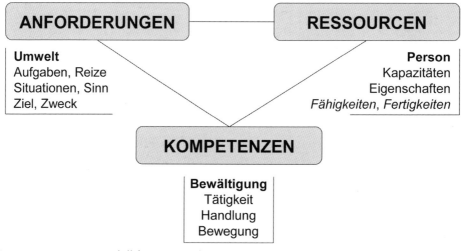

Abb. 2-1: Kompetenzmodell (Hirtz, 2000)

Diese (sozialen) Beziehungen erlebt und gestaltet der Mensch mit seinen **psychischen** und **physischen** Voraussetzungen (*Ressourcen*), die zum Zwecke eines erfolgreichen Sporttreibens Schritt für Schritt durch Üben und Trainieren höher ausgeprägt werden können und müssen.

Als **physische** (biotische) Voraussetzungen werden alle *Bewegungsformen, motorischen Fähigkeiten und Fertigkeiten verstanden*, die auf der Grundlage mechanischer und/oder biologischer Gesetzmäßigkeiten und Funktionsmechanismen ausprägbar sind (vgl. Kap. 4).

Psychische Prozesse übernehmen eine so genannte „Mittlerrolle" zwischen Biotischem und Sozialem, indem sie im sportlichen Tätigsein, Handeln und Bewegen eine regulative Funktion ausüben. Einerseits gelingt dadurch die Beziehungsaufnahme und -gestaltung des Menschen zu seiner Umwelt, andererseits prägt die gesellschaftliche Umwelt darüber gleichsam das Subjekt. In diesem Sinne ist das **Psychische** sowohl *Voraussetzung* als auch *Ergebnis* sportlichen Handelns.

Sportliche Leistung

Eine sportliche Leistung wird durch sportliche Bewegungen in einer sportlichen Handlung bzw. durch sportliches Tätigsein erbracht, wobei das erzielte *Ergebnis* und der dafür erforderliche *Aufwand* (Vollzug) eine *Einheit* bilden. Sportliche Leistungen können *gemessen* und *bewertet* werden, sofern dafür vereinbarte *Normen* im Sinne von Orientierungsgrößen vorliegen (vgl. Kap. 5.5.2).

2.1 Regulationsebenen im sportlichen Handeln

Typisch für menschliches Verhalten ist, dass Tätigkeiten oder Handlungen bewusst gesteuert und reguliert werden und durch Sozialisationsprozesse beeinflussbar sind. So werden z. B. **alle sporttechnischen Fertigkeiten** wie ein Angriffsschlag im Volleyball, der Handstützüberschlag seitwärts (Rad) im Bodenturnen oder der Doppelstockschub im Skilanglauf anfänglich ganz *bewusst* erlernt. Auch die Korrekturhinweise, die Sportlehrer oder Trainer zur Beseitigung der Fehler im Lernprozess geben, erfordern eine hohe („bewusste") Aufmerksamkeit und Konzentration. Je länger man aber übt, je genauer und fester man sich bestimmte Handlungsmuster eingeprägt hat und je sicherer man sich bei der Bewegungsausführung fühlt, desto weniger wird man über die Ausführung der jeweiligen Bewegung noch nachdenken müssen.

In gewisser Weise hat man dann einen Zustand der *automatischen* oder *unbewussten* bzw. *unterbewussten* Bewegungsausführung erreicht, in dem ein Sportspieler oder Zweikämpfer nun mehr Zeit für *taktische* Überlegungen findet oder eine Eiskunstläuferin mehr Aufmerksamkeit der Interpretation der Musik oder *ästhetischen* Aspekten widmet.

So lassen sich sportliche Tätigkeiten, Handlungen und Bewegungen strukturieren und *verschiedenen Regulationsebenen* zuordnen (Abb. 2.1-1).

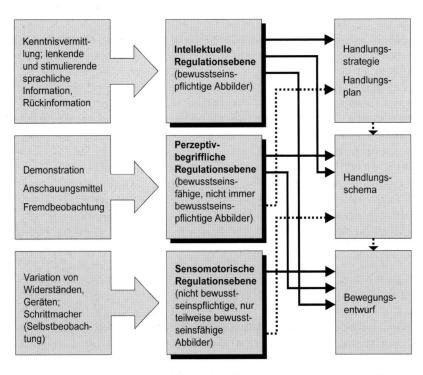

Abb. 2.1-1: Regulationsebenen nach Hacker und deren Bedeutung bei sportlichen Bewegungen

Auf der **intellektuellen Regulationsebene** („obere" Stufe), die unter den biologischen Systemen nur dem Menschen eigen ist, werden alle *bewusstseinspflichtigen* Anteile an einer sportlichen Handlung wie z. B. Motivations-, Wissensaneignungs-, Denk- und Vorstellungsbildungsprozesse organisiert und reguliert. Die *sprachliche Kommunikation*, die auch wertvolle Rückinformationen zum Zwecke der Korrektur einschließt, findet ebenso auf dieser „höchsten" Stufe statt wie die Planung der sportlichen Handlung und die Festlegung des strategischen Vorgehens.

Die Prozesse auf der **sensomotorischen Regulationsebene** („untere" Stufe) laufen dagegen weitgehend *unter- bzw. unbewusst* ab, d. h., deren Anteile sind dem Sportler *nicht bewusstseinspflichtig* und *kaum bewusstseinsfähig*. Diese Ebene ist im und für den Sport besonders wichtig, weil hier die eigentliche Bewegungsregulation mit z. B. feindifferenzierten Bewegungen wie der Variation von Entfernungen oder Widerständen (Bedeutung des kinästhetischen Analysators), Selbstbeobachtungsprozessen oder der zum größten Teil unbewussten Gleichgewichtsregulation stattfinden. So muss sich beispielsweise ein kleines Kind das für das Laufen lernen notwendige Gleichgewicht erst mit hoher Konzentration und vielen Übungsversuchen „erarbeiten" (Anfänger), bevor das laufende Kind (Könner) die notwendige Gleichgewichtsregulation eher unbewusst organisiert. Diese Regulationsstufe ist nur durch regelmäßiges Üben bzw. Training erreichbar. Eine zweckentsprechende, d. h. der Situation angepasste Präzisierung und Variation des Bewegungsentwurfs gelingt nur einem Sportler mit einem hohen Könnensstand und Erfahrungen, wobei die Stufe der *Automation* angestrebt wird.

Obwohl nur schwer von den bereits genannten Regulationsebenen abgrenzbar, wird aus sportmotorischer und besonders trainingspraktischer Sicht eine weitere Ebene unterschieden: die **perzeptiv-begriffliche Regulationsebene**. Sie nimmt zwischen der intellektuellen und sensomotorischen Regulationsebene nicht nur eine „Zwischenstellung", sondern eine bedeutende „Mittlerrolle" ein. So werden auf dieser Ebene Handlungs- und Bewegungsaspekte reguliert, die z. T. dem Sportler *voll bewusstseinspflichtig* sind. Dies soll an einem Beispiel erläutert werden. Beim Windsurfen z. B. ändern sich plötzlich Windstärke und -richtung, die Korrekturen beim Anstellen des Riggs an den Wind erfordern. Demgegenüber ist aber in diesem Moment dem *erfahrenen* Surfer die Stellung der Füße auf dem Board *kaum* oder *gar nicht (mehr) bewusst*. Es handelt sich bei den Regulationsansprüchen um so genannte *Zwischenzustände*, die sehr oft in den situativen Sportarten auftreten bzw. vom Sportler abverlangt werden. Da auf dieser Regulationsebene auch ein hoher *Veranschaulichungsgrad* erreicht werden kann, werden hierüber *Bewegungsbeobachtungen* (Lehrerdemonstration) und die *(bildliche) Verarbeitung* von *Anschauungsmitteln* und *Metaphern* (bildhafte Vergleiche und Gleichnisse) reguliert. Auf dieser Ebene finden im Sport also permanent Handlungs- bzw. Bewegungsregulationsprozesse statt, wobei die *„inneren" Analysatoren* dabei eine besondere Bedeutung erlangen (vgl. Kap. 3.3).

Die Kenntnis von den Regulationsebenen und ihrer Differenzierung ist insbesondere dann von großer Bedeutung, wenn eine methodische Einflussnahme auf die Regulationsprozesse notwendig wird. Dies ist immer dann der Fall, wenn *gelernt* und *korrigiert* wird. So haben die mit unterschiedlichen Bewusstseinsanteilen ablaufenden Prozesse im Sport auch unterschiedliche „Zugänge", wodurch man sie beeinflussen kann. Dies drückt sich konkret in der *Mittel- und Methodenwahl* aus.

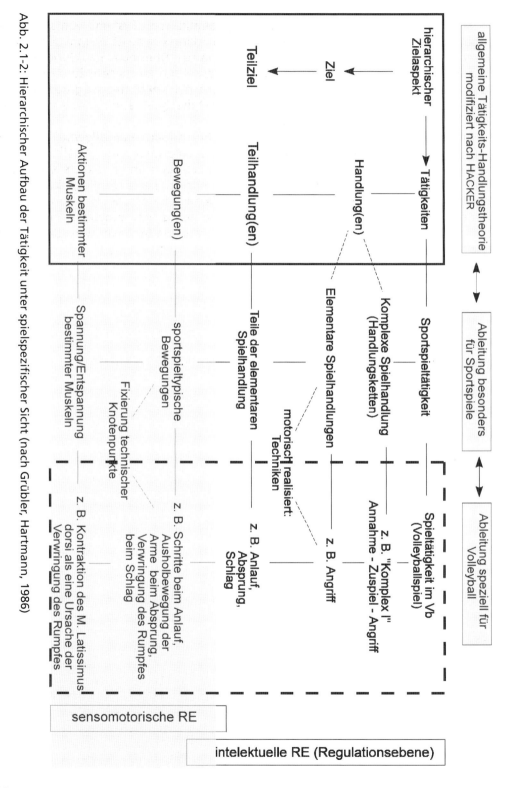

Abb. 2.1-2: Hierarchischer Aufbau der Tätigkeit unter spielspezifischer Sicht (nach Grübler, Hartmann, 1986)

Betrachtet man den Menschen als ein „kompliziertes System" von sich selbst regulierenden und selbst steuernden Prozessen, dann erscheint es sinnvoll und notwendig, den Zugang zu den Funktionsmechanismen über eine *Strukturierung* der Verhaltensaspekte bis hin zu den Bewegungsaspekten zu suchen. Eine *Hierarchie* (Ordnung) ist hierbei ableitbar, wobei die Ebene der **Verhaltensregulation** allen anderen Hierarchieebenen *übergeordnet* ist und die Qualität und das Niveau einer (sportlichen) Leistung insgesamt bestimmt.

In der Abbildung 2.1-2 wird der hierarchische Aufbau einer *allgemeinen Tätigkeit*, einer *Sportspielhandlung* und einer *Volleyballhandlung* dargestellt. Des Weiteren wird eine Zuordnung der *bewusstseinspflichtigen* und *bewusstseinsfähigen* Anteile über die Regulationsebenen vorgenommen. Regulationsaspekte ab der Stufe der Bewegungen abwärts unterliegen demnach der unbewussten oder unterbewussten Kontrolle. Die in diesem Zusammenhang notwendigen Funktionsmechanismen in den weiteren Subsystemen wie z. B. die Stoffwechselprozesse sind *nicht bewusstseinsfähig.*

2.2 Psychische Handlungskomponenten

Die erfolgreiche Bewältigung sportmotorischer Anforderungen setzt einerseits eine hohe Ausprägung allgemeiner Persönlichkeitsmerkmale (Einstellungen, Motive, moralische Qualitäten u. a.) voraus, andererseits muss der Sporttreibende aber auch über spezielle *psychische Leistungsvoraussetzungen* verfügen, die es ihm ermöglichen, seine sportlichen Handlungen in der Planung und im Vollzug zu regulieren.

Zum besseren Verständnis der folgenden Ausführungen werden Handlungsregulation und Bewegungsregulation zunächst näher gekennzeichnet.

Handlungsregulation steht für einen komplexen psychischen Prozess, der durch die Bereitschaft und Befähigung des Menschen gekennzeichnet ist, ein persönlich akzeptiertes Ziel durch aktives, vornehmlich *bewusstes* Handeln zu realisieren. Dazu muss er sich in einen „günstigen leistungswirksamen Zustand" versetzen, um spezifische Anforderungen (z. B. Bewegungsanforderungen) besser lösen zu können. Sportliche Handlungen im Training und Wettkampf sind in übergreifende Tätigkeiten und Tätigkeitsziele eingebunden (z. B. das Ausführen einer komplexen Sportspielhandlung, Handlungskette, vgl. Abb. 2.1-2).

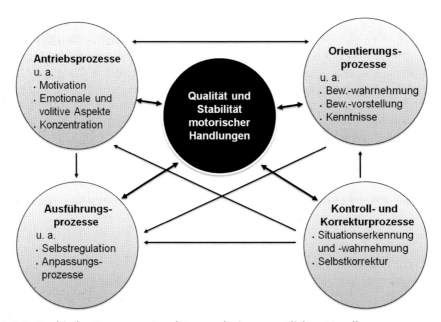

Abb. 2.2-1: Psychische Komponenten (Prozesse) einer sportlichen Handlung

Bewegungsregulation kennzeichnet das Zusammenwirken *bewusster* und *unbewusster* Prozesse bei der Vorbereitung, Ausführung, Kontrolle und Bewertung eines Bewegungsablaufs. Bewegungsregulation ist nicht nur auf *sensomotorische Prozesse* der automatisierten Bewegungsausführung reduziert, sondern umfasst alle hierarchisch ineinander greifenden psychischen Regulationsebenen, die den

Vergleich zwischen internen Bewegungsmodellen, die Reflexion über den Handlungsverlauf bzw. das -resultat und nicht-bewusstseinsfähige Rückkopplung beinhalten. Wesentliche Ansätze zur Verbesserung der Bewegungsregulation werden im Bewusstmachen und in der Nutzung bewusst gemachter *taktil-kinästhetischer* und *propriozeptiver* Informationen gesehen.

Ausgehend von einem *tätigkeitsorientierten Handlungskonzept* lassen sich die psychischen Komponenten für einzelne Handlungsprozesse in ihrer wechselseitigen Verflochtenheit darstellen (Abb. 2.2-1).

In der Abbildung 2.2-1 wird deutlich, dass bei der Bewältigung sportmotorischer Anforderungen *psychische Komponenten* wirksam werden, die den Handlungsverlauf und das -ergebnis in Qualität und Stabilität maßgeblich beeinflussen und die somit im Übungs- und Trainingsprozess von Trainer und Sportler einerseits zu *bedenken* und andererseits *planmäßig und bewusst auszubilden* sind. Eine anforderungsgerechte und situativ zweckmäßige Lösung spezifischer Bewegungsaufgaben erfordert die zielgerichtete Ausbildung der Bewegungsregulation in ihren *motorischen und psychischen* Anteilen als eigenständige Aufgabe des Übens und Trainierens.

Antriebsprozesse

Für die Ausprägung einer hohen Lern- und Leistungsbereitschaft stellen zunächst zweckentsprechende *Motive* eine notwendige aber nicht hinreichende Voraussetzung dar, damit der Sportler *antriebswirksam* eine *hohe Lernaktivität* entfalten kann. Ebenso spielen neben einer *emotionalen Stabilität* **volitive** (willentliche) Aspekte eine bedeutende Rolle bei der Aufrechterhaltung der Lern- und Leistungsaktivität (*Mobilisation*). Besonders Lernanfänger sind auf eine *bewusste Konzentration und Aufmerksamkeit* im Lernprozess zu orientieren, damit die hohen *Leistungszielstellungen* realisiert werden können. Eine Aufgaben bezogene Konzentrationsentwicklung und -anwendung sind Ausdruck für einen optimalen Verlauf kognitiver und emotionaler Prozesse sowie sensomotorischer Abläufe auf dem Hintergrund eines spezifischen zentralnervalen Aktivitätsniveaus. Die *konzentrativen Anforderungen* ergeben sich aus der Diskrepanz zwischen der sportlichen Aufgabenstellung und den psychischen Voraussetzungen der Sportler, die für das Lösen der Aufgaben notwendig sind. Die Anforderungen können nach der *Gerichtetheit* der Konzentration, nach dem *Zielbezug* und nach der *Dauer* sowie *Intensität* unterschieden werden (Abb. 2.2-2).

Orientierungsprozesse

Zur Initiierung und zunehmenden Optimierung des Lernprozesses sind dem Sportler *Kenntnisse* zu vermitteln, die unter Nutzung des *motorischen Gedächtnisses* zum Auffüllen des Wissensbestandes über z. B. Zielfertigkeiten (Annäherung an *Leitbilder*), aber auch Lösungspläne und -wege (Strategien) führen. *Bewegungswahrnehmungs- und -vorstellungsprozesse*, aber auch das „Bewegungsgefühl", lassen sich beim Lernenden auf diese Weise *sensibilisieren*, auf deren Grundlage der Sportler zunehmend *denk- und entscheidungsfähiger* wird. Der **Sprache** ist in diesem Zusammenhang eine bedeutende Rolle zuzusprechen.

Ausführungsprozesse

Damit der Lernende zunehmend *entscheidungsstabiler* und im *Denken rationaler* wird, stellen die Ausführungsprozesse die Grundlage für die gewünschten mentalen *Anpassungs- und Umstellungsvorgänge* dar. Mit zunehmender Stabilität tragen sie zur besseren *Selbstregulation* bei und bilden die Voraussetzung für die *Selbstkorrektur*.

Kontroll- und Korrekturprozesse

Eine Verbesserung in den Kontroll- und Korrekturprozessen bildet die Grundlage für eine fokussierte und differenzierte *Situationserkennung* und *Bewegungswahrnehmung*. Unter Ausnutzung des *motorischen Gedächtnisses* (Erfahrungen) verbessert sich beim Lernenden die *Denk- und Entscheidungsfähigkeit*, wodurch sowohl die *Bewegungsausführung* differenzierter, genauer und zweckentsprechender in der motorischen Umsetzung und Situation wird, als auch die Fähigkeit zur *Selbstkorrektur* erhöht ist.

Abb. 2.2-2: Bestimmung der konzentrativen Anforderungen (modifiziert nach Frester, Wörz, 1998), abgeleitet aus dem Kompetenzmodell (vgl. Abb. 2-1)

Bei der Bewältigung sportlicher Anforderungen sind immer alle Handlungsprozesse miteinander verknüpft. Welche Handlungsprozesse bei der Anforderungsbewältigung dabei dominieren, hängt von der Anforderungs- und Leistungsstruktur der jeweiligen Disziplin, Sportart oder Sportartengruppe ab.

2.3 Sportpsychologische Einflussfaktoren

Das sportliche Handeln und Erzielen sportlicher Leistungen werden von unterschiedlichen psychischen Aspekten eines Sportlers befördernd oder aber auch hemmend mitbestimmt.

- *Versagensängste* z. B. bei einem Spiel entscheidenden Elfmeterschuss im Fußball können zu Unsicherheiten in der Bewegung und Misslingen des Schusses auch bei einem Profi führen.
- Die *Angst* vor dem Überwinden eines Hindernisses (z. B. der geforderte Hocksprung eines schwergewichtigen Schülers über den Sprungbock) stellt eine vom Sportlehrer ernst zu nehmende *Emotionsform* dar.
- Auch *Frust* oder *Verdruss* über eine ausbleibende Belobigung des überzeugenden Einzelnen, trotz Niederlage der eigenen Mannschaft in einem Handballturnier, oder die Vergabe einer schlechten Note, trotz größter Anstrengungsbereitschaft bei einer Leistungskontrolle im Sport, können die Leistungsbereitschaft und somit die Leistung negativ beeinflussen.

Diese psychischen Aspekte können neben vielen weiteren Anlässen im Sport die Ursachen für das Eintreten von **Ärger** beim Sportler sein, die nicht nur seine Konzentration, sondern auch die sportliche Leistungsfähigkeit beeinflussen.

Bei Ausbrechen des Ärgers hat dies meistens *soziale Folgen* und mündet nicht selten in unkontrollierten *Überreaktionen* in der eigenen Handlung, gegenüber anderer Sportler oder auch gegenüber dem Sportlehrer oder Trainer. Mitunter kann der vom Sportler positiv verarbeitete Ärger einerseits auch zu neuer Motivation und Leistungsbereitschaft führen und andererseits Energien freisetzen.

Aber auch das *Überbewerten* einer Situation in einem Wettkampf wie u. a.

- die nicht erwartete Überlegenheit des sportlichen Gegners in einem Zweikampf,
- schlechte und sich ständig ändernde Witterungsverhältnisse bei einer längeren Radfahrt durch das Gebirge oder
- das sinkende Vertrauen in die eigene Leistungsfähigkeit des Sportlers im Verlauf eines Marathonlaufs

empfindet der Sportler meist als belastende Situationen, die zur übermäßigen *Erregung*, zu *Angst* oder *Stress* führen können. Ein gewisses Maß an Erregung ist eine notwendige Voraussetzung, um eine gute sportliche Leistung erbringen zu können. Übersteigt die Erregung allerdings das Optimum, weil der Sportler die Situation höher bewertet als sein Vertrauen in seine eigene Leistungsfähigkeit ausfällt, sinkt diese.

Nun lassen sich auch nicht alle so genannten *Stressoren* durch entsprechende Trainingsprogramme beseitigen (u. a. Klima, Witterung), aber bei einer gezielten Hinlenkung und bewussten Wahrnehmung dieser Probleme kann ggf. die Einstellung des Sportlers bewusst gemacht und geändert werden. Ein optimaler psychoregulativer Zustand ist erreicht, wenn ein *Gleichgewicht* zwischen der Bewertung einer Aufgabenanforderung einerseits (Reiz) und dem Vertrauen in die eigene Leistungsfähigkeit andererseits hergestellt ist (Abb. 2.3-1).

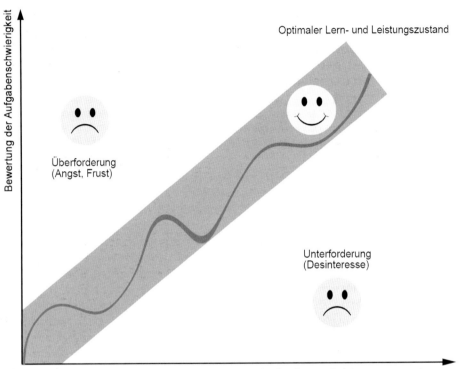

Abb. 2.3-1: Beziehung von individuellen Leistungsvoraussetzungen und Aufgabenanforderungen (nach Stoll, Ziemainz, 1999)

2.4 Sportarten und Sportartengruppen

Jede Sportart/Disziplin weist eine bestimmte Anforderungsstruktur auf, wonach typische Merkmalskriterien abgeleitet werden können. So werden die verschiedenen Sportarten bezüglich ihrer Gemeinsamkeiten und Ähnlichkeiten im Strukturgefüge sowie in den Leistungsanforderungen untersucht und betrachtet, um Sportartengruppen bilden zu können. Dies erleichtert die Ableitung zweckmäßiger Methoden zur Entwicklung der für die bevorzugte Sportart notwendigen physischen und psychischen Leistungsvoraussetzungen.

Tab. 2.4-1: Ordnungsvorschlag zu den Sportartengruppen

Sportartengruppen			
Ausdauer-sportarten	Kraft-/Schnellkraft-sportarten	Technisch-akrobati-sche Sportarten	Situative Sportarten

In der Gruppe der **Ausdauersportarten** werden all diejenigen Sportarten und Disziplinen vereint, in denen über eine

* umfangreiche *Dauer*,
* mit einem *hohem Energiebedarf* und
* mit *begrenzten* Anforderungen an die Vielfalt *sporttechnischer Fertigkeiten*

sportliche Leistungen vollbracht werden.

Dazu zählen z. B. Disziplinen des Laufens, Gehens, Schwimmens, Ruderns, Radsports und der Triathlon, und zwar immer dann, wenn es sich um *lange Distanzen* handelt, die bewältigt werden müssen. Typisch für diese Sportarten sind auch die ständig wiederkehrenden gleichen oder ähnlichen Bewegungen, die so genannten *zyklischen Bewegungen* (vgl. Kap. 5.5.1.1).

Kennzeichnend für die Sportarten und Disziplinen, die den **Kraft-/Schnellkraftsportarten** zugeordnet werden, sind z. B. ein

* *maximaler Energieeinsatz*, der es ermöglicht,
* *sehr schnell* und *plötzlich Kräfte* freizusetzen, damit die beabsichtigte
* *kurzzeitige* sportliche *Handlung*

gelingt.

Dies erfordert nicht nur eine erhöhte *Anstrengungsbereitschaft* und *Konzentration*, sondern auch die Fähigkeit beim Sportler, zum richtigen Zeitpunkt alle am Zustandekommen der sportlichen Handlung/Leistung beteiligten Funktionssysteme anzusteuern, d. h. zu *regulieren* und zu *koordinieren*. Gelingt dies nicht optimal, dann wäre z. B. der (Ball-, Diskus-, Speer-) *Wurf* und der *Kugelstoß* nicht so weit, der (Hoch-, Weit-, Drei-, Ski-) *Sprung* nicht so hoch oder weit und der *Boxschlag* nicht so hart und wirkungsvoll. Auch der Gewichtheber hätte Mühe, das anvisierte

Gewicht vollständig zu reißen oder zu stoßen. Wie diese Beispiele zeigen, sind die Kraft-/Schnellkraftsportarten überwiegend durch *azyklische Bewegungen* gekennzeichnet (vgl. Kap. 5.5.1.1).

In der Gruppe der **technisch-akrobatischen Sportarten** fällt es schwer, eindeutige Ordnungs- bzw. Klassifizierungskriterien festzulegen. Hier sind die verschiedenen Disziplinen des Gerätturnens und des Eiskunstlaufens, die Rhythmische Sportgymnastik, der Tanz, die Akrobatik, das Synchronschwimmen und das Wasserspringen einzuordnen – alles Sportarten, die für ihre Ausführung und Beherrschung die

- vielfältigsten *sporttechnischen Fertigkeiten* erfordern. Außerdem spielt meist die
- *Musik* eine Rolle, zu der entweder geturnt wird, oder die mit den Möglichkeiten des eigenen Körpers interpretiert wird.
- *Ideenreichtum*, *Ästhetik* und *Kreativität* sind genauso gefragt wie ein
- hohes Ausprägungsniveau an *koordinativen Fähigkeiten*.

Neben *Technikvielfalt* und *Koordinationsperfektion* werden in diesen Sportarten

- hohe Anforderungen an die *Kraftfähigkeiten* (Maximal- und Schnellkraft) gestellt, denn oft sind es gerade die hohen Sprünge im Kunstturnen, die die Sportart besonders attraktiv machen.

Eine eindeutige Abgrenzung zur Gruppe der Kraft-/Schnellkraftsportarten lässt sich aus dieser Sicht nur schwer treffen.

Abschließend seien noch die **situativen Sportarten** näher betrachtet. Bereits die Bezeichnung *situativ* kennzeichnet die hier einzuordnenden Sportarten. Es sind insbesondere alle *Spiel- und Zweikampfsportarten*, die hier vereint sind, da der Spieler und Zweikämpfer bei der Ausführung seiner sportlichen Handlungen vor sich meist *plötzlich ändernde Situationen* gestellt wird.

Nur mit

- *Ideenreichtum*,
- der Fähigkeit zum schnellen *Erkennen* der sich *permanent ändernden Situationen*,
- *Anpassungsvermögen* und *Umstellungsfähigkeit* auf die neu entstandenen Bedingungen,
- schnellen *Reaktionen*,
- hohem *Orientierungsvermögen* und der Fähigkeit,
- folgende Handlungen des *Gegners* sowie *Ballwege und -geschwindigkeiten* in den Spielsportarten *vorauszuahnen* und *vorwegzunehmen* (zu *antizipieren*) und adäquat zu agieren,

wird man als Sieger aus der Situation hervorgehen können.

Ist man allerdings **nicht** in der Lage, die

- vielen *sporttechnischen Fertigkeiten* in der entsprechenden Situation und mitunter über eine

- *nichtvorhersehbare Zeitdauer* (z. B. Volleyball oder Tennis)
- *variabel* anzuwenden und zudem
- *taktisch richtig* zu agieren,

wird wohl der Gegner der Sieger sein.

Außer den gekennzeichneten vielfältigen Anforderungen, die an Sportspieler und Zweikämpfer gestellt werden, benötigen sie im Vergleich zu anderen Sportlern ein erhebliches Maß an **technisch-taktischem Vermögen**, das ebenfalls ein Kennzeichnungsmerkmal ist.

In diese Sportartengruppe sind auch diejenigen Sportarten einzuordnen, die durch sich *ständig ändernde Umgebungsbedingungen*, die kaum bzw. nicht vorhersehbar sind, geprägt werden. Dazu gehören u. a.

- *veränderte Windbedingungen*, die Berücksichtigung bei den meisten Wasserfahrsportarten wie z. B. Segeln und Surfen finden müssen,
- *veränderte Wasserbedingungen* wie z. B. im Wildwasser-Kanu oder auch
- *veränderte Schnee- und Geländebedingungen* in den Schneesportarten.

2.5 Sportliche Leistung – Leistungssystem – Leistungsvoraussetzungen

Sportliche Leistung

Nicht immer steht das Erreichen von Best- oder Spitzenleistungen im Mittelpunkt sportlicher Betätigung, sondern die Ziele und Motive für Sporttreibende können sehr unterschiedlich sein. So vollbringt jeder *Sporttreibende* oder *Übende* in seiner sportlichen Tätigkeit *Leistungen*, unabhängig davon, ob sein Tun auf ein maximales Ergebnis ausgerichtet ist oder durch andere Ziele und Motive bestimmt wird. *Jede zielgerichtete, sportliche Tätigkeit stellt folglich auch das Erbringen einer sportlichen Leistung dar.*

Damit ist als sportliche Leistung z. B. bei einem Hochsprung nicht lediglich die gesprungene Höhe (*Ergebnis*) zu werten. Die Ausführung des Sprungs (*Vollzug*), einschließlich der Einstellung und der Leistungsbereitschaft des Sportlers, kennzeichnen diese Leistung ebenfalls.

Je nach Zielstellung und Motiv interessiert den Sporttreibenden dabei entweder mehr das Erreichen eines bestimmten Ergebnisses (z. B. ein Rekordsprung im Leistungssport), oder einfach nur die sportliche Betätigung an sich, wenn es z. B. um *Freude* oder *Spaß* am Sporttreiben (Aspekt des Freizeitsports) oder der *Gesunderhaltung* (Aspekt des Präventionssports) geht.

> **Die sportliche Leistung ist die Einheit von Vollzug und Ergebnis einer sportlichen Handlung bzw. einer komplexen Handlungsfolge, gemessen bzw. bewertet an bestimmten sozial determinierten Normen (Schnabel, Harre, Krug, 2008).**

Analysiert der Trainer nicht genau, wie eine Leistung zustande gekommen ist, kann er nicht erkennen, wie die entsprechende Handlung bzw. ihr Vollzug noch weiter verändert und entsprechend trainiert werden kann, um die Leistung weiter zu verbessern. Andererseits kann im Freizeit- und Gesundheitssport nichts über die Wirkung der Übungen oder des Trainings und Veränderungen in der Leistungsfähigkeit ausgesagt werden, wenn diese nicht regelmäßig überprüft wird, also konkrete Ergebnisse verglichen werden können.

Ob diese dann als gut oder schlecht einzuschätzen sind, hängt wiederum von vereinbarten Normen ab, die je nach *Tätigkeitsbereich* und individuellen Voraussetzungen sehr unterschiedlich sein können:

- Das Notensystem im Schulsport (in der Regel ausgerichtet auf Ergebnisbewertung),
- die Normen des Sportabzeichenprogramms,
- die Rekorde im Nachwuchsleistungs- und Spitzensport,
- die jeweiligen Rekorde z. B. auf Schul- oder Landesebene,
- die Vorgaben des Arztes und Sporttherapeuten oder
- die eigene bisherige Bestmarke.

Die Trainer, Sportlehrer oder Therapeuten müssen folglich immer *beide Aspekte* der erbrachten, sportlichen Leistung analysieren. Denn unabhängig davon, in welchem Bereich sie arbeiten, ob im Spitzensport, im Schulsport oder im Rehabilitationssport – Sporttreibende können sie nur erfolgreich anleiten und betreuen, wenn sie die Resultate sportlicher Handlungen als auch die Bedingungen für ihr Zustandekommen, also Ergebnis **und** Vollzug, in ihrer *Einheit* betrachten.

Leistungssystem

Für die verschiedenen Sportartengruppen und abgeleitet daraus für einzelne Sportarten wurden in der Vergangenheit diverse sportartspezifische *Leistungsstrukturmodelle* entwickelt, die als relativ „statische" Leistungssysteme anzusehen sind. Diese tragen hypothetischen Charakter und sind darauf ausgerichtet, die Komponenten (*Leistungsfaktoren*), die die sportliche Leistung mehr oder weniger stark bestimmen bzw. beeinflussen und somit von Trainer und Sportler zu beachten bzw. auszubilden sind, zu bestimmen.

Derartige Leistungsstrukturmodelle können zwar einen *groben Überblick* über die Leistungsanforderungen der Sportart bzw. Disziplin geben und eignen sich für das Ableiten von *langfristigen* Vorgaben von *Trainingskennziffern* bezüglich der auszubildenden Leistungsvoraussetzungen. Allerdings ist diese Sicht auf die sportliche Leistung eher „statisch" und vermag weniger, den im Sport *handelnden bzw. leistenden Menschen* in seiner *Komplexität* als eine so genannte **bio-psycho-soziale Einheit** mit seinen *dynamischen Strukturen* abzubilden. Insofern erscheinen das *Handlungskonzept* und das *Kompetenzmodell* besser geeignet, für den Sportler – in Abhängigkeit seiner *individuellen Ressourcen* (Eigenschaften, Fähigkeiten, Fertigkeiten), die durch sein (biologisches) *Alter*, sein *Geschlecht*, seinen *Ausbildungs- bzw. Entwicklungsstand* und seine *Sozialisationsbedingungen* geprägt sind – Trainingszielstellungen festzulegen und Trainingsmethoden abzuleiten. Diesem Ansatz soll im Folgenden weiter nachgegangen werden.

Der Vollzug einer konkreten sportlichen Handlung stellt ganz spezifische Anforderungen an den Sportler; die in seinem Organismus ablaufenden Prozesse sind folglich sehr unterschiedlich. Beispielsweise werden bei einem *Ausdauerlauf* besonders hohe Anforderungen an diejenigen Prozesse im Organismus gestellt, die für die Aufrechterhaltung einer kontinuierlichen *Energieversorgung* in der Muskulatur über *längere Zeit* verantwortlich sind. Beim *Basketball* geht es ebenfalls um eine längerfristige Energieversorgung der Muskulatur, allerdings mit *stark wechselnder Intensität*. Hinzu kommen vielfältige *koordinative Anforderungen* (z. B. zielgenau Zuspiele und Würfe auf den Korb), die es dem Spieler ermöglichen, in Abhängigkeit von der konkreten Spielsituation erfolgreich zu handeln.

Durch regelmäßiges Training bzw. Üben müssen vorrangig diejenigen Prozesse bzw. Funktionssysteme ausgebildet und angesprochen werden, die die Leistungsfähigkeit verbessern und die über das gewohnte Maß hinaus beansprucht werden. Beim *Ausdauerlauf* folglich vorrangig *energetische*, beim *Basketball energetische und informationelle Prozesse*.

Leistungsvoraussetzungen

Für ein zielgerichtetes und planmäßiges Trainieren ist es unumgänglich, diejenigen Prozesse und Funktionssysteme zu kennen, die dominierend am Zustandekommen der konkreten sportlichen Leistung beteiligt sind und die Grundlage für personale oder **motorische Leistungsvoraussetzungen** bilden.

Die durch Training und Üben besonders zu beeinflussenden Leistungsvoraussetzungen werden als **motorische Fähigkeiten** und **Fertigkeiten** bezeichnet, die entweder vorrangig **energetisch** oder **informationell determiniert** sind.

> **Motorische Fähigkeiten sind relativ verfestigte, in bestimmten Ausprägungen auch generalisierte, individuelle Leistungsvoraussetzungen für sportliche Tätigkeiten bzw. Handlungen, die durch Niveau und Qualitätsmerkmale psychischer und physischer Prozesse gekennzeichnet sind.**

> **Motorische Fertigkeiten sind weitestgehend automatisierte Komponenten der sportlichen Tätigkeit, die in variabel verfügbaren (sportlichen) Handlungen oder Teilhandlungen zum Ausdruck kommen. Sie dienen der Lösung eines Ziels oder Teilziels.**

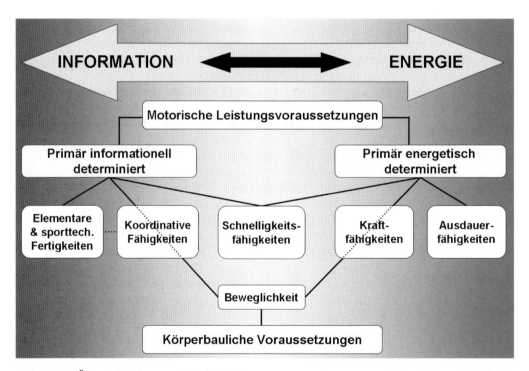

Abb. 2.5-1: Übersicht über motorische Leistungsvoraussetzungen und ihre Determiniertheit

Das System von motorischen Fähigkeiten und Fertigkeiten ist ebenfalls ein künstlich geschaffenes Klassifizierungsmodell von Leistungsvoraussetzungen, das es dem Trainer, Sportlehrer oder -therapeuten erleichtern soll, die während der sportlichen Tätigkeit im Organismus ablaufenden Prozesse zu erkennen und damit die Wirkung des Übens und Trainierens besser planen und ausrichten zu können. Je nach Tätigkeitsbereich ist es dabei erforderlich,

- motorische Fähigkeiten und Fertigkeiten stärker *zu differenzieren* (Nachwuchsleistungs- und Spitzensport),
- motorische Fähigkeiten und Fertigkeiten auf relativ hohem *Verallgemeinerungsniveau* auszuprägen (Schul- oder Freizeitsport) oder
- „verloren gegangene" Fähigkeiten und Fertigkeiten *wieder herzustellen* (Rehabilitationssport/Sporttherapie).

Es sollte bei dieser Betrachtungsweise aber nie vergessen werden, dass obige Leistungsvoraussetzungen nie allein oder isoliert in Erscheinung treten, sondern immer nur in ihrer *Einheit* wirken können.

Bevor die **komplexen personalen Leistungsvoraussetzungen**

- Kraftfähigkeiten,
- Schnelligkeitsfähigkeiten,
- Ausdauerfähigkeiten,
- koordinative Fähigkeiten
- Beweglichkeit und
- sporttechnische Fertigkeiten

in den Kapiteln 4 und 5 ausführlich bezüglich ihrer *motorischen Grundlagen* und *trainingsmethodischen Ableitungen* abgehandelt werden, sollen zunächst im Kapitel 2.6 die *körperbaulichen Voraussetzungen* eines Sportlers besprochen werden.

2.6 Konstitution

2.6.1 Begriffsbestimmung

Unter Konstitution wird im *weiteren Sinn* das *Erscheinungs-, Funktions- und Leistungsgefüge* eines Menschen verstanden, das durch *Erbanlagen, Umwelteinflüsse* und die *individuelle Sozialisation* (bei Sportlern vor allem durch das Training) geprägt werden. Im *engeren Sinn* werden im Sport die *körperbaulichen Voraussetzungen* als Konstitution bezeichnet.

Im Folgenden wird auf die Konstitution im **engeren Sinn** eingegangen.

Das sportliche Training kann zu einer deutlichen Veränderung des äußeren *Erscheinungsbildes* des Menschen führen (z. B. Muskelwachstum durch Krafttraining). Das verdeutlicht die hohe *Plastizität* (Formbarkeit) der Erbanlagen durch *äußere Einflüsse*. Bestimmte körperbauliche Voraussetzungen können förderlich, andere auch hemmend für eine gute Leistungsentwicklung sein. Die optimalen körperbaulichen Voraussetzungen werden von dem Leistungssystem der jeweiligen Sportart oder Disziplin bestimmt. In den verschiedenen Sportarten sind diese sehr unterschiedlich (vgl. den Körperbau von Ruderern, Turnern, Gewichthebern und Basketballspielern). Für *Rennkanuten* ist beispielsweise wegen der günstigeren Hebelverhältnisse eine *große Sitzhöhe* vorteilhaft, während im *Kanu-Slalom* Sportler mit *geringerer Sitzhöhe* Vorteile durch die niedrige Lage des Körperschwerpunkts und die dadurch bedingte höhere Stabilität des Bootes haben.

2.6.2 Konstitution und sportliche Leistungsfähigkeit

In einigen Sportarten sind die Leistungen so stark vom Körperbau abhängig, dass ein fairer Vergleich nur möglich ist, wenn die Sportler entsprechend ihres *Körpergewichts* in **Gewichtsklassen** eingeteilt werden und so im Wettkampf konkurrieren.

Bezieht man im *Gewichtheben* die erreichten Leistungen im Olympischen Zweikampf in den einzelnen Gewichtsklassen auf das Körpergewicht, so wird deutlich, dass die Sportler in den unteren Gewichtsklassen die wirklich „Starken" sind (Tab. 2.6-1). Ihre Zweikampfleistung beträgt mehr als das Fünffache ihres Körpergewichts, während Superschwergewichtler weniger als das Vierfache ihres Körpergewichts zur Hochstrecke bringen, wenn die relative Kraft (vgl. Kap. 4.1) betrachtet wird:

Relative Kraft = absolute Kraft : Körpergewicht

In den vier **Sportartengruppen** (vgl. Kap. 2.4) haben die konstitutionellen Merkmale für das Erreichen überdurchschnittlicher Leistungen sehr unterschiedliche Bedeutung.

Ein *schlanker Körperbautyp* (relativ geringes Körpergewicht in Bezug auf die Körperhöhe) ist in den *Ausdauersportarten* von Vorteil. Langstreckenläufer haben den niedrigsten Anteil Fett am Gesamtkörpergewicht; er beträgt nur 3 bis 4 %. Im Vergleich dazu haben Ruderer und Radsportler einen Fettanteil von 8 bis 10 %. Eine *große Körperhöhe* ist für Leistungen im *Rudern* und *Schwimmen* günstig. Hingegen sind im Straßenradsport oder Skilanglauf divergierende Körperbaumerkmale kein Hindernis für herausragende sportliche Leistungen.

Auch in den *Kraft- und Schnellkraftsportarten* sind die Leistungen wesentlich von den Körperbaumerkmalen abhängig. Auf den direkten Zusammenhang von Leistung und Körpergewicht im Gewichtheben wurde bereits hingewiesen.

Tab. 2.6-1: Absolute Kraft (Zweikampfleistung) und relative Kraft der Sieger der Olympischen Spiele 2008 im Gewichtheben

Gewichtsklassen	Olympischer Zweikampf	
	absolute Kraft	relative Kraft
Bantamgewicht (< 56 kg)	292,0 kg	5,21
Federgewicht (< 62 kg)	319,0 kg	5,15
Leichtgewicht (< 69 kg)	348,0 kg	5,04
Mittelgewicht (< 77 kg)	366,0 kg	4,75
Halbschwergewicht (< 85 kg)	394,0 kg	4,64
Mittelschwergewicht (< 94 kg)	406,0 kg	4,32
Schwergewicht (< 105 kg)	436,0 kg	4,15
Superschwergewicht (> 105 kg)	446,0 kg	3,72

Bei *Hochspringern* und *Werfern* ist die *Körperhöhe* eine leistungsbestimmende Voraussetzung. Die Wurfweite wird durch die Abwurfgeschwindigkeit bestimmt, die wiederum vom Beschleunigungsweg des Wurfgeräts abhängig ist. *Größere Körperhöhe* und *Armlänge* ermöglichen einen längeren Beschleunigungsweg. In den Wurfdisziplinen und im Kugelstoß ist die *Körpermasse* wesentlich, da sie im direkten Verhältnis zur Muskelmasse steht.

Hingegen gibt es in den *Sprintdisziplinen* keinen bestimmten Körperbautyp. Die Leistung ist gleichermaßen von *Schrittlänge* und *Schrittfrequenz* abhängig. Kleinere Sprinter können die geringere Schrittlänge durch eine höhere Schrittfrequenz kompensieren.

Leistungsbegrenzend ist der konstitutionelle Faktor in den *technisch-akrobatischen Sportarten*. Die Leistungen im *Gerätturnen* sind maßgeblich von der Rotationsgeschwindigkeit, beispielsweise der Bewegung der eigenen Körpermasse um den Körperschwerpunkt, abhängig. Diese steht in engem Verhältnis zur Körperhöhe. Die subjektive Bewertung der *Ästhetik* des Bewegungsablaufes erfordert *ausgewogene Körperproportionen*. An einzelnen Geräten treten Besonderheiten auf. Sportler mit längeren Armen haben beispielsweise Vorteile am Seitpferd, jedoch Nachteile an den Ringen. Eine *Hypermobilität* in den Gelenken ist typisch für diese Sportartengruppe.

Bei den *situativen Sportarten* muss hinsichtlich der Konstitution zwischen den Spiel- und Zweikampfsportarten unterschieden werden.

In den *Spielsportarten* stellt die *Körperhöhe* (Volleyball und Handball) eine wichtige Leistungsvoraussetzung dar. Basketballer haben in der Regel eine extreme Körperhöhe. Die Abhängigkeit der Leistung von der Körperhöhe ist in den einzelnen Spielen jedoch *positionsspezifisch*. Beispiele aus dem Fußball belegen das deutlich.

Durch die direkte Abhängigkeit der Leistung vom Körperbau in den *Zwei-kampfsportarten* kann ein fairer Wettkampf nur durch die Einteilung in *Gewichts-klassen* gewährleistet werden. So wird im Boxen in 12 Gewichtsklassen gestartet. Auch innerhalb einer Gewichtsklasse können körperbauliche Voraussetzungen die Leistung beeinflussen. Sportler mit langen Armen haben im Boxen durch die größere Reichweite bei den Schlägen Vorteile.

Optimale Körperbaumerkmale stellen jedoch nur **eine** günstige Voraussetzung für die Leistungsentwicklung dar, die in gewissen Grenzen durch andere Leistungsvoraussetzungen kompensiert werden kann. Die Leistungsentwicklung ist bei Kindern und Jugendlichen *altersabhängig*. Auch ohne Training entwickelt sich die Leistung (Reifung). Durch Übungseffekte kann diese Entwicklung forciert werden (Abb. 2.6-1).

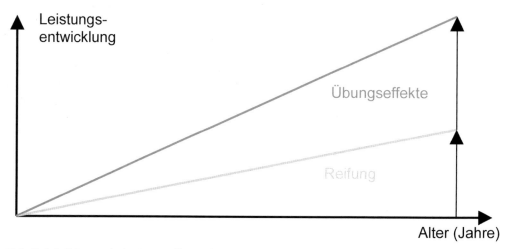

Abb. 2.6-1: Schematische Darstellung der Leistungsentwicklung getrennt nach Reifung und Übungseffekten in Abhängigkeit vom Alter

Dabei ist zu beachten, dass die Möglichkeit der Trainingseinwirkung vom Alter und Geschlecht des Sportlers abhängig ist. Für einzelne Fähigkeiten und auch sporttechnische Fertigkeiten gibt es in der Kindheit und Jugend jeweils günstige Altersperioden („sensible Phasen"), in denen ihr Training besonders effektiv ist (vgl. Kap. 3.1.7).

Innerhalb einer Altersklasse differiert die Entwicklung zwischen den einzelnen Individuen aber stark. Eine Ursache dafür ist, dass die biologische Entwicklung nicht synchron zum kalendarischen Alter verläuft. Diese Asynchronität tritt vor allem während der **Pubeszenz** auf. Eine beschleunigt verlaufende Entwicklung im Vergleich zur Entwicklungsnorm der Altersklasse bezeichnet man als *Akzeleration*. *Retardation* heißt dementsprechend eine verzögert verlaufende Entwicklung in Bezug auf die Altersnorm. Bei akzelerierten Sportlern setzt die körperliche Reifung früher ein und kommt auch eher zum Abschluss. Die körperbauliche Entwicklung als leistungsbeeinflussender Faktor ist Teil der Gesamtreifung und kann als äußerlich sichtbarer Indikator angesehen werden.

Im *Nachwuchsleistungssport* werden in den Altersklassen 12 bis 16 die besten Leistungen überwiegend von *akzelerierten Sportlern* erreicht. Häufig wird daraus auf eine besondere Eignung (Talent) für die Sportart geschlussfolgert. Richtig ist hingegen, dass *retardierte Sportler* den entsprechenden Leistungsschub durch die körperliche Reifung später haben und die Rückstände gegenüber den akzelerierten aufholen, wenn sie kontinuierlich trainieren (vgl. Abb. 2.6-2).

Zur Bestimmung des *biologischen Alters* wird die körperliche Reife als Resultat der anlage- und umweltbedingten Entwicklung anhand bestimmter Symptome erfasst und mit der dem jeweiligen kalendarischen Alter entsprechenden „Norm" verglichen.

Die Verfahren sind prinzipiell in *drei Bereiche* einzuteilen:

- Verfahren, denen die Vorgänge der *Verknöcherung des Skeletts* zugrunde liegen. Die entsprechenden Methoden beruhen auf der zunehmenden Verknöcherung der knorpeligen Anteile des menschlichen Skeletts, die zwischen dem 18. und 22. Lebensjahr zum Abschluss kommt. Basis der Einschätzung bildet der Vergleich eines Röntgenbildes mit einem altersgemäßen „Normalbild".
- Verfahren, die auf der Beurteilung der Vorgänge der *sexuellen Reifung* beruhen. Bei ärztlichen Untersuchungen wird der Hormonstatus ermittelt, einfachere Verfahren beschränken sich auf die Beurteilung des Entwicklungsstandes der sekundären Geschlechtsmerkmale.
- Verfahren, die sich auf die *entwicklungsbedingten Proportionsänderungen* des Körperbaus beziehen.

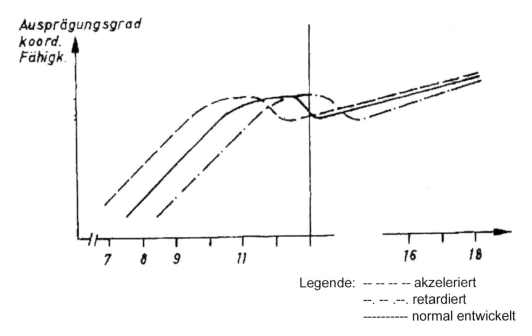

Legende: -- -- -- -- akzeleriert
-- . -- . --. retardiert
--------- normal entwickelt

Abb. 2.6-2: Ausprägungsgrad der koordinativen Fähigkeiten bei Jungen in Abhängigkeit vom biologischen Alter (Sharma, Hirtz, 1991)

Letztere Verfahren basieren auf der Tatsache, dass im Entwicklungsverlauf (**Ontogenese**) typische Veränderungen der Relationen der Körperbaumerkmale auftreten. Diese Veränderungen betreffen insbesondere das Verhältnis von *Körperhöhe* und *Körpergewicht* (vgl. Kap. 3.1.5), das sich bis zum Ende des 2. Gestaltwandels regelhaft ändert. Sowohl während des 1. als auch des 2. Gestaltwandels kommt es zuerst zu einem *Längenwachstum* (Streckphase) und danach zu einer *Körpergewichtszunahme* (Füllphase). Die Regelhaftigkeit des Auftretens dieser Relationen wird zur Bestimmung des biologischen Alters genutzt.

Dazu werden Körperbaumerkmale mittels *anthropometrischer Messungen* erfasst (Längen- und Umfangsmaße). Dies ist ohne großen Aufwand durchführbar. Die Sicherheit dieser biologischen Altersbestimmung ist mit den vorangehend beschriebenen Verfahren vergleichbar. Anthropometrische Verfahren werden im Nachwuchsleistungssport bevorzugt eingesetzt.

Eine besondere Bedeutung hat die Bestimmung des *biologischen Alters* für die Prognose der *Finalkörperhöhe*. Unter Finalkörperhöhe ist diejenige Körperhöhe zu verstehen, die nach Beendigung der Reifung als Erwachsener erreicht wird. Ihre Prognose spielt eine besondere Rolle bei der Talentbestimmung (vgl. Kap. 3.6) in Sportarten, bei denen die Leistung wesentlich durch die Körperhöhe beeinflusst wird. Unter Berücksichtigung der biologischen Entwicklung kann die Finalkörperhöhe mit hoher Sicherheit prognostiziert werden.

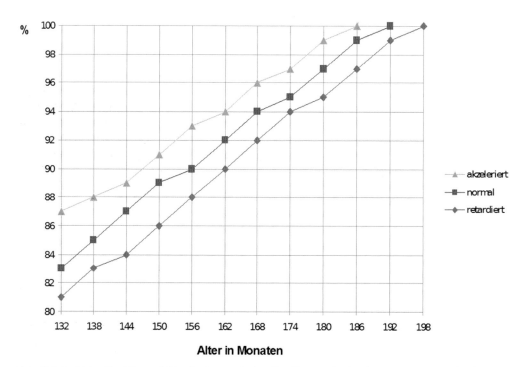

Abb. 2.6-3: Aktuelle Körperhöhe in Prozent der Finalkörperhöhe (Jungen 11-17 Jahre)

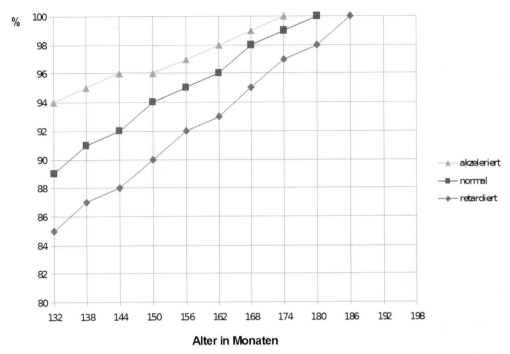

Abb. 2.6-4: Aktuelle Körperhöhe in Prozent der Finalkörperhöhe (Mädchen 11-15 Jahre)

In den Abbildungen 2.6-3 (Jungen) und 2.6-4 (Mädchen) sind die Entwicklungsverläufe der Körperhöhe dargestellt. Entsprechend des kalendarischen und biologischen Alters werden bestimmte Anteile der Finalkörperentwicklung (in Prozent) erreicht. Im Alter von 12 Jahren (144 Monaten) haben z. B. normal entwickelte Mädchen 92 % ihrer Finalkörperhöhe erreicht, während bei retardierten dieser Wert erst bei 87 % liegt. Nach der Bestimmung des biologischen Alters kann aus den Prozentwerten die Finalkörperhöhe errechnet werden, die mit hoher Sicherheit als Erwachsener erreicht wird.

Kontrollfragen und Aufgaben

1. Welche Bedeutung hat der Sport für die *Persönlichkeitsentwicklung* des Menschen? Gehen Sie auf die Einheit von biologischen, sozialen und psychischen Aspekten ein.

2. Auf welchen *psychischen Regulationsebenen* werden sportliche Handlungen/ Bewegungen reguliert? Worin unterscheidet sich diesbezüglich der *Lernanfänger* vom *Fortgeschrittenen*?

3. Ordnen Sie eine *selbst gewählte sportliche Handlung* den allgemeinen, hierarchischen Zielaspekten *Tätigkeit, Handlung* und *Bewegung* zu.

4. Inwiefern nehmen *motivationale* und *emotionale Prozesse* Einfluss auf das Erlernen und Ausführen sportlicher Bewegungen?

5. Ordnen Sie die von Ihnen betriebene *Sportart/Disziplin* einer *Sportartengruppe* zu und arbeiten Sie die *Besonderheiten* heraus, die an das Erlernen und Ausüben dieser Sportart/Disziplin gestellt werden.

6. Warum ist eine *sportliche Leistung* aus trainingsmethodischer Sicht immer in *Einheit* von Vollzug und Ergebnis einer sportlichen Bewegung zu bewerten?

7. Worin unterscheiden sich *motorische Fähigkeiten* von motorischen *Fertigkeiten*?

8. Begründen Sie den Einfluss *körperbaulich-konstitutioneller Merkmale* auf die Leistung in Ihrer Spezialsportart. Stellen Sie *leistungsfördernde* und *leistungsbegrenzende Merkmale* gegenüber.

9. Interpretieren Sie den im nachfolgenden Diagramm (Abb. 2.6-5) dargestellten *Zusammenhang* zwischen der *Leistung* im Kugelstoßen und der *biologischen Entwicklung* 12-jähriger Jungen. Erarbeiten Sie daraus einen Vorschlag für die *Leistungsbewertung* unter Berücksichtigung der gegebenen Bedingungen.

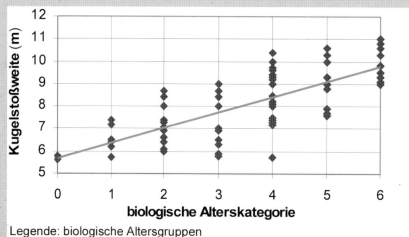

Legende: biologische Altersgruppen
0 = extreme Spätentwickler
3 = Normalentwickler
6 = extreme Frühentwickler

Abb. 2.6-5: Leistung im Kugelstoßen in Abhängigkeit vom biologischen Alter (Jungen, 12 Jahre)

3. Bewegungs- und trainingswissenschaftliche Grundlagen

3.1 Motorische Ontogenese

Sport zu verstehen und Sport selbst erfolgreich ausüben zu können, bedarf auch der vielfältigen Kenntnisse über die Entwicklung und den Entwicklungsverlauf des Sport treibenden Individuums. Dass sich ein Mensch im Laufe des Alternsganges – vom Kind – über den Jugendlichen – zu einem Erwachsenen – in seinem Aussehen, seiner Statur und seiner Leistungsfähigkeit verändert, ist bekannt und lässt sich gut beobachten. *Welche* der Einflussgrößen, in *welcher Zeit* und mit *welcher Intensität* auf die motorische Entwicklung niederschlagen, war und ist elementarer Gegenstand der Forschungen zur Sportmotorik. Aus diesen vielfältigen Erkenntnissen und Beobachtungen sollen im nachfolgenden Abschnitt diejenigen ausgewählt und erörtert werden, die insbesondere auf die sportmotorische Entwicklung im *späten Kindesalter* und im *Jugendalter* Einfluss ausüben können.

So stellen *Kinder und Jugendliche* selbst fest, dass sich die motorische Leistungsfähigkeit zwischen *Mädchen* und *Jungen* unterscheidet und mit fortschreitender Entwicklung verändert. Sie stellen Fragen, die auch für den Sportlehrer und Trainer von Interesse sind wie z. B.:

- Worin, wodurch und zu welchen Zeitpunkten unterscheidet sich das Ausprägungsniveau motorischer Fähigkeiten und Fertigkeiten bei Mädchen und Jungen?
- Welche geschlechtsspezifischen Besonderheiten in der motorischen Entwicklung gibt es?
- Auf welche Trainings- und Entwicklungsreize sprechen Mädchen und Jungen, Kinder und Jugendliche in welchem Alter am besten an?
- Auf welche Übungen und Methoden sollte man beim Sporttreiben in Abhängigkeit der biologischen Reifung und Entwicklung generell oder zwischenzeitlich besser verzichten?
- Warum verliert das vormals sportbegeisterte Kind plötzlich das Interesse am Sporttreiben?

Befindet sich das Kind oder der Jugendliche in einem *leistungssportlichen Training* in einer Sportart oder Disziplin sollte man außerdem Antworten auf folgende Fragen haben wie:

- Mit welchen (körperbaulichen) Voraussetzungen eignet man sich besonders für ein Training in einer bestimmten Sportart oder Disziplin?
- In welchem Alter ist man zum Erzielen von Höchstleistungen in der Lage und wann sollte man dafür mit einem spezifischen Training beginnen?

- Welche Trainingsmethodik und Belastungsgestaltung zum Aufbau langfristiger und fundamentaler Leistungsvoraussetzungen ist alters- und entwicklungsgemäß?
- Wie können Fehlbelastungen im Training eines in der biologischen Reifung befindlichen Jugendlichen vermieden werden?
- Wie wirken sich Umgebungsbedingungen auf den Organismus bzw. die Leistungsentwicklung aus?
- Warum verhalten sich die Menschen vor und während eines Wettkampfes so unterschiedlich und wie kann man sie optimal auf einen (Wettkampf-)Höhepunkt vorbereiten?

Ohne alle aufgeworfenen Fragen nachfolgend ausführlich beantworten zu können, sollen die weiteren Ausführungen von folgenden Fragestellungen geprägt sein:

1. Durch welche Aspekte und Prozesse wird die motorische Entwicklung des Menschen (positiv oder negativ) beeinflusst?
2. Wie verhält und verändert sich die motorische Entwicklung und Leistungsfähigkeit im Laufe des Alternsganges?
3. Wie lässt sich die motorische Entwicklung in ausgewählten Altersbereichen durch Üben und Trainieren positiv beeinflussen?

3.1.1 Grundvorgang und Begriffsbestimmung

Unter Ontogenese ist im Allgemeinen die Individualentwicklung eines Menschen im gesamten Lebenszeitraum, d. h. von der Befruchtung der Eizelle bis zum Zeitpunkt des Ablebens zu verstehen.

Unter **motorischer Ontogenese** im Besonderen wird die lebenslang-altersbezogene Individualentwicklung des Menschen hinsichtlich unterscheidbarer, aber untrennbar miteinander verbundener Teilbereiche verstanden.

Motorische Ontogenese umfasst die Individualentwicklung sowohl von motorischen Fähigkeiten (Kraft, Ausdauer, Schnelligkeit, Koordination, Beweglichkeit), elementaren Bewegungsformen (u. a. Gehen, Laufen, Werfen, Springen), sportmotorischen Fertigkeiten und sportlichen Techniken (u. a. Formen des Hochspringens, Disziplinen des Schwimmens), als auch Verhaltensweisen.

Diese individuelle Entwicklung des Menschen betrifft nicht nur seine Evolutionsprozesse, im Sinne von Höher- und Weiterentwicklung, sondern auch die im Rahmen des Alternsganges typischen Involutionsprozesse, d. h. Stagnation und Rückbildung.

Obwohl die im Menschen ablaufenden Entwicklungsprozesse immer ganzheitlich wirken und kaum detailliert wahrnehmbar sind, sollen im Folgenden die verschiedenen Prozesse, die Einfluss auf die motorische Entwicklung nehmen, dargestellt werden.

3.1.2 Teilprozesse der motorischen Ontogenese: Interaktionistischer Ansatz

Aus entwicklungspsychologischer Sicht ist der sich individuell entwickelnde Mensch als ein sowohl *fremd-*, als auch *eigen bestimmtes Wesen* zu begreifen. Fremdbestimmt dadurch, dass im Organismus **Reifungsprozesse** stattfinden, die den Menschen im Laufe des Altersganges mehr und mehr zum (sportlichen) Handeln befähigen und somit seine Leistungsfähigkeit mitbestimmen. Im umgekehrten Sinne sind diese psycho-physischen Funktions- und Organveränderungen im höheren Alter auch die Ursache für eine fortschreitende Leistungsminderung.

Als Ausdruck dieser Reifungsprozesse seien die für den Betrachter des heranwachsenden Kindes bzw. Jugendlichen deutlich sichtbaren **Körperwachstums**-Veränderungen genannt. So hat sich z. B. bei einem vierjährigen Kind die Geburtsgröße annähernd verdoppelt und das Geburtsgewicht verfünffacht. Bis zum etwa zehnten Lebensjahr nimmt die Körperhöhe um jährlich ca. 5 cm zu, bis zum 17./18. Lebensjahr wachsen die Mädchen und Jungen noch jährlich etwa 1 bis 2 cm.

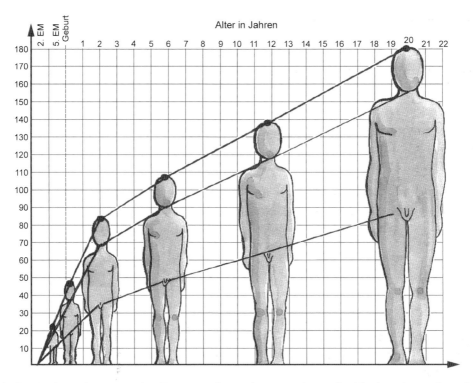

Abb. 3.1-1: Veränderungen der Körpergröße und -proportionen im Kindes-, Jugend- und frühen Erwachsenenalter (nach Demeter, 1981)

Ebenfalls Reifungsprozessen unterworfen ist das menschliche **Nerv-Muskelsystem**, in Abhängigkeit des Entwicklungsstandes des Nervensystems. So entwickeln sich in den ersten beiden Lebensjahren Nervenzellen, Faserverbindungen, Struktur und Funktionsweise des Zentralnervensystems. Die motorischen Zentren der Großhirnrinde und die Pyramidenbahnen sind beim Neugeborenen noch nicht arbeitsfähig und seine Bewegungen werden insbesondere über die Stammganglien (subkortikale Zentren) gesteuert, die ihn lediglich zu unbedingten (angeborenen) Reflexen befähigen. Durch eine zunehmende Entwicklung der Nervenzellen und Vernetzung des Zentralnervensystems ändert sich das Verhalten des Kleinkindes dahingehend, dass die vorherrschende *Reflexmotorik* weitestgehend durch *Willkürmotorik*, d. h. bewusst gesteuerte Handlungen, abgelöst wird (vgl. Kap. 3.2).

Körperliches Wachstum und Reifungsprozesse werden in einem nicht unerheblichen Maße auch durch **Erbanlagen/Gene** mitbestimmt. Beispielsweise wird die individuelle *physische* wie auch *konstitutionelle Entwicklung* des Menschen durch Erbanlagen geprägt, die sich nachdrücklich u. a. in der endgültig erreichten *Körperhöhe* oder auch im *Wachstumstempo* niederschlagen. Nicht selten wurden daher von Entwicklungsverläufen der Eltern auf deren Kinder geschlossen und Eignung oder Nichteignung für das leistungssportliche Training in bestimmten Sportarten oder Disziplinen abgeleitet. Dieses Eignungskriterium erwies sich jedoch als sehr ungenau.

Insgesamt ist dem ererbten *physischen Potenzial* eine unterschiedliche Bedeutung beizumessen: So kommt ihm eine untergeordnete Rolle bei der Mehrheit der normal entwickelten und nicht auf das Erreichen sportlicher Höchstleistungen orientierten Menschen zu. Bedeutend sind bzw. waren die Erbanlagen für all jene Menschen, die durch das Erbgut verursachte Schädigungen haben und mit Behinderungen leben müssen. Nach einer exakten Analyse der vorherrschenden Bedingungen lässt sich jedoch in vielen Fällen durch eine gezielte Bewegungs- und Sporttherapie, d. h. durch wirksame Interventionsmaßnahmen, der Behinderung begegnen und Erleichterung für die Betroffenen schaffen.

Sehr wesentlich sind Erbanlagen für all diejenigen Menschen, die nach sportlichen Höchstleistungen streben. Nicht nur bestimmte, erblich determinierte Körperhöhen sind in manchen Sportarten leistungsentscheidend: Für den *Basketballsport* eignen sich besonders sehr große Spieler, während man als *Kunstturner* mehr Vorteile mit einer geringeren Körperhöhe hat (vgl. Kap. 2.6).

Auch das genotypisch determinierte *Muskelfaserspektrum* (Anteiligkeit der schnell- und langsam-kontrahierenden Fasern) oder bestimmte *Temperamenteigenschaften* stellen durchaus eignungsspezifische Kriterien mit hoher Relevanz für eine Sportart oder -disziplin dar.

Die motorische Ontogenese, die durch Erbanlagen mitbestimmt wird und den bereits gekennzeichneten Reifungsprozessen unterliegt, ist außerdem abhängig von **Umwelt- und Sozialisationsbedingungen**.

So haben günstige *Übungs- bzw. Lernbedingungen* und das *Anregungsmilieu* wie Spielgeräte und Spielplätze mit „bewegungsauffordernderm Charakter" positive Rückwirkungen auch auf die Reifungsprozesse. Das *soziale Milieu*, in dem das Kind/der Jugendliche aufwächst, die *familiäre Situation*, die eigene *Schul- und Berufsbildung*, die *Wohngegend* (Stadt/Land), ja selbst das eigene Kinderzimmer mit seinen Bewegungsmöglichkeiten, beeinflussen die motorische Entwicklung. Darüber hinaus wächst der Mensch in einer *sozialen Welt* auf, die gekennzeichnet ist durch unterschiedliche Sitten, Bräuche und Lebensstile, die Verhaltensmuster und Normen hervorrufen, und die wiederum als *externe* Faktoren entwicklungs- und verhaltensprägend sind.

In jeder Gesellschaft werden den Menschen bestimmte „Altersrollen" zugeordnet, die sich in den verschiedenen Lebensaltern in bestimmten Handlungsweisen, Rechten und Pflichten ausdrücken: z. B. Einschulung, Rechts- und Ehemündigkeit oder auch Pensionierung. Sie stellen mehr oder weniger verbindliche und orientierende Erwartungen und Chancen für ein alterstypisches Handeln dar und sind mit unterschiedlicher sozialer Wertschätzung (Altersstufen-Status) verbunden (vgl. Kap. 1).

Diese Umwelt- und Sozialisationsbedingungen wirken auf die motorische Entwicklung des Menschen so lange „fremd bestimmend", bis der Betroffene durch **Selbststeuer- und -regelprozesse** seine eigene Entwicklung „in die Hand nimmt" bzw. nehmen kann und durch **Üben und Lernen** die individuelle Persönlichkeit prägt. Insbesondere das selbstständige sportliche Handeln avanciert zu einem wesentlichen Faktor bei der motorischen Ontogenese und zu einem leistungsentscheidenden Faktor bei der sportmotorischen Entwicklung. Eine gezielte sportliche Ausbildung setzt einerseits *Lernbereitschaft* des Betroffenen voraus, andererseits wird sie durch Sportpädagogen (Trainer, Sportlehrer, Übungsleiter) initiiert und methodisch geführt.

Die Prozesse, die die motorische Ontogenese des Menschen bestimmen und beeinflussen und untereinander in Beziehung stehen (Interaktion), lassen sich *modellhaft* wie in der Abbildung 3.1-2 zusammenfassen.

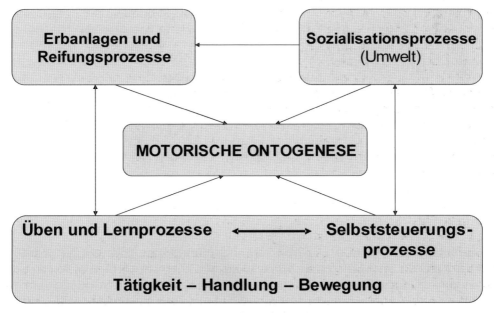

Abb. 3.1-2: Die motorische Ontogenese beeinflussende Prozesse

3.1.3 Entwicklungsphasen in der motorischen Ontogenese

Tab. 3.1-1: Entwicklungsphasen in der Ontogenese des Menschen und deren typische motorische Erscheinungsformen (Winter, Hartmann, 2007)

Entwicklungsphase	Altersspanne (Lebensjahre; -monate)	Motorische Erscheinungsform Phase der...
Pränatale Phase	Konzeption bis Geburt	vielfältigen Reflexbewegungen
Frühes Säuglingsalter	Geburt bis 0;03	ungerichteten Massenbewegungen
Spätes Säuglingsalter	0;03 bis 1;00	Aneignung erster koordinierter Bewegungen
Kleinkindalter	1;00 bis 3;00	Aneignung vielfältiger Bewegungsformen
Frühes Kindesalter	3;00 bis 6/7	Vervollkommnung vielfältiger Bewegungsformen und der Aneignung elementarer Bewegungskombinationen
Mittleres Kindesalter	6/7 bis 9/10	raschen Fortschritte in der motorischen Lernfähigkeit
Spätes Kindesalter	weiblich: 10/11 bis 11/12 männlich: 10/11 bis 12/13	besten motorischen Lernfähigkeit
Frühes Jugendalter (Pubeszenz)	weiblich: 11/12 bis 13/14 männlich: 12/13 bis 14/15	Umstrukturierung von motorischen Fähigkeiten und Fertigkeiten
Spätes Jugendalter (Adoleszenz)	weiblich: 13/14 bis 17/18 männlich: 14/15 bis 18/19	sich ausprägenden geschlechtsspezifischen Differenzierung, fortschreitenden Individualisierung und zunehmenden Beständigkeit
Frühes Erwachsenenalter	18/20 bis 30/35	relativen Erhaltung der motorischen Lern- und Leistungsfähigkeit
Mittleres Erwachsenenalter	30/35 bis 45/50	allmählichen motorischen Leistungsminderung
Spätes Erwachsenenalter	45/50 bis 60/70	verstärkten motorischen Leistungsminderung
Späteres Erwachsenenalter	ab 60/70 bis Tod	ausgeprägten motorischen Leistungsminderung

In der Tabelle 3.1-1 wird ein Überblick über grundsätzliche Entwicklungsphasen in der motorischen Ontogenese vermittelt, wobei die Phasenbezeichnung vorrangig in Abhängigkeit der vorherrschenden *biotisch-physiologischen* Entwicklungsprozesse getroffen wurde. Die angegebenen Altersspannen stellen lediglich grobe Zeitmarkierungen dar, unterliegen keinen starren Grenzen und sind in Abhängigkeit der individuellen Entwicklung (Früh- und Spätentwickler im Vergleich zu einem Normal-entwickler, vgl. Kap. 4.4.3) und besonders in akuten Wachstums- und Reifungsphasen um *zwei* Jahre und mehr verschiebbar. Um in den verschiedenen Entwicklungsab-schnitten die typischen motorischen Erscheinungs- und Verlaufsformen hervorheben zu können, wurden die Phasen in Anlehnung an Winter/Hartmann (2007) entspre-chend gekennzeichnet. Auf der Grundlage von Beobachtungen, Erfahrungen und besonders der vielfältigen empirischen Befunde soll damit das bislang *Erkannte*, das *Typische* und das *Dominante* zur motorischen Ontogenese im Alternsgang herausge-arbeitet werden. Diese Kenntnisse sollen besonders dazu beitragen, die (trainings-) methodischen Maßnahmen differenzierter auf die Altersklientel auszurichten.

In den nachfolgenden Abschnitten werden Alters- und Entwicklungsbesonder-heiten aus *psycho-sozialer*, *biologischer* und insbesondere *sportmotorischer* Sicht zu den Etappen

- spätes Kindesalter,
- frühes Jugendalter (Pubeszenz) und
- spätes Jugendalter (Adoleszenz)

dargestellt.

3.1.4 Altersbesonderheiten aus psycho-sozialer Sicht

Spätes Kindesalter

Psychosozial sind im Vergleich der mittleren und späten Kindheit ähnliche Entwick-lungsbedingungen festzustellen. Infolgedessen ist bei gesunden Kindern eine wei-terhin *hohe Dynamik der Persönlichkeitsentwicklung* typisch.

Intellektuell wird deutlich, dass sowohl das *Wahrnehmen und Beobachten* ana-lytischer bzw. differenzierter, als auch das *Denken* nicht mehr so dominant empi-risch, konkret und auf Anschauung begrenzt verläuft, sondern deutlich verstärkt auch abstrahierend und verallgemeinernd erfolgt. In der Kommunikation ist er-kennbar, dass sich das *Interesse* der Kinder zunehmend auch auf Zusammenhänge, Erklärungen und Ursachen richtet.

Das *emotionale Verhalten* der Kinder ist weiterhin sehr lebhaft und „leiden-schaftlich" (z. B. im ungeleiteten Sportspiel besonders der Jungen), andererseits jedoch nicht mehr so unreflektiert und „ungebremst" wie typischerweise im mittle-ren Kindesalter. Die emotionale Grundstimmung der Neun- und Zehnjährigen wird weiterhin überwiegend von Einsatzfreude und Optimismus bestimmt.

Die *Motive* des Handelns werden weiterhin in erheblichem Maße vom emotio-nalen Erleben der Kinder geprägt. Was interessant ist und „Spaß macht" wird gern getan. Darüber hinaus gewinnen jedoch Motive des Handelns an Bedeutung, die von grundlegenden Einsichten und Erkenntnissen bestimmt sind und mit Zielvor-stellungen verbunden werden.

Im *Sozialverhalten* der Kinder bleiben die in der Regel positiven Sozialbeziehun-gen zu Erwachsenen bestehen. Diese werden jedoch zunehmend intensiver beobach-tet und im Verhalten kritischer bewertet. Große Bedeutung erlangen die Beziehun-gen zu Gleichaltrigen sowie deren Ansichten, Einstellungen und Verhaltensweisen.

So fügen sich Jungen und Mädchen dieser Entwicklungsetappe relativ problemlos in Lern- und Sportgruppen ein und sind weitestgehend frei von individuellen Sonderinteressen. Ihre allgemeine *Autoritätsgläubigkeit* gegenüber allen Erziehungsträgern (einschließlich der Sportlehrer und Trainer) hält in dieser Etappe an.

Sportwissenschaftler kennzeichnen übereinstimmend das späte Kindesalter als die *Phase der besten motorischen Lernfähigkeit in der Kindheit*. Für die gute motorische Lernfähigkeit sind nicht nur verbesserte körperbauliche und motorische Voraussetzungen verantwortlich (vgl. Kap. 3.1.6 und 3.1.7), sondern auch ein gewachsenes und stabilisiertes Niveau psychischer Leistungsvoraussetzungen.

Aufgrund der *Bewegungserfahrungen* aus den vorangegangenen Entwicklungsetappen haben sich insbesondere die psychischen Komponenten für eine erfolgreiche Bewegungs- und Handlungsregulation wie *Kenntnisse* und *Wissen* über das Lösen einer Bewegungsanforderung, die Bewegungsvorstellungen, die Bewegungswahrnehmungen und das Bewegungsgefühl verbessert sowie das Verständnis für das Erkennen von Ursache und Wirkung bei der Bewältigung motorischer Anforderungen entwickelt. Denk- und Entscheidungsleistungen, bezogen auf taktisches Denken, motorisches Gedächtnis, Fehlererkennung und -vermeidung, werden somit weiter geschärft.

Die positiven Entwicklungen, die sich im kognitiv-intellektuellen Bereich und bei der Ausprägung sensomotorischer Leistungsvoraussetzungen vollzogen haben, finden ihren Niederschlag auch in einem höheren Niveau der *Antriebskomponenten* (vgl. Kap. 2.2).

Zusammengefasst sind Kinder im späten Kindesalter – in der Regel – für das Sporttreiben insgesamt

- hoch *motiviert*,
- zeichnen sich durch *Lerneifer und Risikobereitschaft* aus,
- suchen den *Leistungsvergleich* und das *Kräftemessen* bevorzugt in der *Gruppe* und
- bemühen sich um eine *zielstrebige, konzentrierte Lösung* der gestellten Bewegungsaufgaben.
- *Gruppenorientierte Interessen* stehen vor Individualinteressen und -bedürfnissen.
- Emotional überwiegt die *Freude* an der Bewegung (weiterhin großes Bewegungsbedürfnis) und
- am sportlichen *Erfolg in der Gruppe*.
- Kinder sind in dieser Entwicklungsphase *physisch* und *psychisch kurzzeitig hoch belastbar*, aber auch *schnell ermüdbar*,
- ihre Leistungsbereitschaft und -fähigkeit sind jedoch nach relativ kurzer Erholungszeit *wiederhergestellt*.

Folgerungen aus psycho-sozialer Sicht
Durch ein *freudbetontes Üben und Trainieren*, in dem organisierte *Leistungsvergleiche* und *Wettbewerbe* zwischen Sportlergruppen nicht fehlen sollten, werden in dieser Entwicklungsetappe entscheidende Motive für die Einstellung zum Sport und für ein dauerhaftes Sporttreiben gelegt. Dabei kommt es zunehmend darauf an, *individuelle Leistungsfortschritte* auch vor der gesamten Gruppe zu verdeutli-

chen und die *Stellung des Einzelnen* in der Gruppe und für die Gruppenleistung zu kennzeichnen. *Leistungsstreben* und *Verantwortungsbewusstsein* des betreffenden Sportlers für die Gruppe können damit gefördert werden.

Im **Training** sollte auf eine Stabilisierung und variable Ausprägung psychischer Prozesse der Handlungsregulation Wert gelegt werden. Dies erfordert:

- Eine gezielte *mentale Vorbereitung* auf das Bewältigen von Bewegungsanforderungen, um eine hohe Erfolgswahrscheinlichkeit der motorischen Ausführung zu sichern und damit das *Selbstvertrauen* in die eigene Leistungsfähigkeit zu festigen und
- die Entwicklung und Stabilisierung der *Bewegungswahrnehmung, -vorstellung* und des *Bewegungsgefühls* bei unterschiedlichen Anforderungen, d. h. der Sportler soll lernen, Informationen sich bewusst zu machen, diese kritisch zu verarbeiten und richtig zu werten.

Bei der Auswahl der Körperübungen und Trainingsmethoden ist auf Folgendes zu achten:

- *Vielseitige Bewegungsangebote*, auch Formen motorischer *Imitationsübungen* einsetzen (sensomotorische Übungen),
- klare Beobachtungsaufgaben bezüglich der Lokalisation von Zug, Druck, Spannung/Entspannung stellen (Bedeutung des kinästhetischen Analysators, vgl. Kap. 3.3.3.1),
- möglichst eine differenzierte Abschätzung des notwendigen energetischen Aufwands (Kraftdifferenzierung),
- der Richtung, in die eine Bewegung ausgeführt wird und
- die Beurteilung der Extremitäten und ihrer Lage und Stellung im Raum fordern (Bedeutung der koordinativen Fähigkeiten, vgl. Kap. 4.4).

Bei den Vermittlungsstrategien zur Aneignung sporttechnischer Fertigkeiten sollte auch verstärkt mit *Metaphern* (Arbeit mit bildhaft-anschaulichen Vergleichen, z. B. Handstützüberschlag im Bodenturnen: „ein Rad schlagen") gearbeitet werden, die von den individuellen Bewegungserfahrungen der Schüler abzuleiten sind, wodurch der *psychomotorische Behaltenseffekt* gefördert wird.

Frühes Jugendalter (Pubeszenz)
Die in dieser Entwicklungsetappe einsetzende biologische Reifung (vgl. Kap. 3.1.5) ist in der Regel mit einer *Labilisierung psychischer Prozesse* (Unausgeglichenheit) und *physiologischer Funktionsabläufe* verbunden, die einhergeht mit der *Identitätssuche*. Diese sind geprägt von verstärktem *Geltungsbedürfnis*, einem angestiegenen *Selbstbewusstsein* und dem Hang zur permanenten *Kritik*, weniger allerdings zur Selbstkritik. Die eigene Rolle in Lern- und Sportgruppen wird überdacht und das Verhalten zu Erziehungsträgern verändert sich insofern, dass Autoritäten infrage gestellt werden; die Gleichaltrigengruppe (peer-group) als die „neue Autorität" gewinnt an Bedeutung. Die individuellen Auswirkungen im motorischen und psychischen Bereich werden wesentlich vom Ausbildungsstand der psycho-motorischen Voraussetzungen in der Phase des späten Kindesalters bestimmt.

Aus *psychologischer Sicht* könnte man die in dieser ersten Reifungsphase statt-findende Entwicklung mit *„Selbstfindungsprozessen"* beschreiben, in denen zuneh-mend *individuelle Interessen* und Bedürfnisse im Vordergrund stehen. Es kommt deshalb auch häufig im *sozialen Bereich* zu Auseinandersetzungen und Konflikten, die nicht selten mit einem Wandel der *Motivstruktur* einhergehen, der auch Einfluss auf die Einstellungen zum Sporttreiben haben kann. Obwohl noch ein Großteil der Jugendlichen (insbesondere zu Beginn der Entwicklungsetappe) regelmäßig Sport treibt, ist die *körperliche Leistungsfähigkeit* schwankend. So treiben ca. 80 % der Jungen und 60 % der Mädchen nach eigenen Angaben mehrmals in der Woche Sport. Auch der Vereinssport ist sehr beliebt: Von den 7- bis 14-Jährigen sind 82 % der Jungen und 63 % der Mädchen Mitglied in einem Sportverein Deutscher Olym-pischer Sportbund, 2009). Dennoch ist seit 1995 – in den einzelnen Bundesländern unterschiedlich – ein Rückgang der Fitness bei 10- bis 14-Jährigen um mehr als 20 % zu beklagen. So werden Kraft-, Ausdauer- und Koordinationsleistungen von 1995 nur noch von 80 % der Jungen und 74 % der Mädchen erreicht (Deutscher Sport-bund, 2003), wobei die Heterogenität steigt.

Auch nimmt mit fortschreitendem Alter die *„Bewegungslust"* ab. Während sich Erhebungen zufolge noch im mittleren Kindesalter ca. 45 % der Mädchen und 64 % der Jungen an sportlichen Pausenaktivitäten an der Grundschule beteiligten, taten dies im Jugendalter (Gymnasium) nur noch 5 % der Mädchen und 24 % der Jungen.

Auch die Wahl der *bevorzugten Sportarten* bzw. sportlichen Betätigung unter-liegt gegenwärtig Veränderungen. Dominierten früher nahezu ausschließlich die traditionellen Sportarten wie Fußball in der Gunst der Jungen und Gerätturnen bei den Mädchen, hat deren Bedeutung heute abgenommen. Hinzu gekommen sind Sportarten wie Tennis, Reiten oder Judo, moderne Kampfsportarten, Rad Fahren, Ski Alpin, Snowboarding, Surfen, Bodybuilding und Trendsportangebote wie z. B. Inlineskating, Streetball, Breakdance oder Beach-Volleyball.

Bezüglich der *Anstrengungsbereitschaft* beim Lösen motorischer Anforderun-gen sind immer häufiger

- *„Ausweichtendenzen"* zu beobachten, die mit einem
- *Absinken der Konzentration* einhergehen.
- Hohe *Stimmungslabilität,*
- *Gereiztheit* und *Widerspruchsgeist* wechseln in dieser Phase nicht selten mit
- überschwänglichen (euphorischen), *emotionalen Entäußerungen* sowie
- stark emotional geladenen, *unkritischen Einschätzungen* der *eigenen* (sport-lichen) *Leistungen.*

Über- und Unterschätzungen der eigenen Leistungsfähigkeit in dieser Phase sind „normal", wobei diese Neigung bei den *Jungen* stärker als bei den Mädchen ausge-prägt ist und mit zunehmendem Jugendalter wieder abnimmt.

Psychologisch ist diese Phase also vor allem durch eine

- Umstrukturierung der *Antriebsprozesse* (vgl. Tab. 3.1-2) mit
- stark *emotionalen Anteilen* gekennzeichnet, die nicht selten zu einer

- *„Übersteuerung"* *kognitiver Prozesse* der Handlungsregulation führt (Frester, 1997).

Koordinationsprobleme, bedingt durch Wachstumsprozesse, können dabei die negativen Einflüsse auf die Regulation psychischer Prozesse verstärken. So werden vielfach eigene Bewegungs-Informationen vom Schüler fehlerhaft widergespiegelt und damit sein Leistungsverhalten verunsichert.

Im psychosozialen Verhalten lassen sich auch *geschlechtsspezifische Besonderheiten* beobachten. So verzichten z. B. weibliche Jugendliche in dieser Alteretappe häufiger und vor allem auch früher als die Jungen auf aktives Sporttreiben, treten aus dem Sportverein aus und verringern ihre körperlichen Aktivitäten. Obwohl es bei der Wahl der bevorzugten Sportarten nach wie vor geschlechtspezifische Vorlieben gibt, entdecken zunehmend die Frauen typische „Männersportarten" für sich (z. B. Fußball).

Folgerungen aus psycho-sozialer Sicht
Mit dem Eintritt in die Pubeszenz sollte der Sportler bereits ein hohes Niveau an psychischen Voraussetzungen besitzen. Die Arbeit an der Herausbildung kognitiver Leistungsvoraussetzungen ist konsequent fortzusetzen, wobei bei der Methodenwahl verstärkt die *individuellen Besonderheiten* des Sportlers zu beachten sind (z. B. aktuelles Leistungsniveau, Interessen, Neigungen und Bedürfnisse).

Im Mittelpunkt der *psychologischen Arbeit* sollte die

- *Stabilisierung* der *emotionalen Prozesse* und *Antriebskomponenten* stehen.
- Der Sportler sollte lernen, zunehmend selbst Einfluss auf die *Wahl seiner Sportart* zu nehmen,
- sich selbst hohe, aber *reale Leistungsziele* zu setzen, die
- von seinen *aktuellen* physischen und psychischen *Leistungsvoraussetzungen* abzuleiten sind, und
- *Leistungserfolge* sind vom Sportlehrer oder Trainer häufiger *bewusst zu machen*, um eine
- hohe *Motivation* für das Sporttreiben zu erhalten.

Der Sportler sollte ebenfalls an der

- *Mittel- und Methodenauswahl* beteiligt sein, um sein *Selbstwertgefühl* und seine *Kritikfähigkeit* zu stärken bzw. zu festigen.
- Das Nutzen vielfältiger Formen zur Entwicklung der *Eigeninitiative* hilft dem Sportler, Unsicherheiten und innere Spannungen abzubauen, fördert sein *Selbstvertrauen* und erhält die *Freude* am Sporttreiben.

Spätes Jugendalter (Adoleszenz)
Die in der Etappe des *frühen Jugendalters* gekennzeichnete psycho-physische Situation der Jugendlichen setzt sich zu Beginn der Etappe des **späten Jugendalters** noch fort, wobei sich mit weiterer Stärkung des *Selbstbewusstseins* und vermehrtem *Zukunftsdenken* des Jugendlichen bezüglich seiner Funktion und Stellung im Beruf, der Familie und Gesellschaft sein Verhalten „normalisiert" bzw. stabilisiert.

Die Bedeutung der Motorik zeigt sich u. a. auch darin, dass das Ansehen und die Wertschätzung von Kindern und Jugendlichen bei den Gleichaltrigen von entsprechenden motorischen Leistungen, bezogen auf Alters- und Gruppennormen, mitbestimmt werden. So können körperliche Unzulänglichkeiten und Unbeholfenheit Ursachen für Befangenheit, Verspottung und im schlimmsten Fall für Ausgrenzung durch die Alterskameraden sein.

Insbesondere bei *Jungen* zeigt sich, dass ihr soziometrischer Status von motorischen Kriterien mitbestimmt wird, was sich ebenfalls auf das Selbstbild auswirkt. Beeinträchtigungen in der Motorik können insbesondere in der Phase des späten Jugendalters der Selbstachtung des Individuums erheblichen Schaden zufügen. So können Rückstände in der motorischen Entwicklung (zeitbegrenzt) zu Störungen in der Ausprägung der Ich-Identität und zu Fehlanpassungserscheinungen führen.

In der Abbildung 3.1-3 wird idealtypisch der „Statusübergang" vom Kindes-, über das Jugend- zum Erwachsenenalter dargestellt.

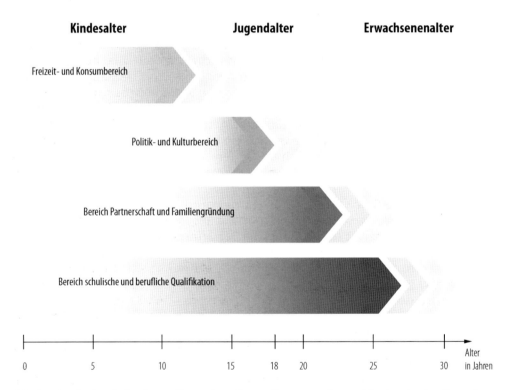

Abb. 3.1-3: Idealtypische Darstellung des „Statusübergangs" vom Kindes- in das Erwachsenenalter (nach Hurrelmann, 1995)

Hier wird eine Differenzierung erreichter *Selbstständigkeitsgrade* sichtbar:

• Schon zu Beginn des zweiten Lebensjahrzehnts entwickeln Jugendliche einen von den Eltern unabhängigen Lebensstil, der insbesondere im Freizeit- und

Konsumbereich zum Tragen kommt (z. B. maßgeblich bei der Ausübung von Freizeitaktivitäten und der Wahl von Sportarten).
- Gleichzeitig verlängern sich die Ausbildungszeiten,
- der Eintritt ins Beschäftigungssystem wird in immer höhere Altersstufen verschoben,
- damit dauert auch die materielle Abhängigkeit von den Elternhäusern immer länger an, d. h. in Bereichen wie Freunde, Partnerschaft, Konsum, Medien besteht bereits ein relativ hoher Grad an Selbstständigkeit, während andererseits im ökonomischen Bereich eine lange Unmündigkeit herrscht.

Aus unterschiedlicher, zeitlicher Strukturierung der Lebensbereiche resultiert „Statusspannung", die auch zu Konflikten führen kann.

Schließlich darf nicht übersehen werden, dass sich gegen Ende des späten Jugendalters auch erste Einflüsse der Berufsausbildung beziehungsweise Berufsausübung bemerkbar machen können. Jedem Sportlehrer an Berufsschulen ist bekannt, dass sich Klassen so genannter „reizstarker Berufe" (z. B. Bauhandwerk) von Klassen „reizschwacher Berufe" (z. B. Computerbranche) in der sportmotorischen Leistungsfähigkeit vielfach erheblich unterscheiden. Obwohl diese unterschiedliche Leistungsfähigkeit keinesfalls allein und auch nicht in erster Linie auf die Berufsausübung zurückgeführt werden kann, sind andererseits bei fehlender sportlicher Betätigung erste Einflüsse des Berufes zu bemerken. Vor allem auch „sitzende Berufe", wie sie zum Beispiel in der feinmechanischen und optischen Industrie, in der Bekleidungsindustrie, in Verwaltungsberufen oder in der Fließbandfertigung ausgeübt werden, können sich bereits nach ein bis zwei Jahren hinsichtlich der motorischen Leistungsfähigkeit merklich auswirken, wenn die geringe oder einseitige körperliche Beanspruchung nicht durch eine entsprechende sportliche Betätigung kompensiert wird.

Die *zunehmende Geschlechtsdivergenz* zwischen Jungen und Mädchen spiegelt sich auch in den Einstellungen und im Verhalten zur sportlichen Tätigkeit wider. Individuelle Bedürfnisse nach dem Ausüben einer Sportart der eigenen Wahl herrschen vor, wobei *Jungen* bewegungsintensive Sportarten mit hohem kämpferischem Einsatz bevorzugen. Dies entspricht ihren gewachsenen physischen Leistungsvoraussetzungen und ihrem Selbstwert- und Leistungsstreben. Das Streben nach *Selbstbestätigung* wird deshalb auch nicht selten in den Spiel- und Kampfsportarten bzw. zunehmend auch in den Extremsportarten (z. B. Bungee-Jumping, Rafting) gesucht, um die eigenen *Leistungsgrenzen* auszutesten.

Mädchen dagegen bevorzugen in dieser Entwicklungsphase Bewegungsangebote, die stärker auf die Fitness, Gesundheit und das Körperbewusstsein ausgerichtet sind, aber auch Sportarten, in denen der *ästhetisch-künstlerische* Aspekt (z. B. Tanzen) vorherrscht. Die divergierenden Bedürfnisse zwischen Jungen und Mädchen und die Betätigung in unterschiedlichen sportlichen Bereichen führen zur verstärkten Entwicklung sportartbezogener, psychischer Leistungsvoraussetzungen.

Bei den *Jungen* lässt sich zunehmend die Ausprägung spezifischer *Antriebsprozesse* wie

- erhöhte *Anstrengungsbereitschaft*,
- eine höhere *Risikobereitschaft* (häufig unkontrolliert und extrem wagemutig),

- *Willensstoß-* gepaart mit *Willensspannkraft* und
- *Durchsetzungsfähigkeit* beobachten.

Mädchen zeichnen sich bezüglich der psychischen Leistungsvoraussetzungen besonders durch verbesserte *Orientierungs- und Ausführungsprozesse* wie

- einer genaueren, differenzierten *Bewegungswahrnehmung,*
- einer verbesserten *Bewegungsvorstellung,*
- einer größeren *Bewegungsharmonie* (auch Bewegungsrhythmus) und
- einem ausgeprägteren *Bewegungsgefühl* aus (Tab. 3.1-2).

Bezüglich diverser Antriebskomponenten und der psychischen Belastbarkeit sowie Durchsetzungsfähigkeit sind bei ihnen Abstriche vorzunehmen. Mädchen bedürfen in dieser Entwicklungsphase gegenüber den Jungen einer größeren Außensteuerung beim Überwinden physischer und psychischer Belastungen.

In der Tabelle 3.1-2 wird zusammenfassend eine Übersicht über die Ausprägungsqualität psychischer Prozesse in den ausgewählten Entwicklungsphasen vermittelt.

Tab. 3.1-2: Ausprägung psychischer Prozesse in den Entwicklungsphasen (mod. nach Frester, 1997)

	Spätes Kindesalter	Frühes Jugendalter (Pubeszenz)	Spätes Jugendalter (Adoleszenz)
Antriebsprozesse			
Motivation	hoch/stabil	gering/labil	zunehmend stabil/ erfolgsabhängig
Willen	Willensstoßkraft	gering/motiva- tionsabhängig	zunehmend Wil- lensspannkraft
emotionale Stabilität	stabil/impulsiv	labil	zunehmend stabil/ rational beherrscht
Orientierungsprozesse			
Wissen/Kenntnisse	kontinuierlich ansteigend	unsicher	gefestigt/individu- eller Lösungsbe- zug
Bewegungsvorstellung/ -wahrnehmung/-gefühl	zunehmend aus- geprägt/phaseno- rientiert	fehlerhaft/emotio- nal übersteuert	zunehmend ganz- heitlich ausge- prägt
Ausführungsprozesse			
Denk- und Ent- scheidungsfähigkeit	gut ausgeprägt/ impulsiv	zähflüssig/unsi- cher/wechselhaft	zunehmend kri- tisch/rational
Rhythmisierung	ausgewogen/rund/ flüssig	unausgewogen/ fehlerhaft/dishar- monisch	zunehmend har- monisch

Folgerungen aus psycho-sozialer Sicht
Der Sportunterricht und das **Training** sollten den inter- und intraindividuellen Besonderheiten durch eine

- *gezieltere Auswahl* der sportlichen Anforderungen Rechnung tragen und zur
- *Entwicklung und Stabilisierung* der genannten *spezifischen psychischen Leistungsvoraussetzungen* bei Mädchen und Jungen beitragen. Dies schließt einerseits die weitere
- Ausprägung der bedürfnisorientierten, spezifischen psychischen Leistungsvoraussetzungen bei beiden Geschlechtern ein,
- erfordert aber auch eine verstärkte Entwicklung *leistungsfördernder Antriebsprozesse* bei *Mädchen* und das
- Ausprägen der *Orientierungs- und Ausführungsprozesse* bei *Jungen*.

Hierzu sollte die Arbeit mit *mentalen Trainingsformen* wie

- ideomotorisches Training,
- Arbeit mit formelhaften Vorsätzen,
- aktivierende und harmonisierende Musik im Training und Sportunterricht zur Einstimmung auf Leistungsanforderungen zielstrebig fortgeführt und
- abrechenbare, dem individuellen Leistungsniveau entsprechende, hohe sportmotorische Anforderungen

abgefordert werden.

3.1.5 Altersbesonderheiten aus biologischer Sicht

Spätes Kindesalter
Die *körperlichen Entwicklungstendenzen* (Körperhöhe, -masse, -proportionen) entsprechen weitgehend denen der vorausgegangenen Entwicklungsphase (mittleres Kindesalter). Sie verlaufen insbesondere für *Jungen* weiterhin überwiegend ruhig, stetig und körperbaulich harmonisch (Abb. 3.1-4). Besorgniserregend sind allerdings die seit einiger Zeit zwischen zehn und 20 Prozent geschätzten Anteile übergewichtiger Kinder (Deutscher Sportbund, 2003).

In der Genese des *Bewegungssystems* sind im Vergleich zum mittleren Kindesalter noch keine qualitativ neuartigen Entwicklungstendenzen festzustellen. Die *Ossifikationsprozesse* (Verknöcherung des kindlichen Skeletts) sind weiterhin in voller Entwicklung begriffen und in der *hormonellen Steuerung* der Muskulatur werden vorerst ebenfalls noch keine neuartigen Aspekte erkennbar.

Das *kardiopulmonale System* entwickelt sich beim gesunden Kind in Übereinstimmung mit der Genese des Gesamtorganismus weiter (Tab. 3.1-3).

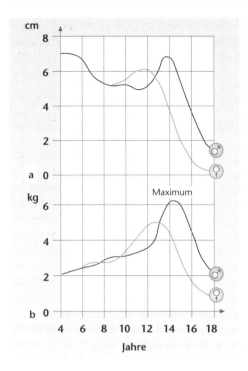

Abb. 3.1-4: Wachstumsschub (cm) bei Mädchen und Jungen: a) Körperhöhe, b) Körpergewicht (nach Wiesener, 1964)

Tab. 3.1-3: Altersspezifische Veränderungen von Parametern des Herz-Kreislauf-Systems (nach Fomin, Filin, 1975)

	8 Jahre	13 Jahre	15 Jahre	Erwachsene
Absolutes Herzgewicht (g)	96,00	172,00	200,00	305,30
Relatives Herzgewicht (in % zur Körpermasse)	0,44	0,50	0,48	0,51
Schlagvolumen in Ruhe (ml)	25,00	35,70	41,50	60,00
Schlagvolumen/kg Körpergewicht	0,98	0,95	0,92	0,88
Herzfrequenz (Schläge/min)	90,00	80,00	76,00	60,00
Herzminutenvolumen in Ruhe (l/min)	2,20	2,90	3,20	3,60
Herzminutenvolumen/kg Körpergewicht	88,00	76,00	70,00	60,00

Während die *Herzfrequenz* und das *Schlagvolumen* pro kg Körpermasse bei *Kindern* und Jugendlichen größer als bei Erwachsenen sind, steigt das *maximale Sauerstoffaufnahmevolumen* (VO_2max) kontinuierlich von Kindheit an. Diese bestimmt wesentlich das Niveau der Ausdauerfähigkeit (besonders *aerobe* Ausdauer) und steht in einem Zusammenhang mit der *Herzgröße*.

Deutlich höher als bei Erwachsenen ist die *Ruheherzfrequenz* bei einem 8-10-jährigen Kind (ca. 90 Schläge pro min), wobei bei Belastungen dieser Wert auf 200-240 Schläge pro Minute ansteigen kann. Dies ist darauf zurückzuführen, dass Kinder eine *Vergrößerung des Herzminutenvolumens über eine erhöhte Herzfrequenz* erreichen, während ab der Phase der Pubeszenz über eine Steigerung des Schlagvolumens zu einer Ökonomisierung des Herz-Kreislauf-Systems gefunden wird. Während Kinder das *Atemminutenvolumen* über eine *Steigerung der Atemfrequenz* erhöhen, regelt dies der Jugendliche durch eine größere Atemtiefe.

Die Enzyme des *anaeroben Kohlehydratstoffwechsels* sind bei Kindern nur in einer relativ geringen Ausprägung vorhanden, wodurch die *anaerobe* Ausdauerfähigkeit begrenzt wird.

In der Morphologie des *zentralen und peripheren Nervensystems* werden zum Ausgang des Kindesalters bereits angenäherte *Endwerte* der Entwicklung erreicht. Funktionell sind die nervalen Eigenschaften in der Interaktion von individueller Veranlagung und Beanspruchung begründet. Die im Kontext der körperlichen Gesamtgenese sehr frühe Ausformung der nervalen Strukturen und Funktionen ist eine der Bedingungen für die ontogenetisch früh mögliche Ausprägung von Beweglichkeit (vgl. Kap. 4.5), der koordinativen Fähigkeiten (vgl. Kap. 4.4) und der sporttechnischen Fertigkeiten (vgl. Kap. 5).

Über die bereits gekennzeichneten Merkmale hinaus sind weitere *typische Aspekte* aus biotischer Sicht anzuführen:

- *Erster Gestaltwandel* (charakteristische Veränderungen bzgl. des Körperbaus vom Kleinkindalter zum späten Kindesalter) ist abgeschlossen,
- Optimierung der *Körperproportionen* findet statt,
- Gleichgewichtsorgan und weitere *Analysatoren* sind ausgereift,
- insgesamt stetiges und harmonisches *Wachstum*,
- Vorsprung in der *biologischen Entwicklung* bei *Mädchen* (ca. zwei Jahre) (vgl. Kap. 2.6.2).

Frühes Jugendalter (Pubeszenz)

Ein im Allgemeinen fortschreitendes *Wachstum* und weitere *Ausdifferenzierung* und Strukturierung der *Organe, Organsysteme und Gewebe* beeinflussen in beiden Etappen des Jugendalters die motorischen Fähigkeiten und Fertigkeiten in ihrem Ausprägungs- und Entwicklungsniveau. Zudem bestimmen sie maßgeblich sowohl den Grad der Belastbarkeit beziehungsweise Belastungsverträglichkeit, als auch das Niveau der erreichbaren Leistungsfähigkeit.

Das frühe Jugendalter stellt einen Zeitraum intensiven *Muskelwachstums* dar. Während zu Beginn des frühen Jugendalters etwa 33 % Muskelgewebe im Verhältnis zum Körpergewicht vorhanden sind (im Vergleich: bei Geburt ca. 20 %), steigt dies bis zum Abschluss der ersten puberalen Phase bei Jungen auf ca. 40 % an. Mit Beginn des Jugendalters erhöht sich besonders bei Jungen die Trainierbarkeit der Muskulatur, was im Wesentlichen auf die *Geschlechtshormonproduktion* (Testosteron) zurück zu führen ist (Tab. 3.1-4 und Abb. 3.1-5).

Die *Androgene* (männliche Geschlechtshormone), die bei den *Mädchen* lediglich in geringen Mengen in den Nebennieren gebildet werden, unterstützen den Wachstumsschub während der Pubeszenz. Die *Östrogene* bewirken die Entwicklung und Ausprägung der weiblichen sekundären Geschlechtsmerkmale. Die Androgene werden bei den *Jungen* zeitlich später (ein bis zwei Jahre) als bei den Mädchen „ausgeschüttet", aber in einem wesentlich höheren Maße (Tab. 3.1-4).

Tab. 3.1-4: Veränderungen des Testosteronspiegels im Kindes- und Jugendalter (nach Reiter, Root, 1975)

Alter (Jahre)	Testosteronspiegel (mg/100 ml Blut)	
	weiblich	männlich
8-9	20	21-34
10-11	10-65	41-60
12-13	30-80	131-349
14-15	30-85	**328-643**

Sie bewirken die Ausprägung und Entwicklung der männlichen *Geschlechts-merkmale* und nehmen Einfluss auf das *Knochenwachstum* und den *Eiweißstoff-wechsel* (Abb. 3.1-5). Bei beiden Geschlechtern ist nunmehr die *Geschlechtsreife* (Pubertät) erreicht, die sich bei den *Mädchen* in der *Menarche* (erste Regelblutung) und bei den *Jungen* in der *Spermarche* (erster Samenerguss) widerspiegelt.

Das *Fettgewebe,* insbesondere in den Extremitäten, nimmt im frühen Jugendalter ab.

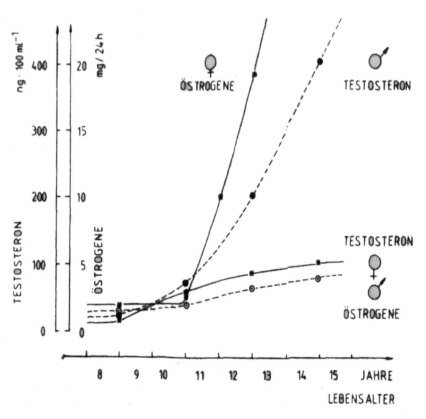

Abb. 3.1-5: Testosteron- und Östrogenausschüttung während der Reifungszeit bei Männern und Frauen (nach Schmidtbleicher, 1994)

Die Abbildung 3.1-4 zeigt einen typischen *Wachstumsschub* bezüglich der *Körperhöhe* und der *Körpermasse*, der besonders hoch in der Etappe des frühen Jugendalters ist. Durch Volumen- und Massenzunahme von Geweben, Zellen und Organen kommt es zu einem verstärkten *Längenwachstum* und in deren Folge zu einem fortschreitenden morphologischen und funktionellen *Differenzierungsprozess*. Die verschiedenen Organsysteme wachsen dabei unterschiedlich schnell, wodurch es zu einer gegenseitigen Beeinflussung von Wachstum und Differenzierung kommt. Mit einem *verstärkten Längenwachstum*, das vorwiegend dem Wachstum der unteren Extremitäten geschuldet ist, kommt es zu einer neuerlichen Körperstreckung und dem so genannten *zweiten Gestaltwandel* (zeitweilige Disproportionierung der Gesamtgestalt). Auftretende *Haltungsschwächen*, *Koordinationsstörungen* und vorübergehende *Leistungseinbußen* sind vor allem dem Missverhältnis von Wirbelsäulenlänge und Muskelkraft geschuldet, aber auch durch ungünstige Hebelverhältnisse bedingt. Das Wissen um diese, nicht bei allen Jugendlichen gleichzeitig stattfindenden, Veränderungsprozesse ist für Sportlehrer und Trainer insofern wichtig, damit gegebenenfalls zwischen „Nicht-Können" und „Nicht-Wollen" der Jugendlichen richtig unterschieden werden kann.

Ohne zu verkennen, dass *Geschlechtsunterschiede* bereits pränatal (vor der Geburt) und zum Zeitpunkt der Geburt gegeben sind, soll an dieser Stelle auf ausgewählte geschlechtsspezifische Besonderheiten hingewiesen werden, die insbesondere in den Etappen der Geschlechtsreifung (Pubeszenz und Adoleszenz) an Bedeutung gewinnen und nicht nur trainingsmethodisch relevant sind.

Auf die bestehenden *Ossifikationsrückstände* bei *Jungen* im *Kindesalter* wurde bereits hingewiesen.

Ein *Wachstumsschub* bei *Jungen* setzt im frühen Jugendalter erst ein bis zwei Jahre später als bei den Mädchen ein, und die somit entstandenen *Körperhöhenunterschiede* egalisieren sich etwa mit dem 14./15. Lebensjahr.

Eine deutliche Steigerung des Herzvolumens wird im frühen Jugendalter erreicht (Tab. 3.1-3). Auch die *maximale Sauerstoffaufnahmekapazität* erreichen trainierende Mädchen und Jungen zu unterschiedlichen Zeitpunkten: Mädchen mit 14 bis 15 Jahren, Jungen mit ca. 17 Jahren. Dies hat Konsequenzen für das Erbringen von (Langzeit-)Ausdauerleistungen.

Wie neuere Hirnforschungsstudien zeigen, finden in dieser ersten puberalen Phase ein *Um- und Aufbau* der *Nervenzellen* und auch Veränderungen an den *Synapsen* statt. Mehrere Hirnareale (vom Klein- zum Großhirn) sind von diesen Umstrukturierungen betroffen, wobei die Nervenzellen ebenfalls einen kräftigen *Wachstumsschub* verzeichnen. Als Folge daraus können bislang häufig benutzte Nervenbahnen verstärkt, nicht benötigte reduziert und neue Verbindungen konstruiert werden. Diese nervale Umstrukturierung wird als eine Grundlage für die sich qualitativ verändernden Denk-, Empfindungs- und Wahrnehmungsprozesse und das psycho-physische Verhalten im Übergang von der Kindheit zur Jugend, aber auch von der Jugend in das Erwachsenalter angesehen. Davon „betroffen" ist ebenfalls die Ausschüttungsregulierung der Geschlechtshormone, woraus sich das im Kap. 3.1.4 für das frühe Jugendalter wechselhafte und stimmungsvolle psycho-soziale Verhalten erklären lässt.

Die gekennzeichneten Merkmale lassen sich aus *biotischer Sicht* wie folgt zusammenfassen:

- *Zweiter Gestaltwandel* findet statt (schubartiges Wachstum von Körperhöhe und -extremitäten, geschlechtliche Reifung),
- ausgeprägtes *Längenwachstum* (Extremitäten) führt zu Disproportionen im äußeren Erscheinungsbild (jährliches Längenwachstum bis ca. 10 cm),
- Ausprägung der primären und sekundären *Geschlechtsmerkmale*,
- Ausschüttung *eiweißaufbauender (anaboler) Hormone* (besonders: männliches Sexualhormon),
- Zunahme der *Muskelmasse*, jedoch nicht proportional zum Längenwachstum,
- jährliche *Gewichtszunahme* bis ca. 9 kg (bei Mädchen noch umfangreicher),
- *biologische Reife* (Pubertät) wird erreicht:
  - Mädchen: Menarche
  - Jungen: Spermarche.

Spätes Jugendalter (Adoleszenz)

Im späten Jugendalter (Adoleszenz) kommt es zu einer *ausgeprägten geschlechtsspezifischen Differenzierung*, die mit einer unterschiedlichen *Hormonkinetik* in einem Zusammenhang steht. Während sich bei *Ausdauerleistungen* die Geschlechtsdivergenzen geringer auswirken, haben *männliche Jugendliche* durch günstigere organismische Potenzen (vermehrte Ausschüttung des männlichen Sexualhormons Testosteron) deutliche Vorteile beim Erbringen von *Maximal- und Schnellkraftleistungen*.

Weibliche Jugendliche sind verträglicher gegenüber *Ausdauerbelastungen* und benötigen geringere Wiederherstellungszeiten nach Belastungen.

Der enorme *Hormonschub* (Testosteron), der von weiteren hormonellen Veränderungen begleitet wird, bewirkt eine Divergenz in den physischen und konstitutionellen Leistungsvoraussetzungen bei Mädchen und Jungen (*Geschlechtsdimorphismus*), die sich ausdrückt in

- den Körpermaßen (besonders -höhen),
- den Muskelmassenveränderungen und
- einer zunehmenden Verbesserung der *anaeroben* Arbeitsfähigkeit der Muskulatur.

Die *weiblichen Jugendlichen* erreichen durchschnittlich mit etwa 16 Jahren und die *männlichen Jugendlichen* mit etwa 18 bis 20 Jahren ihre *körperliche Vollreife (Maturität)*. Sie nähern sich damit in körperlicher Hinsicht weitgehend ihrem *Erwachsenenstatus*. In den folgenden Jahren sind nur noch geringe Veränderungen festzustellen. So verlangsamt sich das Längenwachstum und ein *verstärktes Breitenwachstum* setzt ein. Es kommt für beide Geschlechter zu einer jährlichen Gewichtszunahme von ca. 5 kg. Körperhöhen von 1,60 bis 1,80 m, Gewichtsunterschiede von 20 bis 30 kg und mehr sind jedoch bei *männlichen Jugendlichen* einer Altersgruppe durchaus keine Seltenheit. Bei *Mädchen* sind die individuellen Unterschiede in den genannten Körpermaßen zumeist nicht so groß, jedoch ebenfalls erheblich.

In diesem Zeitraum findet auch die vollständige Verknöcherung der *Epiphysenfugen* statt, wodurch nunmehr die volle Belastbarkeit des *Skeletts* erreicht wird.

Die gekennzeichneten Merkmale lassen sich aus *biotischer Sicht* wie folgt zusammenfassen:

- *Abschluss der Entwicklung* vom Kind zum Erwachsenen,
- Erreichen der *Körpervollreife* (Maturität),
- Phase der „Füllung" und *Reharmonisierung*,
- Verlangsamung des *Längenwachstums*,
- vermehrtes *Breitenwachstum*,
- harmonische Entwicklung der *inneren Organe*,
- jährliche Größenzunahme von 1 bis 2 cm,
- jährliche Gewichtszunahme von bis ca. 5 kg.

Frühentwickler – Normalentwickler – Spätentwickler
Insbesondere in den Etappen spätes Kindesalter, frühes und spätes Jugendalter kommt es zu bedeutenden individuellen Entwicklungsunterschieden, die Differenzen zwischen dem (kalendarischen) Lebensalter und dem biologischen Alter von bis zu vier Jahren hervorbringen können. Diese Unterschiede beziehen sich sowohl auf psychische, als auch auf biotische Entwicklungsparameter.

Im Vergleich zu normal entwickelten Kindern und Jugendlichen sind *früh entwickelte* (akzelerierte) und *spät entwickelte* (retardierte) zu unterscheiden.

Hat bei *Akzelerierten* eine beschleunigte und ggf. zeitlich verkürzte Abfolge der körperlichen Entwicklungsphasen stattgefunden, die im Vergleich zum Normalentwickler im Knochen- und Skelettbau einen Entwicklungsvorsprung von einem bis mehreren Jahren ergeben kann, liegt bei einem *Retardierten* eine Verlangsamung im Entwicklungstempo und meistens eine Verzögerung in der Geschlechtsreifung (auch Dezeleration genannt) vor. Die Entwicklungsdifferenz kann auch hier mehr als ein Jahr betragen.

In der Regel handelt es sich dabei nicht um eine krankhafte Erscheinung. Vielfach nachgewiesen wurde, dass *Akzelerierte* im Vergleich zu Normalentwicklern und Retardierten physisch leistungsfähiger und somit auch belastbarer sind. Für einen Sportlehrer und Trainer ist es insofern sehr wichtig, das biologische Alter seiner Sportler zu kennen, damit es im Training durch eine richtige Methodenwahl und Belastungsgestaltung weder zu einer Unterforderung (Akzelerierter), noch zu einer Überforderung (Retardierter) kommen kann.

Normtabellen im Schulsport, die diese auftretenden individuellen Entwicklungsunterschiede nicht berücksichtigen und erbrachte sportliche Leistungen lediglich nach dem kalendarischen Alter (Altersklassen) einordnen lassen und Grundlage für eine Benotung sind, ermöglichen keine objektive Bewertung der Schülerleistungen. Ein akzelerierter Schüler ist dann meistens bevorteilt, dagegen der retardierte benachteiligt, was häufig zu Desinteresse oder sogar Ablehnung gegenüber dem Sport führt. In der Abbildung 3.1-6 wird diese Tendenz deutlich; bedeutend weniger retardierte Jugendliche treiben aktiv Sport.

Auch im Leistungssport sind Kinder und Jugendliche solange durch ihre Entwicklungsbesonderheiten begünstigt oder beeinträchtigt, bis ein Entwicklungsausgleich stattgefunden hat.

Während in den Ausdauer-, Kraft-/Schnellkraft- und situativen Sportarten in den Wettkämpfen der biologisch reifere Sportler bessere physische und psychische Voraussetzungen mitbringt, ist der Retardierte in den technisch-kompositorischen Sportarten (z. B. Gerätturnen) bevorteilt. Das Höchstleistungsalter fällt in diesen Sportarten gerade in diese Entwicklungsetappen, wo beim Retardierten die Entwicklung sehr langsam verläuft.

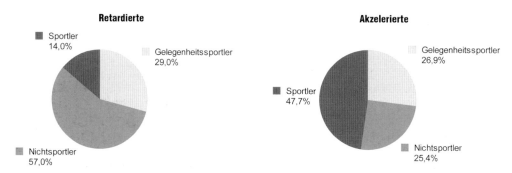

Abb. 3.1-6: Sportverhalten bei akzelerierten und retardierten Jugendlichen

Nicht zu unterschätzen sind beim *Spätentwickler* im Vergleich zum Normal- und Frühentwickler seiner Altersklasse die enormen Entwicklungsreserven, die bei gezielter trainingsmethodischer Nutzung zu großen Leistungssteigerungen in späteren Jahren führen können. Dies sind Vorteile eines retardierten Sportlers, die bei der Talenterkennung und -auswahl für ein leistungssportliches Training zu erkennen und zu nutzen sind.

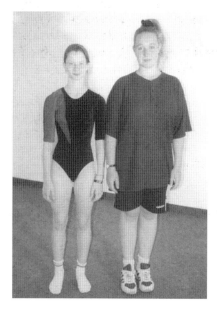

Abb. 3.1-7: Zwei Jugendliche gleichen Alters (15 Jahre): links retardiert, rechts akzeleriert

Mehr Objektivität ließe sich beispielsweise in Bewertungs- und Wettkampfsysteme bringen, wenn innerhalb der Altersklassen und über die Altersklassen hinweg in „Gewichtsklassen" eingeteilt würde.

Dies kennen wir bereits aus den Zweikampfsportarten; eine Übertragung auf andere Sportarten ist jedoch nicht einfach möglich und würde eine grundsätzliche Reformierung der Trainings- und Wettkampfsysteme voraussetzen.

3.1.6 Altersbesonderheiten aus sportmotorischer Sicht

Spätes Kindesalter
Diese Entwicklungsetappe ist, begünstigt durch

- ein stetiges und *harmonisches Wachstum* mit *vorteilhaften Körperproportionen*,
- ein ausgeprägtes *Bewegungsbedürfnis*,
- eine emotionale *Ausgeglichenheit*,
- eine kontinuierliche Zunahme *intellektueller Fähigkeiten* (Schulbesuch) und im Vergleich zu den nachfolgenden Entwicklungsetappen noch
- *geringeren geschlechtsspezifischen Unterschieden*,

als die Etappe der **besten motorischen Lernfähigkeit in der Kindheit** einzuschätzen und nimmt eine *Schlüsselstellung* im Erwerb des *Bewegungskönnens* ein.

Sowohl in den *motorischen Fähigkeiten* wie Ausdauer, Kraft (Ausnahme: Maximalkraft), Schnelligkeit, Beweglichkeit und Koordination, als auch beim Erwerb von *sporttechnischen Fertigkeiten* verzeichnen die Kinder rasche und ausgeprägte *Entwicklungsfortschritte*. Bereits beherrschte Bewegungen werden zunehmend sicherer, präziser und ökonomischer ausgeführt, was auf eine verbesserte Handlungsregulation zurück schließen lässt. Neu zu erlernende Bewegungen werden oftmals – ohne viel Vorübungen und viele Teillernschritte – sehr schnell in der *Grobform* beherrscht, weshalb dieses Lernalter auch als **„Lernen auf Anhieb"** und die **„Hoch-Zeit der koordinativen Vervollkommnung"** bezeichnet wird.

Folgerungen aus sportmotorischer Sicht
Das zumeist ausgeprägte *Bewegungsbedürfnis* und rege *Sportinteresse* der Jungen und Mädchen bietet sehr gute Möglichkeiten,

- ihr Streben nach *regelmäßiger sportlicher Betätigung* durch einen
- zunehmend *leistungsbetonten* und dabei
- *freudvollen Sportunterricht* zu festigen,
- sie für den *außerschulischen Sport* zu gewinnen und damit wesentliche Grundlagen zu einer
- *dauerhaften sportlichen Betätigung* zu legen.

Im Sportunterricht und leistungssportlichen Training sollte deshalb viel Wert gelegt werden auf eine

- vielseitige und allgemeine Ausprägung *koordinativer Fähigkeiten* und
- vielseitige Ausprägung der *Schnelligkeitsfähigkeiten*.

Dies ist damit zu begründen, dass die Entwicklungsverläufe u. a. der koordinativen und Schnelligkeitsfähigkeiten Ergebnis zentral nervöser und physischer Reifungsprozesse sind und eine hohe Bewegungsaktivität der Lernenden voraussetzen. Diese günstigen Bedingungen sind insbesondere in den Entwicklungsjahren **vor** der Pubeszenz anzutreffen, in denen durch geeignete Interventionsmaßnahmen auf die *Plastizität der neuro-muskulären Prozesse* positiv Einfluss genommen werden kann.

Im Mittelpunkt des **Trainings** und sportlichen Übens stehen außerdem die

- Schulung der *Beweglichkeit*, um den beginnenden Muskelverkürzungen und Anzeichen von Haltungsschwächen in Folge der in Schule und Freizeit häufig vorherrschenden Sitzhaltungen,
- Ausprägung allgemeiner *Kraftfähigkeiten* im Sinne einer Ganzkörperkräftigung,
- vielseitige Ausprägung der *Schnellkraftfähigkeit* (mit geringen Widerständen),
- Entwicklung der *aeroben Ausdauerfähigkeit* (Grundlagenausdauerfähigkeit) und
- das Erproben, Kennen- und Erlernen der *vielfältigsten sportlichen Bewegungen* und *Bewegungskombinationen*.

Frühes Jugendalter (Pubeszenz)
Diese Entwicklungsetappe wird geprägt durch die

- im Organismus stattfindenden, gravierenden *biologischen Veränderungen* (vgl. Kap. 3.1.5) und
- die einhergehenden Wandlungen im *psycho-sozialen Verhalten* (vgl. Kap. 3.1.4),

als die Phase der **Umstrukturierung von motorischen Fähigkeiten und Fertigkeiten** bezeichnet.

Dies führt z. B. durch *nachlassende* natürliche *Lern- und Bewegungsantriebe* zu einer Verlangsamung der sportmotorischen Entwicklung und ggf. Stagnation insbesondere im koordinativen Fähigkeitsniveau. Als eine weitere Ursache dafür ist in der, mit der *Geschlechtsreifung* einhergehenden, *körperbaulichen Umstrukturierung* zu sehen. Diese verlangt vom Jugendlichen nachfolgend eine *Umorientierung* in der Bewegungsausführung, die durch die *veränderten Körperproportionen* (Kraft-Last-Verhältnis: Muskulatur entwickelt sich nicht parallel zum Extremitätenwachstum) ungünstig beeinflusst wird. Im Ergebnis wird die *Qualität der Bewegungsausführung* (Bewegungsfertigkeiten) anscheinend negativ beeinflusst.

Wenn man mit vorangegangenen Entwicklungsetappen vergleicht, ließe sich die Motorik Jugendlicher in der Pubeszenz wie folgt beschreiben:

- schwerfällig,
- steif und verkrampft,

- kraftlos und schlaksig,
- unpräzise,
- unrhythmisch und nicht flüssig.

Im Vergleich zu den *Schnelligkeitsfähigkeiten* und der *Beweglichkeit*, deren Niveau im frühen Jugendalter nur noch sehr begrenzt und langsam gesteigert werden kann (hierin werden Ergebnisse erzielt, die im Erwachsenenalter nicht wesentlich höher liegen), ist bei *männlichen Jugendlichen* ein verstärkter Zuwachs an *Maximal- und Schnellkraftfähigkeit* (ausgenommen: Armkraft) zu verzeichnen.

Wenngleich in diesem Altersbereich mit einer gewissen *Kreislauflabilität* zu rechnen ist, die auf die Veränderungen im *Herz-Kreislauf-System* (kardio-pulmonales System) zurückzuführen sind, erreichen Jugendliche bei entsprechenden Interventionsmaßnahmen Anpassungserscheinungen im morphologischen und funktionellen Niveau, die zu einer Verbesserung der *Ausdauerfähigkeiten* und einer beträchtlichen Steigerung von *Ausdauerleistungen* führen. *Weibliche Jugendliche* sind hierin bevorteilt.

Folgerungen aus sportmotorischer Sicht

- Jugendliche in der Pubeszenz bedürfen – trotz der im Organismus vorgehenden, beträchtlichen Veränderungen – *keiner Schonung*.
- Bei der Wahl der Trainingsmethoden und Belastungsanforderungen sind jedoch verstärkt die *individuellen und geschlechtsspezifischen Entwicklungsbesonderheiten und -stände* zu berücksichtigen.
- Der gewachsenen *Selbstständigkeit*, dem verbesserten *Urteilsvermögen* und der *Kritikfähigkeit* der Jugendlichen sind in der Übungs- und Trainingsmethodik Rechnung zu tragen. So können sie z. B. selbstständig kleinere *Teile einer Sportstunde oder Trainingseinheit* (z. B. Erwärmung) gestalten, werden bei der Auswahl und der Bestimmung der Höhe der *Belastungsreize* mit einbezogen oder *führen* kleinere *Lerngruppen*.
- Sollten Probleme beim *Neulernen sporttechnischer Fertigkeiten* auftreten, ist der Festigung bzw. variablen Ausprägung bereits *beherrschter motorischer Fertigkeiten* durch wiederholtes Üben der Vorrang zu geben.
- Auch eine *Koordinationsschulung* sollte unvermindert fortgesetzt werden, denn diese fördert die *Bewegungs- und Körpererfahrungen* der Jugendlichen, die dazu beitragen, die Veränderungen am eigenen Körper (u. a. neue Hebelverhältnisse durch Extremitätenwachstum) zu erkennen und zu lernen damit umzugehen (Körperkonzept/Selbstkonzept).
- Jugendliche in diesem Alter sind offen für das Aneignen *theoretischer Kenntnisse*, die weiterführende und detailliertere Informationen zum Sporttreiben allgemein, dem Training in einzelnen Sportarten und zu Zusammenhängen mit den biologischen Veränderungen im Organismus enthalten (Theoriestunden).
- Während – trotz der angeführten Einschränkungen – auf eine *vielseitige Ausprägung aller motorischer Fähigkeiten* weiterhin Wert gelegt werden sollte, lassen sich zunächst die *Kraft- und Ausdauerfähigkeiten* (Grundlagenausdauer) und nach erfolgtem Wachstumsschub auch die *Maximalkraft-* und *anaerobe Ausdauerfähigkeiten* gut entwickeln.

- Betont werden muss ferner, dass die sich ständig verstärkenden *geschlechts-spezifischen Unterschiede* in der Ausübung der verschiedenen *Sportarten*, bei der Wahl der *Mittel, Methoden* und der *Belastungsgestaltung* zu berücksichtigen sind.
- Da sich Jugendliche dieses Alters entweder für ein *lebensbegleitendes* oder auch *leistungsorientiertes Sporttreiben* entscheiden, oder aber ganz dem Sport entsagen, kommt dem Sportlehrer/Trainer auch eine bedeutende *erzieherische Funktion* zu. Durch *Vorbildwirkung, interessante Unterrichts- und Trainingsgestaltung* und geeignete *Motivation* wird die Orientierung der Jugendlichen an dieser „Schaltstelle" maßgeblich mitgeprägt.

Spätes Jugendalter (Adoleszenz)
Bei der Kennzeichnung dieser Entwicklungsetappe lassen sich *drei Entwicklungstendenzen* ableiten, die sowohl die weitere Genese der motorischen Fähigkeiten, Fertigkeiten und Verhaltensweisen in der Alltags- und Sportmotorik, als auch die psychischen Steuer- und Regelprozesse und sozialen Aspekte in der Persönlichkeitsentwicklung prägen:

- Eine sich ausprägende *geschlechtsspezifische Differenzierung*,
- eine *fortschreitende Individualisierung* und
- eine *zunehmende Beständigkeit*.

Die sich in der Adoleszenz zunehmend weiter ausprägende *Geschlechtsdivergenz* drückt sich besonders im Entwicklungsverlauf und -niveau der *Maximalkraft-, Schnellkraft- und Ausdauerfähigkeiten* aus. Konnten noch in den vorangegangenen Etappen für *weibliche Jugendliche* Vorteile im Fähigkeits- und Fertigkeitsniveau gegenüber gleichaltrigen *männlichen Jugendlichen* konstatiert werden, wird dieser Entwicklungsvorsprung nunmehr ausgeglichen, und auch bei *Schnelligkeits- und koordinativen Leistungen* erreichen *männliche Jugendliche* geringfügig höhere Werte.

Lediglich bezüglich des *Beweglichkeitsniveaus* weisen *weibliche Jugendliche* nach wie vor eine höhere Leistungsfähigkeit nach.

Parallel zur fortschreitenden geschlechtsspezifischen Differenzierung kommt es in dieser Etappe zu einer *zunehmenden Individualisierung*, die sich neben der Ausprägung des *individuellen Persönlichkeits-Typs*, der Findung der *eigenen Identität* („Ich-Identität") auch im sportmotorischen Verhalten widerspiegelt. Diese drückt sich weniger zwischen den beiden Geschlechtern aus, umso mehr zwischen *Sportinteressierten* (Trainierenden) und *Sportuninteressierten* (Nichttrainierenden). Individuelle Stärken und Schwächen prägen sich deutlicher in dieser Zeit aus und tatsächliche Begabungen, wenn sie frühzeitig erkannt (Talentsichtung und -erkennung) und durch Training gefördert wurden, können *Spitzenleistungen* ermöglichen. Mit der Ausbildung des *individuellen Körperbautyps* erhalten auch Bewegung und Haltung ihre persönliche, individuelle Prägung, die den jugendlichen Menschen zunehmend unverwechselbarer machen.

Neben einer in dieser Etappe wieder ansteigenden *Lern- und Leistungsbereitschaft* der Jugendlichen manifestiert sich die *Geschlechtsdivergenz* und fortschreitende *Individualität* in einer zunehmenden *Beständigkeit*. Die nun zunehmend wieder harmonisch verlaufende körperliche Entwicklung führt trotz ihrer individuellen Ausrichtung zu einer *stabilisierten Ausprägung* im *motorischen Verhalten* und im *sportmotorischen Fähigkeits- und Fertigkeitsniveau*. Dies trifft vor allem für *trainierende Jugendliche* zu, die nicht selten in diesem Alter *sportliche Höchstleistungen* vollbringen.

Bei *Nichttrainierenden* tragen Inaktivität, sportliches Desinteresse und zunehmendes Körpergewicht (besonders bei Mädchen) dazu bei, dass die motorische *Leistungsfähigkeit sinkt.*

Neben einem allgemein *gesteigerten Kraftfähigkeitsniveau* drückt sich die Beständigkeit ebenfalls in der erreichten höheren *Qualität der Bewegungsausführung* aus. Jugendliche in der (ausklingenden) Adoleszenz befinden sich im *„zweiten goldenen Lernalter"* und führen bereits erlernte und beherrschte Bewegungen und Bewegungskombinationen zunehmend rhythmischer, flüssiger, harmonischer und ausdrucksstärker aus.

Folgerungen aus sportmotorischer Sicht

- Insbesondere die *fortschreitende Individualisierung* bedarf einer *trainingsmethodischen Differenzierung*, die in der *Methodenwahl* und *Belastungscharakteristik* (z. B. Belastungsumfang und -intensität) zum Ausdruck kommt.
- Die Jugendlichen befinden sich in einem *leistungsfähigen und belastungsverträglichen Alter*, weshalb *alle motorischen Fähigkeiten und Fertigkeiten* (nunmehr verstärkt auch unter sportartspezifischem Aspekt) einer gezielten Ausbildung unterzogen werden sollten.
- Wird erst im späten Jugendalter eine besondere Begabung bzw. *Eignung* für das Ausüben einer bestimmten Sportart bzw. Disziplin erkannt, so gilt es diese durch *geeignete Trainingsreize* in Leistung zu fördern.
- Beginnen Jugendliche in diesem Alter erst mit einem *leistungssportlichen Training* („Späteinsteiger") bzw. wechseln sie nach bereits langjährigem Training in einer Sportart nochmals die Disziplin oder Sportart („Quereinsteiger"), besteht die Gefahr einer zu *raschen Spezialisierung*. Deshalb ist auf eine *vielseitige Ausbildung* besonderer Wert zu legen.
- Ein *alters-, entwicklungs-, leistungsgerechtes und freudbetontes Üben* und *Trainieren* ist nicht nur Erfolg versprechend, sondern ebenfalls gut geeignet, die Jugendlichen zu einem *regelmäßigen sportlichen Training* anzuhalten. Die körperliche Leistungsfähigkeit kann dadurch in diesem Altersabschnitt wie auch in den nachfolgenden Entwicklungsetappen gesteigert und längere Zeit auf hohem Niveau erhalten werden.
- Während *beide Geschlechter* im Sportunterricht und Training das Niveau ihrer *Kraft- und Ausdauerfähigkeiten* weiter ausprägen sollten, kommt den Interessen der *männlichen Jugendlichen* eine Ausbildung entgegen, die auf *situative Sportarten* fokussiert. *Weibliche Jugendliche* hingegen bevorzugen Sportarten, in denen sie *gestalterisch, kreativ*, im Zusammenhang mit *Musik* und mit einem *ästhetischen Verständnis* wirksam werden können (z. B. Rhythmische Sportgymnastik, Aerobic und verschiedene Formen des Tanzes).
- *Neue* sporttechnische Fertigkeiten und *Fertigkeiten* mit einem *erhöhten Schwierigkeitsgrad* lassen sich in dieser Etappe gut ausbilden.

- In das sportliche Üben und Trainieren sind zunehmend *Wettkämpfe* einzubauen, damit durch den *Leistungsvergleich* weitere positive *Entwicklungsantriebe* entstehen.

Das Gesamtziel der Erziehungs- und Bildungsbemühungen der in diesem Bereich tätigen Sportlehrer, Trainer und Übungsleiter sollte vor allem darin bestehen, bei den Jugendlichen solche Einstellungen zu entwickeln, dass eine *sportliche Betätigung zu einem Bedürfnis und zu einer lebensbegleitenden Tätigkeit* für sie werden (Freizeitaspekt).

Betrachtet man **zusammenfassend** die biologischen Entwicklungsverläufe und die getroffenen methodischen Ableitungen aus sportmotorischer Sicht **in allen drei Altersetappen**, kann folgende Feststellung getroffen werden:

- **Nicht in jeder Entwicklungsphase der Kindheit und Jugend sind motorische Leistungsvoraussetzungen gleichgut ausbildbar.**
- **Es gibt während der motorischen Ontogenese Zeiträume, in denen bestimmte motorische Fähigkeiten und Fertigkeiten durch gezielte Interventionsmaßnahmen besonders gut ausprägbar sind.**
- **Es gibt jedoch auch Zeiträume, in denen bestimmte Trainingsmethoden und Übungen besser nicht angewandt werden sollten, um auf den menschlichen Organismus nicht „schädigend" einzuwirken.**

3.1.7 „Sensible Phasen" der Kindheit und Jugend

In Übereinkunft mit Sportmedizinern, -psychologen, Erziehungs- und Trainingswissenschaftlern bezeichnet man solche *„empfindlichen Abschnitte"* im Laufe der Ontogenese als **sensible Phasen**.

> **Sensible Phasen sind *trainingsgünstige Abschnitte* für die Ausprägung bestimmter Fähigkeiten und Fertigkeiten, die bezüglich einzelner Leistungsvoraussetzungen mit einer *Zeitbegrenzung* auftreten können und die mit ihrem Vorhandensein *Schwerpunktorientierungen* für die trainingsmethodische Gestaltung des Übens und Trainierens liefern.**

In der Abb. 3.1-8 wird ein Überblick über derartige sensible Phasen in der motorischen Entwicklung gegeben, die im *Kindes- und Jugendalter* auftreten können. Diese werden den bereits gekennzeichneten Entwicklungsetappen und dem Lebensalter (kalendarisches Alter) zugeordnet und getrennt für Mädchen und Jungen dargestellt. Zwischen dem 6. und 7. Lebensjahr wurde der Zeitpunkt der Einschulung markiert.

Um die motorischen Fähigkeiten besser ordnen zu können, wurde unterschieden in so genannte

- *Früh-*,
- *Spät-* und
- relativ *entwicklungsneutrale Fähigkeiten.*

Die Angaben zur *motorischen Lernfähigkeit* sind auf die Ausbildung *sporttechnischer Fertigkeiten* zu beziehen. Ein *erster* sensibler Abschnitt dafür fällt parallel zur Ausbildung der *koordinativen Fähigkeiten*; Mädchen besonders zwischen dem 8. bis 11. Lebensjahr, Jungen zwischen dem 11. und 13. Lebensjahr. In dieser Zeit sind hervorragende Voraussetzungen für das *Neulernen* von sporttechnischen Fertigkeiten gegeben. Eine *zweite* sensible Phase tritt nach dem puberalen Wachstumsschub ein und fällt somit in die Phase der *Adoleszenz* (in der Abbildung nicht gekennzeichnet).

Die *Beweglichkeit* lässt sich besonders gut im *frühen, mittleren und späten Kindesalter* ausbilden. Da es in diesen Jahren den Kindern anfänglich noch an eigenen Kraftfähigkeiten mangelt, lässt sich zunächst besonders gut der *passive* Beweglichkeitsaspekt ausprägen. Beweglichkeit ist eine Leistungsvoraussetzung, die bereits mit Beginn der Adoleszenz rückläufig ist, und ihrer zunehmenden Stagnation bzw. Rückbildung kann nur durch regelmäßiges Üben und Trainieren entgegengewirkt werden.

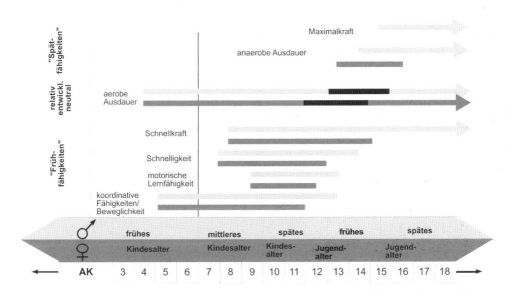

Abb. 3.1-8: Sensible Phasen in der Kindheit und Jugend (Hartmann, 2002)

Die *Schnellkraftfähigkeit* lässt sich vom *mittleren Kindesalter* an gut ausbilden. Dies betrifft zunächst die *informationell-regulatorische Komponente*. Ihren größten Schub erhält sie mit der Ausschüttung des männlichen Sexualhormons im frühen und späten Jugendalter, wobei *männliche Jugendliche* davon mehr profitieren. Im Niveau dieser Leistungsvoraussetzung unterscheiden sich Trainierende ganz erheblich von Untrainierten. Ebenso wie bei der Ausbildung der *Maximalkraftfähigkeit* gibt es trainingsmethodisch in der Praxis zu beachten, dass zu hohe Belastungsanforderungen den noch nicht ausgereiften Organismus (Wirbelsäule, Binde- und Stützgewebe) negativ beeinflussen oder gar schädigen können.

Zur Ausprägung der *Maximalkraftfähigkeit* finden wir in der Abbildung lediglich für *männliche Jugendliche* (ab ca. 15 Jahre) einen trainingsgünstigen Zeitraum eingetragen. Dies bezieht sich auf die Kraftentwicklung, die mit einer *Querschnittsvergößerung* der Muskelfasern (Hypertrophie, vgl. Kap. 4.1) einhergeht. Dies ist wiederum gebunden an eine *hohe Hormonkonzentration* (Testosteron), die in die Reifungszeit fällt. Untersuchungen haben jedoch gezeigt, dass *reifebedingt* bereits ab dem mittleren Kindesalter Zuwachsraten in der Maximalkraft erreicht wurden. Dies ist zurückzuführen sowohl auf eine Verbesserung der *informationell-regulatorischen Komponenten* (intra- und intermuskuläre Koordination) als auch *psychischen Komponenten* (Willensstärke).

Kontrollfragen und Aufgaben

1. Kennzeichnen Sie die verschiedenen *Prozesse*, die Einfluss auf die *motorische Ontogenese* haben.

2. Kennzeichnen Sie das *späte Kindesalter* mit seinen *psycho-sozialen Besonderheiten* und folgern Sie für entsprechende Ausbildungsziele im Trainingsprozess.

3. Beschreiben Sie die *Unterschiede*, die zwischen *Kindern* und *Jugendlichen* aus *psycho-sozialer Sicht* bestehen und Auswirkungen auf das Sporttreiben haben können.

4. Beschreiben Sie *Altersbesonderheiten* im Vergleich des *Kindes-* und *Jugendalters* aus *biotischer Sicht*.

5. Wodurch unterscheiden sich *Früh-* und *Spätentwickler* von *Normalentwicklern*?

6. Kennzeichnen Sie das *frühe Jugendalter* mit seinen *sportmotorischen Besonderheiten* und folgern Sie für entsprechende Ausbildungsziele.

7. Worauf lassen sich die *fortschreitende Individualisierung* und *zunehmende Stabilisierung* in der Etappe der *Adoleszenz* zurückführen? Welche trainingsmethodischen Konsequenzen sind daraus abzuleiten?

8. Was ist unter *„sensiblen Phasen"* zu verstehen? Kennzeichnen Sie je eine sensible Phase aus der *Kindheit* und *Jugend* und schlussfolgern Sie auf die Trainingsmethodik.

3.2 Zusammenhang von motorischer und kognitiver Entwicklung

Die Zusammenhänge zwischen der motorischen und der kognitiven Entwicklung gelangten in den letzten Jahren besonders durch neue Erkenntnisse der Neurowissenschaften zunehmend in den Fokus der öffentlichen Aufmerksamkeit.

Der Zusammenhang zwischen beiden wurde in mehreren Untersuchungen nachgewiesen. Bei lernbehinderten Kindern in Israel wurden beispielsweise statistisch gesicherte Beziehungen zwischen der Gleichgewichts- und der Lesefähigkeit beobachtet. Eindeutige Ergebnisse fehlen jedoch noch, offensichtlich sind die Zusammenhänge nicht direkt, sondern wirken oft über andere Variablen vermittelt aufeinander. Eine solche vermittelnde Größe stellt z. B. das *Selbstkonzept* dar, das im Kindesalter häufig auf motorischem Können basiert und auf kognitive Aufgaben übertragen wird. Die Zusammenhänge werden in Abb. 3.2-1 verdeutlicht.

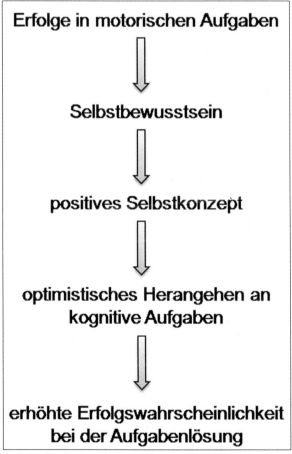

Abb. 3.2-1: Selbstkonzept als vermittelnde größe zwischen motorischen und kognitiven Erfolgen

Aus biotischer Sicht können Zusammenhänge zwischen der Entwicklung des Gehirns und frühkindlichen motorischen Anforderungen belegt werden.

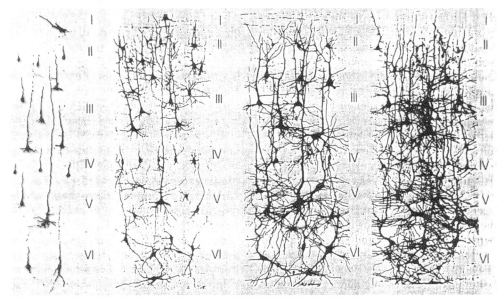

Abb. 3.2-2: Verschaltung der Nervenzellen von der Geburt bis zum 2. Lebensjahr (Akert, 1971)

Das Gehirn spiegelt in Bau und Funktion die Geschichte des Lebens eines Menschen wider. Bei der Geburt verfügt ein Kind über einen Überschuss von Nervenzellen (etwa 100 Milliarden), die allerdings noch nicht vernetzt sind. Sie werden in den ersten Lebensjahren synoptisch verschaltet und so zu Nervennetzen (Abb. 3.2-2). Nur derartig verschaltete Nervenzellen bleiben lebensfähig. Bewegung ist neben der Wahrnehmung der stärkste Reiz für die Ausreifung und Differenzierung des Nervensystems im Säuglingsalter, schon weil andere mögliche Reize, wie die Sprache noch gar nicht zur Verfügung stehen. Die ausdifferenzierten, vernetzten Nervenstrukturen, sogenannte „Datenautobahnen", werden später sowohl für motorische als auch für geistige Aufgaben gebraucht und genutzt. Das Gehirn ist dabei keine einfache „Kamera", sondern ein Interpretationssystem, das seine Vernetzungsstruktur nach dem, was erkannt und wiedererkannt wird, aufbaut. Dabei sind nicht Einzelheiten entscheidend, sondern Dinge, die wiederholt auftreten.

Die Leistungen des Gehirns korrelieren somit mit den Herausforderungen, denen es sich stellen muss. Der ursprüngliche kindliche Bewegungsdrang dient der Erhaltung und optimalen Funktionalisierung der Nervenzellen. In diesem Sinne kommt der Bewegung eine Basisfunktion zu und deren Förderung ist eine fundamentale Aufgabe, die durch nichts ersetzt werden kann. Die Bedeutung dieser frühkindlichen Phase ist umso höher, als sie Grundlage für alles Folgende ist. Der Erwachsene lebt von der Vielfalt seiner motorischen Bewegungsreize in der Kindheit.

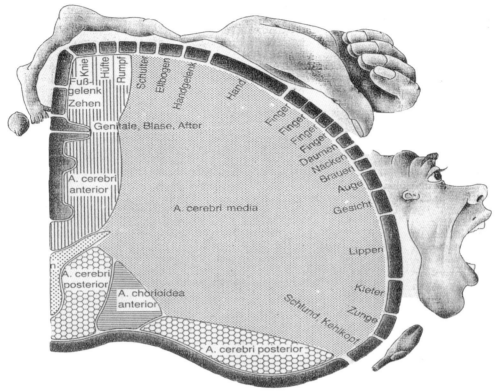

Abb. 3.2-3: Der „motorische Homunculus" (Rasmussen, Penfield)

Die Steuerung jedes einzelnen Muskels beansprucht ein bestimmtes Areal im motorischen Cortex der Großhirnrinde. Auf der vorderen Hirnrinde gibt es landkartenartige Widerspiegelungen der Funktionsareale der Muskeln. Interessant ist, dass die Fläche dieser Areale nicht von der Größe der Muskeln abhängig ist, sondern von ihrer Fähigkeit, feindifferenziert zu arbeiten. In der Abb. 3.2-2 wird dies in einem sogenannten „motorischen Homunculus" verdeutlicht. Die Verzerrung der Proportionen kommt dadurch zustande, dass die Verhältnisse entsprechend der Größe der Funktionsareale der Muskeln dargestellt werden. Bewegungen der Hände und der Gesichtsmuskulatur können besonders feindifferenziert ausgeführt werden und aktivieren somit große Hirnareale. Diese Areale sind nicht schon bei der Geburt derartig angelegt, sondern bilden sich entsprechend der Nutzung der einzelnen Muskeln in frühester Kindheit heraus. Sie sind abhängig von den verarbeiteten Anforderungen bei den Menschen individuell unterschiedlich strukturiert.

Reize, die das Gehirn zur Entfaltung seiner Komplexität anregen:
- **die Sprache,**
- **die Wahrnehmung,**
- **die Bewegung.**

Das Gehirn macht ca. 2 % unserer Körpermasse aus, aber es benötigt 20 % der Stoffwechselenergie und verbraucht 20 % des Körpersauerstoffs. Pro Minute durchströmen etwa 0,75 l Blut das Gehirn. Es ist also ein sehr aktives Organ. Bewegung steigert die Hirndurchblutung, wobei der größte Effekt bereits bei geringer Belastung erreicht wird. Schon eine Bewegung mit einer Leistung von 25 Watt, was einem langsamen Spaziergang entspricht, steigert die Gehirndurchblutung um 20 % und in der Folge die Lernfähigkeit.

Es gibt keine Belege dafür, dass Lernen am Besten beim Stillsitzen gelingt. Im Gegenteil, Lerninhalte, die doppelt codiert sind, nämlich kognitiv und motorisch, können später schneller und sicherer aus dem Langzeitgedächtnis abgerufen werden. Die Gleichzeitigkeit verschiedener Sinneswahrnehmungen unterstützt diesen Vorgang (z. B. einen Rhythmus spüren, hören und sehen, aufnehmen und wiedergeben). Das Erlebte wird dann in verschiedenen Hirnarealen entsprechend den Sinneswahrnehmungen abgespeichert und ist dadurch sowohl sicherer codiert als auch differenziert abrufbar. Studien belegen die Zusammenhänge zwischen dem Niveau der koordinativen Fähigkeiten und der Konzentrationsfähigkeit. Gleichgewichtsreize gelten dabei als „Weckübungen" für das Gehirn.

Um motorische Anpassungsprozesse auszulösen, muss der Organismus durch einen trainingswirksamen Reiz aus seinem Gleichgewicht (Homöostase, vgl. Kap. 3.3.1) gebracht werden. Ähnliches passiert beim kognitiven Lernen: das Gehirn wird durch neue Reize angeregt sich anzupassen. Auch hier schadet Überforderung. Deshalb gilt beim Lernen das „Prinzip des begrenzten Neuigkeitswerts", das besagt, dass das Angebot für den Lernenden ein angepasstes Niveau haben muss, um es erfolgreich zu bewältigen.

Bezüglich des Gehirns gilt für kognitive und für motorische Aufgaben gleichermaßen:

- Der Mensch lernt durch Synapsenverschaltungen im Gehirn.
- Das Gehirn macht aus sich wiederholenden Beispielen allgemeine Regeln, die mit bereits Gelerntem verschaltet werden.
- Zufälle bleiben nicht im Gehirn haften sondern Wiederholungen.
- Die Gleichzeitigkeit verschiedener Wahrnehmungskanäle fördert das Lernen.
- Es entstehen gebrauchsabhängige Gedächtnisspuren, sogenannte „Datenautobahnen".

Bewegung kann so als eine grundlegende Voraussetzung des Lebens angesehen werden. Gerade frühkindliche Bewegungsangebote und die damit verbundenen Reize sind eine Voraussetzung für die harmonische Entwicklung des Menschen. Eltern sind dabei die ersten „Bewegungserzieher", die durch Anregung und Vorbild die Grundlagen für das künftige Leben ihrer Kinder schaffen. Motorische und auch kognitive Leistungsfähigkeit ist nicht allein genetisch vorgegeben, sondern entwickelt sich durch die Nutzung der genetischen Potenziale oder verkümmern, wenn sie nicht genügend angeregt werden.

3.3 Prozesse und Funktionen der Leistungsentwicklung und des Lernprozesses

3.3.1 Einheit informationeller und energetischer Adaptationsprozesse

Bekanntlich ist der Mensch in der Lage, nach einem mehrjährigen zielgerichteten Training immer höhere sportliche Leistungen zu vollbringen. So gibt es Sportler, die beispielsweise die 100-m-Strecke in weniger als 10s laufen oder einen dreifachen Salto mit höchster Präzision vom Turm springen können. Was passiert aber im Organismus des Sportlers, welche Veränderungen laufen ab, damit er zu solchen Leistungen fähig ist und wie verträgt er die notwendigen enormen Trainingsbelastungen?

Grundlage der Leistungsentwicklung ist die Fähigkeit biopsychischer Systeme und somit auch des Menschen, sich an verändernde Umweltbedingungen anpassen zu können. Die **Anpassungsprozesse** dienen der Aufrechterhaltung des *Gleichgewichts* von Prozessen und Funktionssystemen im Organismus und sichern somit ihre Überlebensfähigkeit. Ihr Ziel ist es, Umweltveränderungen bzw. -einwirkungen effektiver, d. h. mit weniger Störungen des dynamischen Gleichgewichts bewältigen zu können.

Anpassungsprozesse sind folglich der Ursache der Störung des Gleichgewichts *entgegengerichtet*. Eine Störung des dynamischen Gleichgewichts von Energieverbrauch und -resynthese in der Muskelzelle aufgrund wiederholter Ausdauerbelastungen kann beispielsweise zu einer stärkeren Anreicherung entsprechender Energieträger (z. B. Kreatinphosphat und Glykogen) in der Zelle führen, wodurch erneute, gleichartige Belastungen unter günstigeren Voraussetzungen realisiert werden können.

> **In der Trainingswissenschaft versteht man unter Anpassung (Adaptation) die funktionelle und strukturelle Reaktion des menschlichen Organismus bzw. seiner Funktionssysteme auf Trainingsbelastungen bzw. sportliche Tätigkeit mit dem Ziel der sportlichen Leistungssteigerung.**

Jede sportliche Tätigkeit führt zur Inanspruchnahme und Reaktion entsprechender Funktionssysteme, beispielsweise des Herzkreislaufsystems (Anstieg der Herzfrequenz) oder des Zentralnervensystems (Anstieg der zentralnervalen Aktivierung). Diese Reaktionen werden als **metabole** oder **akute Adaptation** bzw. Umstellung bezeichnet und kennzeichnen die momentane Reaktionsbreite dieser Funktionssysteme.

Die **epigenetische Adaptation** hingegen ist ein längerfristiger Anpassungsprozess, der zu relativ stabilen (strukturellen) Veränderungen entsprechender Funktionssysteme und Prozesse führt. Die Abb. 3.3-1 widerspiegelt den Zusammenhang von metaboler und epigenetischer Adaptation am Beispiel der Herzschlagfrequenz. Der notwendige *Zeitbedarf* für die epigenetische Adaptation ist sehr unterschiedlich, von wenigen Tagen bei Veränderungen in der Enzymaktivität bis hin zu mehreren Monaten bei strukturellen Anpassungen im Stütz- und Bewegungssystem. Abb. 3.3-2 widerspiegelt ausgewählte Beispiele für die Mindestanpassungszeiträume am menschlichen Skelettmuskel.

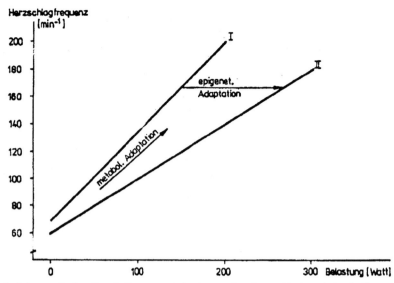

Abb. 3.3-1: Schematische Darstellung metaboler und epigenetischer Adaptation am Beispiel der Herzschlagfrequenz (Israel, 1995) I Untrainierter, II Trainierter

Anpassungsprozesse sind allerdings nur dann *stabil*, wenn ihre Ursache, also beispielsweise die erhöhten Trainingsanforderungen zumindest beibehalten werden. Ausbleibende Belastungsanforderungen oder Belastungsreduzierungen (z. B. auf Grund von längeren Krankheiten oder Verletzungen) führen zu einer Rückbildung der Leistungsvoraussetzungen. Die Funktionssysteme und Prozesse des menschlichen Organismus passen sich langfristig also immer an die zu realisierenden Belastungsanforderungen an, das gilt sowohl für ansteigende als auch reduzierte oder ausbleibende Anforderungen.

Es lassen sich drei eng miteinander verbundene *Anpassungsebenen* unterscheiden:

Die **tätigkeitsspezifische Adaptation** betrifft vor allem die für die Wettkampfübung geforderten Muskelgruppen sowie die entsprechenden Versorgungs- und Steuersysteme. Sie ist Ergebnis des Einsatzes wettkampfspezifischer Trainingsmittel.

Die **fähigkeitsspezifische Adaptation** ist allgemeiner ausgerichtet und betrifft die Funktionstüchtigkeit gegenüber fähigkeitsspezifischen Anforderungen. Sie zeigt sich beispielsweise in der Herausbildung des Sportherzens bei Ausdauersportlern oder der durch Krafttraining hervorgerufenen Muskelhypertrophie aber auch in der Verbesserung der Reaktionsschnelligkeit durch den Einsatz geeigneter vielseitiger Trainingsübungen. Die fähigkeitsspezifische Adaptation stellt die Basis für elementare biotische Funktionen und Prozesse dar. Sie ist auch durch den Einsatz allgemeiner Trainingsmittel zu verbessern und schafft Grundlagen für die wettkampfspezifische Leistungsfähigkeit.

Die **Kreuzadaptation** lässt keinen direkten Bezug zu dem konkreten Training erkennen, erfolgt also weder tätigkeitsspezifisch noch fähigkeitsspezifisch. Sie kennzeichnet insbesondere die Belastbarkeit des Sportlers gegenüber verschiedenartigen äußeren Einwirkungen und ist verantwortlich für den gesundheitsfördernden

Aspekt sportlicher Tätigkeit. Beispielsweise wirkt sich normale sportliche Betätigung positiv auf die Verringerung der Infekthäufigkeit aus, der Organismus wird folglich insgesamt widerstandsfähiger gegenüber negativen äußeren Einwirkungen.

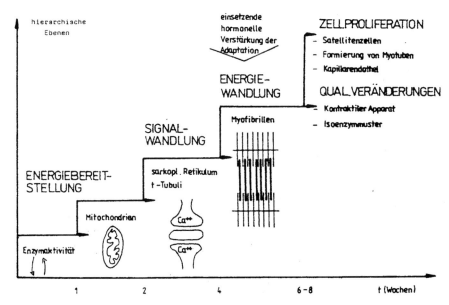

Abb. 3.3-2: Mindestzeiträume für adaptative Veränderungen an Strukturen und Systemen des Skelettmuskels (Neumann, 1993)

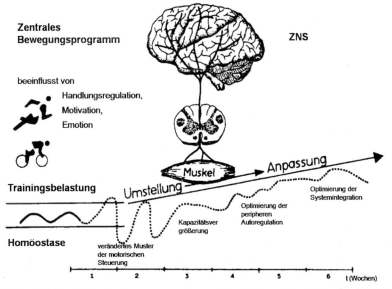

Abb. 3.3-3: Modell des Ablaufs einer gesamtorganismischen Adaptation (nach Neumann, Feustel, Schober, 1987)

Anpassungsprozesse verlaufen *phasenhaft* und schließen sowohl **informationelle** als auch **energetische** Prozesse ein. Die Abb. 3.3-3 stellt dies modellhaft dar. Ausgangspunkt ist der relativ stabile Zustand des Organismus bzw. seiner Funktionssysteme (Homöostase), der durch Belastungsreize (Trainingsbelastungen) beeinflusst wird. Dies führt kurzfristig zu *Umstellungen* in den beanspruchten Funktionssystemen, langfristig zu *Anpassungen* (epigenetische Adaptation). Dieser Adaptationsprozess verläuft in folgenden Phasen:

1. Veränderungen in der *motorischen Ansteuerung* (Bewegungsprogramm).
2. Erhöhung der *Energiespeicher* (Kapazitätsvergrößerung).
3. Optimierung der *Selbstregulation* (Autoregulation) der Systeme.
4. *Koordinierung* aller Systeme (Systemintegration).

Für die in diesem Ablauf integrierten informationellen und energetischen Prozesse existieren unterschiedliche *Anpassungsmechanismen*,
- energetische Adaptationsprozesse sowie
- informationelle Adaptations- und Regulationsprozesse,

die aus didaktischen Gründen im Weiteren getrennt beschrieben werden.

3.3.2 Energetische Adaptationsprozesse

3.3.2.1 Modell der Superkompensation

Zur Erklärung der energetischen Anpassungsprozesse nutzt man das Modell der Superkompensation (Abb. 3.3-4), welches abgeleitet ist von Prozessen, die in *energieliefernden* Funktionssystemen innerhalb der Muskelzelle ablaufen.

Diese Systeme befinden sich normalerweise in einem **dynamischen Gleichgewichtszustand** (Homöostase). Die für die Aufrechterhaltung der normalen Lebensprozesse verbrauchte Energie wird unmittelbar wiederhergestellt. Bei *intensiver bzw. umfangreicher* sportlicher Tätigkeit ist der Energiebedarf wesentlich stärker. Wenn der Energieverbrauch höher ist, als das System unmittelbar wiederherstellen kann, kommt es zu einer Verringerung der energetischen Kapazität, die Homöostase dieses Systems wird *gestört*. Je intensiver und umfangreicher die Trainingsbelastung ist, desto stärker ist auch die Störung des Homöostasezustandes, die für die Auslösung energetischer Adaptationsprozesse *Voraussetzung* ist.

Unmittelbar nach Beendigung der sportlichen Betätigung werden die verbrauchten Energieträger resynthetisiert. Die Wiederherstellung nach einer Störung der Homöostase erfolgt aber derart, dass *mehr* Energieträger resynthetisiert werden, als ursprünglich vorhanden waren. Damit ist das System auf eine erneute, gleichartige Trainingsbelastung besser vorbereitet, einer zukünftigen Störung der Homöostase wird entgegengewirkt. Diese zeitweise Erhöhung der energetischen Kapazität des Systems im Wiederherstellungsprozess wird als Phase der **Superkompensation** bezeichnet und bildet eine Grundlage energetischer Anpassungsprozesse.

Die Geschwindigkeit der Wiederherstellungsprozesse sowie Dauer und Größe der Superkompensationsphase sind entscheidend abhängig von der vor allem durch die Belastungsintensität und den Belastungsumfang hervorgerufenen Art des Energieverbrauchs während der Realisierung der Trainingsbelastung.

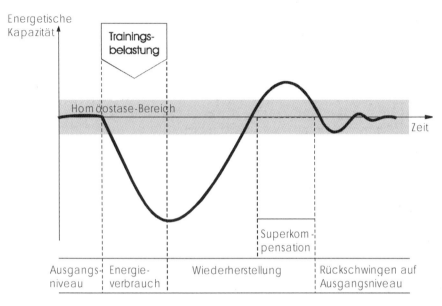

Abb. 3.3-4: Modell der Superkompensation bei energieliefernden Systemen des menschlichen Organismus

- Je *schneller und stärker* der Energieverbrauch erfolgt (z. B. im Maximalkraft- oder Schnelligkeitsausdauertraining), desto schneller laufen anschließend die Wiederherstellungsprozesse ab und desto höher ist die Superkompensationsphase.
- Je *langsamer* der Energieverbrauch erfolgt (z. B. im Grundlagenausdauertraining), desto langsamer laufen die Wiederherstellungsprozesse ab und desto niedriger ist die Ausprägung der Superkompensationsphase, während sich ihre zeitliche Ausdehnung verlängert.
- Eine *Überforderung* energetischer Funktionssysteme aufgrund zu hoher Trainingsanforderungen führt zu einer starken *Verlangsamung* der Wiederherstellungsprozesse. Dies ist ein Schutzmechanismus der erschöpften Systeme, der beispielsweise nach extremen Ausdauerbelastungen beobachtet werden kann und eine erneute Beanspruchung erst nach längerer Erholungspause zulässt.

3.3.2.2 Varianten energetischer Adaptationseffekte

Die Superkompensationsphase nach nur *einmaligem* Training ist allerdings so gering, dass sie keine spürbaren Auswirkungen hinterlässt. Die Effekte sind nur in speziellen Labors nachweisbar. Erst die trainingsmethodisch zweckmäßige *Anein-anderreihung* vieler Trainingseinheiten führt zu *stabilen* Anpassungsprozessen, die sich auch in einer Veränderung der sportlichen Leistungsfähigkeit widerspiegeln. Dabei kommt es entscheidend darauf an, wie das Verhältnis zwischen den Trainingsbelastungen und der zwischen ihnen für die Wiederherstellungsprozesse zur Verfügung stehenden Zeit gestaltet wird. Dabei können ausgehend von der Erholungszeit drei grundlegende Varianten unterschieden werden:

1. „Optimale" Wiederherstellung

Bei der „optimalen" Wiederherstellung (Abb. 3.3-5) erfolgt die erneute Trainingsbelastung jeweils in dem Zeitraum, in dem sich das entsprechende Funktionssystem in der Phase der Superkompensation befindet. Durch eine derartige *Aufstockung bzw. Kumulation der Superkompensationseffekte* kann die Leistungsfähigkeit des Systems systematisch gesteigert werden.

Allerdings ist zu berücksichtigen, dass aufgrund dieser Anpassungsprozesse auch die Trainingsbelastungen systematisch erhöht werden müssen (Prinzip der Steigerung der Trainingsbelastungen, vgl. Kap. 3.4.2), um jeweils erneut die Homöostase des Funktionssystems zu stören. Fehlt diese systematische Steigerung der Trainingsbelastungen, kommt es relativ schnell zu einer *Stagnation* in der Leistungsentwicklung.

Dieses Vorgehen wird überall dort angewendet, wo eine *Steigerung der Leistungsfähigkeit* energetischer Systeme und Prozesse Zielstellung der sportlichen Tätigkeit ist und eine vollständige Erholung zwischen den Trainingseinheiten angestrebt wird.

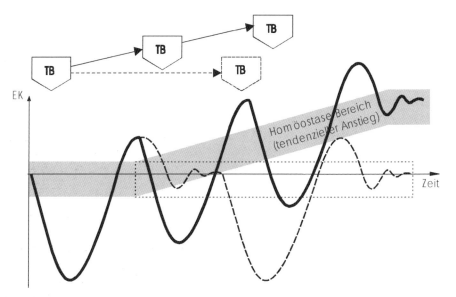

Abb. 3.3-5: Modell der „optimalen" und der „einfachen" Wiederherstellung energieliefernder Systeme zwischen den Trainingsbelastungen („einfache" Wiederherstellung gestrichelt)
EK energetische Kapazität
TB Trainingsbelastung (Trainingseinheit)
→ Wiederherstellungszeitraum

2. „Einfache" Wiederherstellung

Die „einfache" Wiederherstellung ist dadurch gekennzeichnet, dass der Zeitraum zwischen den Trainingseinheiten so groß ist, dass die Funktionssysteme schon wieder auf ihr *Ausgangsniveau zurückgeschwungen* sind (Abb. 3.3-5, gestrichelter Kurvenverlauf), die Phase der Superkompensation folglich schon überschritten ist. Eine Leistungsentwicklung ist deshalb bei dieser Variante nicht zu erwarten.

Dieses Vorgehen ist typisch für solche Bereiche wie beispielsweise den *Schulsport* oder den *Freizeitsport*, in denen die Gesamtbelastung meist zu gering ist, um eine Entwicklung energetischer Leistungsvoraussetzungen zu erreichen. Aber auch im *Wettkampfsport* kommt diese Variante zur Anwendung, wenn die *Leistungsfähigkeit nur erhalten* werden soll, wie dies beispielsweise in der Wettkampfphase der Fall sein kann.

3. „Unvollständige" Wiederherstellung

Bei der „unvollständigen" Wiederherstellung (Abb. 3.3-6) erfolgt die erneute Trainingsbelastung so frühzeitig, dass der Zeitraum für eine vollständige Wiederherstellung der energetischen Funktionssysteme nicht ausreichend ist. Dies führt zwangsweise zu einer *Aufstockung (Kumulation) der Ermüdungseffekte*. Würde dieses Vorgehen so fortgesetzt werden, kommt es nach wenigen Trainingseinheiten zur vollständigen Erschöpfung; ein weiteres Training wäre nicht mehr möglich.

Die Anwendung der Variante der „unvollständigen" Wiederherstellung im Trainingsprozess ist nur dann sinnvoll, wenn

- der Sportler über eine gute *Belastungsverträglichkeit* verfügt,
- eine *vollständige Wiederherstellung* für die Realisierung des Trainingsziels nicht erforderlich ist und
- nach einigen derartigen Trainingseinheiten, vor der völligen Erschöpfung der betroffenen Systeme, eine *längere Pause* für eine vollständige Erholung des Sportlers eingelegt wird.

Der kumulative Superkompensationseffekt ist aufgrund der intensiveren energetischen Auslastung *höher*, als dies nach einer einzelnen Trainingseinheit und vollständigen Wiederherstellung der Fall wäre. Der Anwendungsbereich dieses Vorgehens liegt deshalb ausschließlich im *Leistungssport*, wo die hohe Trainingshäufigkeit eine vollständige Erholung zwischen den Trainingseinheiten häufig nicht zulässt. Insbesondere im *Ausdauertraining* wird ganz gezielt diese Variante angewendet, da eine einzelne Trainingsbelastung aufgrund der relativ niedrigen Belastungsintensität und des langsamen Energieverbrauchs nur zu geringen Auslenkungen führt und eine vollständige Wiederherstellung aufgrund dieser geringen Trainingsintensität bei gut trainierten Sportlern nicht erforderlich ist.

Leider ist eine einfache Übertragbarkeit dieser Modellvorstellungen energetischer Anpassungsprozesse auf die Trainingspraxis *nicht* möglich. Ein wesentlicher Grund hierfür sind die in den einzelnen Funktionssystemen *nicht gleichzeitig* ablaufenden Wiederherstellungsprozesse (Abb. 3.3-7). Dies liegt einerseits begründet in dem *unterschiedlichen Zeitbedarf* der Wiederherstellungsprozesse der Funktionssysteme, andererseits in der, ausgehend von der Spezifik der Trainingsbelastung, *verschiedenartigen Beanspruchung* der einzelnen Funktionssysteme.

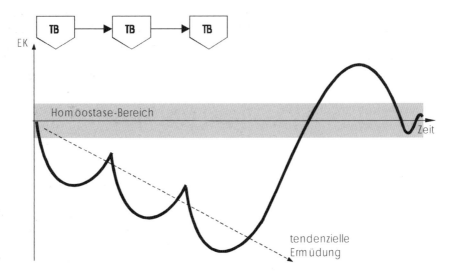

Abb. 3.3-6: Modell der „unvollständigen" Wiederherstellung energieliefernder Systeme
zwischen den Trainingsbelastungen
EK energetische Kapazität
TB Trainingsbelastung (Trainingseinheit)
→ Wiederherstellungszeitraum

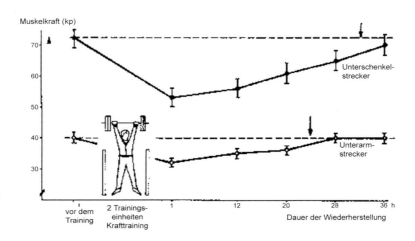

Abb. 3.3-7: Zeitlicher Verlauf der Wiederherstellung der Leistungsfähigkeit von zwei ausgewählten Muskeln nach intensivem Krafttraining

Es existieren jedoch empirisch ermittelte *Richtwerte für den Mindestzeitbedarf*
von Wiederherstellungsprozessen nach unterschiedlichen Trainingsanforderungen
(Tab. 3.3-1), die dem Trainer und Sportler eine Orientierung für die Gestaltung des
Trainingsprozesses geben.

Der unterschiedliche Zeitbedarf der Wiederherstellungsprozesse widerspiegelt sich letztlich auch in den schon erwähnten verschiedenartigen Anpassungszeiträumen (Abb. 3.3-2). Hierbei ist zu berücksichtigen, dass energetische Anpassungsprozesse nicht nur auf die Ausnutzung der Superkompensation und die damit verbundene Kapazitätsvergrößerung reduziert werden können (Abb. 3.3-3). Energetische Anpassungsprozesse gehen immer einher mit Veränderungen der *Autoregulation* der Energiestoffwechselprozesse und sind eingebunden in die *Adaptationsprozesse des Gesamtorganismus*.

Tab. 3.3-1: Mindestzeitbedarf (in Stunden) für Wiederherstellungsprozesse vorrangig beanspruchter funktioneller Systeme nach unterschiedlichen Trainingsbelastungen (nach Grosser, Neumaier, 1996)

Trainingsform	Grundlagenausdauertraining 1	Grundlagenausdauertraining 2	Schnellkrafttraining	Muskelhypertrophietraining	Schnelligkeits- und Techniktraining
Funktionssystem	aerobe Energiebereitstellung	anaerobe Energiebereitstellung	anaerob-alaktazite und laktazite Energiebereitstellung	Eiweißstoffwechsel	neuromuskuläres System
unvollständige Wiederherstellung		ca. 1,5-2	ca. 2-3	ca. 2-3	ca. 2-3
fast vollständige Wiederherstellung (90-95 %)	ca. 12	ca. 12	ca. 12-18	ca. 18	ca. 18
vollständige Wiederherstellung	ca. 24-36	ca. 24-28	ca. 48-72	ca. 72-84	ca. 72

3.3.3 Informationelle Adaptations- und Regulationsprozesse

Ausgehend von der Erkenntnis, dass der menschliche Organismus ein sich im weitesten Sinne selbst

- regulierendes,
- erhaltendes,
- wiederherstellendes,
- korrigierendes und
- vervollkommnendes System

darstellt, sind informationelle Steuer- und Regelprozesse die Grundlage vorrangig für die Ausbildung und das Niveau von *koordinativen Fähigkeiten* (vgl. Kap. 4.4) und der *sporttechnischen Fertigkeiten* (vgl. Kap. 5.1).

Darüber hinaus wären die im Kap. 3.3.2 besprochenen *energetischen Anpassungsprozesse* ohne eine zunehmend *präzisere* und *effektivere Ansteuerung* der im sportlichen Handeln beanspruchten *Muskelfasern* unökonomisch. Dabei finden informationelle Prozesse statt (*intra-* und *intermuskuläre Koordination*), die ebenfalls zur Erhöhung der Leistungsfähigkeit beitragen. Die *Ausnutzung* antrainierter *energetischer Potenziale* bzw. deren *Umsetzung* in sportliche Leistungen unterliegt ebenfalls informationellen Regulationsprozessen.

Der Ablauf dieser informationellen Prozesse lässt sich gut an dem nachfolgenden vereinfachten *Modell der Bewegungsregulation* (Abb. 3.3-8) darstellen und beschreiben.

Es kommt zu permanenten **Steuer- und Regelprozessen** In Abhängigkeit von

- Handlungsziel,
- Handlungszweck,
- Handlungsbedingungen (Umgebungsbedingungen, Geräte, Medien),
- Handlungsbereitschaft (Motivation, Ausprägung kognitiver Prozesse) und
- Handlungsfähigkeit (vorhandene Kenntnisse, Erfahrungen, motorische Fähigkeiten und sporttechnische Fertigkeiten, dargestellt im *äußeren Ring der Abbildung*).

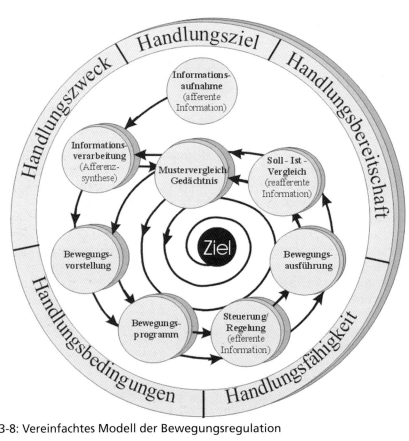

Abb. 3.3-8: Vereinfachtes Modell der Bewegungsregulation

1. Informationsaufnahme, -weiterleitung und -verarbeitung auf afferenten und efferenten Nervenbahnen (Afferenzsynthese);
2. Vergleich mit bekannten Bewegungsmustern bzw. -schemata zur Vorstellungsbildung (unter Einbezug des motorischen Gedächtnisses);
3. Programmbildung zur Bewegungsausführung;
4. Vorausnahme des Bewegungsverlaufs und -ergebnisses (Antizipation, ausgeprägt nur im Fortgeschrittenenstadium);
5. Steuerimpulse an die betreffenden Muskelfasern zur Bewegungsausführung;
6. Regelimpulse an die betreffenden Muskelfasern zur Bewegungskorrektur;
7. ständiger Vergleich der Informationen von Soll (Vorgabe, Ziel, Programm) und Ist (momentane Ausführung) auf der Grundlage von Fremd- und Eigeninformationen.

Die Vielgestaltigkeit der zu regulierenden Funktionen lässt ahnen, dass es sich um verschiedenartige und komplizierte Vorgänge im Organismus handelt, die nur unter Beteiligung verschiedener Strukturen realisiert werden können. Voraussetzung für einen gut funktionierenden Steuer- und Regulationsprozess ist ein intaktes **Sinnes- und Nervensystem** im Zusammenhang mit der **Muskulatur**, das auch als **sensorisches System** bezeichnet wird.

Auf einige ausgewählte Funktionen dieses Systems soll im Folgenden näher eingegangen werden.

3.3.3.1 Informationsaufnahme und -verarbeitung

Eine wichtige Bedingung für Regulationsprozesse ist die Arbeitsfähigkeit aller an der Informationsaufnahme, -analyse, -weiterleitung und -speicherung beteiligten Strukturen. Für diese Prozesse (ausgenommen die Informationsspeicherung) sind im Wesentlichen die **Analysatoren** verantwortlich.

Ein **Analysator** ist ein Teilsystem der Informationsaufnahme, -analyse und -weiterleitung (auch *Sensorik* genannt). Mit Hilfe von spezifischen *Rezeptoren* werden Informationen aus der Umwelt aufgenommen, umcodiert und auf *afferenten Nervenbahnen* zur Verarbeitung an *sensorische Zentren* weitergeleitet.

Im Ergebnis der Informationsverarbeitung werden auf *efferenten Nervenbahnen* anschließend Signale an die *motorische Endplatte* „gesendet". Eine wesentliche Voraussetzung für die Ausführung von sportlichen Bewegungen ist dadurch gegeben (Abb. 3.3-9).

Für die Bewegungsregulation von besonderer Bedeutung sind der

- optische,
- akustische,
- kinästhetische,
- taktile und
- statico-dynamische Analysator.

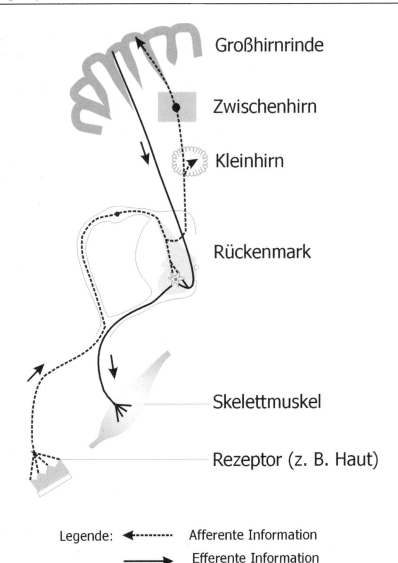

Großhirnrinde

Zwischenhirn

Kleinhirn

Rückenmark

Skelettmuskel

Rezeptor (z. B. Haut)

Legende: ◄------- Afferente Information

———► Efferente Information

Abb. 3.3-9: Aufbau des senso-motorischen Systems (Prinzipskizze am Beispiel des taktilen Analysators)

Obwohl bei der Bewegungsregulation alle Analysatoren eng zusammenwirken, haben sie unterschiedliche Anteile am Regulationsprozess[1].

Hervorragende Bedeutung für die Bewegungsregulation haben die *kinästhetischen* und *statico-dynamischen* sowie die *taktilen*, *optischen* und *akustischen* Analysatoren, die in der Tab. 3.3-2 dargestellt werden.

---

1 Obwohl bei einem ganzheitlich handelnden Menschen auch *Geschmacks*- und *Geruchsinformationen* sein Verhalten beeinflussen können, sollen diese im Folgenden nicht weiter betrachtet werden. Für den Sportunterricht und das Training wirken schlecht gelüftete Trainingsstätten und Umkleidebereiche jedoch nicht leistungsförderlich und eher demotivierend.

Als eine Besonderheit neben der sensorischen Information ist die **verbale Information** hervorzuheben; sie ist nur dem Menschen eigen. Über ein Sprach- und Zeichensystem können *Informationen* vom Trainer zum Sportler und umgekehrt sowie zwischen den Sportlern *vermittelt* werden. Mit der Sprache können *Empfindungen ausgedrückt* und *Informationen* weitergegeben werden, die über *verschiedene Analysatoren* gewonnen wurden. Dieser Kommunikationsprozess verläuft *bewusstseinspflichtig* und wird im Lernprozess u. a. dann ausgenutzt, wenn über verbale Informationen *Kenntnisse* vermittelt werden, durch *Wortbekräftigung* die Bewegungsausführung unterstützt (im Sinne der *Zusatzinformation*) oder durch verbale Informationen *korrigierend* eingegriffen wird. **Bekräftigung** und **Korrektur** geschehen im Sinne der **Rückinformation** (Reafferenz).

Tab. 3.3-2: Beteiligung der Analysatoren am Informationsprozess

Analysator	Lokalisation der Rezeptoren	Reizmodalität
optischer	Augen	- optische Informationen - eigene und Fremdbewegungen
akustischer	Ohren	- akustische Informationen
kinästhetischer	Muskeln Sehnen Bänder Gelenke	- Spannungs- und Längenänderung der Muskulatur - Stellung und Haltung des Körpers und seiner Teile - Geschwindigkeit der Veränderungen
taktiler	in und unter der Haut	- Druck und Zug - Oberfläche und Form
statico-dynamischer	Innenohren	- Lage im Raum - Richtungsänderungen (Schwerkraft) - Beschleunigung - Gleichgewicht

Nicht zuletzt ist eine *Abspeicherung* von Informationen im *motorischen Gedächtnis* auf der sensorisch-verbalen Grundlage möglich, das wiederum Voraussetzung für *Denken* und *Lernen* ist.

Trainingsmethodische Konsequenz daraus ist, dass mit dem Lernenden über seine Bewegungsausführung gesprochen wird und dass der Lernende seine eigene Bewegung mit Worten beschreibt. Auf diese Weise kann der Gedächtnisspeicher schrittweise „gefüllt" werden und der Sportler wird in die Lage versetzt, sich an bekannte Bewegungsmuster und -schemata oder ähnliche Situationen zu erinnern und diese als Grundlage für seine *Vorstellungs- und Programmbildung* zu nutzen.

3.3.3.2 Programmbildung und Bewegungsvorausnahme

Ein Angriffsspieler einer Volleyballmannschaft bekommt nach der Ballannahme einen Pass zugespielt, den er mit der zweiten Ballberührung direkt verwandeln könnte. Er beabsichtigt aber, den Gegner zu täuschen und wendet eine *Körperfinte* wie folgt an:

Er läuft an, springt ab und holt – täuschend echt – zum Angriffsschlag aus. Während sich auf der Gegnerseite ein Doppelblock formiert, nimmt der Angreifer die zweite Hand hinzu und spielt einen weiten Pass auf den anderen Angriffsspieler seiner Mannschaft. Dieser hat nun günstigere Voraussetzungen für einen erfolgreichen Angriffsschlag, da der Block auf der Gegnerseite geschwächt ist.

Derartige Handlungen laufen insbesondere in den *Spiel- und Zweikampfsportarten* in unzähligen Situationen und verschiedenen Varianten ab; sie gehören zu einem erfolgreichen *situativen* (auch taktischen) *Verhalten*.

Voraussetzung für ein derartiges Handeln ist die Fähigkeit des Menschen, Ereignisse gedanklich *vorwegzunehmen* bzw. zu berechnen (**Antizipation**). Dies gilt weitestgehend auch für sein *motorisches Verhalten* und ist insbesondere abhängig von der Qualität der ablaufenden Regulations- und Speicherprozesse (vgl. Kap. 3.3.3.1). Bei der Programmbildung entwickelt der Sportler eine Art „Lösungsmodell" für die anschließende motorische Handlung, was dann während der Bewegungsausführung durch Regelimpulse weiter differenziert und modifiziert wird. Interessant dabei ist, dass diese *Programmbildung* sowohl *bewusst* als auch *unbewusst* ablaufen kann. Vorteile daraus erwachsen dem Sportler insofern, dass er mit Zunahme der Fähigkeit, Handlungen gedanklich voraus zu nehmen, einerseits selbst weniger auf Situationen und eingetretene Veränderungen „reagieren" muss, was ihm Zeitvorteile bringt. Andererseits gelingt es ihm, wie das angeführte Volleyball-Beispiel zeigt, den Gegner in seinem Verhalten zu beeinflussen, d. h. ihn zu bestimmten Handlungen zu „zwingen".

Darüber hinaus gelingt dem Sportler aber auch, Flugweg und Auftreffort von Geräten (z. B. Bälle in allen Spielsportarten) und Laufwege von Mitspielern und Gegnern voraus zu nehmen bzw. abzuschätzen, wodurch für ihn weitere Handlungsvorteile (gutes „timing") entstehen. Die **Methodik** zur Ausbildung der **Antizipationsfähigkeit** wird im Kapitel 4.4.4.5 dargestellt.

3.3.3.3 Soll-Ist-Vergleich

Um im sportlichen Handeln zweckentsprechend regulieren zu können, müssen zuvor *Vergleichsprozesse* stattgefunden haben. Verglichen werden muss dabei das **Soll** (Zielbewegung) mit dem **Ist** (gegenwärtig erreichtes Ausführungsniveau) im Sinne einer *Bewegungsanalyse* (vgl. Kap. 5.5). Durch den Vergleich wird entweder Übereinstimmung festgestellt, was die Grundlage für den weiteren, meist unverändert fortgesetzten Lernprozess darstellt. Oder im Vergleich werden Differenzen festgestellt, die auf ein „fehlerhaftes" Verhalten des Lernenden hindeuten. Ist die *Ursache* für den/die Fehler gefunden, kann regulierend und korrigierend im Lernprozess eingegriffen werden. Befindet sich der Sportler noch am Anfang des Lernprozesses, wird ihm der Trainer dabei helfen und **Rückinformationen** vorrangig über den optischen und akustischen Analysator von außen geben (Reafferenzen: Fremdinformationen); ist es ein Fortgeschrittener, wird er zunehmend von innen heraus über den kinästhetischen und statico-dynamischen Analysator rückinformiert (Reafferenzen: Eigeninformationen).

Probleme für einen Soll-Ist-Vergleich bringen besonders *kurzzeitig ablaufende Bewegungen*. Hier ist nur eine sehr geringe Einflussnahme möglich. Oft beobachtet man z. B. bei der Ausführung von Strafstößen im Fußball, dass der Torwart durch gezieltes Anlaufverhalten des Schützen „verladen" wird. Er entscheidet sich für eine Torecke und hechtet dem dort vermuteten Ballauftreffort „entgegen"; der Ball findet inzwischen sein Ziel in der anderen Ecke des Tores. Auch wenn der Torwart möglicherweise den anfliegenden Ball noch richtig seinem wahrscheinlichen Auftreffort zuordnen könnte, seine Abwehrbewegung umzustellen ist er jedoch wegen der geringen Handlungszeit nicht mehr in der Lage.

Zusammenfassung

- Die vor, während und nach einer Bewegungsausführung stattfindenden Prozesse verhalten sich ähnlich eines permanent ablaufenden *Informationskreislaufes*. Übungswiederholungen finden jedoch nie auf gleicher Lernqualitätsebene oder -stufe statt, sondern sind gekennzeichnet von einer **ständig ansteigenden Informationshöherorganisation**, die sich recht anschaulich in einer *Lernspirale* darstellen lässt (Abb. 3.3-8).
- Diese Informationshöherorganisation basiert
  - auf den *Prozessen der Bewegungsregulation*,
  - ist das Ergebnis der „Meisterung" aller *psychischen Komponenten* einer Handlung (Antrieb, Orientierung, Ausführung, Kontrolle und Korrektur) und
  - ist damit selbst Teil und Ziel einer zweckentsprechenden *Handlungsregulation* (vgl. Kap. 2.2).
- Ohne informationelle Steuer- und Regelprozesse sind sportliche Bewegungen nicht möglich; sie laufen auf verschiedenen *Regulationsebenen* (vgl. Kap. 2.1) ab.
- Grundlage sind *Rückinformationen* (Reafferenzen), die sowohl von außen (Fremdinformationen) als auch von innen (Eigeninformationen) kommen können.
- **Trainingsmethodisch** lässt sich auf die Bewegungsregulation Einfluss nehmen, indem dem Sportler
  - *afferente Informationen* mit einem zweckentsprechenden *verbalen* Anteil (Kenntnisvermittlung, Zielvorgaben, Handlungsanweisungen, Motivierung) vermittelt werden; dies verbessert seine *Steuer- und Programmierfähigkeit*;
  - *reafferente Informationen* mit einem zunehmend erhöhten *sensorischen* Anteil (Bekräftigung, Hilfe beim Vergleich von Soll und Ist, Korrektur) vermittelt werden; dies verbessert seine *Korrektur- und Regulationsfähigkeit*.
- Insbesondere sollte im Training der *Sensibilisierung aller Analysatorensysteme* große Aufmerksamkeit geschenkt werden. Die Funktionstüchtigkeit der Analysatoren auf hohem Ausprägungsniveau hat sowohl bei der Entwicklung der *koordinativen Fähigkeiten* (vgl. Kap. 4.4) als auch bei der Qualifizierung des *motorischen Lernprozesses* (vgl. Kap. 5.1) zentrale Bedeutung.

Kontrollfragen und Aufgaben

1. Erläutern Sie das Modell der *Superkompensation*.

2. Erklären Sie die verschiedenen *Varianten*, Trainingseinheiten unter der Sicht *energetischer Adaptationseffekte* zeitlich aneinander zu reihen.

3. Welche Auswirkungen hat die *Ungleichzeitigkeit* der *Wiederherstellungsprozesse* einzelner Funktionssysteme und Prozesse auf die Planung des Trainingsprozesses?

4. Erläutern Sie den *Steuer- und Regelprozess* sportlicher Handlungen mit seinen Funktionen.

5. Kennzeichnen Sie Möglichkeiten und Notwendigkeiten der *methodischen Einflussnahme* auf den Informationsregulationsprozess.

6. Welche Rolle spielt die *Sprache* im motorischen Lernprozess?

3.4 Zusammenhang von Trainingsbelastung, Beanspruchung und Entwicklung der Leistungsfähigkeit

Das **sportliche Training** ist ein wissenschaftlich begründeter und pädagogisch geführter Prozess der systematischen Einwirkung auf den Sportler bzw. seine Funktionssysteme mit dem Ziel der sportlichen Leistungssteigerung bzw. ihres Erhalts. Um den Trainingsprozess zielgerichtet und planmäßig führen zu können, ist es notwendig, sowohl *Art* und *Größe* dieser *Einwirkungen* als auch die daraus resultierenden *psychophysischen Veränderungen* des Sportlers näher zu kennzeichnen. Die vom Sportler im Trainingsprozess realisierten sportlichen Anforderungen werden als **Trainingsbelastung** und die dadurch in den Funktionssystemen hervorgerufenen Prozesse und Veränderungen als **Beanspruchung** bezeichnet.

Zwischen den Trainingsbelastungen, den dadurch hervorgerufenen Beanspruchungen und der sportlichen Leistungsentwicklung bestehen gesetzmäßige Zusammenhänge, die für den Leistungssport in der Tab. 3.4-1 modellhaft dargestellt sind.

Tab. 3.4-1: Modellvorstellung zum Zusammenhang von Belastung, Beanspruchung und sportlicher Leistungsentwicklung im Leistungssport (Berger, Minow, 2008)

Trainingsbelastung	Beanspruchung	Leistungsentwicklung
niedrig/keine	Unterforderung	Stagnation/Rückgang
mittel/hoch	optimal	Leistungssteigerung
extrem hoch	Überforderung	Stagnation/Rückgang, Verletzung

Nur eine *optimale* Beanspruchung der psychophysischen Funktionssysteme und Prozesse führt zu der im Leistungssport meist angestrebten *Leistungssteigerung*. Die dafür notwendige Trainingsbelastung muss für den Sportler eine *erhöhte* bzw. *ungewohnte* Anforderung darstellen, um die für die sportliche Leistungsentwicklung erforderlichen gesamtorganismischen Adaptations- und Regulationsprozesse auszulösen (vgl. Kap. 3.3.1).

Zu *niedrige* Trainingsbelastungen, die für den Organismus eine *Unterforderung* darstellen, bewirken einen *Leistungsrückgang*. Typische Beispiele hierfür sind die Unterforderung bzw. Inaktivität von Muskelgruppen und ihre daraus folgende Abschwächung. Dies kann beispielsweise der Fall sein bei Bewegungsmangel, bei erzwungener körperlicher Inaktivität wegen Verletzungen oder Krankheiten oder bei einseitiger sportlicher Betätigung und der daraus resultierenden Unterforderung der nicht oder kaum an den bevorzugten Bewegungen beteiligten Muskelgruppen. Diese Unterforderung führt zu einer Abschwächung der betroffenen Muskeln. Die daraus resultierende Störung des arthromuskulären Gleichgewichts kann Ursache für Verletzungen und Erkrankungen des Binde- und Stützgewebes sein. Besonders häufig sind hierbei Schädigungen im Bereich der Wirbelsäule anzutreffen.

Die Trainingsbelastung kann andererseits auch *nicht beliebig erhöht* werden, um eine noch stärkere Leistungssteigerung zu erzielen. Werden die Funktionssysteme so stark beansprucht, dass eine *Überforderung* eintritt, setzen häufig entsprechende interne Schutzmechanismen ein, die eine weitere Inanspruchnahme und somit die Fortsetzung oder Wiederholung der Trainings- bzw. Wettkampfbelastung erschweren, beispielsweise eine starke Verzögerung entsprechender Wiederherstellungsprozesse. Dies wirkt sich negativ auf die Leistungsentwicklung aus. Auch besteht die Gefahr, dass die individuelle **Belastungsverträglichkeit**, d. h. diejenige Menge an Belastungsanforderungen, die vom Sportler noch ohne gesundheitliche Schäden bewältigt werden kann, überschritten wird. Diesbezüglich besonders betroffen ist beispielsweise das Stütz- und Bewegungssystem, da einerseits die Wiederherstellungs- und Anpassungsprozesse dieser Systeme und Strukturen relativ langsam ablaufen, andererseits eine Überforderung vom Sportler kaum erkannt wird, da entsprechende Rezeptoren fehlen.

Auch eine Überforderung psychischer Funktionssysteme und Prozesse, wie sie beispielsweise beim Erlernen neuer und schwieriger Fertigkeiten im Gerätturnen oder beim Neu- und Umlernen von Bewegungsabläufen im Rehabilitationssport durch Informationsüberflutung auftreten kann, erschwert oder verhindert die anforderungsgerechte Regulation psychischer Prozesse. Verletzungen können die Folge sein. Monotonieerscheinungen in psychischen Systemen aufgrund einseitiger monotoner Trainingsbelastungen sind ebenfalls Ergebnis einer Fehlbelastung. Die daraus resultierenden Einschränkungen der Arbeitsfähigkeit dieser Systeme kann nur durch Veränderungen des Trainingsregimes behoben werden.

Die **Beanspruchung** des Sportlers bzw. seiner Funktionssysteme ergibt sich nicht unmittelbar aus der Menge und Stärke der Belastung, sondern ist immer abhängig von seinen *individuellen Leistungsvoraussetzungen und Verarbeitungsmöglichkeiten*, die vor allem von folgenden Faktoren abhängig sein können:

- biologisches Alter (biologischer Reifegrad),
- Trainingsalter (bisheriger Trainingsaufwand),
- Geschlecht,
- körperbauliche Voraussetzungen (z. B. Größe, Hebelverhältnisse, Muskelfaserstruktur),
- aktueller psychophysischer Zustand (z. B. abhängig von Biorhythmen, Verletzungen, Krankheiten) und
- Umweltbedingungen (z. B. Klima, Ernährung).

Das heißt, gleichgroße Trainingsbelastungen können im Verlauf ihrer Realisierung bei verschiedenen Sportlern – entsprechend ihrer individuellen Leistungsvoraussetzungen – zu einer sehr unterschiedlichen Beanspruchung führen. Die Abbildung 3.4-1 illustriert dies am Beispiel zweier Schubkarre tragender Männer. Trotz gleicher Belastung bewirkt diese aufgrund der unterschiedlichen körperlichen Voraussetzungen beim großen, kräftigen Mann offensichtlich eine nur geringfügige Beanspruchung, beim kleinen, schmächtigen hingegen eine sehr starke Beanspruchung.

Diese unterschiedliche Wirkung der Belastung hat letztendlich wiederum Auswirkungen auf die Leistungsentwicklung. Für die planmäßige und zielgerichtete Gestaltung des Trainingsprozesses ist es deshalb unumgänglich, sowohl die konkrete *Art und Größe der Trainingsbelastung* mittels **Belastungsfaktoren** als auch die daraus resultierende *individuelle Beanspruchung* durch **Beanspruchungsindikatoren** detaillierter zu erfassen.

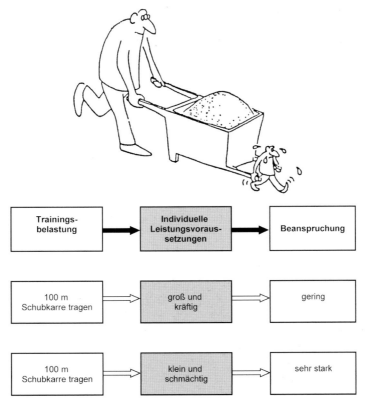

Abb. 3.4-1: Abhängigkeit der Beanspruchung von individuellen Leistungsvoraussetzungen (Karikatur: nach Jenik aus Laurig, 1980)

3.4.1 Belastungsfaktoren und Beanspruchungsindikatoren

Zur näheren Kennzeichnung der Wirkungsrichtung der Trainingsbelastung nutzt man die Belastungsfaktoren.

> **Belastungsfaktoren sind komplex wirkende Einflussgrößen der Trainingsbelastung, die es ermöglichen, das Training exakt planen, analysieren und steuern zu können und die Anforderungen dem Sportler verständlich zu machen.**

Grundlegende Belastungsfaktoren sind:

- Art der Körperübung,
- Belastungsumfang,
- Belastungsintensität,
- Belastungsdichte sowie
- Qualität der Bewegungsausführung.

Die Tabelle 3.4-2 zeigt beispielhaft die Planung des Ausdauertrainings mittels ausgewählter Belastungsfaktoren in zwei aufeinander folgenden Trainingseinheiten. Die dargestellten Belastungsfaktoren sind Bestandteil der Gesamtbelastung und kennzeichnen in ihrer Komplexität die Wirkungsrichtung der Trainingsbelastung.

Neben den grundlegenden Belastungsfaktoren ist die Wirkung der Trainingsbelastungen von weiteren *Faktoren* abhängig, wie beispielsweise von den eingesetzten Trainingsmethoden, der Belastungsstruktur oder von äußeren Bedingungen (z. B. Höhenlage, Geländeprofil).

Tab. 3.4-2: Planungsbeispiel des Ausdauertrainings für zwei Trainingseinheiten

Belastungsfaktor	1. Trainingseinheit	2. Trainingseinheit	
Art der Körperübung	**Lauf**	**Schwimmen Brust**	**Schwimmen Freistil**
Belastungsumfang	**5 km** (Streckenlänge)	jeweils **20 Bahnen** (à 25 m) bzw. jeweils **0,5 km**	
Belastungs- intensität	**10 km/h** (Durchschnitts- geschwindigkeit) bzw. **30 min** (Laufzeit)	**1,5 km/h** (Durchschnitts- geschwindigkeit) bzw. **4 min pro 100 m** (Teilstreckenzeit)	**2,0 km/h** (Durchschnitts- geschwindigkeit) bzw. **3 min pro 100 m** (Teilstreckenzeit)
Belastungsdichte	**1 x 5 km** (ohne Pause)	**5 x 0,1 km** mit jeweils 1 min Pause	**5 x 0,1 km** mit jeweils 1 min Pause

3.4.1.1 Art der Körperübung

Die im Training eingesetzte Übung hat wesentlichen Einfluss auf die Beanspruchung der Funktionssysteme. Beispielsweise werden durch Teilkörperübungen nur wenige Muskeln, durch Ganzkörperübungen hingegen relativ viele Muskeln in die Bewegungsausführung einbezogen. Es gibt weitere Möglichkeiten, die Körperübungen zu klassifizieren, beispielsweise nach

- der Zugehörigkeit zu einer Sportart bzw. -disziplin (Turnübungen, Sprungübungen, Laufübungen, Schwimmübungen),
- dem Schwierigkeitsgrad der Übungen (z. B. im Turnen A-, B-, C-Elemente usw.)
- der vorrangigen Kontraktionsform der Muskulatur (dynamische, statische Trainingsübungen),
- der vorrangig beanspruchten Körperregion bzw. Muskelgruppe (z. B. Bauchmuskel- oder Beinstreckerübungen),
- der vorrangig auszubildenden motorischen Fähigkeit (Kraftübungen, Ausdauerübungen, Reaktionsübungen) oder
- den Schadensbildern oder -klassen im Rehabilitations- und Behindertensport.

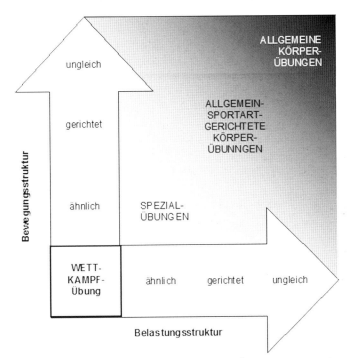

Abb. 3.4-2: Klassifizierung der Körperübungen nach der Ähnlichkeit mit der Wettkampfübung

In der *allgemeinen* Trainingswissenschaft verwendet man als Klassifizierungs-
bezugspunkt, abgeleitet vom Wettkampfsport, die *Ähnlichkeit* der eingesetzten
Körperübung hinsichtlich ihrer Bewegungs- und Belastungsstruktur mit der jeweiligen *Wettkampfübung*. Dieses Vorgehen hat den Vorteil, dass es auf alle Sportarten
anwendbar ist und vergleichende Betrachtungen zwischen ihnen ermöglicht. Nach
dieser Einteilung gibt es neben den

- *Wettkampfübungen* noch die
- *Spezialübungen* und die
- *allgemeinen Körperübungen* (Abb. 3.4-2 u. 3.4-3).

Die im Trainingsprozess eingesetzten Körperübungen werden auch als **Trainingsübungen** bezeichnet.

Die **Wettkampf**- und die **Spezialübungen** kommen dann zum Einsatz, wenn
es um die Ausbildung *wettkampfspezifischer* Leistungsvoraussetzungen geht und
tätigkeitsspezifische Anpassungen angestrebt werden. Man spricht in diesem Fall
von **speziellem bzw. wettkampfspezifischem Training**.

Die **Wettkampfübung** entspricht, so wie es der Name sagt, hinsichtlich der *Be-
wegungs- und Belastungsstruktur* den Anforderungen, wie sie im *Wettkampf* gefordert werden. Wettkampfübungen können auch im *Training* eingesetzt werden,
insbesondere die psychische Belastung entspricht dann aber häufig nicht der im

Wettkampf möglichen. Auch können nicht alle Sportler unter Trainingsbedingungen hundertprozentig die im Wettkampf üblichen Leistungen erreichen. Der Einsatz der Wettkampfübungen im Training und die Nutzung von Aufbauwettkämpfen dienen vor allem der Herausbildung der *wettkampfspezifischen Leistungsfähigkeit* und ihrer Kontrolle in Vorbereitung auf wichtige Wettkampfhöhepunkte.

Tab. 3.4-3: Beispiele für die Einteilung der Körperübungen in zwei Sportarten/Disziplinen

Sportart/ Disziplin	Wett- kampf- übung	Spezialübungen	Allgemein-sport- artgerichtete Körperübungen	Allgemeine Körper- übungen
Volleyball	Volleyball- spiel	- Volleyballspiel mit 4 Spie- lern pro Mannschaft - Aufschlag - Block	- Ball über die Schnur - Prellball - einhändiger Wurf von oben	- Dauerlauf - Seilspringen - Liegestütze - Fußball
Kugelsto- ßen	Kugelstoß	- Kugelstoß aus dem Stand - Kugelstoß mit schwererem Gerät - Kugelstoß-Imitations- übung - Kugelstoß auf der „unge- übten" Seite	- Medizinball- schocken - Schlagballwurf - Liegestütze	- Dauerlauf - Seilspringen - Volleyball - Kleine Spiele

Spezialübungen sind den Wettkampfübungen ähnlich. Hier werden allerdings gezielt Veränderungen in der *Bewegungs- oder Belastungsstruktur* vorgenommen, z. B. bei der Übung Kugelstoß der Einsatz von schwereren oder leichteren Kugeln (bezogen auf das originale Wettkampfgewicht). Diese Übung kann auf Grund der *veränderten* bzw. *variierten* Last des Gerätes sowohl unter der Sicht des speziellen Kraft- bzw. Schnellkrafttrainings (vgl. Kap. 4.1.4.3) als auch im speziellen Koordinationstraining (vgl. Kap. 4.4) eingesetzt werden. Hierbei ist zu beachten, dass die Abweichungen zur Original-Wettkampfbewegung hinsichtlich der Bewegungsstruktur nicht so groß werden, dass die häufige Wiederholung solcher Übungen im Training zu einer Verschlechterung der Qualität der Bewegungsausführung in der Wettkampfbewegung führt. Im Kugelstoßen der Frauen beispielsweise zeigen Erfahrungswerte, dass die maximale Abweichung von der Wettkampf-Last 1 kg nicht überschreiten sollte.

Bei den *Spezialübungen* gibt es, ausgehend von der Hauptzielstellung des jeweiligen Trainings, verschiedene Möglichkeiten der Untergliederung:

- Abweichungen hinsichtlich der *Bewegungs- oder der Bewegungsstruktur*,
- *geringere oder höhere Anforderungen* hinsichtlich der Wettkampfübung,
- Einsatz von *Teilen* der Wettkampfübung oder der *gesamten Übung*.

Gezielte Abweichungen hinsichtlich der *Belastungsstruktur* kommen vorrangig zur Ausbildung der speziellen *Kraft-, Ausdauer- und Schnelligkeitsvoraussetzungen* zur Anwendung (vgl. z. B. Kap. 4.1.4.3, Tab. 4.1-4). Dabei können die Anforderungen hinsichtlich der Bealastungsstruktur *höher* oder *geringer* sein, wie das obige Beispiel mit den leichteren oder schwereren Kugeln verdeutlicht. Mit der leichteren Kugel kann die Bewegung schneller ausgeführt werden, beim Einsatz der schwereren muss ein größerer Widerstand überwunden werden, also mehr Kraft aufgebracht werden. Im speziellen *Koordinationstraining* hingegen kann der Schwerpunkt auf der Variation der *Bewegungsstruktur* liegen. Auch hier werden *geringere* Anforderungen (z. B. Imitation ohne Gerät) oder *höhere* Anforderungen hinsichtlich der Bewegungskoordination (z. B. Kugelstoß mit der „ungeübten" Seite) genutzt.

Einige Wettkampfübungen (z. B. Spiel-, Kampfsportarten) sind so komplex, dass im Training häufig nur Teile trainiert werden, z. B. nur der Einwurf oder Standardsituationen im Fußball. Auch im Kugelstoßtraining kann man das Angleiten oder den Stoß (Standstoß) separat trainieren. Diese Übungsformen bilden ebenfalls eine Gruppe der Spezialübungen, da hier *Teile der Wettkampfübung* zum Einsatz kommen.

Allgemeine Körperübungen kommen vorrangig zur Anwendung bei der Ausbildung *allgemeiner und grundlegender Leistungsvoraussetzungen* und zur Verbesserung der *Belastungsverträglichkeit*. Sie haben *keine* Übereinstimmung hinsichtlich ihrer *Bewegungsstruktur* mit der Wettkampfübung. So wird das Volleyballspiel in vielen Sportarten als allgemeine Körperübung z. B. zur Verbesserung allgemeiner koordinativer Voraussetzungen oder der allgemeinen Ausdauerfähigkeit eingesetzt, für Volleyballer hingegen kommen hierfür Kleine Spiele oder der Dauerlauf in Frage (Tab. 3.4-3).

Im *Leistungssport* ist bei der Auswahl vielseitiger allgemeiner Körperübungen zu beachten, dass sie zunehmend auf die zukünftig herauszubildenden Leistungsvoraussetzungen ausgerichtet werden. Diese zunehmende Gerichtetheit widerspiegelt sich in den **allgemein-sportartgerichteten Körperübungen**. Sie dienen vorrangig der Ausbildung der für die jeweilige Sportart bzw. -disziplin prognostisch benötigten *allgemeinen motorischen Fähigkeiten* und *sporttechnischen Voraussetzungen* bzw. der *Belastungsverträglichkeit*. So werden beispielsweise bei Anfängern bei der Ausbildung koordinativer Fähigkeiten zunehmend Übungen eingesetzt, die dem Koordinationsmuster der zukünftigen Wettkampfübung nahe kommen, z. B. im Volleyball „Ball einwerfen" oder „Prellball" (vgl. Kap. 4.4.4). Durch den Einsatz allgemein-sportartgerichteter Körperübungen können gerade in den Sportspielen auch frühzeitig taktische Verhaltensweisen vermittelt und Spielabläufe geübt werden, ohne dass die eigentlichen sporttechnischen Fertigkeiten der Sportart beherrscht werden.

Kommen im Trainingsprozess allgemeine oder allgemein-sportartgerichtete Körperübungen zum Einsatz dann wird von **allgemeinem Training** gesprochen.

Die Übergänge zwischen den verschiedenen Varianten der Spezialübungen und der allgemeinen Körperübungen sind nicht immer exakt abgrenzbar. Auch ist die vorgestellte Einteilung sehr allgemein gehalten und genügt meist nicht den Anforderungen der einzelnen Sportarten, die sich eigene Klassifizierungen ihrer Trainingsübungen geschaffen haben. Der Vorteil der vorgestellten Untergliederung der Körperübungen liegt gerade in seinem hohen *Verallgemeinerungsgrad*, der es ermöglicht, Empfehlungen und Hinweise so zu formulieren, dass sie in allen Sportarten verstanden werden und das Training in sehr unterschiedlichen Sportarten vergleichen zu können.

3.4.1.2 Belastungsumfang

Der Belastungsumfang (Tab. 3.4-2) kennzeichnet die *Menge der Belastungsanforderungen*. Diese kann beispielsweise angegeben werden als

- Strecken- oder Teilstreckenlänge,
- Anzahl der Wiederholungen, Serien, Kreise, Trainingseinheiten,
- zeitliche Dauer einer Trainingsbelastung, Trainings- oder Übungseinheit,
- Summe der realisierten Lasten (z. B. in Tonnen beim Kraftsport).

3.4.1.3 Belastungsintensität

Die Belastungsintensität charakterisiert die *Stärke der Trainingsbelastung*. Sie ergibt sich daraus, dass man eine Übung beispielsweise mit unterschiedlicher Geschwindigkeit oder unterschiedlichem Krafteinsatz ausführen kann.

Die Belastungsintensität (Tab. 3.4-2) kann sowohl in *absoluten* Kenngrößen (z. B. 80 kg Last beim Bankdrücken) als auch *relativ* in Bezug auf individuelle Bestwerte (z. B. 80 % der max. möglichen Last beim Bankdrücken) angegeben werden. Typische Angaben sind

- Bewegungsgeschwindigkeiten,
- Bewegungsfrequenzen,
- Zeiten (z. B. Laufzeit),
- Weiten, Höhen,
- Lasten (Gewicht),
- Intensitätsbereiche bzw. -stufen,
- Spiel- bzw. Kampftempo.

Insbesondere Belastungsintensität und -umfang widerspiegeln die komplexe Wirkung der Belastungsfaktoren. Aus der Angabe nur eines Faktors, beispielsweise der Distanz für eine Laufbelastung (Belastungsumfang, z. B. 5 km, Tab. 3.4-2), kann noch nicht auf die Beanspruchung geschlossen werden. Dazu bedarf es der Kennzeichnung der zugehörigen Laufzeit (Belastungsintensität, z. B. 30 min). Solche Maßangaben wie Streckenlänge oder Streckenzeit können sowohl für die Beschreibung des Belastungsumfangs als auch der -intensität zur Anwendung kommen. Für die genaue Kennzeichnung der Trainingsbelastung sind aber immer Angaben für beide Belastungsfaktoren erforderlich.

3.4.1.4 Belastungsdichte

Die Belastungsdichte (Tab. 3.4-2) beschreibt das Verhältnis von Belastungs- und Pausenzeit (Erholungszeit). Sie bestimmt wesentlich die *Wirkungsrichtung der Trainingsbelastung*. Besonders deutlich wird das am unterschiedlichen Effekt (Ermüdungsgrad) der Ausdauertrainingsmethoden (vgl. Kap. 4.3.6), die sich in erster Linie nach der Art der Pause und damit hinsichtlich der Belastungsdichte unterscheiden.

3.4.1.5 Qualität der Bewegungsausführung

Dieser Belastungsfaktor kennzeichnet den im Vergleich zum sporttechnischen Leitbild gewählten *Anspruch an die Bewegungsqualität*. Er ist zur Charakterisierung einer Trainingsbelastung vor allem in solchen Sportarten von Bedeutung, in denen es Variationsmöglichkeiten in der Qualität der Bewegungsausführung gibt und diese Kriterium der Leistungsbewertung ist wie beispielsweise im Turnen oder Skispringen.

3.4.1.6 Beanspruchungsindikatoren

Beanspruchungsindikatoren zeigen den Grad der Inanspruchnahme bzw. den Grad der Ermüdung der Funktionssysteme des menschlichen Organismus. Die Kenntnis des *Beanspruchungsgrads* ist für die individuelle optimale Steuerung der Trainingsbelastung und die Vermeidung von Fehlbelastungen unabdingbar.

Einfach zu erkennende oder zu messende Beanspruchungsindikatoren, sind beispielsweise

- Hautverfärbungen (Hautrötung, Blässe bei extremer Belastung),
- zunehmende Schweißabsonderung,
- Anstieg der Herzfrequenz.
- Konzentrationsabnahme,
- Verschlechterung der Bewegungsqualität,
- Lustlosigkeit,
- Verschlechterung der Stimmung.

Daneben gibt es eine Reihe weiterer Beanspruchungsindikatoren, die aber nur mit apparativem Aufwand nutzbar sind (Tab. 3.4-4). Ihr Einsatz ist deshalb vorwiegend auf den Leistungssport begrenzt.

Tab. 3.4-4: Ausgewählte messbare Beanspruchungsindikatoren zur Bestimmung des Beanspruchungsgrads organismischer Funktionssysteme (mod. nach Berger, Minow, 2008)

Beanspruchungsindikatoren	Abkürzung	Maßeinheit	Funktionssystem
Serumlaktat	La	mmol/l	anaerobe laktazide Prozesse
Serumharnstoff	U^+	mmol/l	Eiweißstoffwechsel
Flimmerverschmelzungsfrequenz	FVF	s^{-1}	Zentralnervensystem

3.4.2 Belastungsprinzipien

Aus dem Ablauf der energetischen und informationellen Adaptations- und Regulationsprozesse (vgl. Kap. 3.3) und dem sich daraus ergebenden Zusammenhang von Trainingsbelastung, Beanspruchung und Leistungsentwicklung (vgl. Kap. 3.4) lassen sich Prinzipien für die Belastungsgestaltung im Trainings- und Übungsprozess ableiten. Zwei wichtige Belastungsprinzipien sind:

- Prinzip der Einheit von Beanspruchung und Wiederherstellung und
- Prinzip der Steigerung der Trainingsbelastung.

Das **Prinzip der Einheit von Beanspruchung und Wiederherstellung** berücksichtigt die Beziehungen zwischen den während der Realisierung der Belastungsanforderungen im Organismus des Sportlers auftretenden psychischen und physischen Beanspruchungen von Funktionssystemen und Prozessen sowie den anschließend ablaufenden Wiederherstellungsprozessen. Beispielsweise sind bei der *Planung aufeinander folgender Trainingseinheiten* diesbezüglich folgende Aspekte zu berücksichtigen:

1. *Mindestwiederherstellungszeit* in Abhängigkeit von der vorangegangenen Trainingsbelastung aus der Sicht, die Leistungsfähigkeit und -bereitschaft soweit wieder aufzubauen, dass die nachfolgenden Trainingsbelastungen überhaupt realisiert werden können.
2. *Optimale Wiederherstellungszeit* aus der Sicht der bestmöglichen Realisierung der Trainingseffekte der vorangegangenen Trainingsbelastungen (Berücksichtigung der unterschiedlichen Wiederherstellungszeiten der Funktionssysteme nach verschiedenartigen Trainingsbelastungen (vgl. Tab. 3.3-1).
3. *Optimale Wiederherstellungszeit* aus der Sicht der bestmöglichen Voraussetzungen zur Realisierung der nachfolgenden Trainingsbelastungen (sporttechnische Ausbildung verlangt beispielsweise eine vorherige vollständige Wiederherstellung; vor einem Grundlagenausdauertraining ist dies nicht erforderlich).
4. Berücksichtigung des Erholungsbedarfes von sich relativ langsam wiederherstellenden Funktionssystemen wie dem Stütz- und Bewegungssystem, deren *Belastungsverträglichkeit* ansonsten zum limitierenden Faktor im Trainingsprozess werden kann.

Die optimale Realisierung des Prinzips der Einheit von Beanspruchung und Wiederherstellung ist folglich eine wesentliche Voraussetzung für eine zielgerichtete *Leistungssteigerung* und die *Vermeidung von Fehlbelastungen* und Verletzungen. Dieses Prinzip kommt auf allen zeitlichen Ebenen des Trainingsprozesses, also von der Trainingseinheit bis hin zum Trainingsjahr zur Anwendung. Im Trainingsjahr eines Leistungssportlers ist es beispielsweise notwendig, nach der Wettkampfsaison eine mehrwöchige Übergangsperiode mit reduzierter oder völlig ausgesetzter Trainingsbelastung zur körperlichen und psychischen Regeneration des Sportlers einzuplanen.

Von entscheidender Bedeutung für die Steigerung der sportlichen Leistungen ist auch das **Prinzip der Steigerung der Trainingsbelastung**. Es hat seine Ursache in der Anpassungsfähigkeit des Menschen. Nur die ständige Steigerung der Anforderungen gewährleistet eine Anpassung auf ständig höherem Niveau und bewirkt somit eine weitere Leistungssteigerung. Gleich bleibende Anforderungen führen zur Stagnation, u. U. sogar zur Rückentwicklung (vgl. Kap. 3.3).

Bei der Belastungssteigerung sind verschiedene Aspekte zu berücksichtigen:

- Auswahl des *vorrangig* zu steigernden Belastungsfaktors (u. a. unter Berücksichtigung altersspezifischer Besonderheiten und trainingsmethodischer Gesichtspunkte).
- *Reihenfolge* in der Belastungssteigerung. Beispielsweise wird im Trainingsprozess zuerst der Belastungsumfang des allgemeinen Trainings erhöht, um die Belastungsverträglichkeit zu verbessern.
- *Dynamik* der Belastungssteigerung. Sprunghafte Belastungssteigerungen haben sich als wirksamer erwiesen als gleichmäßige.

In der Trainingspraxis haben sich für die Steigerung der Trainingsbelastung folgende **Regeln** als zweckmäßig herausgestellt:

- Vermeide Über- und Unterforderungen.
- Berücksichtige bei der Planung der Belastungsanforderungen die individuellen Voraussetzungen der Sportler, ihr soziales Umfeld (z. B. Zeitbudget aufgrund beruflicher oder häuslicher Verpflichtungen) und die zur Verfügung stehenden materiell-technischen Möglichkeiten (z. B. Physiotherapie, Gerätepark, Höhentraining).
- Beachte den aktuellen wissenschaftlichen Erkenntnisstand.
- Erkläre und begründe den Trainierenden die Belastungsanforderungen.
- Beachte bei der Trainingsplanung die Einheit von körperlicher und psychischer Beanspruchung.

Kontrollfragen und Aufgaben

1. Erklären Sie, unter welchen Bedingungen eine *Stagnation* bzw. ein *Leistungsrückgang* im Trainingsprozess zu erwarten ist.

2. Erläutern Sie, weshalb es bedeutsam für die Planung des Trainings ist, die *individuellen Leistungsvoraussetzungen* des Sportlers zu kennen.

3. Wodurch unterscheiden sich *spezielle* und *allgemeine Körperübungen* voneinander? Wo liegen ihre vorrangigen Einsatzgebiete.

4. Welche *Regeln* sind bei der notwendigen Steigerung der *Belastungsanforderungen* zu berücksichtigen? Begründen Sie ihre Aussagen.

3.5 Biomechanische Prinzipien

Die Sportbiomechanik ist eine Wissenschaftsdisziplin, die die Ortsveränderung des Körpers von Mensch und Tier sowie von Wettkampfgeräten unter Verwendung von Begriffen, Methoden und Gesetzmäßigkeiten der Mechanik beschreibt und erklärt. Die Besonderheit der sportlichen Bewegung entsteht im Gegensatz zu technischen Systemen durch den muskulären Antrieb. Für einzelne Bewegungen können objektive Kriterien zur Beurteilung ihrer Zweckmäßigkeit formuliert werden. Ziel der Wissenschaftsdisziplin Biomechanik ist es, Gemeinsamkeiten verschiedener Bewegungen herauszuarbeiten und übergreifende, verallgemeinerte Kriterien darzustellen. Dazu wurden von Hochmuth die **Biomechanischen Prinzipien** formuliert:

- Prinzip des optimalen Beschleunigungsweges,
- Prinzip der Anfangskraft,
- Prinzip der optimalen Tendenz im Beschleunigungsverlauf,
- Prinzip der zeitlichen Koordination von Einzelimpulsen,
- Prinzip der Gegenwirkung,
- Prinzip der Impulserhaltung,
- Limitierung der mechanischen Leistung.

Die Anwendung dieser Prinzipien erhöht das Verständnis für die Funktionsweise von Bewegungen strukturverwandter Bewegungsabläufe und erleichtert die Analyse sportlicher Bewegungen. Aus der Anwendung Biomechanischer Prinzipien lassen sich direkte Handlungsanweisungen für die Ergebnisverbesserung (größere Sprunghöhen, Abwurfgeschwindigkeiten etc.) ableiten. Sie sind deshalb sowohl im Schulsport als auch im Wettkampfsport hilfreich.

Für die Entscheidung über die Anwendung der Biomechanischen Prinzipien ist die Analyse der Rahmenbedingungen der Bewegungshandlungen notwendig. Man kann dabei nach dem Handlungsziel und den Arbeitsbedingungen, d. h. den Bedingungen für die Wechselwirkung mit der Umgebung, unterscheiden. Das Handlungsziel definiert die zeitlichen Rahmenbedingungen für die Bewegungsausführung. Diese können entweder in der Realisierung maximaler Endgeschwindigkeiten, z. B. bei leichtathletischen Wurf- oder Absprungbewegungen, der Realisierung einer minimalen Zeitdauer der Einzelbewegung, z. B. spezielle Techniken in den Kampf- und Spielsportarten zum Ausschluss der Gegenreaktion, oder der Realisierung einer minimalen Zeitdauer der zyklischen Bewegungsfolge (Start-Ziel-Zeit in den Ausdauersportarten) bestehen.

Die Wechselwirkung mit der Umgebung entsteht vor allem aus der Art des Widerlagers, mit dem sich der Sportler auseinanderzusetzen hat. Hier unterscheiden wir folgende Widerstandsarten:

- starr (Tartanbelag, Waldboden),
- elastisch (Turnboden, Wassersprungbrett),
- gleitend (Skaten, Radfahren),
- Strömungen (Skifliegen, Schwimmen),
- ohne Widerlager (Drehbewegungen im Flug).

Außerdem beeinflusst die Kompensation von Bremsimpulsen zu Beginn der Hauptbewegung den Bewegungsablauf wesentlich. Hohe Bremsimpulse entstehen, wenn der Sportler mit einer hohen Geschwindigkeit auf das Widerlager auftrifft. Je steifer dieses Widerlager und je höher die Bewegungsgeschwindigkeit, desto höher sind die Anfangskräfte für die Bewegung. Man spricht in dem Zusammenhang auch von reaktiven Bewegungen.

Die Tabelle gibt einen Überblick über Kombinationsmöglichkeiten unterschiedlicher Arbeitsbedingungen, wie sie typischerweise in verschiedenen Sportarten auftreten.

Tab. 3.5-1: aus den äußeren Arbeitsbedingungen abgeleitete Bewegungsgruppen

Widerlager	Bewegungsfolge	Bremsimpuls	Beispiel
starr	zyklisch	hoch	Lauf
	azyklisch	hoch	Weitsprung
		niedrig	Schanzenabsprung
elastisch	azyklisch	hoch	Pferdsprung
		niedrig	Rückwärtssprünge vom Brett Drehbewegungen am Reck
gleitend	zyklisch	niedrig	Skatingbewegung
Strömungen	zyklisch	niedrig	Schwimmen
	azyklisch	niedrig	Skiflug
ohne	azyklisch	ohne	Drehbewegungen im Flug

3.5.1 Prinzip des optimalen Beschleunigungsweges

Das Prinzip des optimalen Beschleunigungsweges beschreibt den Zusammenhang zwischen dem genutzten Weg und dem erreichten Ergebnis einer Bewegung. Dabei arbeitet das menschliche Antriebssystem (Muskel und Sehne) nur in einem bestimmten Bereich mit maximalem Ergebnis. Das heißt, bei größeren oder geringeren Beschleunigungswegen werden geringere Leistungen erzielt. Dies kann man an einer einfachen Streckbewegung der Beine, z. B. beim Strecksprung, nachvollziehen. Springt der Sportler aus einer geringen Beugetiefe, reicht der Beschleunigungsweg nicht für das Erreichen hoher Absprunggeschwindigkeiten aus. Vergrößert er die Beugetiefe sehr stark, werden die Lastmomente so groß, dass auch in diesem Fall keine optimale Energieübertragung erfolgen kann (Abb. 3.5-1). Die Ursache dafür ist die Konstruktion des menschlichen Bewegungssystems. Bei einer Veränderung des Gelenkwinkels verändern sich neben den Hebelverhältnissen auch die Längen der an diesem Gelenk wirkenden Muskeln. Dies macht sich der Sportler z. B. im Beweglichkeitstraining zu Nutze. Der Muskel kann jedoch aufgrund seiner Konstruktion nicht in jeder Länge gleich große Kräfte erzeugen (vgl. Kap. 4.1). Bei einer zu großen Beugetiefe hat sich der Sportler also mit verschlechterten Hebelverhältnissen und ungünstigeren Kraftwirkungen der beteiligten Muskeln auseinanderzusetzen. Die Hebelverhältnisse sind außer durch Längenwachstum nicht zu beeinflussen. Die

Kraft-Längen-Beziehung eines Muskels ist jedoch in bestimmten Grenzen trainier-bar. Deshalb wird im spezifischen Krafttraining z. B. bei Kniebeugen mit Hantellast ein sportartspezifischer Beugeweg gefordert. Für das Hypertrophietraining werden maximale Beugewege empfohlen, da bei kleinen Gelenkwinkeln bereits geringere Zusatzlasten eine maximale Muskelaktivität erfordern und ein großer Trainingsef-fekt eintritt.

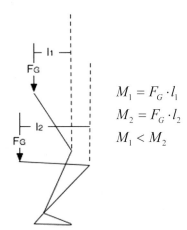

$$M_1 = F_G \cdot l_1$$
$$M_2 = F_G \cdot l_2$$
$$M_1 < M_2$$

Abb. 3.5-1: Vergrößerung der Gelenkmomente bei größeren Beugetiefen

Nutze für die Bewegungen optimale Gelenkwinkelbereiche, ein Training in größeren/kleineren Gelenkwinkeln kann diese Bereiche in bestimmten Grenzen verändern.

3.5.2 Prinzip der Anfangskraft

Das Prinzip der Anfangskraft beschreibt die Nutzung von Auftaktbewegungen für die Verbesserung des Ergebnisses. Die Auftaktbewegung ist dabei in ihrer Richtung der eigentlichen Hauptbewegung entgegengerichtet. Damit erzeugt der Sportler einen Impuls, der in der Hauptbewegung zuerst kompensiert werden muss. Er be-ginnt somit die Hauptphase, im Gegensatz zur Bewegung aus der Ruhe, mit einer Anfangskraft. Als Beispiel soll diesmal der Hock-Streck-Sprung dienen. Im Gegen-satz zum Absprung aus der Ruhe beginnt dieser mit einer Abwärtsbewegung. Die Energie dieser Abwärtsbewegung kann der Sportler kurzzeitig in seinen Sehnen und teilweise auch im Muskel speichern und in der anschließenden Streckbewe-gung zur Erhöhung der Absprunggeschwindigkeit nutzen. Sehnen und Muskeln arbeiten in dieser Phase wie eine Feder, die bei Dehnung Energie speichert und an-schließend wieder abgibt. In der größten Beugung ist die Feder maximal gespannt und es werden maximale Kräfte wirksam. Je größer die gespeicherte Energie, desto größer ist der Gewinn in der Hauptphase. Allerdings kommt es bei Überforderung auch zu Materialversagen, in dem Fall zu Muskel- bzw. Sehnenverletzungen. Diese können nur durch systematische Steigerung der Dehnungsbelastungen und Erarbeitung einer hohen Elastizität von Muskel und Sehne vermieden werden.

Der Nutzungsgrad der Auftaktbewegung kann sehr unterschiedlich sein. Er ist neben den individuellen Eigenschaften von Muskel und Sehnen auch von den äußeren Arbeitsbedingungen abhängig. Die Auftaktbewegung kann umso größer sein, je mehr elastische Energie in Sehnen und Muskeln bzw. im äußeren Widerlager gespeichert werden kann. Widerlager, die besonders viel Energie speichern können, sind vor allem elastische Untergründe wie Sprungbretter beim Turnen und Wasserspringen oder auch elastische Holme am Reck bzw. Barren (Abb. 3.5-2).

Abb. 3.5-2: Beispiel für die Nutzung elastischer Eneergie durch Sportgeräte

Nutze die elastischen Eigenschaften von Muskeln und Sehnen und auch von Sportgeräten zur Verbesserung des Bewegungsergebnisses.

3.5.3 Prinzip der optimalen Tendenz im Beschleunigungsverlauf

Das Prinzip der optimalen Tendenz im Beschleunigungsverlauf erklärt das unterschiedliche Funktionsprinzip von Bewegungen in Abhängigkeit von ihrem Handlungsziel. Wie bereits oben beschrieben, werden dabei Bewegungen unterschieden, die in ihrer zeitlichen Dauer minimiert werden müssen (z. B. Boxschlag oder Wurfbewegungen in Spielsportarten zur Täuschung des Torwarts) und Bewegungen, die vor allem die Maximierung der Endgeschwindigkeit zum Ziel haben (Absprünge und Abwürfe in der Leichtathletik). In ersterem Fall muss die Bewegungsgeschwindigkeit bereits zu Beginn der Bewegung maximiert werden. Dies erfordert die Rekrutierung und Synchronisierung der schnellen motorischen Einheiten mit Bewegungsbeginn. Die erreichte höchste Bewegungsgeschwindigkeit entspricht in diesem Fall nicht der maximal möglichen. Wir sprechen in diesem Fall von Bewegungen mit abfallender Beschleunigungstendenz. Im Gegensatz dazu werden bei der Maximierung der Endgeschwindigkeit die schnellen motorischen Einheiten erst im Verlauf der Bewegung zugeschaltet. Die Bewegung beginnt wesentlich langsamer, es muss dann jedoch im zweiten Teil der Bewegung ebenfalls eine hohe Synchronisierung und Rekrutierung dieser motorischen Einheiten erreicht werden.

Bei dieser Bewegung sprechen wir von einer ansteigender Tendenz im Beschleunigungsverlauf (Abb. 3.5-3).

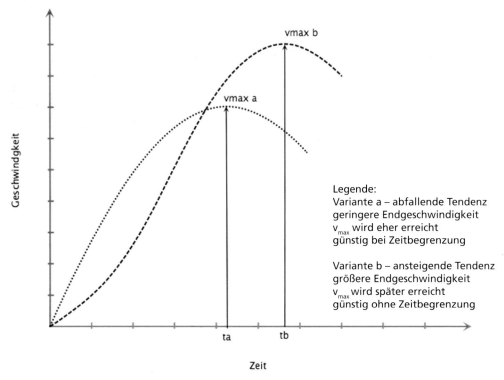

Abb. 3.5-3: Vergleich verschiedener Tendenzen im Beschleunigungsverlauf

Tab. 3.5-2: Vergleich der abfallenden und ansteigenden Tendenz im Beschleunigungsverlauf

Tendenz im Beschleunigungsverlauf	abfallend (a)	ansteigend (b)
hohe Beschleunigungskräfte	am Anfang	am Ende
Zeitdauer	minimal	optimal lang
Beschleunigungsweg	definiert gleich	definiert gleich
Synchronisierung und Rekrutierung der motorischen Einheiten	am Anfang	am Ende
Beispiele	Boxschlag Fechtstoß	Kugelstoß Speerwurf

Überlege, welches Handlungsziel die Bewegung hat, und wie davon ausgehend die Bewegung zu akzentuieren ist (anfangs- oder endbetont).

3.5.4 Prinzip der zeitlichen Koordination von Einzelimpulsen

Das Prinzip der zeitlichen Koordination von Einzelimpulsen beschreibt die Nutzung von Schwungbewegungen zur Verbesserung des Ergebnisses. Als Schwungelemente werden im Wesentlichen die Arme und im einbeinigen Stütz auch die freie untere Extremität eingesetzt. Die Schwungbewegungen beeinflussen die äußeren Reaktionskräfte. So kann z. B. im Stand während der Beschleunigung der Arme nach oben die Bodenreaktionskraft kurzzeitig erhöht und umgekehrt durch die Beschleunigung der Arme nach unten kurzzeitig verringert werden. Dies kann im Eigenexperiment nachvollzogen werden. Dazu sollte man sich auf eine Waage stellen und die Arme nach oben bzw. unten beschleunigen. Mit diesen Schwungbewegungen kann die Anzeige an der Waage deutlich beeinflusst werden. Diesen Effekt kann man durch den Einsatz von Zusatzmassen z. B. in Form von Handgewichten verstärken. Ein ähnlicher Effekt tritt ein, wenn die Arme nicht gebeugt sondern gestreckt beschleunigt werden. Die Größe des Effektes ist von der Massenträgheit der Schwungelemente und der Höhe der Beschleunigung abhängig.

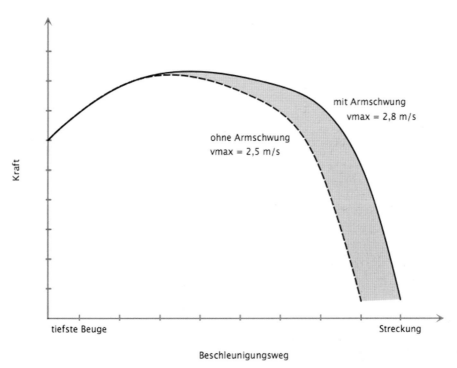

Abb. 3.5-4: Auswirkungen des Armschwungs auf die Bodenreaktionskraft beim Strecksprung

Nutze die Schwungbewegungen zur Verbesserung des Bewegungsergebnisses.

Wird die Schwungbewegung mit einer Streckbewegung in der Stützphase kombiniert, so kann die Schwungbewegung die Stützkräfte vergrößern oder verringern. Wenn beide Bewegungen in dieselbe Richtung beschleunigt werden, verringert sich die Stützkraft. Wird die Schwungbewegung gegen die Streckbewegung abgebremst, erhöht sie sich. Wenn die Schwungbewegung der Streckbewegung zeitlich vorausgeht und in der Streckphase abgebremst wird, so können die Zeitdauer des Beschleunigungsvorgangs und der Beschleunigungsweg verlängert und damit das Gesamtergebnis verbessert werden (Abb. 3.5-4). Dies setzt jedoch eine zeitlich gut aufeinander abgestimmte Streck- und Schwungbewegung voraus. In der Bewegungsbeobachtung ist deshalb darauf zu achten, dass das Abbremsen der Schwungelemente am Ende der Streckung des Restkörpers beendet ist. Dabei wird die Geschwindigkeit der Schwungelemente jedoch nur bis auf die Bewegungsgeschwindigkeit des Restkörpers heruntergebremst (Vermeidung von Konterbewegungen).

3.5.5 Prinzip der Gegenwirkung

Das Prinzip der Gegenwirkung beschreibt die Bedeutung von Widerlagern für Antriebsbewegungen. Dies können sowohl Wechselwirkungen mit der Umgebung als auch körpereigene Widerlager sein. Es besteht ein enger Zusammenhang zum dritten Newtonschen Axiom: Zu einer Wirkung besteht immer eine entgegengesetzt gerichtete und gleich große Gegenwirkung (actio et reactio).

Für die genauere Betrachtung dieses Prinzips unterscheidet man Bewegungen des Sportlers im Stütz und Flug. Im Flug ist die Bewegungsbahn des Gesamtkörpers durch die Abflugbedingungen vorgegeben. Außer der Erdanziehung können keine weiteren Kräfte auf den Sportler wirken. Der Sportler selbst kann jedoch eine Vielzahl von Bewegungen wie z. B. Arm- und Bein- oder auch Rumpfbewegungen ausführen, die seine sportliche Leistung beeinflussen und jeweils Gegenbewegungen anderer Körperteile bewirken. So ist es im Weitsprung sinnvoll, die Beine vor der Landung anzuheben, um die Sprungweite zu vergrößern. Damit verbunden ist ein Vorbeugen des Oberkörpers. Diese Hüftbeugung ist nur durch eine starke Bauchmuskulatur zu realisieren. Ein weiteres Beispiel kann man in den technisch-akrobatischen Sportarten beobachten. Der Sportler leitet durch eine Hulabewegung zu Beginn des Fluges eine Schraube ein. Dies kann man an den Ringen hängend simulieren. Wird eine Hulabewegung ausgeführt, beginnt der Sportler eine Drehbewegung in die entgegengesetzte Richtung. Dazu wird die Rumpfmuskulatur umlaufend aktiviert und wieder entspannt (Abb. 3.5-5).

Ähnliche Effekte treten bei Bewegungen im Stand auf. Hier wird die Gegenbewegung oft über den Bodenkontakt kompensiert. Dies setzt aber voraus, dass die Ausgleichsbewegung auf das feste Widerlager übertragen wird. Dazu ist die Zusammenarbeit von Ober- und Unterkörper oft entscheidend. Für viele Bewegungen ist die Verdrehung der Achsen von Hüfte und Schulter sinnvoll, weil sie die Verlängerung des Beschleunigungsweges ermöglicht (Beispiel Wurfbewegungen). Auch hier ist eine starke Rumpfmuskulatur Voraussetzung sowohl für die Übertragung der Teilbewegungen als auch als eigener Anteil an der Antriebserzeugung.

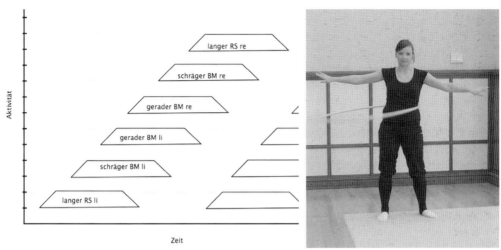

Abb. 3.5-5: Zeitlicher Verlauf der Muskelaktivierung bei einer Hulabewegung (RS: Rücken-
strecker, BM: Bauchmuskel)

**Extremitätenbewegungen erzeugen Kräfte im Übertragungssystem. Damit
diese Bewegungen optimal wirken, muss vor allem die Rumpfmuskulatur
aktiv mitarbeiten.**

3.5.6 Prinzip der Impulserhaltung

Das Prinzip der Impulserhaltung beschreibt das Verhalten des menschlichen Körpers
bei Drehbewegungen. In den technisch-akrobatischen Sportarten ist die Anzahl der
realisierten Umdrehungen bei verschiedenen Elementen ein leistungsbestimmen-
der Faktor. Da der Sportler in Flugphasen keine Wechselwirkung mit seiner Umgebung hat, gilt der Impulserhaltungssatz. Das bedeutet, dass der Gesamtimpuls einer
Drehbewegung konstant ist.

$$\vec{L} = \vec{r} \times \vec{p}$$

($\vec{L}$ Drehimpuls, $\vec{r}$ Radius, $\vec{p}$ Impuls)

Für die Bewegungsausführung steht dem Sportler nur eine bestimmte Zeit zur
Verfügung, deshalb spielt die Rotationsgeschwindigkeit eine entscheidende Rolle.
Bei Rotationsbewegungen wirkt das Massenträgheitsmoment als Widerstand ähnlich wie die Masse bei translatorischen Bewegungen. Das Massenträgheitsmoment
kann jedoch im Gegensatz zur Masse selbst durch Veränderung der Körperhaltung
beeinflusst werden. Bei unterschiedlichen Körperhaltungen entstehen unterschiedliche Trägheitsmomente der Teilkörpermassen (z. B. Arme oder Beine). Je stärker
sich die Teilkörpermassen der Drehachse nähern, desto geringer ist das Massenträgheitsmoment. So verdoppelt bereits das Heben der Arme in die Seithalte das

Massenträgheitsmoment um die Körperlängsachse (Abb. 3.5-6). Aus diesem Grund sollten die Sportler bei schnellen Drehbewegungen versuchen, alle Teilkörpermassen der Drehachse soweit wie möglich anzunähern (Schließbewegung). Dies ist z. B. auch bei Pirouetten zu beobachten. Ein gegenläufiger Effekt sollte in der Phase der Erzeugung des Drehmoments genutzt werden. Hier kann durch drehachsenferne Schwungbewegungen die Erzeugung eines hohen Drehmomentes unterstützt werden. Dazu werden die Extremitäten weit vom Körper abgespreizt.

In Phasen der Drehimpulserzeugung sollten deshalb Körperhaltungen mit hohen Massenträgheitsmomenten eingenommen werden und in Phasen der Drehimpulserhaltung dagegen Körperhaltungen mit möglichst kleinen Massenträgheitsmomenten.

Abb. 3.5-6: Veränderung des Massenträgheitsmoments in der sportlichen Bewegung

Die Veränderung der Körperhaltung beeinflusst das Massenträgheitsmoment. Mit der Verkleinerung des Massenträgheitsmomentes können Bewegungen beschleunigt werden.

3.5.7 Limitierung der mechanischen Leistung

Das Prinzip der Limitierung der mechanischen Leistung kennzeichnet die Eigenschaft biologischer Antriebssysteme, in einer bestimmten Zeit nur eine begrenzte Menge an Energie bereitstellen zu können. Im Gegensatz zu technischen Systemen kann diese Antriebleistung durch Training entwickelt werden.

In biomechanischen Untersuchungen konnte gezeigt werden, dass muskuläre Antriebe unabhängig von den äußeren Arbeitsbedingungen in einem definierten Bereich eine ähnliche mechanische Leistung, d. h. eine begrenzte Energiemenge in definierten Zeitbereichen, abgeben können. Dabei kann das Verhältnis von Bewegungswiderstand und -geschwindigkeit variieren, also höhere Widerstände mit geringeren Geschwindigkeiten bewegt werden bzw. umgekehrt (Abb. 3.5-7).

Krafttraining hat unterschiedliche Einflüsse auf die maximal erreichbare Leistung. So wird durch Maximalkrafttraining (Hypertrophietraining) die Leistung gegen hohe Widerstände zwar gesteigert, nicht jedoch das absolute Maximum erhöht. Dies ist nur durch ein schnelligkeitsorientiertes Krafttraining mit mittleren bis geringen Widerständen möglich.

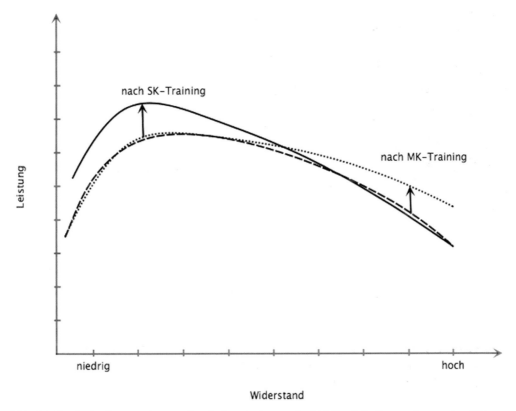

Abb. 3.5-7: Veränderung der mechanischen Leistung in Abhängigkeit vom bewegten Widerstand nach verschiedenen Krafttrainingsinterventionen

Die maximale Energieabgabe in definierten Zeitabschnitten ist begrenzt. Sie kann nur durch hohe Bewegungsgeschwindigkeiten im Training verbessert werden. Die Biomechanik sucht alternative Bewegungslösungen, die extrem hohe mechanische Leistungen vermeidet.

Kontrollfragen und Aufgaben

1. Erläutern Sie den *Gegenstandsbereich* der *Sportbiomechanik*. Was unterscheidet ihn von dem der klassischen Mechanik?

2. Auf welche *Newtonschen Axiome* beziehen sich die biomechanischen Prinzipien (physikalische Grundlagen)?

3. Erläutern Sie die Anwendung eines *biomechanischen Prinzips* am Beispiel einer sportlichen Bewegung.

3.6 Eignungsdiagnostik und Talentauswahl

Als *Talent* wird umgangssprachlich ein Mensch bezeichnet, der auf einem bestimmten Gebiet herausragende Leistungen vollbringt. Solche Menschen gab es zu allen Zeiten und immer galt ihnen das besondere Interesse ihrer Umwelt. Musikalische Genies, herausragende Wissenschaftler, begnadete Dichter oder dominierende Spitzensportler waren und sind Anlass zur Bewunderung, aber auch zur Spekulation über Ursachen für das Erreichen derartiger Leistungen.

Kristin Otto wurde in Seoul mit sechs Goldmedaillen erfolgreichste Athletin der XXIV. Olympischen Sommerspiele. Unzweifelhaft ist sie diesen Resultaten entsprechend ein Talent. Die Sportlerin hat durch ihre Leistung ihr Talent in der Praxis nachgewiesen.

Wie treffsicher sind aber Aussagen über ein Talent, wenn eingeschätzt werden soll, ob ein Nachwuchssportler in acht oder zehn Jahren zu außergewöhnlichen Leistungen in der Lage sein wird? Eignungsbeurteilungen beziehen sich immer auf künftige Leistungen. Es soll vorhergesagt werden, inwieweit, ausgehend vom momentanen Entwicklungsstand des Sportlers, zukünftig überdurchschnittliche Leistungen zu erwarten sind. Wenn man die Kompliziertheit der Wettervorhersage schon für einige Tage im Voraus vergleicht mit dem Problem der Eignungsdiagnostik, die künftige Leistungsentwicklung von Sportlern über Jahre vorausschauend zu beurteilen, so wird die besondere Schwierigkeit einer solchen Prognose deutlich.

Das Talent eines Sportlers ist einerseits von den Erbanlagen (genetisch) und andererseits durch einwirkende Umwelteinflüsse (sozial) geprägt. Einflüsse in den ersten Lebensjahren (Bewegungsangebote und Bewegungsmöglichkeiten) bestimmen die motorische Entwicklung des Kindes besonders stark.

> **Eignung (auch Begabung) ist die Eigenschaft eines Talents, die es bei entsprechender Förderung in die Lage versetzt, herausragende Leistungen auf einem bestimmten Gebiet zu vollbringen. Eignung wird definiert als die hinreichende Übereinstimmung der *subjektiven Voraussetzungen* einer Person (des Sportlers) mit den *objektiven Anforderungen* einer Handlung (in einer Sportart).**

Sowohl die subjektiven Voraussetzungen als auch die objektiven Anforderungen sind sehr komplex, zumal sie immer prognostische Sachverhalte beinhalten, die in die Zukunft reichen und daher nur mit einer bestimmten Wahrscheinlichkeit vorhergesagt werden können.

Eignungsdiagnostische Aussagen basieren immer auf einer Prüfung dieses Zusammenhangs. Dies trifft auf eignungsdiagnostische Verfahren, die sich auf eine Objektivierung erfassbarer Parameter stützen, ebenso zu wie auf die subjektive Beurteilung durch Übungsleiter oder Trainer.

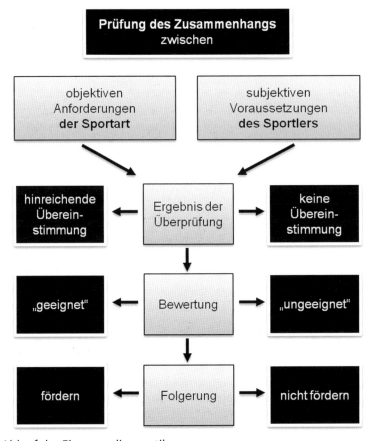

Abb. 3.6-1: Ablauf der Eignungsdiagnostik

Der **Eignungsgrad** eines Sportlers ergibt sich aus der Relation von realisierter Wettkampfleistung und seinen prognostischen Entwicklungsmöglichkeiten.

	aktuelle	künftige
Eignungsgrad =	Wettkampfleistung +	Entwicklungsmöglichkeiten

In der Abb. 3.6-2 ist dieser Zusammenhang schematisch dargestellt. Es wird deutlich, dass die Entwicklungsmöglichkeiten mit zunehmendem Alter abnehmen. Im Trainingsprozess werden die potenziellen Möglichkeiten des Sportlers in reale, also in die Wettkampfleistung umgesetzt.

Zu Beginn eines sportlichen Trainings (Beispiel 1, Abb. 3.6-2) sind die Entwicklungsmöglichkeiten hoch, die Wettkampfleistung hingegen noch gering (besonders problematisch ist die Anfangsauswahl für Sportarten, in denen noch keine sportartspezifische Leistung erfasst werden kann). Hochleistungssportler dagegen haben bei ihrer hoch ausgeprägten Leistungsfähigkeit nur noch geringe Entwicklungsmöglichkeiten (Beispiel 2, Abb. 3.6-2).

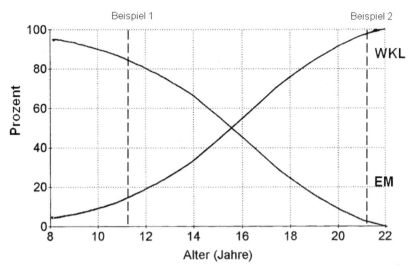

Abb. 3.6-2: Aktuelle Wettkampfleistung (WKL) und prognostische Entwicklungsmöglichkeiten (EM) im Alternsgang

Die **Entwicklungsmöglichkeiten** können aus dem Ausprägungsniveau der künftig wesentlichen Leistungsvoraussetzungen in ihrer Relation zur Wettkampfleistung und der für die Herausbildung der Leistung noch vorhandenen Entwicklungszeit bestimmt werden.

Als **Leistungsvoraussetzungen** sind dabei diejenigen personalen Merkmale einzubeziehen, die für die Sportart/Disziplin besonders leistungsbestimmend sind. Nicht immer können diese mit vertretbarem Aufwand und unter Beachtung ethischer Prinzipien bestimmt werden. Kenntnisse über das Muskelfaserspektrum (vgl. Kap. 4.1.3.2) wären beispielsweise für die Talenterkennung wichtig. Die Bestimmung ist jedoch im Kindesalter ethisch nicht vertretbar.

Für die Anfangsauswahl und für Auswahlentscheidungen im Verlauf des Grundlagen- und Aufbautrainings können in der Regel lediglich sportmotorische Tests und anthropometrische Merkmale (z. B. Körpermasse und -größe, Längen- und Umfangsmaße des Körperbaus) erhoben werden. Diese werden durch weitere Teilurteile (Trainerbefragung, psychologische Merkmale) ergänzt.

Die **Entwicklungszeit** ist die für die individuelle Leistungsausprägung noch zur Verfügung stehende Zeit. Als Maßstab gilt das kalendarische Alter. Das *biologische Alter* und das *Trainingsalter* sind weitere Parameter, die die Entwicklungszeit bestimmen. Hat ein Sportler beispielsweise schon länger als andere trainiert, so muss sich das in seiner höheren Wettkampfleistung widerspiegeln. Sind Sportler biologisch *akzeleriert*, so haben sie schon größere Anteile ihrer körperlichen Entwicklung abgeschlossen als biologisch jüngere (retardierte). Das heißt, die künftigen Entwicklungsmöglichkeiten der Akzelerierten sind kleiner. Ein akzelerierter Sportler müsste bei gleichem Eignungsgrad daher höhere Leistungen erreichen als der retardierte. Sportler können also bei gleichem kalendarischem Alter aufgrund ihres abweichenden biologischen Alters und Differenzen im bisher absolvierten Training unterschiedliche Entwicklungszeiten haben.

Aus dem Vergleich der realisierten Wettkampfleistung mit dem Ausprägungsgrad der Leistungsvoraussetzungen und der noch zur Verfügung stehenden Entwicklungszeit können Rückschlüsse auf den Eignungsgrad gezogen werden.

> ***Talente* erreichen eine hohe Wettkampfleistung mit relativ niedrig ausgeprägten entwicklungsfähigen Leistungsvoraussetzungen und einer hohen noch zur Verfügung stehenden Entwicklungszeit.**

Das mögliche Vorgehen zur Eignungsbestimmung soll unter Nutzung der Tabelle 3.6-1 aufgezeigt werden.

Tab. 3.6-1: Vergleich eignungsdiagnostisch relevanter Daten von zwei Gewichthebern

Sportler		1	2
Wettkampfleistung	Olymp. Zweikampf (kg)	80,0	80,0
Leistungsvoraussetzungen	Körpermasse (kg)	39,5	42,0
	Kniebeuge (kg)	70,0	82,5
	Schlussweitsprung (cm)	210	210
	Oberschenkelumfang (cm)	40,0	44,5
Entwicklungszeit	kalendarisches Alter (Jahre)	14,0	14,0
	biologisches Alter (Jahre)	13,6	15,2
	Trainingsalter (Monate)	36,0	52,0

Beide Sportler erreichen die gleiche Wettkampfleistung und sind gleich alt (kalendarisches Alter). Aus eignungsdiagnostischer Sicht sind diese Leistungen jedoch differenziert zu bewerten:

- Verhältnis von Wettkampfleistung zur Entwicklungszeit:
  Sportler 1 ist biologisch noch nicht so weit entwickelt (biologisches Alter), zudem trainiert er noch nicht so lange wie Sportler 2 (Trainingsalter). Er verfügt infolgedessen über höhere Entwicklungsreserven.
- Verhältnis von Wettkampfleistung zu den Leistungsvoraussetzungen:
  Sportler 1 erreicht die gleiche Leistung mit geringer ausgeprägten Leistungsvoraussetzungen (Körpermasse, Kniebeugeleistung). Er ist offensichtlich besser in der Lage, seine individuellen Voraussetzungen in die Wettkampfleistung umzusetzen. Gleichzeitig sind die Entwicklungsmöglichkeiten dieser Merkmale noch höher als bei Sportler 2.

Aus den zwei Verhältnissen kann auf den *Eignungsgrad* geschlussfolgert werden. Trotz gleicher Leistung ist aufgrund der größeren Entwicklungspotenzen der Eignungsgrad von Sportler 1 höher als der von Sportler 2.

Das Beispiel zeigt, dass die erreichte Wettkampfleistung im Nachwuchsleistungssport kein sicherer Parameter für das Talent eines Sportlers ist. Vielmehr muss das Zustandekommen dieser Leistung analysiert werden.

In der Abb. 3.6-3 ist anhand von 3 Beispielen die beschriebene Methode zur Bestimmung des Eignungsgrades dargestellt.

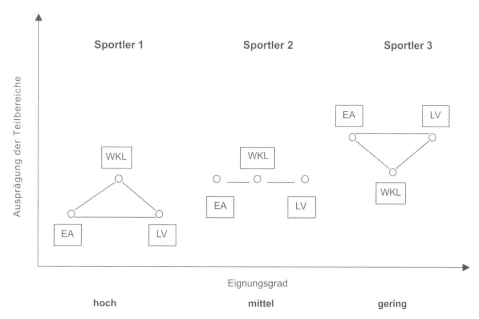

Abb. 3.6-3: Eignungsgrad als Relation der Wettkampfleistung (WKL) zum Ausprägungsgrad der Leistungsvoraussetzungen (LV) und dem Entwicklungsalter (EA)

Bei jeder *Talentbestimmung* muss beachtet werden, dass die Prognosen Wahrscheinlichkeitsschätzungen zu künftigen Entwicklungsmöglichkeiten sind. Aus dem aktuellen Zustand wird die Erfolgswahrscheinlichkeit für eine Tätigkeit in der Perspektive bestimmt. Die Sicherheit derartiger Aussagen hängt einerseits vom Erkenntnisstand der sportwissenschaftlichen Disziplinen und andererseits von aktuell nicht vorhersagbaren Veränderungen (Motivation des Sportlers, Trainingsmethoden, Wettkampfregeln u. a.) im Verlauf des Trainingsprozesses ab. Sowohl die Prognose der künftigen Anforderungen der Sportart, als auch die Festlegung daraus abgeleiteter Zielstellungen und Normen für die einzelnen Altersbereiche sind Grundlagen für eine begründete Talentauswahl.

Verbandsspezifische **Normen** zur Kontrolle und Steuerung des Trainingsprozesses haben eignungsdiagnostischen Wert, wenn sie auf entwicklungsrelevante Parameter ausgerichtet sind. Dazu müssen diese Normen ebenfalls in Beziehung zum individuellen Entwicklungsstand gesetzt werden.

Besonders problematisch ist die Eignungsdiagnostik in den Sportarten, in denen die Wettkampfleistung sehr komplex und nicht direkt messbar ist (z. B. Spielsportarten).

Unabhängig von jeder Eignungsbeurteilung wird sich ein Talent immer nur dann optimal entwickeln können, wenn einerseits der eigene Wille des Sportlers, Höchstleistungen zu vollbringen, vorhanden ist und im Trainingsprozess erhalten bleibt und andererseits die Rahmenbedingungen gegeben sind, die ein optimales Training, abgestimmt mit den schulischen bzw. beruflichen Anforderungen, erst möglich machen.

Kontrollfragen und Aufgaben

1. Nennen Sie die wesentlichen Einflussfaktoren auf die *Wettkampfleistung* in der von Ihnen bevorzugten Sportart (objektive Anforderungen). Inwieweit können diese bei der Auswahl für das *Grundlagentraining* einbezogen werden?

2. Ermitteln Sie, ob in den *zurzeit* angewandten *Auswahlverfahren* in Ihrer Spezialsportart die angesprochenen theoretischen Vorgaben Berücksichtigung finden.

3.7 Der sportmotorische Test

Ein **Grundsatz** in der Trainingsmethodik besagt: *Das, was ausgebildet wird, muss auch systematisch kontrolliert werden. Dabei darf Kontrolle aber niemals Selbstzweck sein!* Kontrollen haben folgende *Aufgaben* im Sport zu erfüllen:

Leistungsdiagnostik
Bevor ein gezieltes sportliches Training geplant und wirksam durchgeführt werden kann, ist es notwendig, die *Ausgangsbedingungen* im motorischen Fähigkeits- und Fertigkeitsniveau beim betreffenden Sportler bzw. der Sportgruppe zu bestimmen.

Begleitend zum Trainingsprozess und am *Ende* einer Trainingsetappe (auch am Ende eines Schuljahres) wird kontrolliert, um die *Wirksamkeit der angewandten Methodik* nachzuweisen. Nur so ist es möglich, Rückschlüsse auf die Zweckmäßigkeit der gewählten Belastungscharakteristik zu ziehen.

Entwicklungsdiagnostik
Die Kontrolle im Sinne einer entwicklungsdiagnostischen Aufgabe erfolgt unter der Zielstellung, Aussagen über die *Wirksamkeit eines längerfristigen Trainings* auf den menschlichen Organismus durch einen Vergleich der Ausgangs- und Endwerte zu treffen. Von besonderem Interesse dabei ist der Nachweis der stattgefundenen Adaptations- und Lernprozesse und der Verlauf der Leistungsentwicklung.

Aus *wissenschaftlicher Sicht* gilt es darüber hinaus, weitere Erkenntnisse zu besonders *entwicklungsgünstigen Etappen* (sensible Phasen, vgl. Kap. 3.1.7) im Rahmen der Ontogenese zu erhalten.

Eignungsdiagnostik
Um eine möglichst *wirkungsvolle Förderung* von für bestimmte Sportarten und Disziplinen besonders *geeigneten Sportlern* vornehmen zu können (individuelle Trainingssteuerung), ist eine Kontrolle der individuell unterschiedlichen (besonderen) Fähigkeiten, Fertigkeiten, Veranlagungen und Neigungen notwendige Voraussetzung (Talentauswahl, vgl. Kap. 3.6). An die hierfür eingesetzten Verfahren werden besondere Anforderungen gestellt, da sie eine hohe „Vorhersagequalität" haben müssen.

Da im Vordergrund eines sportlichen Trainings die Ausbildung von motorischen Fähigkeiten und sporttechnischen Fertigkeiten steht, sind **Kontrollmethoden** einzusetzen, die den Ausbildungs- und Entwicklungsstand der Sportler im Fähigkeits- und Fertigkeitsniveau möglichst *objektiv* widerspiegeln.

Wesentliche *Kriterien* für derartige Kontrollmethoden sind:

- es sollte eine möglichst schnelle Ergebnisgewinnung stattfinden,
- die ermittelten Daten müssen mit früher gewonnenen Ergebnissen und denen anderer Sportler vergleichbar sein,
- der materiell-technische und personelle Aufwand sollte gering und
- das eingesetzte Verfahren sollte leicht handhabbar sein.

Ein Verfahren, das den genannten Anforderungen bei zweckentsprechender Konstruktion und Handhabung in hohem Maße entspricht, ist der **sportmotorische Test**.

> **Ein sportmotorischer Test ist ein wissenschaftlich begründetes Prüfverfahren. Durch das Lösen sportlicher Bewegungsaufgaben lassen sich charakteristische Bewegungs- und Belastungsparameter erfassen, die als Indikatoren für das Ausprägungsniveau motorischer Fähigkeiten und sporttechnischer Fertigkeiten dienen können.**

Als ein solch wissenschaftliches Prüfverfahren gilt ein sportmotorischer Test allerdings erst dann, wenn er verschiedene **Gütekriterien** erfüllt.

3.7.1 Objektivität

Ein Test muss unter *standardisierten Bedingungen* durchgeführt werden. Für jeden Sportler (Proband) und bei jeder Wiederholung des Tests müssen die Durchführungsbedingungen möglichst gleich sein. Für diesen Zweck existieren *Testbeschreibungen und -anweisungen*, die für jeden Testleiter verbindlich sind. In einem so genannten *Testmanual* werden alle wesentlichen Angaben für den Testleiter und die Testperson zusammengefasst. Auch die Auswertung und Interpretation der Testdaten sollte *frei von subjektiven Einflüssen* vorgenommen werden (z. B. keine Zusatzpunkte geben, weil es sonst eigentlich ein guter Sportler ist, der nur in diesem Test einmal versagt hat). Bei Einhaltung dieser Forderungen wird ein hohes Maß an (Durchführungs- und Auswertungs-) Objektivität des Tests gesichert; dies ist Voraussetzung dafür, die gewonnenen Testdaten untereinander vergleichen zu können.

3.7.2 Zuverlässigkeit

Ein Test gilt dann als ein zuverlässiges Verfahren, wenn bei *wiederholter Testung* (spätestens nach ca. zwei Wochen) durch einen oder mehrere Probanden *ähnliche bzw. gleiche Testergebnisse* erreicht werden (dies gilt auch bei einem Wechsel des Testleiters). So müssten bei einer ersten Testung die Probanden mit den besten Ergebnissen auch bei einer weiteren Kontrolle mit dem gleichen Test zur Spitzengruppe gehören. Wäre dies nicht der Fall, kann man davon ausgehen, dass die Ergebnisse nicht frei von Zufälligkeiten sind und demzufolge die Zuverlässigkeit des Tests nicht ausreichend ist. Eine richtige Interpretation der Ergebnisse wäre dann nicht möglich, bzw. könnte zu Fehlinterpretationen führen, die falsche trainingsmethodische Maßnahmen nach sich ziehen würden. Auch eine vermeintlich erkannte leistungssportliche Eignung/Nichteignung wäre dann infrage zu stellen.

3.7.3 Gültigkeit

Ein Test muss in einem hohen Maße das erfassen, was er vorgibt erfassen zu können bzw. zu wollen. So muss die sportliche Bewegungsaufgabe im Test so treffend ausgewählt sein, dass in hohem Maße die zu kontrollierenden Bewegungs- und Belastungsparameter darin widergespiegelt werden.

Soll beispielsweise das Niveau der Gleichgewichtsfähigkeit bei einem Sportler überprüft werden, muss in der Testaufgabe eine Anforderung an die zu überprüfende Form des Gleichgewichts (z. B. Stand- oder Balanciergleichgewicht) beim Probanden gestellt werden (z. B. Einbeinstände oder Balancieren auf schmaler Unterstützungsfläche, Abb. 3.7-1).

Abb. 3.7-1: Balancieren auf schmaler Unterstützungsfläche

Neben den sportmotorischen Tests eigenen sich auch die *Bewegungsbeobachtung* und -analyse (vgl. Kap. 5.5) und der sportliche *Wettkampf* zur Kontrolle der Qualität sporttechnischer Fertigkeiten und der sportmotorischen Leistungsfähigkeit.

Leistungskontrollen, die im Sportunterricht in der Schule durchgeführt werden, haben *Ähnlichkeiten* mit oder weisen auch Unterschiede zu den sportmotorischen Tests auf.

So wird beispielsweise das Niveau der Ausdauerfähigkeit bei Schülern mit dem Cooper-Test (vgl. Kap. 4.3.7) im Sportunterricht erfasst. In diesem Sinne *ähnelt* die Leistungskontrolle sehr den Anforderungen, die an einen sportmotorischen Test gestellt werden. Das Ergebnis wird dann nach vorhandenen *Normtabellen* meistens in *Noten* umgerechnet und bewertet. Die Kontrollbedingungen sollten für die Schüler möglichst auch einheitlich und objektiv sein.

Eine Vergleichbarkeit der ermittelten Daten oder Noten mit früheren Messungen oder Ergebnissen anderer Sportler wird in der Regel nicht angestrebt; im Vordergrund steht hierbei lediglich die Bewertung der *momentanen Leistungsfähigkeit* (leistungsdiagnostische Aufgabe) und nicht die Dokumentation der Leistungsentwicklung einzelner Parameter (entwicklungsdiagnostische Aufgabe) wie im Leistungssport oder auch in der Sporttherapie.

Auf einen weiteren Grundsatz in der Kontroll- und Testmethodik, der unbedingt zu berücksichtigen ist, soll ebenfalls hingewiesen werden:

> *Nach einer Kontrolle, unabhängig vom eingesetzten Verfahren, sind die Sportler möglichst ohne größeren Zeitverzug über das erzielte Ergebnis zu informieren.*

Diese Rückinformation soll dem Sportler helfen,

- sein eigenes *Leistungsniveau* besser *einzuschätzen* und vor allem
- *neue Antriebe* (Motive) für den weiteren Trainingsprozess liefern.

Kontrollfragen und Aufgaben

1. Welche *Anforderungen* muss ein sportmotorischer Test erfüllen, bevor er als *aussagekräftige Kontrollmethode* in der Sportpraxis eingesetzt werden kann?

2. Kennzeichnen Sie *Gemeinsamkeiten* und *Unterschiede* von sportmotorischen *Tests* und sportpraktischen *Leistungskontrollen* in der Schule.

3. Welche Angaben sollten in einem *Testmanual* festgehalten werden?

4. Welche *Aufgabenbereiche* und *Funktionen* kann ein sportmotorischer Test haben bzw. erfüllen?

3.8 Aufbau und Gestaltung einer Trainingseinheit (TE)

Die Trainingseinheit[2] ist der kleinste Planungs-, Organisations- und Übungsabschnitt innerhalb eines Trainingsprozesses und dient vorrangig der Verwirklichung der verschiedenen Bildungsziele.
Bei einer alters- und entwicklungsgerechten didaktisch-methodischen Gestaltung der TE lassen sich darüber hinaus erzieherische Ziel- und Aufgabenstellungen umsetzen.

Charakteristisch für eine TE ist, dass sie

- alle notwendigen Elemente zur Umsetzung von Bildungs- und Erziehungszielstellungen beinhaltet, d. h. ein *geschlossenes Ganzes* darstellt,
- im Rahmen *längerfristiger Pläne* (z. B. Jahrestrainingsplan), als auch eines *ziel- und zweckbezogenen, langfristigen Trainings* zur Lösung von *Teilaufgaben* beiträgt,
- insbesondere in diesem Zusammenhang in einer trainings- und didaktisch-methodischen Abhängigkeit mit der jeweils *vorangegangenen* und *nachfolgenden* TE steht und
- eine typische Dreigliederung in *Einleitung, Hauptteil und Schlussteil* aufweist.

Obwohl in der Trainingspraxis kaum eine TE der anderen gleicht, verfügt jede Trainingseinheit über eine ähnliche Struktur:
Nach einer *Einleitung* (einleitender und vorbereitender Teil) folgt der *Hauptteil* und diesem wird ein *Schlussteil* (abschließender Teil) nachgeordnet. Im Zentrum der Trainingsplanung und der methodischen Gestaltung der TE steht immer der **Hauptteil**, in dem die jeweiligen Ziele zu erreichen und der Zweck bzw. die Aufgabenstellung zu erfüllen sind; Einleitung und Schlussteil sind auf diesen auszurichten.

Einleitung

Die Funktion des einleitenden Teils liegt darin, den Sportler auf die zu erbringenden Leistungen psycho-physisch einzustimmen und pädagogisch vorzubereiten. Nachdem eine durch geeignete Motivierung und Bekanntgabe der Lernzielstellung(en) günstige Situation geschaffen wurde, in der sich der Sportler mit der Zielstellung identifiziert und Lern- und Leistungsbereitschaft zeigt, gilt es, seine Organfunktionen durch eine allgemeine und anschließend speziellere Vorbereitung anzuregen und eine funktionelle Bereitschaft zu sichern: die Erwärmung oder „warming up".

Allgemeine psychische Vorbereitung
- Schaffen einer optimalen Lern- und Leistungsbereitschaft,
- Konzentrieren auf die zu lösenden Aufgaben,

---

[2] Die Trainings- oder auch Übungseinheit sowie eine Sportstunde sind ähnlich strukturiert.

- Schaffen einer sicheren Orientierung über Ziel(e) und methodische Vorgehensweisen in der TE.

Allgemeine physische Vorbereitung
Auflockern:
- Lösen von Verspannungen,
- Herstellen einer optimalen Muskelelastizität,
- Verbessern der allgemeinen Beweglichkeit.
Vorbelasten:
- Vergrößern des Schlag- und Minutenvolumens des Herzens,
- Öffnen der Kapillaren,
- Verstärken der Lungenventilation,
- Erhöhen der Körperkerntemperatur,
- Herstellen eines optimalen Erregungszustandes des Zentralnervensystems,
- Erhöhen der funktionellen Bereitschaft des neuro-muskulären Systems.

Die in diesem Teil der TE eingesetzten Körperübungen sollten *allgemeinen Charakters* sein, vom Sportler *beherrscht* werden, *freudbetont* und *vielseitig* sein und dadurch *Monotonie vermeiden*.

Spezifische physische Vorbereitung
Gezieltes Vorbelasten:
- Einarbeiten einzelner Muskeln und Muskelgruppen, die im
- Hauptteil der TE besonders beansprucht werden,
- Erhöhen der Muskeltemperatur.
Überleiten:
- Einsetzen von Spezialübungen,
- Schaffen eines fließenden bzw. schwungvollen Übergangs zum Hauptteil[3].

Spezifische psychische Vorbereitung
Aufrechterhalten der erreichten Lern- und Leistungsbereitschaft sowie der Konzentration.

Die Inhalte und die gewählten Übungen der allgemeinen und spezifischen Vorbereitung sind abhängig vom Inhalt des Hauptteiles. So unterscheiden sich die Vorbereitungen z. B. für einen Hauptteil „Ausdauertraining" gravierend von denen für einen Hauptteil „Fertigkeitslernen", was bereits bei der Planung der TE Berücksichtigung finden muss.

Außerdem ist zu beachten, dass zwischen dem vorbereitenden Teil und dem Hauptteil einer TE keine größeren Zeiträume der Inaktivität liegen sollten (nicht länger als ca. 3 Minuten), damit sich der erwärmte Organismus nicht wieder auf sein Ausgangsniveau „zurückerholt", bevor der Hauptteil begonnen hat. Demonstrationen, längere Erklärungen oder Videoeinspielungen sollten demzufolge vor der Erwärmung eingeplant und realisiert werden.

---

[3] Sollten in einem Hauptteil mehrere verschiedene Trainingsinhalte umgesetzt werden (z. B. Leichtathletik: 1. Teil: Wurf, 2. Teil: Sprung) ist es notwendig, vor dem 2. Hauptteil eine weitere spezifische Vorbereitung vorzusehen.

Pausen, die z. B. durch Antrete- und Abzählrituale oder auch durch Wählen von Mannschaften entstehen können, sollten so kurz wie möglich gehalten bzw. ganz vermieden werden. Sie stören den Lehr-, Lern- und Trainingsablauf und bieten in schwierigen Lerngruppen „Provokationszeit".

Die *Dauer* der Vorbereitung sollte zwischen 15 bis 45 Minuten betragen und ist u. a. abhängig von der Gesamtdauer der TE, Ziel- und Aufgabenstellung der TE, Sportart, Außentemperatur, Tageszeit, Kleidung der Sportler und der Wettkampftätigkeit.

Hauptteil

In diesem Teil der TE werden die geplanten *Aufgaben gelöst*; er dient der Weiter- und Höherentwicklung der sportlichen Leistungsfähigkeit.

Die Aufgaben können u. a. darin bestehen, motorische Fähigkeiten wie Kraft, Ausdauer, Schnelligkeit, Beweglichkeit oder Koordination zu trainieren, sporttechnische Fertigkeiten zu erlernen, zu vervollkommnen oder zu stabilisieren, technisch-taktisches Verhalten zu üben, Kontrollen (sportmotorische Tests, Leistungskontrollen) oder Wettkämpfe durchzuführen, aber auch Kenntnisse und Wissen zu vermitteln (Theorie).

Da durchaus auch mehrere der genannten Aufgaben in einem Hauptteil nacheinander gelöst werden können, ist eine bestimmte Reihenfolge zu beachten:

Trainingsinhalte, die einen hohen Anspruch an die *Konzentration* und *Koordination* stellen (z. B. Fertigkeitstraining/Neulernen, Schnelligkeitstraining oder koordinatives Fähigkeitstraining), sollten am *Anfang des Hauptteils* stehen.

Es sollten keine Trainingsinhalte mit hoher psycho-physischer Beanspruchung und Ermüdung (z. B. Ausdauertraining) diesen vorangestellt werden.

Der Trainer gestaltet diesen Teil der TE mit den verschiedenen *Trainingsmethoden*, organisiert den Ablauf mit zweckentsprechenden *Organisations- bzw. Betriebsformen* (vgl. Kap. 3.9) und handelt nach bestimmten pädagogischen und *Trainings- bzw. Belastungsprinzipien* (vgl. Kap. 3.4.2).

Der Hauptteil beträgt in Abhängigkeit zur Gesamtdauer der TE zwischen 30 bis 60 Minuten.

Schlussteil

Ähnlich der Einleitung hat der Schlussteil ebenso eine psycho-physische wie pädagogische Funktion.

Aus *physiologischer Sicht* soll dazu beigetragen werden, dass der Wiederherstellungsprozess eingeleitet, die Regeneration durch geeignete Maßnahmen unterstützt bzw. beschleunigt und zur Entspannung beigetragen wird.

Besonders beanspruchte Organfunktionen, Muskeln und Gelenke sind durch *Ausgleichsbewegungen* (z. B. Entspannungsübungen nach einem anstrengenden Fertigkeitstraining und Dehn- bzw. Lockerungsübungen nach einem Maximalkrafttraining) zu „beruhigen" und auf ein Normalniveau zu bringen („Cool down"). Dies muss vom Trainer bei der inhaltlichen und zeitlichen Planung der Teile unbedingt berücksichtigt werden und ist nicht dem Sportler selbst zu überlassen. Die Auswahl der geeigneten Körperübungen und Methoden richtet sich dabei wiederum nach dem Inhalt des *Hauptteils*.

Folgende Aufgaben sind zu erfüllen:

Entspannen:
- Lockern und Dehnen der beanspruchten Muskeln,
- Entlasten des Band- und Stützapparates,
- Lösen der allgemeinen Anspannung.

Entlasten:
- Verringern der Belastungsintensität,
- Senken der Herzfrequenz,
- „Zurückregulieren" der Stoffwechselprozesse,
- Beruhigen und Normalisieren der Atmung.

Aus *psychologischer Sicht* sollten im Schlussteil folgende Aufgaben realisiert werden:

- Freudbetonten Abschluss finden,
- für Sportler, die im Hauptteil nicht so erfolgreich waren, Erfolgserlebnisse schaffen,
- hohe psychische Anspannung und Konzentration (z. B. Fertigkeitstraining) durch Übungswechsel „zerstreuen",
- aufgetretene Monotonieerscheinungen (z. B. im Ausdauertraining) abbauen,
- gelungene Aktionen vergegenwärtigen und sensomotorisch reproduzieren und
- nochmals positive Emotionen ausprägen.

Durch diese Maßnahmen sollte gesichert werden, dass der Sportler mit einem *stimmungsvollen Eindruck* die TE beendet. Dies wirkt sich auch auf nachfolgende Trainingseinheiten bzw. Sportstunden positiv aus und sichert, dass der Sportler weiterhin gern zum Training bzw. Sportunterricht kommt.

Ein sinnvoller *pädagogischer Abschluss* kann durch folgende Maßnahmen erzielt werden:

- Einschätzung der erreichten oder nicht erreichten Zielstellung,
- Bewertung (global für die Gruppe oder individuell) der erzielten Ergebnisse,
- Ausblick auf weitere zu erwartende Leistungsentwicklung (ist gleichzeitig motivbildend),
- Vergleich der erbrachten Leistungen (zu vorangegangenen Trainingseinheiten oder auch anderen Sportlern),
- Lob für Leistungsfortschritte (auch wenn sie gering sind),
- Aufzeigen der Leistungsreserven,
- Ermahnung für geringe Lern- und Leistungsbereitschaft und unfaires Auftreten im Training,

- Ausblick auf die folgende TE geben und ggf. Erteilen von Aufgaben zum selbstständigen Üben.

Nicht in jedem Fall sind *alle* angeführten Aspekte umsetzbar. Gelingt es dem Trainer jedoch, zunehmend mehr die Sportler durch richtige Selbsteinschätzung und -kritik in die Bewertung einzubeziehen, können weitere *persönlichkeitsbildende* Aufgaben erfüllt werden. Der Schlussteil sollte in Abhängigkeit der Gesamtdauer der TE zwischen *fünf bis 15 Minuten* dauern.

Kontrollfragen und Aufgaben

1. Welche *Funktionen* können mit einer *allgemeinen* und *spezifischen Vorbereitung* im *einleitenden Teil* einer TE erfüllt werden?

2. Welche *pädagogischen Gesichtspunkte* sind zu Beginn und am Ende einer TE zu beachten?

3. Konzipieren Sie eine *Einleitung* und einen *Schlussteil* einer TE nach einem selbst gewählten Hauptteil.

4. Durch welche Maßnahmen gelingt es, die *Lern- und Leistungsbereitschaft* und entsprechende *Motivation* von Schülern und Schülerinnen der 11. Klasse für ein *Ausdauertraining* mit der Dauermethode (vgl. Kap. 4.3) zu schaffen?

3.9 Trainingsmethoden

> **Trainingsmethoden sind planmäßige, auf das Erreichen eines bestimmten Ziels gerichtete, in der Praxis erprobte Verfahren des Übens und Trainierens.**

Während das Ziel durch die Frage

- „Was soll erreicht werden?" bestimmt wird, ist die Frage
- „Womit und wie soll das erreicht werden?", auf die Wahl der optimalen Methoden gerichtet.

Das Wort „methodos" bedeutet im Griechischen „Weg nach"; eine Methode ist folglich der Weg zu einem bestimmten Ziel[4].

Eine *methodische Entscheidung* kann beispielsweise
- die Gliederung einer schwierigen Aufgabe (z. B. im sporttechnischen Fertigkeitstraining) in leichtere Teilaufgaben,
- die Wahl der Körperübungen zur Realisierung einer Trainingsanforderung,
- die systematische Reihung verschiedener, aufeinander aufbauender Bewegungen und Lernschritte oder
- die Belastungsdynamik des Trainings sein.

Es werden Aufgaben und Lernsituationen konstruiert, deren Bewältigung die angestrebten Lern- oder Anpassungsprozesse mit hoher Sicherheit nach sich ziehen.

Methodisches Vorgehen im Sport weist einige Besonderheiten auf, die sich darin begründen, dass Lern-, Regulations- und Anpassungsprozesse gleichzeitig und voneinander abhängig stattfinden und die geplante sportliche Leistung zu einem bestimmten Zeitpunkt (z. B. Hauptwettkampf) erbracht werden soll.

Welche Methode gewählt wird, ist einerseits von der Spezifik der Aufgabe und andererseits vom momentanen Entwicklungsstand des Sportlers abhängig. Diese beiden Voraussetzungen für methodische Entscheidungen werden mit den Begriffen „sachbezogen und situationsangemessen" charakterisiert.

Sachbezogenheit setzt die Analyse der Aufgabe und das Bemühen, diese entsprechend ihrer jeweiligen Spezifik für den Sportler aufzubereiten, voraus, so dass sie für den Sportler schneller und besser zu bewältigen ist. Dazu sind beim Trainer genaue Kenntnisse über das Lernziel und über die Schwierigkeiten (auch Gefahren) bei der Realisierung wesentliche Vorbedingungen für ein angemessenes methodisches Vorgehen.

Situationsangemessenheit ist gekennzeichnet durch die Angepasstheit der ausgewählten Methoden an die individuellen Voraussetzungen und den aktuellen Entwicklungsstand der Sportler und ist u. a. abhängig vom Ziel, vom Alter, dem Leistungsstand, dem Fähigkeits- und Fertigkeitsniveau, der Motivation und Lern-

---

[4] Das auf dem gleichen Wortstamm basierende griechische „methodeia" kann mit „List, Trick" übersetzt werden. Methoden sind also auch ein „Trick", um das Angestrebte trotz auftretender Probleme und Schwierigkeiten doch zu realisieren.

bereitschaft, aber auch von den objektiv-situativen Bedingungen und vom Können und Wissen des Trainers.

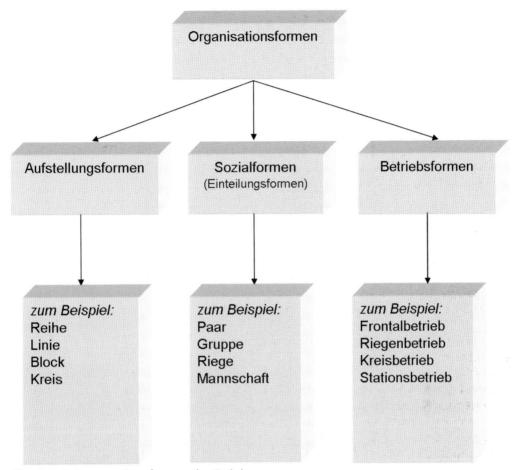

Abb. 3.9-1: Organisationsformen des Trainings

Methoden sind daher keine „Patentrezepte", die automatisch den Erfolg garantieren, aber auch keine „Gesetze", von denen nicht abgewichen werden darf.

Hauptkriterium für die Effizienz einer Methode ist im Leistungssport das sichere und schnelle Erreichen eines Ziels bzw. eine hohe Qualität der Aufgabenbewältigung.

Vom methodischen Vorgehen ist aber auch ganz wesentlich das subjektive Erleben des Sportlers abhängig, ob er das Training als sinnvoll und wirkungsvoll einschätzt. Aus diesem Grund können auch „freudbetonte Umwege" oder kompensatorische Phasen im Training manchmal wichtiger sein als das schnelle Erreichen des Ziels.

In der Abbildung 3.9-2 sind die in den verschiedenen Kapiteln des Buches näher beschriebenen Trainingsmethoden dargestellt und nach verschiedenen Klassifikationsaspekten (Mittelspalte) geordnet.

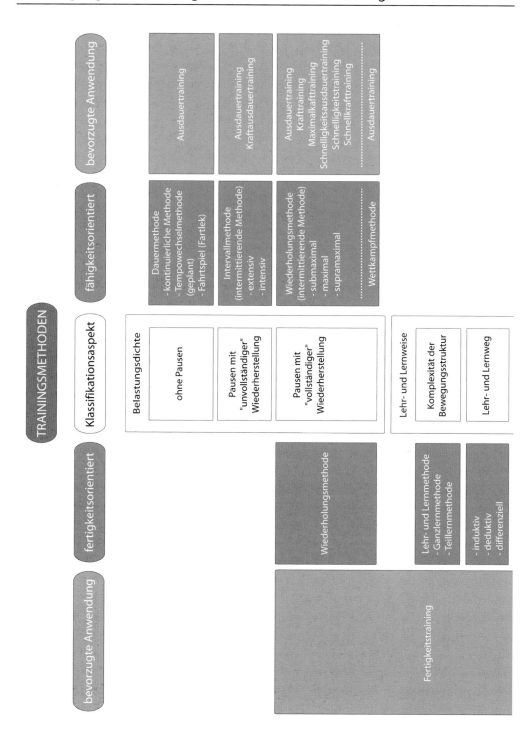

Abb. 3.9-2: Fertigkeits- und fähigkeitsorientierte Trainingsmethoden (Überblick)

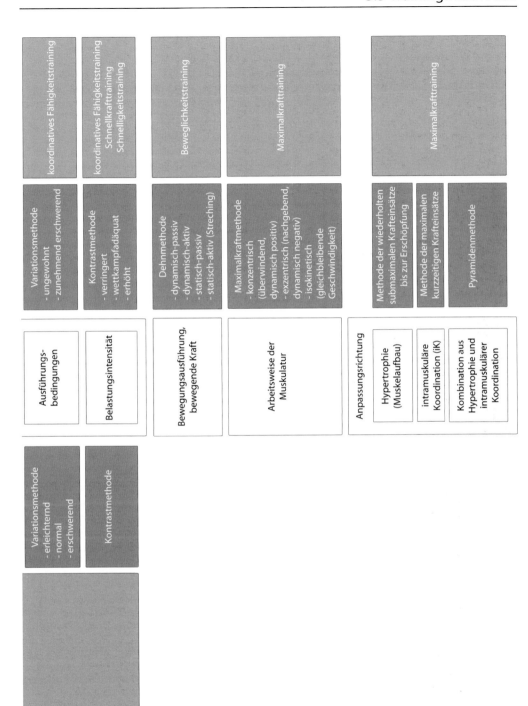

Für die Ausprägung der *motorischen Fähigkeiten* (rechte Seite der Abbildung) werden die Methoden hauptsächlich durch die richtige Dosierung der *Belastungsfaktoren* (vgl. Kap. 3.4.1) bestimmt. Die Methoden unterscheiden sich durch die Auswahl der *Körperübungen*, den *Belastungsumfang* und die *Belastungsintensität* sowie das Verhältnis von Belastung und Pausen (*Belastungsdichte*) innerhalb einer Trainingseinheit.

Tab. 3.9-1: Betriebsformen und ihre Anwendungsbereiche im Training

Betriebsform	typische Merkmale	Anwendungsbereich
Frontalbetrieb	- gleichzeitiges Üben aller Sportler, - gleiche Aufgaben für alle Sportler	- Einführung und Festigung sporttechnischer Fertigkeiten, - Vervollkommnung von Fähigkeiten (z. B. koordinative Fähigkeiten, Ausdauer-, Kraftfähigkeiten, Beweglichkeit)
Riegenbetrieb	- Üben in Riegen an gleichen oder unterschiedlichen Stationen, - an den Stationen unterschiedliche Übungsaufgaben	- Einführung, Festigung und Kontrolle von sporttechnischen Fertigkeiten
Kreisbetrieb	- Üben an mehreren Stationen, - Wechsel der Stationen nach einem festgelegten Modus von Belastungsumfang und Pausenzeit, - Sportler durchlaufen die Stationen mehrmals	- Vervollkommnung motorischer Fähigkeiten (z. B. Kraftausdauer-, Ausdauerfähigkeit)
Stationsbetrieb	- Üben an mehreren Stationen, - Wechsel nach Absolvierung aller Serien an der Station, - Sportler üben an jeder Station nur einmal	- Festigung von sporttechnischen Fertigkeiten, - Vervollkommnung motorischer Fähigkeiten (z. B. Maximalkraft-, Schnellkraftfähigkeit)

Beim Erlernen und Festigen *sporttechnischer Fertigkeiten* steht die sinnvolle *Vereinfachung* der zu erlernenden Bewegung im Vordergrund. Schnellere Lernerfolge können beispielsweise durch *erleichternde* oder *bewegungsfördernde Bedingungen* (z. B. schiefe Ebene bei der Rolle vorwärts), durch *bewegungsführende Hilfeleistungen*, sinnvolle *Vorübungen* oder durch die *Gliederung* der Bewegung entsprechend ihrer Funktions- und Phasenstruktur in *Teilbewegungen* (vgl. Kap. 5.4.6) gefördert werden.

Neben den gekennzeichneten Trainingsmethoden werden weitere spezielle **Organisationsformen** unterschieden, die in der Abbildung 3.9-1 dargestellt sind.

Darunter versteht man die Art und Weise der Organisation der Durchführung des Trainings. Sie unterstützen die pädagogische Arbeit des Trainers und sichern einen zweckentsprechenden und reibungslosen Ablauf des Trainings.

Für die in der Abbildung 3.9-1 genannten *Betriebsformen* sind in der Tabelle 3.9-1 typische Merkmale beschrieben und Anwendungsbereiche gekennzeichnet. Zudem wird darauf hingewiesen, dass die beiden Betriebsformen „Kreis" und „Station" auch häufig als Kreis- oder Circuittraining und Stationstraining bezeichnet werden.

Kontrollfragen und Aufgaben

1. Von welchen *Bedingungen* ist die Auswahl von Trainingsmethoden abhängig?

2. Welche Trainingsmethoden haben Sie in Ihrer sportlichen Praxis kennen gelernt? Vergleichen Sie die *Bedeutung* der *Methoden* in den verschiedenen *Etappen des langfristigen Leistungsaufbaus* (vgl. Kap. 3.10).

3. Worin besteht der *Unterschied* zwischen einem *Kreis-* und einem *Stationsbetrieb* bei der Anwendung im Krafttraining?

4. Konzipieren Sie ein beispielhaftes, *allgemeines Kraftausdauertraining* für Ihre eigene Trainingsgruppe unter Anwendung des *Kreisbetriebes*. Kennzeichnen Sie die verschiedenen Belastungsfaktoren und die Trainingsmethode, die Sie dafür vergwenden.

3.10 Der langfristige Leistungsaufbau

Der langfristige Leistungsaufbau ist der systematische Aufbau der sportlichen Höchstleistung durch sportliches Training von Beginn der sportlichen Betätigung bis zum Hochleistungsbereich.

Die Grundsätze und Gesetzmäßigkeiten des folgerichtigen Trainingsaufbaus resultieren einerseits aus der Verallgemeinerung praktischer Erfahrungen von Trainern und Sportlern, andererseits sind sie Ergebnis der Forschungsarbeiten von Wissenschaftlern verschiedener Disziplinen zur Objektivierung der Zusammenhänge zwischen Trainingsbelastung und Leistungsentwicklung.

Wesentliche Bezugsgrößen des langfristigen Leistungsaufbaus sind

- die *Prognoseleistungen* und
- das durchschnittliche *Hochleistungsalter* in den einzelnen Sportarten sowie
- die *ontogenetischen Besonderheiten* der motorischen Entwicklung in der Zeit des Nachwuchstrainings.

Tab. 3.10-1: Durchschnittsalter bei Trainingsbeginn und bei Beginn des Hochleistungstrainings von Kadersportlern des Jahres 1988 (Martin et al., 1993)

	Sportler		Sportlerinnen	
	Alter bei Trainingsbeginn (Jahre)	Alter bei Beginn Hochleistungstraining (Jahre)	Alter bei Trainingsbeginn (Jahre)	Alter bei Beginn Hochleistungstraining (Jahre)
Judo	7,1	19,8	8,1	17,9
Gewichtheben	13,1	18,8	-	-
Leichtathletik	13,3	19,1	12,6	17,9
Schwimmen	9,8	16,9	9,4	15,6
Volleyball	11,6	17,1	12,0	17,1
Gerätturnen	8,9	16,9	7,9	13,3
Wasserspringen	9,7	17,4	9,3	16,6
Eiskunstlauf	11,4	18,2	9,4	16,0
Kanurennsport	13,1	19,6	12,3	19,0

Das **Hochleistungsalter** beginnt in den Sportarten sehr unterschiedlich (Tab. 3.10-1, z. B. Judo und Kanurennsport). Dementsprechend altersdifferenziert muss der Beginn des sportlichen Trainings geplant werden. Das unterschiedliche Alter der Sportlerinnen und Sportler in den verschiedenen Sportarten bei Trainingsbeginn bedingt einen spezifischen Leistungsaufbau unter Beachtung von Entwicklungsstand und -möglichkeiten. Ungeachtet dessen existieren allgemeine Regeln und Gesetzmäßigkeiten in allen Sportarten, die es ermöglichen, einen *übergreifenden Algorithmus* für den langfristigen Leistungsaufbau aufzustellen. Vom Beginn des Trainings bis zum Beginn des Hochleistungsalters ist sportartspezisch differenziert ein etwa *sechs bis zehnjähriger Trainingsprozess* notwendig.

Der langfristige Leistungsaufbau ist ein einheitlicher Prozess, der jedoch in einzelne *Etappen* aufgegliedert ist. Jede Etappe hat ihre spezifischen Ziele und Aufgaben, die sich in einem jeweils akzentuierten Training widerspiegeln. Langfristig sind alle Maßnahmen auf das perspektivische Erreichen sportlicher Höchstleistungen gerichtet. Es geht also nicht vordergründig um Rekorde und Siege im Kinder- und Jugendbereich. Derartige Erfolge sind nur dann sinnvoll, wenn sie Bestandteil des Wegs zur Höchstleistung sind und nicht durch vorzeitige Spezialisierung oder Vorgriffe auf Trainingsinhalte späterer Ausbildungsetappen erreicht werden.

Der langfristige Leistungsaufbau untergliedert sich grundsätzlich in die Bereiche des *Nachwuchs-* und des *Hochleistungstrainings*. Ursprünglich setzte sich der Nachwuchsbereich aus den Etappen des *Grundlagen-* und des *Aufbautrainings* zusammen. Er wurde später um die vorangestellte (allgemeine) *Grundausbildung* erweitert. Da die Praxis zeigte, dass viele Sportler den Übergang vom Nachwuchstraining zum Hochleistungstraining nicht auf Anhieb bewältigen konnten, wurde als Übergangsphase das *Anschlusstraining* eingeführt, damit die Sportler nicht aus dem Fördersystem fallen und dem Leistungssport nicht verlorengehen. Die Etappen des langfristigen Leistungsaufbaus zeigt Tabelle 3.10-2.

Tab. 3.10-2: Etappen des langfristigen Leistungsaufbaus

Grundausbildung	Dauer: 1-3 Jahre
Grundlagentraining (GLT)	Dauer: 2-4 Jahre
Aufbautraining (ABT)	Dauer: 2-4 Jahre
Anschlusstraining (AST)	Dauer: 2-3 Jahre
Hochleistungstraining (HLT)	

3.10.1 Grundausbildung, Talentsichtung

Die Grundausbildung wurde ursprünglich als Modellprojekt geschaffen, um sportartunabhängig *vielseitige motorische* und *psychische Voraussetzungen* zu schaffen und *Talente* für verschiedenartige Sportarten frühzeitig zu erkennen. Die Grundausbildung ist also von der Idee her noch nicht auf sportartgerichtete Anforderungen ausgerichtet und insofern dem Prozess zur Ausbildung sportlicher Höchstleistungen in einer Sportart vorangestellt. Viele Sportverbände haben diese Idee übernommen, allerdings wurde der Inhalt zunehmend stärker auf die sportartspezifischen Anforderungen ausgerichtet. Sportarten mit relativ spätem Beginn des leistungssportlichen Trainings (Tab. 3.10-1) nutzen diese Etappe auch, um Talente frühzeitig an ihre Sportart zu binden.

3.10.2 Grundlagentraining (GLT)

Das Grundlagentraining stellt den eigentlichen *Beginn des langfristigen Leistungsaufbaus* dar; es handelt sich um ein typisches Vereinstraining, das auf eine bestimmte Sportart gerichtet ist.

Es ist gekennzeichnet durch eine allgemeine, vielseitige, sportartübergreifende Ausbildung und eine vielseitige, gerichtete Ausbildung in der gewählten Sportart.

Allgemeinheit und **Vielseitigkeit** sind die Hauptforderungen in dieser Ausbildungsetappe. Dafür gibt es folgende Gründe:

- Im Anfängertraining ist die Festlegung auf eine Spezialdisziplin noch nicht möglich. Das Grundlagentraining ist deshalb immer auf die zunehmend sichere Erkennung der individuellen Begabungsschwerpunkte gerichtet.
- Die harmonische Entwicklung aller Organsysteme ist die Basis für eine spätere Spezialisierung. Sie ist Voraussetzung für die Stabilisierung der Gesundheit und die Ausprägung einer hohen Belastungsverträglichkeit.
- Allgemein-vielseitiges Training entspricht dem alters- und entwicklungsgemäßen Interesse und den lernpsychologischen Grundlagen der jungen Sportler.

Schlussfolgernd können als **Ziele** des Grundlagentrainings genannt werden:

- Stabilisierung der *Gesundheit*,
- Entwicklung der allgemeinen *Belastungsverträglichkeit*,
- Entwicklung der *motorischen Leistungsvoraussetzungen* auf einer breiten Basis;
- Erlernen und Vervollkommnen wesentlicher *sporttechnischer Fertigkeiten* (vgl. Kap. 5.1),
- Herausbildung der *Interessen, Motive und Einstellungen* zu der jeweiligen Sportart und zum leistungssportlichen Training allgemein,
- Beurteilung der *Eignung* des Sportlers.

Aus diesen Zielen leiten sich folgende **Inhalte** für die Trainingsgestaltung in dieser Etappe ab:

- Alters- und *entwicklungsgemäße Belastungsgestaltung* unter Beachtung des biologischen Alters (vgl. Kap. 3.6).
- Einsatz *allgemeiner Körperübungen*, die eine ähnliche Wirkung wie die Wettkampfübung haben, die die koordinativen Fähigkeiten verbessern helfen und die besondere erzieherische Potenzen oder hohe emotionale Wirkung haben.
- Entwicklung *aller* Fähigkeiten bei Akzentuierung auf die in diesem Altersbereich besonders gut entwickelbaren *koordinativen Fähigkeiten*, auf die *Schnelligkeitsfähigkeit* sowie auf die *Beweglichkeit*.
- Verbesserung der Grundlagenausdauer- und Kraftausdauerfähigkeiten als Voraussetzungen für eine gute *Belastungsverträglichkeit*.
- Vermittlung der *sporttechnischen Fertigkeiten* in Verbindung mit der Koordinationsschulung. Ziel ist es, durch das Erreichen der Feinform den Sportlern die Teilnahme an Wettkämpfen zu ermöglichen.

- Kontinuierliche *Vergrößerung der Belastungsumfänge* durch die Steigerung der Trainingshäufigkeit und erst später durch die zeitliche Verlängerung der Trainingseinheit.

Bei der *Wettkampfgestaltung* stehen in Übereinstimmung mit den Zielen des Grundlagentrainings Vielseitigkeitswettbewerbe, Mehrkämpfe und Wettkämpfe mit modifizierten Regeln (Bewertung der Qualität der sporttechnischen Fertigkeiten oder einzelner Fähigkeiten) im Mittelpunkt. Das nachfolgende Beispiel (Tab. 3.10-3) verdeutlicht anhand des Wettkampfprogramms in der C-Jugend im Gewichtheben die angestrebte Übereinstimmung der Trainings- und Wettkampfinhalte.

Tab. 3.10-3: Wettkampfbestimmungen Deutsche Meisterschaften im Gewichtheben, C-Jugend (Altersklasse 13/14)

Wettkampfart	Inhalte
Athletik-Mehrkampf	- Lauf-Koordinations-Test (Sternlauf) - Schlussdreisprung (Dreierhoppsprung) - Kugelschockwurf
Spezialwettkampf	- Reißen (mit Technikbewertung) - Stoßen (mit Technikbewertung)

3.10.3 Aufbautraining (ABT)

Das Aufbautraining ist die Etappe der *beginnenden Spezialisierung* und hat das **Ziel**, diese vorzubereiten durch:

- Erweiterung und Festigung der *dominierenden* motorischen Leistungsvoraussetzungen,
- Vervollkommnung der *sporttechnischen Fertigkeiten der Sportart* auf hohem Niveau,
- Stabilisierung der *Leistungsmotivation* und Ausprägung *kognitiver Voraussetzungen* der Bewegungsregulation.

Das Aufbautraining ist durch folgende **Inhalte** gekennzeichnet:

- *Einheit* von allgemeiner und spezieller Vervollkommnung,
- Realisierung *höherer Belastungen* durch die Steigerung des Umfangs und der Intensität des Trainings,
- *zielgerichtete* Auswahl von Körperübungen für die allgemeine und sportartspezifische Ausbildung,
- Nutzung *allgemeiner* Körperübungen zur Kompensation,
- Einführung einer *Trainingsperiodisierung* im Hinblick auf einen Jahreshöhepunkt.

Die *Wettkämpfe* zum Jahreshöhepunkt sind spezieller Art, werden jedoch im Jahresverlauf durch Wettkämpfe ergänzt, die die Inhalte der Trainingsabschnitte widerspiegeln. Zur Absicherung der Ziele des Aufbautrainings kann z. B. die Qualifikation zum Hauptwettkampf über Mehrkämpfe erfolgen. Weiterhin werden Wettkämpfe mit modifizierten Regeln genutzt (z. B. veränderte Streckenlängen, kürzere Spielzeit, isolierte Bewertung von Fähigkeiten und Fertigkeiten mit Voraussetzungscharakter).

3.10.4 Anschlusstraining (AST)

Das Anschlusstraining stellt die unmittelbare Etappe des *Übergangs* zum Hochleistungstraining dar. Eindeutiger *Schwerpunkt* dieser Etappe ist der Anschluss an das Niveau der Spitzenleistungen durch die schrittweise Annäherung an die Trainingsstruktur des Hochleistungsbereichs. Das Anschlusstraining bringt häufig gravierende Änderungen im Lebensregime des Sportlers mit sich (u. a. neue Trainingsgruppe, Wohnortwechsel, schulische oder berufliche Orientierungen, massive Belastungserhöhung im Training).

Ziele dieser Etappe sind:

* spezielle Ausbildung der für die Spezialdisziplin leistungsbestimmenden Voraussetzungen,
* Stabilisierung der sporttechnischen Fertigkeiten (variable Verfügbarkeit, auch individuelle Varianten),
* Festigung der allgemeinen Leistungsgrundlagen,
* weitere Herausbildung einer individuellen Leistungsmotivation und anforderungsbezogener Willenseigenschaften,
* Förderung der Bewusstheit und Selbstständigkeit des Sportlers („mündiger Athlet"),
* Weiterentwicklung der spezifischen Belastbarkeit in den verschiedenen Trainingsabschnitten.

In der Trainingsgestaltung dominieren die *speziellen Körperübungen*, der Jahresaufbau wird abgestimmt auf die Hauptwettkämpfe gestaltet. Neue Trainingsmethoden werden genutzt (z. B. Höhentraining). Das gesamte Trainingsregime ist *individualisiert* und mit beruflichen und schulischen Anforderungen koordiniert.

3.10.5 Hochleistungstraining (HLT)

Das Hochleistungstraining ist die letzte Etappe des langfristigen Leistungsaufbaus. Das **Ziel** ist das Heranführen des Athleten an seine persönliche Höchstleistung und das Halten dieser Höchstleistung über einen möglichst langen Zeitraum. Dazu ist eine vertrauensvolle individualisierte Zusammenarbeit zwischen Sportler, Trainer, Arzt und Sportwissenschaftler in einem möglichst harmonischen Umfeld erforderlich.

Die Etappe ist geprägt von einer weiteren *Intensivierung* des Trainings bei *höchstmöglichem Umfang*. Die motorischen Fähigkeiten werden überwiegend mit *speziellen* Körperübungen entwickelt, die sporttechnischen Fertigkeiten perfektioniert und stabilisiert, um eine möglichst vollständige Umsetzung des vorhandenen Fähigkeitspotenzials in die Wettkampfleistung zu sichern.

3.10.6 Fördersystem

Die Idee des langfristigen Leistungsaufbaus widerspiegelt sich im **nationalen Fördersystem** der Bundesrepublik Deutschland, in dem alle Komponenten zur Entwicklung sportlicher Höchstleistungen koordiniert werden. Zum Fördersystem zählt nicht nur die *finanzielle Unterstützung* für den Leistungssport durch den Staat und die Wirtschaft sondern auch das **System der Talentförderung** (Abb. 3.10-1) mit seiner Einheit aus *Wettkampfsystem* (links), *Stützpunktsystem* zur Trainingsabsicherung (rechts) und Sportlerentwicklung (*Kadersystem,* Mitte).

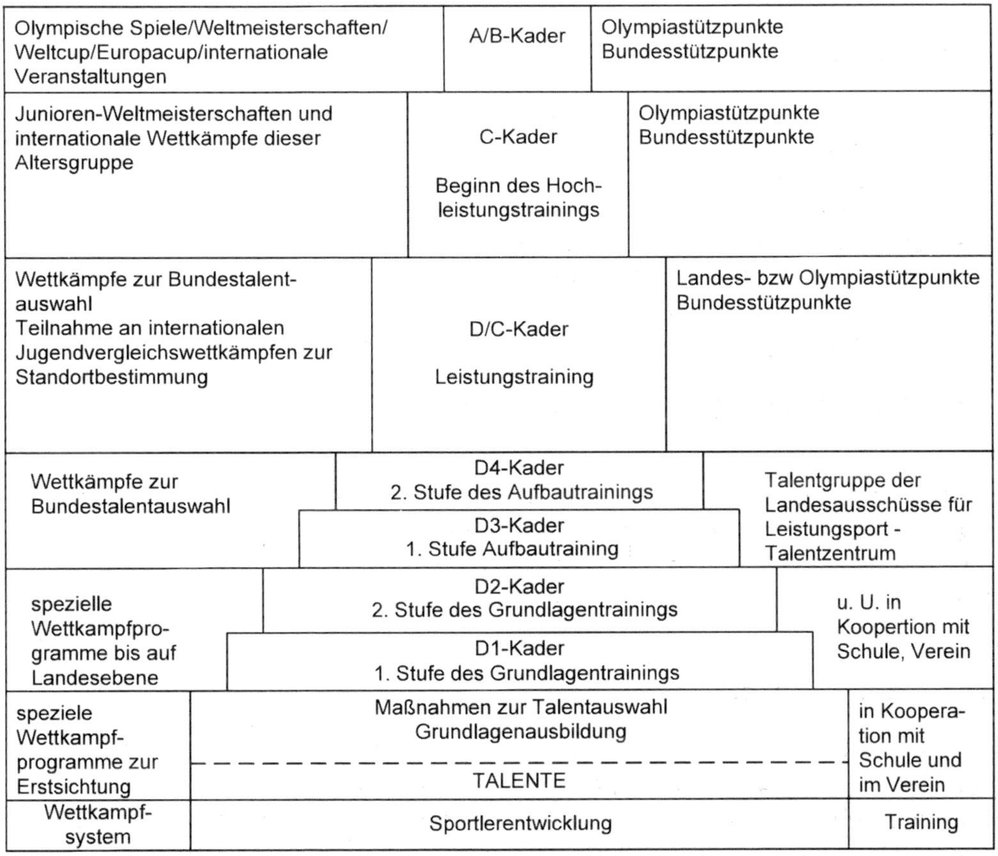

Olympische Spiele/Weltmeisterschaften/ Weltcup/Europacup/internationale Veranstaltungen	A/B-Kader	Olympiastützpunkte Bundesstützpunkte
Junioren-Weltmeisterschaften und internationale Wettkämpfe dieser Altersgruppe	C-Kader Beginn des Hochleistungstrainings	Olympiastützpunkte Bundesstützpunkte
Wettkämpfe zur Bundestalentauswahl Teilnahme an internationalen Jugendvergleichswettkämpfen zur Standortbestimmung	D/C-Kader Leistungstraining	Landes- bzw Olympiastützpunkte Bundesstützpunkte
Wettkämpfe zur Bundestalentauswahl	D4-Kader 2. Stufe des Aufbautrainings D3-Kader 1. Stufe Aufbautraining	Talentgruppe der Landesausschüsse für Leistungsport - Talentzentrum
spezielle Wettkampfprogramme bis auf Landesebene	D2-Kader 2. Stufe des Grundlagentrainings D1-Kader 1. Stufe des Grundlagentrainings	u. U. in Koopertion mit Schule, Verein
speziele Wettkampfprogramme zur Erstsichtung	Maßnahmen zur Talentauswahl Grundlagenausbildung — — — — — — — — — — TALENTE	in Kooperation mit Schule und im Verein
Wettkampfsystem	Sportlerentwicklung	Training

Abb. 3.10-1: Struktur der Talentförderung in Deutschland (modifiziert nach Martin et al., 1993)

Das **Kadersystem** bildet den organisatorischen Rahmen für die Auswahl von geeigneten Sportlerinnen und Sportlern und ihre weitere Förderung. Die Normen für die Kadereinstufungen werden von den Fachverbänden auf der Grundlage der aktuellen und prognostischen Leistungsentwicklungen jährlich neu festgelegt (Tab. 3.10-4).

Tab. 3.10-4: Ausgewählte Beispiele für Kaderrichtwerte des Deutschen Leichtathletik-Verbandes für das Wettkampfjahr 2009/2010; DSH - Deutsche Sporthilfe

Kader	B	B	B	B	B	B	B	C/DSH	C
Alter (Jahre)	>24	24	23	22	21	20	19	18	18
Hochsprung, Männer (m)	2,30	2,28	2,25	2,23	2,19	2,16	2,13	2,11	2,09
Hochsprung, Frauen (m)	1,95	1,93	1,91	1,90	1,88	1,86	1,84	1,82	1,80

Kontrollfragen und Aufgaben

1. Was versteht man unter „*Allgemeinheit* und *Vielseitigkeit*" als Prinzipien des Grundlagentrainings? Belegen Sie Ihre Antwort anhand von Beispielen aus der von Ihnen bevorzugten Sportart.

2. Kennzeichnen Sie die Besonderheiten des *Übergangs* vom *Aufbau-* zum *Anschlusstraining*.

4 Bewegungskompetenzen – sportmotorische Fähigkeiten und ihre Ausbildung

4.1 Kraftfähigkeiten

Ohne Kraftvoraussetzungen ist das Ausführen von Bewegungen unmöglich. Sie sind Voraussetzung unter anderem

- für das Bewältigen einfacher motorischer Alltagsanforderungen (z. B. Bücken, Treppesteigen, Laufen),
- für die Vorbeugung von Haltungsschwächen und -schäden,
- für vielfältige Berufsanforderungen,

aber auch

- für eine bewegungsbetonte Freizeitgestaltung,
- für Tanz und Akrobatik,
- für die Realisierung des sportlichen Trainings und
- das Erreichen sportlicher Höchstleistungen.

Auch jede sportliche Bewegung setzt folglich voraus, dass der Sporttreibende über genügend Kraftvoraussetzungen verfügt, um diese überhaupt ausführen zu können. So benötigt beispielsweise der Kugelstoßer diese Voraussetzungen, um die Kugel so weit wie möglich zu stoßen, der Basketballer, um den Ball in den Korb zu werfen, der Läufer, um sich bei jedem Laufschritt vom Boden abzudrücken oder der Sportschütze, um seine Waffe zu halten. Selbst für das Betätigen des Abzuges wird von ihm Kraft benötigt. Diese wenigen Beispiele zeigen, dass die Anforderungen an die Kraftvoraussetzungen in den einzelnen Sportarten und Disziplinen sehr unterschiedlich sind. Während beim Kugelstoßer recht große Kräfte sehr schnell mobilisiert werden müssen oder die Krafteinsätze beim Basketballer sehr genau dosiert werden sollten, um den Korb zu treffen, geht es beim Langstreckenläufer darum, die Kraft so sparsam und effektiv wie möglich einzusetzen, damit sie für die gesamte Laufstrecke ausreicht. Der Schütze wiederum muss lernen, am Abzug nicht zu viel Kraft aufzubringen, um die Waffe nicht zu verreißen.

Der Erhalt beziehungsweise die Verbesserung der Kraftvoraussetzungen hat folglich eine sehr große Bedeutung für unser Leben und ist Inhalt des Übens und Trainierens in allen sportlichen Tätigkeitsbereichen.

Im *Rehabilitations-, Gesundheits- und Schulsport* sowie verschiedenen Bereichen des *Freizeitsports* wird vorrangig auf die Wiederherstellung, den Erhalt bzw. die Verbesserung allgemeiner Kraftvoraussetzungen orientiert. Dieses vielseitige Krafttraining ist ausgerichtet auf eine möglichst harmonische und allseitige Ausbildung der Kraftvoraussetzungen, den Erhalt eines gesunden muskulären Gleichgewichts und die Erhöhung der Belastungsverträglichkeit.

Im *Fitness- und Wettkampfsport* hingegen ist die Zielstellung vor allem im Erleben der eigenen körperlichen Leistungsfähigkeit und im Vollbringen sportlicher Leistungen beziehungsweise Höchstleistungen zu sehen. Während im Fitness- und Kraftsport meist die Ausprägung der Maximalkraftfähigkeit im Mittelpunkt steht, liegt die Hauptzielstellung des Krafttrainings im *Leistungssport* in der Verbesserung wettkampfspezifischer Schnellkraft- bzw. Kraftausdauervoraussetzungen. Diese wiederum sind von einem optimal ausgeprägten Maximalkraftniveau abhängig. Daneben ist es aber auch im Fitness- und Wettkampfsport unerlässlich, ein vielseitiges und allgemeines Krafttraining zur Verbesserung der Belastungsverträglichkeit und zur Vermeidung von Fehlbelastungsschäden zu realisieren.

Eine Sonderstellung im Fitness- und Wettkampfsport nimmt das *Bodybuilding* ein, da hier bewusst körperformende Aspekte des Krafttrainings angestrebt werden, um ästhetische Ansprüche umzusetzen. Die eigentliche sportliche Leistung tritt in den Hintergrund.

Allerdings sollte an Stelle des Begriffs Kraft besser der Begriff **Kraftfähigkeiten** verwendet werden, um eine eindeutige Unterscheidung zwischen

- den *biologischen* Voraussetzungen und Mechanismen, über die der Sporttreibende verfügt, um den Körper, einzelne Körperteile oder ein Sportgerät bewegen bzw. beschleunigen zu können und
- der elementaren *physikalischen* Größe Kraft, die Wirkung der menschlichen Bewegung ist und in ihrem Verlauf gemessen werden kann

zu ermöglichen.

Kraftfähigkeiten sind generalisierte Leistungsvoraussetzungen, die es dem Sportler ermöglichen Bewegungen auszuführen und dadurch äußere Widerstände zu überwinden oder ihnen entgegenwirken zu können.

Um die oben beispielhaft dargestellten sehr unterschiedlichen Kraftanforderungen in den verschiedenartigen Sportarten und Disziplinen realisieren zu können, werden dementsprechend auch sehr unterschiedliche **sportart- bzw. disziplinspezifische Kraftfähigkeiten** (spezielle Kraftfähigkeiten) benötigt. Jede Sportart und Disziplin bzw. jede Körperübung verlangt zu ihrer Ausführung folglich eine ganz spezifische Ausprägung von Kraftvoraussetzungen.

Daneben gibt es aber auch relativ **allgemeine Kraftfähigkeiten**, die für jeweils eine größere Gruppe von Sportarten, Disziplinen bzw. sportlicher Bewegungen typisch sind. Hierbei unterscheidet man drei grundlegende Formen von Kraftfähigkeiten:

- die Maximalkraftfähigkeit,
- die Schnellkraftfähigkeit und
- die Kraftausdauerfähigkeit.

Obwohl es sich eindeutig um Kraftfähigkeiten handelt, wird *umgangssprachlich* häufig bei diesen Begriffen auf den Zusatz „-fähigkeit" verzichtet.

4.1.1 Erscheinungsformen der Kraftfähigkeiten

4.1.1.1 Maximalkraftfähigkeit

Die Maximalkraftfähigkeit ermöglicht dem Sportler, maximale, willentliche Muskelkontraktionen auszuführen und damit maximale Kräfte entwickeln oder maximale Lasten bewegen zu können.

Die Maximalkraftfähigkeit wird folglich in solchen Sportarten, wie Kraftsport oder Gewichtheben benötigt, in denen große Lasten bewältigt werden müssen. Aber auch in den meisten anderen Sportarten ist ein gewisses Maß an Maximalkraftfähigkeit notwendig, denn sie bildet die Grundlage sowohl für die Schnellkraft- als auch die Kraftausdauerfähigkeit. Je höher die Maximalkraftfähigkeit ausgeprägt ist, desto besser können letztendlich auch die Schnellkraft- und die Kraftausdauerfähigkeit ausgebildet werden.

Das Maximalkraftniveau wird meist dadurch bestimmt, dass die maximale Last bei einer Kraftübung ermittelt wird, die mit einem Versuch gerade noch bewältigt werden kann. Beispielsweise werden beim **Maximalkrafttest** mit der aus dem Kraft- und Fitnesssport bekannten Übung „Bankdrücken" (bei dieser Übung wird in Rückenlage beidarmig eine Last senkrecht nach oben gedrückt) die Kraftvoraussetzungen derjenigen Muskeln von Arm-, Schulter- und Brustmuskulatur ermittelt, die an der Streckbewegung der Arme beteiligt sind.

In einem Beispiel (Tab. 4.1-1) ermitteln ein Mädchen und ein Junge, beide 16 Jahre alt und sportlich aktiv, an einem Krafttrainingsgerät im Fitnessklub die maximale Last, die sie mit einem Versuch im Bankdrücken (Abb. 4.1-1) bewältigen.

Tab. 4.1-1: Vergleichende Darstellung der in der Übung Bankdrücken (Maximalkrafttest) bei einem Mädchen und einem gleichaltrigen Jungen erzielten Ergebnisse

	Körper-masse	maximale Last (Bankdrücken)	relative Kraft	Sportart
Mädchen	40 kg	37,5 kg	0,94	Gerätturnen
Junge	75 kg	62,5 kg	0,83	Kugelstoßen

(relative Kraft = Verhältnis von maximaler Last zur Körpermasse)

Erwartungsgemäß kann der Junge eine wesentlich höhere maximale Last im Bankdrücken bewältigen als das Mädchen. Dieser Parameter wird auch als **absolute Kraft** bezeichnet. Das bedeutet aber nicht zwangsläufig, dass der Junge auch kräftiger ist. Wenn wir die bewältigte maximale Last ins Verhältnis zur Körpermasse setzen, bei diesem Parameter spricht man von der **relativen Kraft**, dann erkennen wir, dass das Mädchen pro kg Körpermasse eine deutlich höhere Last erreicht. In unserem Beispiel verfügt der Junge folglich über eine höhere absolute Kraft als das Mädchen, hinsichtlich der relativen Kraft ist er ihr aber unterlegen.

Die **absolute Kraft** steht in einem engen Verhältnis zur aktiven Muskelmasse und somit auch zur eigenen Körpermasse. Je größer die Muskelmasse des Sportlers, desto größer ist auch die absolute Kraft, die er aufbringen kann. In Sportarten, in denen große Lasten bewältigt (z. B. Kraftsport, Gewichtheben) oder in denen Sportgeräte beschleunigt werden müssen (z. B. Kugelstoßen, Diskuswerfen), sind folglich die schwereren „kräftigeren" Sportler bevorteilt und meist erfolgreicher. In einigen Sportarten wurden deshalb Gewichtsklassen zur besseren Chancengleichheit eingeführt (vgl. Kap. 2.6.2).

Eine hohe **relative Kraft** hingegen ist in denjenigen Sportarten vorteilhaft, in denen der eigene Körper bewegt werden muss (z. B. Gerätturnen, Lauf, Weit- und Hochsprung), da in diesen Sportarten für hohe sportliche Leistungen ein optimales Verhältnis zwischen Kraftvoraussetzungen und Körpermasse erforderlich ist. Auch in Sportarten mit Gewichtsklasseneinteilungen ist derjenige bevorteilt, der bei annähernd gleicher Körpermasse höhere Kräfte realisieren kann, also über eine höhere relative Kraft verfügt.

Ausgehend von den in unserem Beispiel (Tab. 4.1-1) gewählten Sportarten und der ihnen innewohnenden Anforderungen ist es erklärlich, warum die relative Kraft der „leichten" Gerätturnerin über der des Kugelstoßers liegen kann, dieser aber, auch aufgrund seiner größeren Körpermasse, wesentlich höhere absolute Kraftwerte erreicht.

Abb. 4.1-1: Übung „Bankdrücken" (geführt) am Krafttrainingsgerät

4.1.1.2 Schnellkraftfähigkeit

Die Schnellkraftfähigkeit wird beispielsweise für Würfe, Stöße und Sprünge in der Leichtathletik, in den Spiel- und Kampfsportarten oder im Gerätturnen, aber auch in den Sprintdisziplinen der Leichtathletik und des Radsports benötigt, in denen der eigene Körper oder das Sportgerät auf die höchstmögliche Geschwindigkeit beschleunigt werden muss. Sie wird vor allem bestimmt durch das Niveau der Maximalkraftfähigkeit und die konkreten disziplinspezifischen Anforderungen.

Die Schnellkraftfähigkeit ermöglicht dem Sportler, bei der Beschleunigung des Körpers oder von Körperteilen bzw. Sportgeräten mit zunehmender Bewegungsgeschwindigkeit noch hohe Kraftwerte zu erreichen.

Neben der für *Schnellkraftsportarten* typischen Zielstellung, dem Erreichen einer *maximalen Endgeschwindigkeit über einen vorgegebenen Weg* (z. B. Speerwurf), ist die Schnellkraftfähigkeit auch eine wichtige Voraussetzung für Bewegungen, bei denen *vorgegebene Wege in kürzester Zeit* zu überwunden sind (z. B. Fechtstoß). Hier wird die enge Beziehung dieser komplexen Kraftfähigkeit zur Schnelligkeit (vgl. Kap. 4.2) deutlich. **Komplexe Fähigkeiten** sind aus zwei elementaren Fähigkeiten zusammengesetzt, im Fall der Schnellkraftfähigkeit ist das neben der Kraftfähigkeit die Schnelligkeit, im Fall der Kraftausdauerfähigkeit die Ausdauer.

Vor allem in den zeitlich kurzen *Ausdauersportarten* wird das Realisieren einer möglichst *hohen mittleren Geschwindigkeit* über die vorgegebene Distanz u. a. limitiert vom Ausprägungsgrad der maximal möglichen Sprintgeschwindigkeit, und damit auch vom Niveau der Schnellkraftvoraussetzungen. Mit anderen Worten, ein 400-m-Läufer, der die 100-m-Strecke gerade einmal in 13,0 Sekunden läuft, wird seine Spezialstrecke nie unter 50 Sekunden bewältigen können. Hat er hingegen eine Bestzeit von 11 oder 11,5 Sekunden auf der 100-m-Strecke, dann sind das Unterbieten der 50 Sekunden auf der Stadionrunde vorrangig eine Frage der Ausdauer, also der Ausnutzung seiner vorhandenen Schnelligkeits- und Schnellkraftvoraussetzungen unter zunehmender Ermüdung. Mit zunehmender Länge der Wettkampfstrecke bzw. Dauer der Ausdauerleistung verringert sich allerdings zwangsläufig die Bedeutung der Schnellkraftfähigkeit.

4.1.1.3 Kraftausdauerfähigkeit

Die Kraftausdauerfähigkeit ermöglicht dem Sportler, den ermüdungsbedingten Leistungsabfall bei länger andauernder sportlicher Belastung mit erheblichen Kraftanforderungen zu minimieren. Sie wird folglich nur dann benötigt, wenn auf Grund der zeitlichen Dauer der sportlichen Tätigkeit ermüdungsbedingte Leistungsminderungen auftreten.

Aus der Definition wird die enge Beziehung der Kraftausdauer- zur Ausdauerfähigkeit (vgl. Kap. 4.3) deutlich. Es wird davon ausgegangen, dass Ausdauerleistungen dann nicht mehr wesentlich vom Ausprägungsgrad der Maximalkraftfähigkeit beeinflusst werden, wenn in den Bewegungen Kraftleistungen von höchstens 30 % realisiert werden, bezogen auf die in der Einzelbewegung maximal mögliche Kraftleistung (Schnabel, Harre, Krug, 2008). Wird diese Grenze unterschritten, spricht man von *Ausdauerleistungen*.

Wird die 30-%-Grenze überschritten, also bei erheblichen Kraftanforderungen, ist die Leistung hingegen vom Niveau der Maximalkraftfähigkeit abhängig und man spricht in diesem Fall von *Kraftausdauerleistungen*. Die Kraftausdauerfähigkeit kann folglich als eine besondere Form der Ausdauer angesehen werden, bei der erhebliche Kraftanforderungen auftreten und die bestimmt wird durch das Niveau der Ausdauer, der Maximalkraftfähigkeit und der konkreten *disziplinspezifischen Anforderungen*. Sie bestimmt in dieser *disziplinspezifischen* (**speziellen**) Ausprägung wesentlich die Leistung beispielsweise in den Kampfsportarten oder den „typischen" Kraftausdauersportarten Kanurennsport und Rudern. Je kürzer in diesen Kraftausdauersportarten die Wettkampfstrecke ist, desto bedeutsamer werden für die Wettkampfleistung die Kraftvoraussetzungen, je länger sie ist, um so mehr überwiegt die Ausdauer.

Die Verbesserung der **allgemeinen Kraftausdauer** (vgl. Kap. 4.1.4.2) hingegen ist in allen Sportarten relevant, da sie eine wesentliche Voraussetzung für die *Belastungsverträglichkeit* (vgl. Kap. 3.4) des Sportlers in Training und Wettkampf ist.

4.1.2 Aufbau, Arbeitsweisen und Funktionen der Skelettmuskeln

Das Niveau der Kraftfähigkeiten ist in starkem Maße von der Arbeitsweise des neuromuskulären Systems abhängig. Bevor auf die diesbezüglichen Voraussetzungen detaillierter eingegangen wird (Kap. 4.1.3), sollen zum besseren Verständnis der Aufbau des Skelettmuskels sowie seine Arbeitsweisen und Funktionen aus biomechanischer Sicht besprochen werden.

4.1.2.1 Aufbau der Skelettmuskulatur

Die ca. 400 *Skelettmuskeln* bilden das größte Organsystem des Menschen und sind wesentlicher Bestandteil des aktiven Bewegungsapparats.

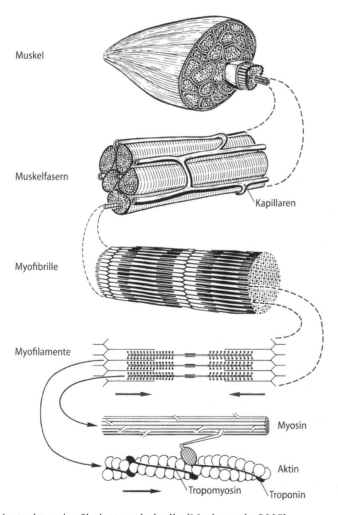

Abb. 4.1-2a: Feinstruktur der Skelettmuskelzelle (Markworth, 2005)

Der Anteil der Skelettmuskulatur an der Körpermasse (*aktive Körpermasse*) beträgt bei einer 70 kg schweren untrainierten Person etwa 30 kg, das sind mehr als 40 % der Gesamtkörpermasse. Bei Sportlern in kraftorientierten Sportarten kann sich dieser Anteil noch erhöhen. Frauen haben einen etwas geringeren Anteil aktiver Körpermasse als Männer.

Die Muskeln sind durch Sehnen an den Knochen befestigt, die wiederum durch Gelenke miteinander verbunden sind. Skelettmuskeln können sich auf nervale Befehle hin *anspannen* (kontrahieren) und wieder *entspannen*. Dieser Vorgang wird über das Nervensystem gesteuert und verbraucht Energie. Verkürzt sich ein Muskel aufgrund der Kontraktion, dann bewegen sich die Ansatzpunkte aufeinander zu (vgl. Abb. 4.1-6 in Kap. 4.1.2.3). Über die Gelenke führt das zu Veränderungen in der Winkelstellung der Knochen zueinander. Diese Veränderungen sind die Grundlage jeder motorischen Bewegung.

Der Muskel setzt sich aus vielen **Faserbündeln** (Abb. 4.1-2) zusammen und ist von einer straffen Bindegewebshülle umgeben. Die Faserbündel sind mit dem bloßen Auge gerade noch erkennbar (ca. 100 μm oder 0,1 mm Durchmesser). Unter dem Mikroskop erkennt man, dass die Faserbündel wiederum aus mehreren (etwa 10 bis 50) **Muskelfasern** (Abb. 4.1-2) bestehen. Die nur rund 20 μm starken, aber bis zu 15 cm langen Muskelfasern stellen die kleinste zelluläre Einheit des Skelettmuskels dar. Über eine halbe Million Muskelfasern bilden beispielsweise den zweiköpfigen Oberarmmuskel des Menschen, den Bizeps.

In jeder Muskelfaser liegen Tausende kleiner (ca. 1 μm dicker) **Myofibrillen** (Abb. 4.1-2). Die Myofibrillen wiederum bestehen aus vielen Struktureinheiten, den **Sarkomeren** (Abb. 4.1-2), die die Myofibrillen längs gliedern und unterteilen. Die Sarkomere sind für die Muskelverkürzung und damit letztendlich für die Bewegung verantwortlich.

Die Grundbestandteile des Sarkomers sind die kontraktilen Eiweiße **Aktin, Myosin** und **Titin**, die zu Filamenten (Fäden) zusammengelagert sind (Abb. 4.1-3). Das Skelett des Sarkomers besteht aus den Aktinfilamenten, die an den Z-Scheiben wie die Borsten an einer Bürste angeheftet sind. Zwischen den Aktinfilamenten liegt das Myosin. Bei der Kontraktion werden die dickeren Myosinfäden unter Energieverbrauch zwischen die dünneren Aktinfäden gezogen. Die Enden der Myosinfilamente (*Myosinköpfe*) sind wie ein Gelenk gebaut (Abb. 4.1-4, oben). Diese Gelenke haken sich an den Aktinfäden fest und ziehen sie zur Mitte (*Brückenbildung*, Abb. 4.1-4, Mitte). Da die Aktinfäden an ihrem Ende fest mit der Z-Scheibe verbunden sind, werden durch das Kippen der Myosingelenke die Z-Scheiben aufeinander zugezogen und die Länge des Sarkomers verkürzt sich (*Kontraktion*, Abb. 4.1-4, unten). Jedes Kippen des Myosingelenks verkürzt den Muskel um ca. 1 % und benötigt Energie, welche aus der ATP-Spaltung bezogen wird. Über 50-mal muss sich dieser Vorgang wiederholen, um den Muskel auf die Hälfte zu verkürzen. Die *Muskelkontraktion* ist also das sichtbare Ergebnis der gleichzeitigen Verkürzung der mehreren Millionen Sarkomere des Muskels.

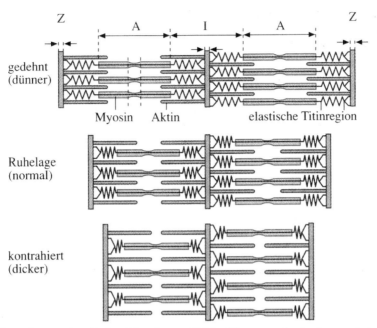

Abb. 4.1-3: Anordnung der Aktin-, Myosin- und Titin-Filamente im Sarkomer bei verschiedenen Muskellängen (Thoss, 2004)

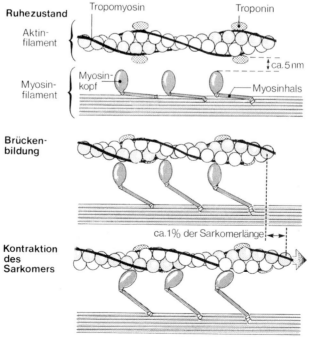

Abb. 4.1-4: Ruhezustand, Brückenbildung und Spannungsentwicklung zwischen Myosin- und Aktinfilament (Markworth, 2005)

Das **Titin** ist ein Filament, das auf der einen Seite an der Z-Scheibe ansetzt, auf der anderen Seite am Myosin befestigt ist (Abb. 4.1-3). Das Titin ist in der Lage, elastische Energie zu *speichern*. Dies ist vor allem bei der *Dehnung* der Muskulatur der Fall und kann zu einer Leistungssteigerung genutzt werden (vgl. Kap. 4.1.2.2, exzentrische Arbeitsweise).

An jedem Myosinfilament setzen bis zu drei Titinfilamente an. Diese besitzen in dem Bereich zwischen der Z-Scheibe und dem freien Ende des Myosinfilaments einen *hochelastischen* Abschnitt. Das Titin ist wie eine „molekulare Feder" gebaut und dafür verantwortlich, die Struktur im Sarkomer aufrechtzuerhalten und die *Dehnbarkeit* des Muskels zu begrenzen, indem es wie eine Rückstellfeder das Sarkomer immer wieder in den entspannten Zustand zurück bringt (Abb. 4.1-3, Mitte). Damit ist es auch mit zuständig für die *Ruhe-Dehnspannung* des Muskels (Ruhelage).

An der Z-Scheibe wirken *Zugkräfte* folglich sowohl bei der *Kontraktion* (durch die Aktinfilamente) als auch bei der *Dehnung* des Muskels (durch die Titinfilamente). Diese Zugkräfte unterscheiden sich nur in ihrer Größe. Erst bei starker Dehnung werden Kraftwerte wie bei einer Kontraktion erreicht. An wiederholten starken Zug passt sich der Muskel mit Muskelwachstum (Vermehrung der parallelen Sarkomere) an, um sich vor „Überlastung" zu schützen. Starke Dehnung kann somit, wie die wiederholte Kontraktion des Muskels, zu einem *Muskelwachstum* (Muskelfaserhypertrophie) beitragen und die *Ruhe-Dehnspannung* des Muskels erhöhen.

4.1.2.2 Arbeitsweisen der Skelettmuskeln

Die Muskeln bewegen als aktiver Teil des Bewegungsapparats das Knochenskelett. Dieses besteht aus Knochen und Gelenken, die Bewegungen um verschiedene Achsen zulassen. Muskeln bilden mit dem innervierenden Nerven immer eine Funktionseinheit, d. h. nur durch eine Erregung des Muskels über einen nervalen Befehl kommt es zu einer Kontraktion bzw. Muskelanspannung und anschließenden Entspannung (vgl. Kap. 4.2.2).

Muskeln können auf ein oder zwei Gelenke wirken. **Eingelenkige** Muskeln zeigen hinsichtlich ihrer Längenänderung einen direkten Zusammenhang zur Gelenkbewegung, so verkürzen sich die Armbeuger bei der Armbeugung, bei der Streckung werden sie gedehnt (vgl. Abb. 4.1-6 in Kap. 4.1.2.3). **Zweigelenkige** Muskeln (z. B. m. triceps brachii, Abb. 4.1-6) sind in der Regel in einem Gelenk Beuger und im benachbarten Strecker. Daher kann ihre Längenänderung in sportlichen Bewegungen nur durch Modelle berechnet werden. Für das *Beweglichkeitstraining* muss man beachten, dass in beiden Gelenken Bewegungen kombiniert werden, die jeweils eine *Dehnung* bewirken. So wird beispielsweise die Muskulatur auf der Oberschenkelrückseite (ischiocrurale Muskulatur) optimal gedehnt durch eine Kniestreckung in Kombination mit einer Hüftbeugung.

In Abhängigkeit von der Längenänderung des Muskels kann man unterschiedliche **Arbeitsweisen** unterscheiden. Es wird dabei die Längenänderung vom Ursprung bis zum Ansatz des Muskels am Knochen betrachtet, die sich aus der Längenänderung des Muskels selbst plus der der Sehne zusammensetzt. Vorausgesetzt wird immer ein aktivierter Muskel.

- **Konzentrische** Arbeitsweise: Die Länge von Muskel plus Sehne verringert sich. Der Muskel verkürzt sich während der Aktivität. Rein konzentrische Arbeitsweisen finden sich im Sport selten, Beispiele sind der Strecksprung aus der Hocke oder der Absprung im Skisprung.
- **Isometrische** Arbeitsweise: Die Länge von Muskel plus Sehne verändert sich nicht. Der Muskel verkürzt sich jedoch u. U. zu Beginn der isometrischen Arbeitsweise geringfügig, da sich die Sehne in gleichem Maße etwas verlängert. Reine isometrische Arbeitsweisen sind im Sport selten. Sie können z. B. im Krafttraining gegen unüberwindlich große Widerstände oder in Kampfsituationen mit gleich starken Gegnern auftreten. Meist entstehen isometrische Zustände im Übergang von exzentrischen zu konzentrischen Bewegungsphasen.
- **Exzentrische** Arbeitsweise: Die Länge von Muskel plus Sehne vergrößert sich. Rein exzentrische Arbeitsweisen werden lediglich als spezielle Krafttrainingsform realisiert. Dabei ist der äußere Widerstand größer als die vom Sportler aufzubringende Kraft, d. h. der Sportler kann der äußerlich einwirkenden Last nicht widerstehen. Typisch sind exzentrische Bewegungsphasen bei **reaktiven** Bewegungen, d. h. bei Bewegungen, die mit einer der Hauptphase der Bewegung entgegengerichteten Bewegungseinleitung beginnen (vgl. biomechanisches Prinzip der Anfangskraft, Kap. 3.5.2). Exzentrische Bewegungsphasen treten vor allem bei *Lauf- und Sprungbewegungen* auf, in denen *Bremsimpulse* zu Beginn des Bodenkontaktes kompensiert werden müssen. Diese Bremsimpulse und damit auch die Dehnungsgeschwindigkeiten für Muskel und Sehne steigen mit zunehmender Bewegungsgeschwindigkeit. In exzentrischen Bewegungsphasen kann sowohl im Muskel als auch in der Sehne *Energie gespeichert* werden, die in der konzentrischen Bewegungsphase das Ergebnis verbessert.

Die Kraftentwicklung des Muskels steht in engem Zusammenhang mit der **Bewegungsgeschwindigkeit**. Es können geringe Widerstände mit hoher, hohe Widerstände jedoch nur mit geringer Geschwindigkeit bewegt werden (Abbildung 4.1-5). Die größten Kräfte treten in dieser Beziehung bei *isometrischen* Kontraktionen auf, die Bewegungsgeschwindigkeit ist hier null. Noch deutlich höhere Kräfte werden bei *exzentrischen* Kontraktionen erreicht, weil zusätzlich zur aktiven Kontraktion auch die elastischen Eigenschaften des Muskels sowie zusätzliche Reflexaktivitäten des Nerv-Muskel-Systems genutzt werden können.

Bei der Muskelarbeit wird nur ein Teil des Energieumsatzes in *Bewegungsenergie* umgewandelt. Der Mensch kann einen Wirkungsgrad von bis zu 30 % erreichen, in vielen Bewegungen, wie beispielsweise im Schwimmen, ist er deutlich niedriger. Nach dem Energieerhaltungssatz geht der Rest nicht verloren, sondern wird zu einem großen Teil in Wärme umgewandelt. Diese Wärme verbessert den Funktionszustand des Nerv-Muskel-Systems, d. h. es wird durch Erwärmung leistungsfähiger. Überschüssige Wärme wird an die Umgebung z. B. durch Schwitzen abgegeben.

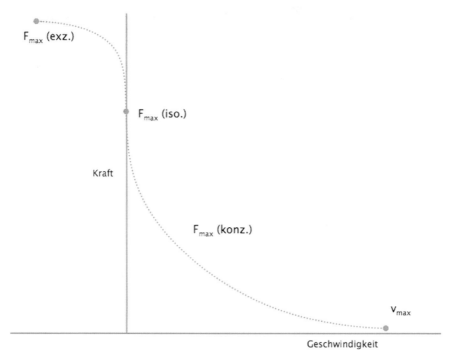

Abb. 4.1-5: Zusammenhang zwischen Bewegungsgeschwindigkeit und Kraftentwicklung
eines Muskels (Hillsche-Kurve)

4.1.2.3 Funktionen des Muskels

Muskelarbeit erzeugt im Zusammenwirken mit Knochen und Gelenken immer *Drehbewegungen*. Dabei haben Muskeln, die an einem Gelenk wirken, unterschiedliche Aufgaben. Man kann Muskeln unterscheiden, die

- das Gelenk beugen (Beuger = *Flexoren*) oder strecken (Strecker = *Extensoren*),
- seitliche Bewegungen (Abspreizen = *Abduktoren*; Heranziehen = *Adduktoren*) oder
- eine Drehung erzeugen (Dreher = *Rotatoren*).

Je nach Bewegungsaufgabe variiert der Anteil dieser Muskeln am Gesamtergebnis. Bei der Erzeugung der Drehbewegungen wirken die Hebelgesetze.

Das Hebelgesetz wird auch als Grundgesetz der Mechanik bezeichnet und besagt, dass das Produkt aus Kraft und Kraftarm gleich dem aus Last und Lastarm ist.

Dabei erzeugt der Muskel das innere Moment als Produkt aus Muskelkraft und Abstand des Ansatzpunktes am Knochen vom Drehpunkt des Gelenks. Es folgt daraus, dass der Muskel

- bei einem *geringen Abstand* seines Ansatzes vom Drehpunkt eine *große Kraft*,
- bei einem *großen Abstand* eine deutlich *geringere Kraft*

aufbringen muss, um ein *gleiches* Drehmoment zu erzeugen. Dies kann am Beispiel der Ellebogenbeuger verdeutlicht werden (Abb. 4.1-6).

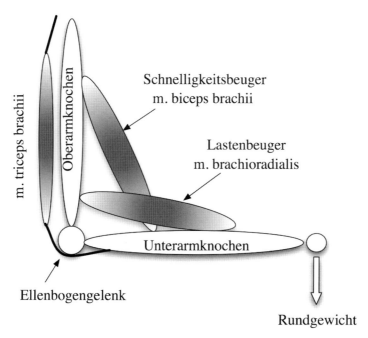

Abb. 4.1-6: Modell der Muskelmechanik im Ellenbogengelenk

Es setzen drei Muskeln am Unterarm an, die über das Ellenbogengelenk ziehen und das Gelenk beugen, der zweiköpfige Armmuskel (m. biceps brachii), der Armbeuger (m. brachialis) und der Oberarmspeichenmuskel (m. brachioradialis). Während die ersten beiden nur einen kurzen Hebelarm (Abstand des Muskelansatzes vom Drehpunkt im Ellenbogen) nutzen können, ist dieser beim dritten Muskel deutlich größer. Aufgrund dieser Tatsache bezeichnet man die ersten beiden als *„Schnelligkeitsbeuger"* und letzteren Muskel als *„Lastenbeuger"*. Dies bedeutet, dass der Sportler mit den „Schnelligkeitsbeugern" große Bewegungsgeschwindigkeiten erzielen kann, während der Lastenbeuger aufgrund seiner günstigen Hebelverhältnisse vorzugsweise hohe Widerstände (jedoch langsamer) überwindet. Diese drei Muskeln arbeiten bei der Beugung des Ellenbogens zusammen. Solche gleichsinnig arbeitenden Muskeln werden als **Synergisten** bezeichnet, Muskeln mit einer entgegengesetzten Wirkung (z. B. die den Beugern im Gelenk entgegenwirkenden Strecker) hingegen als **Antagonisten**. Im Fall des Ellenbogengelenkes wäre der dreiköpfige Armstrecker (m. triceps brachii) der Antagonist zu den drei oben genannten Beugern.

Synergisten und Antagonisten arbeiten z. B. in zyklischen Bewegungen abwechselnd, bei der Stabilisierung von Gelenken jedoch auch gleichzeitig.

4.1.3 Biologische Voraussetzungen für die Kraftfähigkeiten

Die Kontraktion der Muskelfasern ist zwar die unmittelbare Ursache der Kraftentwicklung, die Realisierung der in den einzelnen Sportarten sehr unterschiedlichen Anforderungen an Intensität, Dynamik und zeitliche Dauer der Kraftentfaltung bedarf aber der Steuerung durch weitere biologische Funktionsmechanismen (bzw. Voraussetzungen). Dies sind insbesondere:

- Muskelfaserquerschnitt,
- Muskelfaserspektrum,
- intramuskuläre Koordination,
- intermuskuläre Koordination,
- Art der Energiebereitstellung,
- konstitutionelle Voraussetzungen und
- psychische Steuerung.

Im nachfolgenden Kapitel wird insbesondere auf die diejenigen Aspekte detaillierter eingegangen, auf die auch schwerpunktmäßig im Krafttraining orientiert wird.

4.1.3.1 Muskelfaserquerschnitt

Je größer der Durchmesser einer Muskelfaser, desto größer ist auch die *absolute* Kraft, die bei der Kontraktion erzeugt werden kann. Muskelfasern, deren Querschnitt sich durch Training verdoppelt hat, erbringen theoretisch auch doppelt so große Kraftwerte. Dieser Vorgang des Dickenwachstums der Muskelfasern wird als **Hypertrophie** bezeichnet. Die der Hypertrophie zu Grunde liegenden Anpassungsmechanismen sind noch nicht eindeutig aufgeklärt.

Die Hypertrophie zieht zwangsläufig eine Vergrößerung des gesamten Muskelquerschnittes und damit auch der Muskelmasse und des Körpergewichtes nach sich. Das Ergebnis eines Trainings zur Vergrößerung der Muskelhypertrophie sieht man besonders eindrucksvoll bei Kraftsportlern oder Bodybuildern. Allerdings kommt es bei zunehmendem Körpergewicht zu einer Verschlechterung der Effektivität der Kraftentwicklung, also der *relativen* Kraft. Sportler in höheren Gewichtsklassen können zwar höhere Lasten bewältigen, z. B. bei der Übung „Bankdrücken" im Kraftsport (vgl. Kap. 2.6.2 u. 4.1.1.1), weisen aber bezüglich der relativen Kraft in der Regel niedrigere Werte auf als Sportler niedrigerer Gewichtsklassen. Ein auf die Verbesserung der Muskelhypertrophie ausgerichtetes Training dient also in erster Linie der Verbesserung der absoluten Kraft.

Das Gegenteil der Hypertrophie wird als *Atrophie* (Muskelschwund) bezeichnet und tritt beispielsweise dann auf, wenn ein Muskelhypertrophietraining längere Zeit unterbrochen bzw. ganz abgebrochen wird oder Muskeln aufgrund eines Gipsverbandes längere Zeit völlig ruhiggestellt sind.

4.1.3.2 Muskelfaserspektrum

Die Muskeln sind nicht bei jedem Menschen gleich aufgebaut. Dies betrifft insbesondere die Verteilung der Muskelfasern. Diese lassen sich aufgrund ihrer strukturellen und funktionellen Eigenschaften in Typen einteilen:

- *schnell kontrahierende* (fast twitch oder FT-) Fasern und
- *langsam kontrahierende* (slow twitch oder ST-) Fasern.

Bei den FT- Fasern können entsprechend ihrer überwiegenden Energiebereitstellungsprozesse wiederum

- vorwiegend *glykolytisch* arbeitende Fasern (FTG-Fasern) sowie
- vorwiegend *oxydativ* arbeitende Fasern (FTO- Fasern) unterschieden werden.

Die Besonderheiten dieser Fasertypen werden in der Tabelle 4.1-2 und in der Abbildung 4.1-7 dargestellt.

Tab. 4.1-2: Charakteristik der Muskelfasertypen

	FT-Fasern (Typ II)		ST-Fasern (Typ I)
Physiologische Merkmale	- hohe Spannungsentwicklung - hohe Kontraktionsgeschwindigkeit - geringe Ermüdungsresistenz - hohe Reizschwelle		- geringe Spannungsentwicklung - niedrige Kontraktionsgeschwindigkeit - hohe Ermüdungsresistenz - niedrige Reizschwelle
Stoffwechsel	**FTG-Fasern** - vorwiegend glykolytisch	**FTO-Fasern** - vorwiegend oxydativ	- vorwiegend oxydativ
Morphologische Merkmale	- großer Faserdurchmesser - schlechte Kapillarisierung - schlecht durchblutet (weiße Fasern)		- kleiner Faserdurchmesser - gute Kapillarisierung - gut durchblutet (rote Fasern) - mitochondrienreich

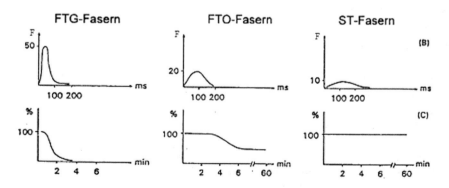

Abb. 4.1-7: Kraft-Zeit- und Ermüdungs-Zeit-Verläufe der Muskelfasertypen

Die Reizschwelle der Motoneuronen der langsam und schnell kontrahierenden Fasern ist unterschiedlich. Ausdruck dieser differenzierten *Rekrutierungsschwellen* ist die sogenannte „rampenförmige Rekrutierung" der verschiedenen Muskelfasertypen bei zunehmendem Krafteinsatz (Abb. 4.1-9).

Das Verhältnis der unterschiedlichen Fasern im Muskel zueinander bezeichnet man als **Muskelfaserspektrum**. Dieses ist in den verschiedenen Muskeln unterschiedlich. Die Verteilung ist größtenteils genetisch bedingt (vererbt) und nur in geringem Maße umwelt- und tätigkeitsgeprägt. Extreme Verteilungen bedingen eine Eignung, das Talent, für bestimmte Sportarten (Abb. 4.1-8).

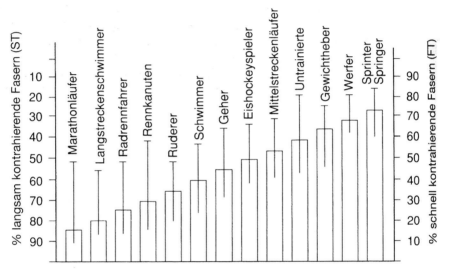

Abb. 4.1-8: Muskelfaserverteilung bei verschiedenen Sportarten. Große Bandbreite der Standardabweichungen (nach Badtke,1999)

Durch gezieltes Training ist in gewissem Umfang eine *Umwandlung* (Anpassung an die vorwiegende Arbeitsweise) der Fasertypen insbesondere innerhalb der FT-Fasern und von ST-Fasern in FTO-Fasern möglich.

Ein höherer Anteil an FT-Fasern verbessert die Trainierbarkeit der Kraft (besonders der Maximalkraft). Im Alternsgang werden zunehmend schnelle in langsam kontrahierende Fasern umgewandelt. Deshalb ist im höheren Alter leichter das Niveau der Ausdauerfähigkeit zu erhalten als das der Schnelligkeitsfähigkeit.

4.1.3.3 Intramuskuläre Koordination

Die **intramuskuläre** (intra <lat.> innen, innerhalb) Koordination reguliert das Zusammenspiel der Muskelfasern innerhalb *eines* Muskels. Dies erfolgt über die eng miteinander verbundenen Mechanismen der *Rekrutierung, Frequenzcodierung* *und Synchronisierung*, die in ihrer Einheit eine, bezogen auf die jeweiligen Anforderungen der zu realisierenden Bewegung, relativ genau dosierte Kraftäußerung ermöglichen.

Über die **Rekrutierung** und die **Frequenzcodierung** werden die Anzahl und die Arbeitsweise der an der Muskelkontraktion beteiligten motorischen Einheiten bzw. Muskelfasern (vgl. Kap. 4.2.2) reguliert.

Unter Einsatz des eigenen Willens ist der Mensch nicht in der Lage, bei einer Muskelkontraktion alle Muskelfasern einzubeziehen. Man spricht in diesem Zusammenhang vom sogenannten **Kraftdefizit**, welches die Differenz zwischen der theoretisch (unter Einbeziehung aller Muskelfasern) möglichen Kontraktionskraft des Muskels und der unter *willentlichen* Bedingungen erreichten Kraft widerspiegelt. Dieses Kraftdefizit ist als eine Art Notfallreserve (autonom geschützte Reserve) anzusehen und steht folglich nur in extremen und lebensbedrohlichen Situationen zur Verfügung. Bei Untrainierten beträgt die **Rekrutierungsrate**, also der prozentuale Anteil der an einer willkürlichen Muskelkontraktion beteiligten Muskelfasern etwa 60 %, das Kraftdefizit folglich ca. 40 %. Durch ein entsprechendes Training kann dieses Defizit in einigen Sportarten bis auf etwa 10 % verringert, d. h. rund 90 % aller Muskelfasern in die Muskelkontraktion einbezogen werden (Schnabel, Harre, Krug, 2008).

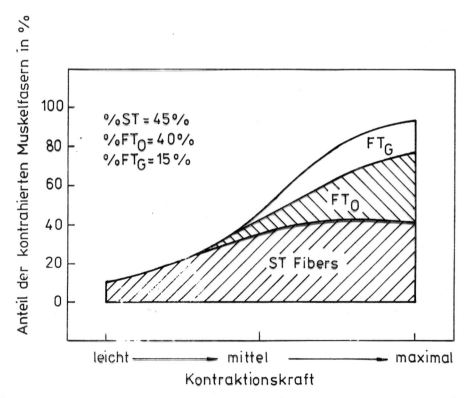

Abb. 4.1-9: „Rampenartige Rekrutierung" der Muskelfasern in Abhängigkeit vom Krafteinsatz (nach Costill, 1980)

Während einer Muskelkontraktion werden normalerweise zuerst die langsamen, ausdauernden Fasertypen (ST-Fasern) rekrutiert, deren Motoneuronen über eine relativ niedrige Rekrutierungsschwelle verfügen. Die für *Maximalkraft*- und *Schnellkraftleistungen* notwendige Kontraktion der kräftigeren und schnellkontrahierenden Fasern (FT-Fasern) erfolgt nur dann, wenn die entsprechenden Motoneuronen auch über Reize höher Intensität angesprochen werden. („rampenförmige Rekrutierung", Abb. 4.1-9)

Eine weitere Möglichkeit zur Kraftregulierung liegt in der Anzahl der Impulse, die pro Zeiteinheit vom Motoneuron an die zugehörigen Muskelfasern übermittelt wird (**Entladungsfrequenz**). Auf einen Einzelimpuls reagiert die Muskelfaser mit einer Einzelzuckung (Abb. 4.1-10). Eine Erhöhung der Entladungsfrequenz (Abb. 4.1-11) führt zu einer Steigerung der Kraftentwicklung, da die Muskelfaser noch nicht vollständig erschlafft ist, wenn der nächste Reiz übertragen wird. Bei einer Entladungsfrequenz von ca. 20 Reizen pro Sekunde kommt es zu einem unvollkommenen **Tetanus**. Bei ca. 50 Reizen pro Sekunde entsteht eine Dauerkontraktion (vollkommener, glatter Tetanus). Der vollkommene Tetanus ist die Hauptkontraktionsart der Skelettmuskulatur. Die Kraftentwicklung kann gegenüber einer Einzelzuckung das *Zehnfache* betragen.

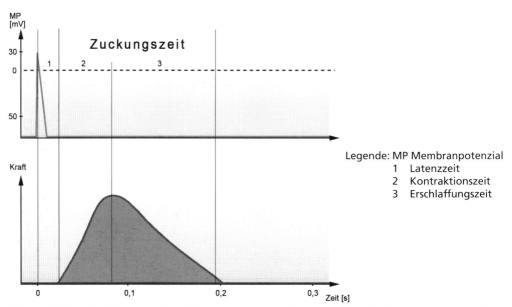

Abb. 4.1-10: Aufzeichnung einer Muskelzuckung nach einem Einzelreiz (mod. nach Deetjen, Speckmann, Hescheler, 2005)

Die Entladungsfrequenzen, die zum vollkommenen Tetanus führen, sind für die verschiedenen Muskelfasertypen unterschiedlich. Ebenso die Kraftentwicklung bei einer Einzelzuckung und beim unvollkommenen Tetanus sowie die Zeit, über die die Kraftentwicklung aufrechterhalten werden kann.

Die **Synchronisierung** gibt an, ob die rekrutierten motorischen Einheiten bzw. Muskelfasern alle möglichst gleichzeitig kontrahieren, wie das bei Maximalkraft- und Schnellkraftleistungen notwendig ist oder ob die für Ausdauer- und Kraftausdauerleistungen typische ökonomische alternierende Arbeitsweise zur Anwendung kommt.

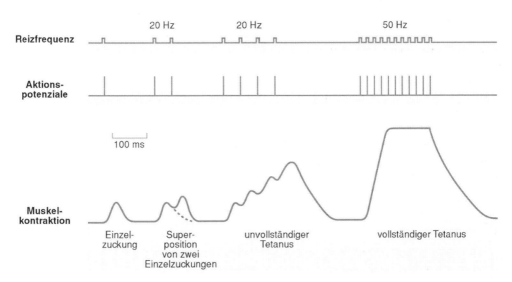

Abb. 4.1-11: Einzelzuckung und Tetanus bei einer einzelnen Skelettmuskelfaser (Deetjen et al., 2005)

Ebenso wie die Rekrutierung können auch Synchronisierung und Frequenzcodierung durch geeignete trainingsmethodische Maßnahmen verbessert werden. Da diese Verbesserung der intramuskulären Koordination im Rahmen des Maximalkraft- und Schnellkrafttrainings nicht mit einem Zuwachs an Muskelmasse und Körpergewicht verbunden ist, bewirken entsprechende Trainingsformen in starkem Maße auch eine Erhöhung der *relativen Kraft*. Der Zuwachs bezüglich der *absoluten Kraft* ist, im Gegensatz zum Hypertrophietraining, allerdings nur in relativ begrenztem Maße möglich (abgesehen von relativ schnellen Anfangserfolgen beim Einsatz neuartiger Übungen).

4.1.3.4 Intermuskuläre Koordination

Die **intermuskuläre** (inter <lat.> zwischen) Koordination reguliert das Zusammenspiel der *verschiedenen* am Zustandekommen einer Bewegung beteiligten Muskeln.

Betrachten wir dies am Beispiel der *Laufbewegung*. Eine entscheidende Bedeutung hat hier der Abdruck des Läufers vom Boden. An dieser Bewegung sind eine Vielzahl von Muskeln und Muskelgruppen beteiligt:

- Einerseits die in der sogenannten *Streckschlinge* (von der Rückenstreckmuskulatur, über den großen Gesäßmuskel, den vierköpfigen Schenkelstrecker bis hin zur Wadenmuskulatur) zusammenwirkenden Muskeln (Synergisten),
- andererseits aber auch die entgegenwirkenden Muskeln (Antagonisten) der *Bremsschlinge* (zu diesen Gegenspielern gehören insbesondere der gerade Bauchmuskel, die hintere Oberschenkelmuskulatur und die vordere Unterschenkelmuskulatur), die ebenfalls zusammen (synergistisch) arbeiten.

Diese Muskeln und Muskelgruppen kontrahieren nicht alle gleichzeitig, sondern in einem, ausgehend von der zu realisierenden Bewegung sowohl zeitlich als auch hinsichtlich der Kontraktionsstärke genau aufeinander abgestimmtem *Kontraktionsmuster*. Dieses Kontraktionsmuster kann über die elektrische Ableitung der Muskelaktivität (EMG – Elektromyographie) sichtbar gemacht werden (Abb. 4.1-12).

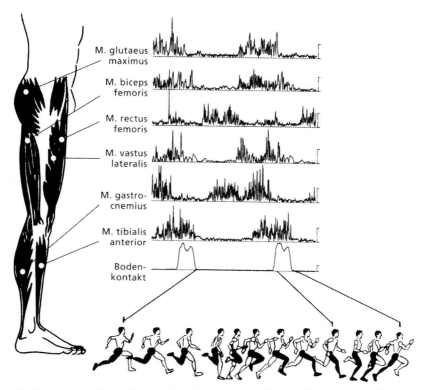

Abb. 4.1-12: Elektrische Muskelaktivität während eines Sprintschritts im Abschnitt der Maximalgeschwindigkeit (Schöllhorn, 1995)

Dabei sind verschiedene Aspekte zu berücksichtigen, so z. B. die Realisierung eines optimalen Kraftimpulses für den Abdruck, aber auch das richtige Verhältnis von Anspannung und Entspannung der beteiligten Muskulatur zur Vermeidung von Verletzungen.

Die optimale intermuskuläre Koordination muss für jede Bewegung erlernt werden und steht in enger Beziehung zum Beherrschungsgrad der *sporttechnischen Fertigkeit*. Die Verbesserung der intermuskulärer Koordination führt zu einer effektiveren Arbeitsweise der Muskulatur. Dies ermöglicht höhere Maximalkraft- und Schnellkraftleistungen bzw. auf Grund der besseren Energieausnutzung höhere Ausdauer- bzw. Kraftausdauerleistungen und eine schnellere Erholung.

Kurzfristige, schnelle Leistungssteigerungen der Kraftfähigkeiten bei Anfängern sind vorrangig auf die Optimierung der intra- und intermuskulären Koordination zurückzuführen. Dazu sind nur wenige Übungseinheiten notwendig. Morphologische Anpassungen im Sinne einer Muskelhypertrophie sind frühestens nach vier bis sechs Wochen Training zu erwarten.

4.1.3.5 Art der Energiebereitstellung

Die grundsätzlichen Zusammenhänge zwischen Dauer und Intensität sportlicher Tätigkeit sowie der Art der Energiebereitstellung (vgl. Kap. 4.3) treffen natürlich auch für die Erscheinungsformen der Kraft zu:

- Für *Maximalkraft- und Schnellkraftleistungen* wird der Energiebedarf vorwiegend über die **anaerobe-alaktazide** Energiebereitstellung und
- für *Kraftausdauerleistungen* vorwiegend über die **anaerob-laktazide** und **aerobe** Energiebereitstellung abgesichert.

Bei Kraftausdauerleistungen ist zu berücksichtigen, dass aufgrund der höheren Kraftanforderungen die *Belastungsdauer* den Bereich der Mittelzeitausdauer (2-10 min) kaum übersteigen kann.

4.1.4 Ausbildung der Kraftfähigkeiten

Ziele des Krafttrainings sind primär neuromuskuläre Anpassungsprozesse, d. h. es ist ausgerichtet auf zwei untrennbar miteinander verbundene Richtungen (Abb. 4.1-13):

1. auf **morphologisch-funktionelle Adaptationen** (Muskelfaserquerschnitt, Energiebereitstellung) und
2. auf **Verbesserungen der nervalen Ansteuerung** (inter- und intramuskuläre Koordination).

Im Krafttraining haben sich entsprechend dieser unterschiedlichen Zielstellungen verschiedenartige *Belastungsformen und Trainingsmethoden* als zweckmäßig erwiesen. Nach der *Hauptwirkungsrichtung* des Trainings unterscheidet man die Formen des

- *Maximalkrafttrainings*,
- *Kraftausdauertrainings* und
- *Schnellkrafttrainings*.

Diese Formen sind, wie aus der Abbildung 4.1-13 ersichtlich, schwerpunktmäßig auf diejenigen Leistungsvoraussetzungen ausgerichtet, von denen das Niveau der jeweiligen Kraftfähigkeit vorrangig bestimmt wird. Dabei ist zu berücksichtigen, dass die Abbildung nur modellhaft die wichtigsten angestrebten Anpassungsrichtungen darstellt. Je niedriger der Trainingszustand des Sportlers, desto breiter sind auch die Anpassungseffekte beim Krafttraining.

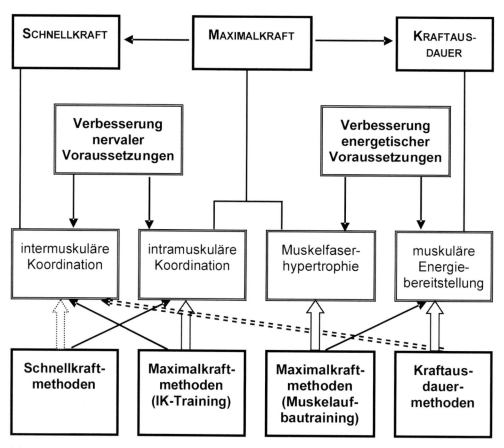

Abb. 4.1-13: Modellhafte Darstellung der Beziehungen zwischen den Kraftfähigkeiten, ihren biologischen Voraussetzungen und den Formen ihrer Ausbildung

Der Muskel passt sich im Krafttraining in erster Linie an das an, was im Training gefordert wird. Wie die Abb. 4.1-14 (linkes Bild) zeigt, verbessert beispielsweise ein Training mit *schweren Lasten* (90-100 % der Maximalkraft) vor allem die Fähigkeit, schwere Lasten bewältigen zu können, also die *Maximalkraftfähigkeit*. Das Niveau der *Schnelligkeitsfähigkeit* hingegen wird bei diesem Training kaum verändert, da die Bewegungsgeschwindigkeit, ausgehend von der *Hillschen Kurve* (vgl. Abb. 4.1-5), mit zunehmender Last immer geringer wird. Umgekehrt kann durch ein *schnelligkeitsorientiertes* Training *mit leichten Lasten* (Abb. 4.1-14, rechts) die *Schnelligkeitsfähigkeit* verbessert werden, die *Maximalkraftfähigkeit* kaum. Die *Schnellkraftfähigkeit* profitiert von beiden Trainingsformen etwas, optimal wäre ein Trainingsbereich im mittleren Lastbereich. Für das Krafttraining lassen sich dementsprechend, vor allem abgeleitet aus empirischen Erfahrungen, nachfolgende grobe **Trainingsbereiche** für die *Belastungsintensität* abgrenzen (Tab. 4.1-3). Die angegebenen Last- bzw. Widerstandsbereiche gelten vor allem für den Einsatz allgemeiner Trainingsübungen. Im *speziellen Schnellkraft- und Kraftausdauertraining* orientiert sich der Lastbereich vorrangig an den konkreten *wettkampfspezifischen Anforderungen* (vgl. Kap. 4.1.4.3).

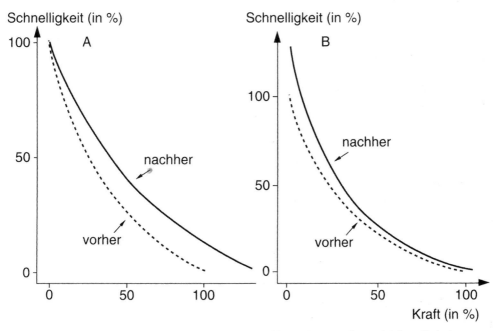

Abb. 4.1-14: Schematische Darstellung der Entwicklung von Kraft- und Schnelligkeitsvoraussetzungen nach einem Training mit schweren Lasten (linkes Bild) und leichten Lasten (30-40 % der Maximalkraft, rechtes Bild), die jeweils mit maximaler Geschwindigkeit bewegt werden (Weineck, 2007)

Tab. 4.1-3: Trainingsbereiche im Krafttraining

	Trainingsbereiche (Intensitätsbereiche) (in % ausgehend vom Maximalkraftniveau)
Maximalkrafttraining	ca. 70-100, exzentrisch auch über 100
Schnellkrafttraining	ca. 30-70
Kraftausdauertraining	ca. 30-60

4.1.4.1 Ausbildung der Maximalkraftfähigkeit

Bei der Ausbildung der Maximalkraftfähigkeit gibt es zwei methodische Vorgehensweisen (Abb. 4.1-13), deren Effekte und Anpassungsrichtungen sich grundlegend unterscheiden. Dies sind einerseits Methoden,

- deren Anwendung vorrangig die Maximalkraftentwicklung auf der Basis einer *muskulären Hypertrophie* anstreben und somit vordergründig auf morphologische Veränderungen ausgerichtet sind *(Hypertrophietraining* beziehungsweise *Methode der wiederholten submaximalen Krafteinsätze)* und andererseits solche,
- deren hauptsächlicher Effekt in einer Optimierung der *intramuskulären Koordination* (IK), also in einer Verbesserung der Innervationsfähigkeit der Muskulatur liegt *(IK-Training* bzw. *Methode der maximalen kurzzeitigen Krafteinsätze).*

Die Tabelle 4.1-4 enthält eine Übersicht der wichtigsten Belastungskenngrößen dieser Krafttrainingsmethoden. Daneben gibt es natürlich auch **kombinierte Methoden**, in denen beide Anpassungsrichtungen angezielt werden. Eine typische kombinierte Form ist die *Pyramidenmethode* (vgl. Kap. 4.1.4.5). Auf Grund der hohen Belastungsintensität basiert das Maximalkrafttraining auf der *Wiederholungsmethode* (vgl. Kap. 4.3.6.3). und als *Organisations- bzw. Betriebsform* für das Maximalkrafttraining kommt meist das *Stationstraining* (vgl. Kap. 4.1.4.5) zur Anwendung.

Tab. 4.1-4: Übersicht der wichtigsten trainingsmethodischen Kennziffern der Maximalkrafttrainingsmethoden

Methode ...	Wider-stand (% MVC[1])	Wiederho-lung/Serie	Serien-anzahl	Serien-pausen
der wiederholten submaximalen Krafteinsätze (Hypertrophietraining)	70 bis 85	8 bis 15	5 bis 10	1 bis 3 min
der maximalen kurzzeitigen Krafteinsätze (IK-Training)	90 bis 100	1 bis 5	6 bis 12	3 bis 5 min

1 MVC – Maximal Voluntary Contraction, engl. für maximale willkürliche Kontraktion, entspricht dem Maximalkraftniveau

Im Maximalkrafttraining kommen überwiegend **allgemeine Körperübungen** zum Einsatz. Dies liegt einerseits in der Basisfunktion der Maximalkraftfähigkeit für die wettkampfspezifischen Kraftvoraussetzungen und andererseits in der Vielzahl der zu kräftigenden Muskeln und Muskelgruppen begründet.

Die *Auswahl der Körperübungen* im Maximalkrafttraining richtet sich nach der konkret zu kräftigenden Muskulatur. Dabei kann schon durch eine geringfügige Modifikation der Übung ihre Wirkung verändert werden. Beispielsweise bewirkt eine engere Griffbreite bei der Übung „Bankdrücken" eine stärkere Inanspruchnahme und somit auch eine stärkere Kräftigung des dreiköpfigen Armstreckers, während bei einem breiteren Griff der große Brustmuskel stärker gekräftigt wird.

Hypertrophietraining (Methode der wiederholten submaximalen Krafteinsätze)

Die Ursachen der Zunahme der Muskeldicke (Muskelhypertrophie) beim Maximalkrafttraining sind wissenschaftlich bisher nicht endgültig geklärt. Man nimmt an, dass energetische Mangelzustände (ATP-Mangel-Theorie) oder Mikrotraumen (Mikrotraumen-Theorie) in der Muskelzelle den auslösenden Reiz darstellen.

In erster Linie hypertrophieren FT-Fasern, die schon bei Kraftanforderungen ab 25 % vom Maximalkraftniveau selektiv angesprochen werden können (Deetjen et al., 2005). Eine zunehmende muskuläre Ermüdung bewirkt die verstärkte Rekrutierung weiterer Muskelfasern. Um morphologische Veränderungen im Sinne einer myofibrillären Hypertrophie für möglichst alle Muskelfasern zu erreichen, wird deshalb

- eine Seriengröße von etwa **8 bis 15 Wiederholungen** unter der Bedingung empfohlen, dass
- die letzte Wiederholung der Serie gerade noch mit **maximaler Anstrengung** bewältigt werden kann und
- eine **ausreichende Anzahl an Serien** realisiert wird. Aus diesen Forderungen resultieren
- Intensitäts- bzw. **Widerstandsbereiche von 70 bis 85 %** ausgehend vom Maximalkraftniveau (MVC).

Ein derartiges Vorgehen bewirkt eine wesentlich stärkere energetische Auslastung der Muskelzellen als beispielsweise ein Training mit maximalen Lasten und zwangsweise auch geringeren Wiederholungszahlen.

Der Effekt der Muskelhypertrophie kann durch eine bewusst *langsame Arbeitsweise* der Muskulatur noch verstärkt werden. Dies wird im Training der Bodybuilder gezielt genutzt. In fast allen anderen Sportarten hingegen wird beim Einsatz dieser Methode im Krafttraining, entsprechend der überwiegend schnellkräftigen wettkampfspezifischen Anforderungen, auf möglichst **explosive Krafteinsätze** und **hohe Bewegungsgeschwindigkeiten** orientiert, um negative Auswirkungen des Trainings auf die intra- und insbesondere die intermuskuläre Koordination zu vermeiden.

Das beschriebene Hypertrophietraining ist typisch für den **Leistungssport** und sollte nur von fortgeschrittenen und erfahrenen Wettkampf- und Fitnesssportlern nach mehrjährigem systematischem Trainingsaufbau angewendet werden.

Im **Freizeitbereich** und vor allem bei **Anfängern** ist ein Krafttraining im Bereich

- ab etwa **30 %** der Maximalkraft (MVC) ausreichend, um die Maximalkraftfähigkeit zu verbessern und Effekte für den Muskelaufbau zu erzielen.
- Die Wiederholungen sind meist auf etwa **10-12 pro Serie** beschränkt.

Damit wird der noch relativ geringen Belastungsverträglichkeit und der meist noch unzureichenden sporttechnischen Vorbereitung in diesem Bereich entsprochen. Auch die Verletzungsgefahr ist aufgrund der niedrigeren Lasten nicht so groß. Der Forderung nach explosiven Krafteinsätzen und hohen Bewegungsgeschwindigkeiten sollte aber auch hier nachgekommen werden.

Obwohl in der sportwissenschaftlichen Literatur dem Maximalkrafttraining traditionell erst Trainingsformen mit Lasten ab etwa 70 % MVC zugeordnet werden, ist für Anfänger und im Freizeitbereich das Training mit niedrigeren Lasten ab ca. 30 % völlig ausreichend, um die Maximalkraftvoraussetzungen zu verbessern. Erst wenn die niedrigeren Intensitätsbereiche ausgereizt sind, d. h. kein weiterer Leistungsfortschritt zu erzielen ist, sollte systematisch der Intensitätsbereich im Krafttraining erhöht werden.

Dieses **Muskelaufbautraining** zählt neben dem allgemeinen Kraftausdauertraining in Form des *Kreistrainings* (vgl. Kap. 4.1.4.5) zu den Hauptformen des *allgemeinen Krafttrainings*.

IK-Training (Methode der maximalen kurzzeitigen Krafteinsätze)

Das IK-Training ist eine Form des Maximalkrafttrainings, die ausschließlich im **Leistungssport** zur Anwendung kommen sollte. Sie verlangt den Einsatz *maximaler oder zumindest fast maximaler Lasten* (Tab. 4.1-4). Dies kann nur von Sportlern realisiert werden, die über entsprechende sporttechnische und muskuläre Voraussetzungen verfügen.

Mit dem IK-Training ist es im Gegensatz zum Muskelaufbautraining möglich, die Maximalkraftfähigkeit ohne größere Zunahme an Muskelmasse weiter zu verbessern. Dies ist vor allem in denjenigen Sportarten bedeutsam, in denen eine hohe *relative Kraft* (vgl. Kap. 4.1.1.1) leistungsbestimmend ist.

Der im IK-Training angestrebte Anpassungseffekt liegt vor allem in der Verbesserung der Prozesse der *intramuskulären* Koordination (vgl. Kap. 4.1.3.3). Ausgehend von der Zielstellung des Maximalkrafttrainings bezieht sich dies vor allem auf

- die Erhöhung der Entladungsfrequenzen (*Frequenzcodierung*),
- die Maximierung der *Rekrutierungsrate* und
- die *synchrone* Arbeitsweise der Muskelfasern.

Die Verbesserung dieser Prozesse verlangt zwangsläufig

- **explosive** Krafteinsätze und
- die Nutzung **maximaler oder fast maximaler Lasten**. Bei exzentrischer Arbeitsweise (vgl. Kap. 4.1.2.2) sind auch höhere Lasten (supramaximale Intensität) möglich.
- Die Wiederholungsanzahl pro Serie ist relativ gering, in Abhängigkeit von der Last etwa **1 bis 5 Wiederholungen** und
- die Pausen zwischen den Serien länger (Tab. 4.1-4), da diese hohen Lasten nur relativ **gut erholt** in mehreren Serien wiederholbar sind.

Der Effekt des IK-Trainings, Maximierung der Prozesse der intramuskulären Koordination, ist bezogen auf den Kraftzuwachs relativ *begrenzt* und bildet sich im Gegensatz zu den morphologischen Veränderungen beim Muskelaufbautraining auch relativ schnell wieder *zurück*. Maximierungsprozesse sind immer nur *kurzfristig* durch trainingsmethodische Maßnahmen ausbildbar, da sie *nicht* der prinzipiell *ökonomischen* Arbeitsweise biologischer Systeme entsprechen. Dies ist neben der hohen Verletzungsgefahr der Hauptgrund, weshalb dieses IK-Training *ausschließ-*

lich im **Leistungssport**, insbesondere in der gezielten Vorbereitung auf Wettkämpfe, eingesetzt wird und in den anderen Bereichen *nicht* erforderlich ist.

4.1.4.2 Ausbildung der allgemeinen Kraftausdauerfähigkeit

Die allgemeine Kraftausdauerfähigkeit bestimmt neben der Grundlagenausdauerfähigkeit wesentlich die *Belastungsverträglichkeit* eines Sportlers. Ihre Verbesserung gehört deshalb zu den Hauptaufgaben in allen sportlichen Tätigkeitsbereichen.

Besonderes Augenmerk ist auf die Auswahl der **Körperübungen** zu legen. Entsprechend der Zielstellung ist auf Vielseitigkeit zu achten, dies betrifft insbesondere die angesprochenen Muskelgruppen. Das allgemeine Kraftausdauertraining ist dabei sowohl auf sportartspezifisch bedingte Hauptmuskelgruppen als auch auf die im Training häufig vernachlässigten und somit zur Abschwächung neigenden Muskeln auszurichten. Typische Beispiele hierfür sind der große Gesäßmuskel und die Bauchmuskulatur. Ihre Abschwächung kann zu einer Störung des muskulären Gleichgewichts führen (vgl. Kap. 4.5.4), Verletzungen und Haltungsschwächen wären vorprogrammiert.

Die Belastungsintensität bewegt sich in einem Bereich von **30 bis 70 % MVC**. Dieser große Bereich kennzeichnet einerseits die Spannbreite des Kraftausdauertrainings, andererseits die Möglichkeiten der Steigerung der Belastungsintensität vom Anfänger bis zum Spitzensportler.

In den *Kraftausdauersportarten* (z. B. Kanurennsport, Rudern) wird auch im allgemeinen Kraftausdauertraining versucht, Widerstandsbereiche zu realisieren, die den Wettkampfanforderungen nahe kommen.

Da höhere Kraftanforderungen nur begrenzte Zeit realisierbar sind, ist der

- **Einzelbelastungsumfang** pro Serie auf ca. **20-90 s** begrenzt. Die Ausdauerkomponente wird dadurch erreicht, dass
- verschiedene Körperübungen im **Wechsel** und
- **ohne vollständige Wiederherstellung** in den Pausen trainiert werden.

Hierfür eignet sich am besten die *Intervallmethode* (vgl. Kap. 4.3.6.2).

Bezüglich der *Bewegungsgeschwindigkeit* ist zu beachten, dass sehr hohe Bewegungsfrequenzen (wie sie beispielsweise bei Seilsprüngen möglich wären) aufgrund der schnellen Ermüdung vermieden werden sollten.

Der größere Effekt bei der Kräftigung von abgeschwächten Muskeln, insbesondere der Haltemuskulatur, ist mit einer bewusst langsamen oder sogar statischen Arbeitsweise zu erreichen. Bei der Wahl der Bewegungsgeschwindigkeit sollte deshalb von der Zielrichtung des Trainings, stärkere Orientierung auf die Kraft- oder die Ausdauerkomponente, ausgegangen werden.

Die Hauptorganisations- bzw. Betriebsform des allgemeinen Kraftausdauertrainings ist das **Kreistraining** (vgl. Kap. 4.1.4.5).

4.1.4.3 Ausbildung wettkampfspezifischer Kraftfähigkeiten

Das wettkampfspezifische Krafttraining kennzeichnet Trainingsformen, deren Belastungs- und Bewegungsstruktur der wettkampfspezifischen Struktur weitestgehend angenähert sind (insbesondere Kraft-Zeit-Verlauf und Muskelinnervationsverhalten) und die der Ausbildung wettkampfspezifischer Kraftfähigkeiten dienen.

Es besitzt folglich nur im *Wettkampfsport* Bedeutung und kann nur mit *Spezialübungen* oder mit der *Wettkampfübung* selbst durchgeführt werden. Deshalb findet man hierfür auch häufig die Bezeichnung **spezielles Krafttraining**.

Das wettkampfspezifische Krafttraining dient vorrangig der Ausbildung tätigkeitsspezifischer Anpassungen in den Schnellkraft- und Kraftausdauersportarten. Das Niveau der wettkampfspezifischen Kraftfähigkeiten ist abhängig vom jeweiligen Maximalkraftniveau und ihre Ausbildung setzt eine entsprechende Belastungsverträglichkeit voraus. Wettkampfspezifisches Krafttraining sollte deshalb erst ab Ende des Aufbautrainings durchgeführt werden. Diese Forderung ist auch aus der Sicht der systematischen Steigerung der Belastungsanforderungen im langfristigen Leistungsaufbau zu sehen, denn das wettkampfspezifische Krafttraining beinhaltet den Einsatz spezieller, hocheffektiver Trainingsmittel.

Die hohen Belastungsanforderungen im wettkampfspezifischen Krafttraining lassen sich nur realisieren, wenn sich die Sportler zwischen den Teilbelastungen möglichst vollständig erholen können. Deshalb kommt fast ausschließlich die **Wiederholungsmethode** zur Anwendung.

Wettkampfspezifisches Schnellkrafttraining
Ausgehend von der Definition des wettkampfspezifischen Krafttrainings kommen zwei verschiedene Varianten von Spezialübungen zum Einsatz:

- Spezialübungen mit leicht **verringerten** äußeren Widerständen und
- Spezialübungen mit leicht **erhöhten** äußeren Widerständen.

Beispiele lassen sich aus der Tabelle 4.1-5 ableiten.

Beim Einsatz *verringerter äußerer Widerstände* (z. B. leichterer Geräte) geht man davon aus, dass die mögliche höhere Endgeschwindigkeit bei der Bewegungsausführung (Abb. 4.1-5) und die ihr zugrunde liegenden veränderten informationellen Prozesse durch Lerneffekte (nach einiger Zeit) auf die Wettkampfbewegung übertragbar sind und zu einer Leistungssteigerung führen.

Zielstellung dieses Trainings ist vor allem die Verbesserung des *Schnelligkeitsanteils* an den Schnellkraftvoraussetzungen. Andererseits wird auch die *Differenzierungsfähigkeit* des Sportlers trainiert und damit seine Fähigkeit verbessert, bei hohen Bewegungsgeschwindigkeiten seine Kraft noch optimal einsetzen zu können.

Beim Einsatz **erhöhter äußerer Widerstände** (z. B. schwererer Geräte) müssen mehr Muskelfasern als bei der normalen Wettkampfbewegung innerviert werden (Abb. 4.1-9), um dem Gerät eine maximale Endgeschwindigkeit zu verleihen.

Tab. 4.1-5: Beispiele für Spezialübungen mit verringerten oder erhöhten äußeren Widerständen im wettkampfspezifischen Schnellkrafttraining ausgewählter Sportarten

Sportart	Verringerung oder Vergrößerung von
Sprung (Leichtathletik)	- Körpermasse (Gewichtsentlastung, Gewichtsmanschetten)
Wurf/Stoß (Leichtathletik)	- Masse des Sportgeräts (Kugel, Speer)
Lauf (Leichtathletik)	- Anstiegswinkel (Laufband, Bergab- bzw. Berganläufe), - Bewegungswiderstand (Zugunterstützungs- bzw. Zugwiderstandsläufe)
Sportspiele	- Masse des Sportgeräts (Ball, Schläger)
Kampfsportarten	- Masse des Trainingsgegners (niedrigere oder höhere Gewichtsklasse)
Radsport	- Übersetzung
Rudern	- Antriebsfläche (Ruderblatt)

Auch dieser Effekt kann nach einiger Zeit auf die demgegenüber „leichtere" Wettkampfbewegung übertragen werden. Dies führt wiederum zu höheren Endgeschwindigkeiten bei der Bewegungsausführung der, jetzt auch subjektiv als leichter empfundenen, Wettkampfbewegung. Hiermit gelingt es, vor allem über die Verbesserung des *Kraftanteils* die Schnellkraftleistungen zu steigern.

Ein Hauptproblem beim wettkampfspezifischen Schnellkrafttraining ist das richtige Maß der *Widerstandsveränderung*. Diesbezüglich liegen kaum gesicherte Erkenntnisse vor. Erfahrungswerte besagen beispielsweise, dass im Kugelstoßen die Masse des Sportgeräts folgende Abweichungen vom Wettkampfgerät nicht überschreiten sollte:

- Frauen: 1,0 kg
- Männer: 2,5 kg.

Ausschlaggebend hierfür ist, dass trotz Veränderungen in der Belastungsstruktur bei diesen Spezialübungen die **Bewegungsstruktur** (der Wettkampfübung) weitestgehend erhalten bleiben sollte. Ansonsten kommt es schnell zu negativen Auswirkungen auf die Qualität der Bewegungsausführung und somit zu Leistungseinbußen.

Wettkampfspezifisches Kraftausdauertraining

Bei dieser Trainingsform steht die Verbesserung der *Kraftkomponente* der wettkampfspezifischen Kraftausdauervoraussetzungen im Mittelpunkt. Es kommt deshalb vor allem in den Kraftausdauersportarten und Kampfsportarten zur Anwendung, aber auch in anderen Sportarten mit Anforderungen an die Kraftausdauer. Ausgehend von seiner Zielstellung werden im wettkampfspezifischen Kraftausdauertraining Spezialübungen

- mit leicht **erhöhten** äußeren Widerständen
- bei Einzelbelastungsumfängen, die **geringer** sind als im Wettkampf,

eingesetzt. Letzteres erklärt sich aus der Tatsache, dass man nicht gleichzeitig sowohl die Kraftanforderungen als auch den Belastungsumfang (bezogen auf die Wettkampfübung) erhöhen kann.

Typische Beispiele für Spezialübungen im wettkampfspezifischen Kraftausdauertraining sind:

- Vergrößerung der Antriebsfläche (Paddel- oder Ruderblatt im Kanurennsport bzw. Rudern),
- Erhöhung des Bewegungswiderstands (Bootsbremse im Kanurennsport und Rudern, Zugwiderstandsläufe, Gewichtsmanschetten, schwerere Gegner in den Kampfsportarten),
- Veränderung der Übersetzung im Radsport oder
- Nutzung des Geländeprofils (Anstiege).

Obwohl teilweise dieselben Spezialübungen wie im wettkampfspezifischen Schnellkrafttraining (allerdings ausschließlich mit erhöhten äußeren Widerständen) zum Einsatz kommen, handelt es sich hier aber vom Belastungsumfang her grundsätzlich um Ausdaueranforderungen.

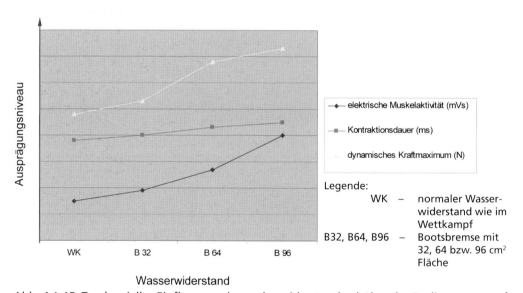

Abb. 4.1-15: Tendenzieller Einfluss zunehmender widerstandserhöhender Bedingungen auf den Ausprägungsgrad ausgewählte Kraftparameter am Beispiel der Bootsbremse im Kanurennsport (nach Harre, Leopold, Rühl, unveröffentlicht)

Die Abbildung 4.1-15 belegt am Beispiel der **Bootsbremse** im Kanurennsport den Effekt des wettkampfspezifischen Kraftausdauertrainings. Bei der Bootsbremse werden unterhalb der Wasserlinie Widerstandskörper am Boot installiert, die in Abhängigkeit von ihrer Fläche den Bootswiderstand vergrößern. Um diesen erhöhten Widerstand zu überwinden, muss der Sportler größere Kräfte aufbringen. Je höher der zusätzliche Widerstand der Bootsbremse, die Bezeichnungen kennzeichnen die Widerstandsfläche in cm², desto höher sind auch die notwendige *Rekrutierungsrate* (elektrische Muskelaktivität) und das erreichte *dynamische Kraftmaximum*. Die Verlängerung der *Kontraktionsdauer* weist auf ein Problem hin, welches schon im Zusammenhang mit dem wettkampfspezifischen Schnellkrafttraining angesprochen wurde. Die *Widerstandserhöhung* bei den eingesetzten Spezialübungen darf nur in einem solchen Maße erfolgen, dass keine negativen Auswirkungen auf die *Bewegungskoordination* der Wettkampfübung auftreten.

4.1.4.4 Inhaltlich zeitliche Aufeinanderfolge des Krafttrainings

Betrachtet man die Hauptanpassungsrichtungen des Krafttrainings (Abb. 4.1.13),

- morphologisch-funktionelle Adaptationen (insbesondere Muskelfaserhypertrophie) und
- Verbesserungen der nervalen Ansteuerung (inter- und intramuskuläre Koordination),

dann kommt diesen beiden Faktoren im zeitlichen Verlauf des Trainingsprozesses eine unterschiedliche Bedeutung zu. In den *ersten Trainingswochen* besitzt die *Verbesserung der nervalen Ansteuerung* beim Anfänger oder beim Einsatz neuartiger Trainingsübungen bzw. -geräte den dominanten Anteil an der Leistungsverbesserung. Dies ist sowohl auf Lerneffekte bezüglich der intermuskulären Koordination als auch auf Adaptationsvorgänge hinsichtlich der nervalen Steuerung innerhalb des Muskels zurückzuführen. Entsprechende Effekte lassen sich schon nach ein bis zwei Wochen nachweisen.

Die *morphologisch-funktionellen Adaptationen* benötigen längere Zeiträume; bis zu ihrer möglichen maximalen Ausprägung *mehrere Jahre*. Sie stellen die größeren Entwicklungspotenzen im langfristigen, leistungsorientierten Training dar.

Aber auch auf einem hohen Ausbildungsstand kann eine zusätzliche Leistungssteigerung noch über eine Verbesserung der nervalen Ansteuerung erreicht werden. Dies wird im Leistungssport durch den Einsatz des IK-Trainings erreicht.

Im **Wettkampfsport** werden die Kraftvoraussetzungen im *Jahresverlauf* in einer trainingsmethodischen Prinzipien folgenden Reihenfolge ausgebildet (Abb. 4.1-16). Dementsprechend ändert sich auch der Einsatz der Formen und Methoden des Krafttrainings:

1. allgemeines Kraftausdauertraining (Verbesserung allgemeiner Kraftvoraussetzungen und der Belastbarkeit),
2. Maximalkrafttraining (Verbesserung der Maximalkraftfähigkeit als Basis hoher wettkampfspezifischer Kraftvoraussetzungen),
3. wettkampfspezifisches Krafttraining mit Spezialübungen (Verbesserung wettkampfspezifischer Kraftvoraussetzungen),
4. wettkampfspezifisches Krafttraining mit der Wettkampfübung (Verbesserung wettkampfspezifischer Kraftvoraussetzungen und Realisierung hoher Wettkampfleistungen).

Trainingsabschnitte				
I	II	III	IV	V
allgemeines Training/ Kraftausdauer- training	Maximalkraft- training	Schnell- krafttraining	spezielles Wurfkraft- training	Realisierung der Leistung in Wettkämpfen

Abb. 4.1-16: Beispielschema zur Kennzeichnung des Akzentwechsels in aufeinander folgen-den Trainingsabschnitten in den leichtathletischen Disziplinen Wurf/Stoß (nach Berger, Minow, 2008)

4.1.4.5 Organisationsformen des Krafttrainings

Die im Krafttraining überwiegend zum Einsatz kommenden Organisations- bzw. Betriebsformen sind das

- Stationstraining und
- Kreistraining.

Stationstraining

Das Stationstraining ist die typische Organisationsform im Maximalkraft- und Schnellkrafttraining. Im *Maximalkrafttraining* werden beim Stationstraining etwa **2 bis 4** verschiedene Übungen bzw. **Stationen** ausgewählt. An jeder Station wird mit **einer** Körperübung ein komplettes Trainingsprogramm durchgeführt, ausge-richtet auf die Verbesserung der Maximalkraftvoraussetzungen der beteiligten Muskulatur.

Zwischen den Stationen wird eine ausreichend **lange** Pause (mindestens 3-5 min) eingeplant, die eine möglichst vollständige Erholung sichert.

An den einzelnen Stationen wird das Programm häufig in Form des **Pyramiden-trainings** (Abb. 4.1-17, A) realisiert. Diese Trainingsform basiert auf der Wiederho-lungsmethode (vgl. Kap. 4.3.6.3) und ist gekennzeichnet durch

- zunehmende Belastungsintensitäten bei sinkenden Wiederholungszahlen
- möglichst vollständiger Wiederherstellung zwischen den Serien.

Dieses Pyramidentraining (Pyramidenmethode) enthält in seiner „klassischen" Form sowohl Belastungsbereiche für die Verbesserung der Muskelhypertrophie als auch der intramuskulären Koordination. Es existieren daneben verschiedene Vari-anten. Je nach Zielstellung des Maximalkrafttrainings kann auch stärker im subma-ximalen (Muskelaufbautraining) oder im maximalen Lastbereich (IK-Training) gear-beitet werden. Die mittlere Variante (Abb. 4.1.17, B) ist im eigentlichen Sinne keine Pyramidenmethode, da hier nicht *kombiniert* trainiert wird, sondern ausschließlich im Hypertrophiebereich.

Für das Stationstraining im Maximalkrafttraining gibt es neben dem Pyramiden-training viele weitere Varianten der Belastungsgestaltung an den einzelnen Stationen, z. B. mit gleichbleibender Belastungsintensität (Last) oder mit gleichbleibendem Belastungsumfang (Wiederholungsanzahl) je Serie. Entscheidend ist immer die Zielstellung des jeweiligen Krafttrainings.

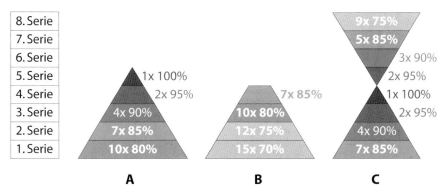

Abb. 4.1-17: Beispiele für das Maximalkrafttraining in Form des Pyramidentrainings. Die Pause zwischen den Serien sollte eine annähernd vollständige Wiederherstellung ermöglichen. Angegeben sind für jede Serie die Wiederholungsanzahl und die Last (% MVC, fett Hypertrophiebereich).
A) „klassische" Pyramide, B) „stumpfe" Pyramide, C) „doppelte" Pyramide

Kreistraining

Das Kreistraining (**Circuit**-Training) kommt im *allgemeinen Kraftausdauertraining* zur Anwendung. Es basiert auf der *Intervallmethode* (vgl. Kap. 4.3.6.2).

Beim Kreistraining werden etwa **8 bis 12 verschiedene Übungen** nacheinander an entsprechenden Stationen ausgeführt. Diese Stationen bilden in ihrer Gesamtheit, abgeleitet aus der zweckmäßigen Anordnung, den „Kreis". An jeder Station wird etwa **20 bis 90 Sekunden** geübt. Die Pausen zwischen den einzelnen Stationen sollen einerseits, ausgehend vom Ausdauercharakter dieser Trainingsform, **keine vollständige Erholung** zulassen, andererseits aber gewährleisten, dass auch die nachfolgenden Stationen noch in guter Qualität ausgeführt werden. Sie variieren deshalb meist zwischen etwa **15 bis 40 Sekunden**. Die konkrete Belastungsdosierung ist vor allem vom Ausbildungsstand der Sportler abhängig. Im **Schulsport** beispielsweise wird darauf orientiert, dass die Pause mindestens so lang ist, wie die jeweilige Übungszeit.

Die Übungen werden so ausgewählt, dass möglichst **vielseitige** muskuläre Anforderungen bestehen und die Wirkungsrichtung von Übung zu Übung wechselt. Dadurch sind größere Belastungsumfänge pro Kreis realisierbar.

Je nach Belastungsverträglichkeit der Sportler werden 2 bis 6 Kreise nacheinander ausgeführt. Dazwischen sollte eine Pause von 3 bis 5 min liegen.

In der Abbildung 4.1-18 ist ein typisches Beispiel für ein *gerätegestütztes* Kreistraining dargestellt. *Krafttrainingsgeräte* erlauben es, die Belastungsintensität über *Zusatzlasten* entsprechend der individuellen Voraussetzungen relativ genau zu dosieren. Der Einsatz von Zusatzlasten wird mit zunehmendem Leistungsniveau immer bedeutsamer. Außerdem können die „geführten" Bewegungen an den Trainingsgeräten die Verletzungsgefahr minimieren.

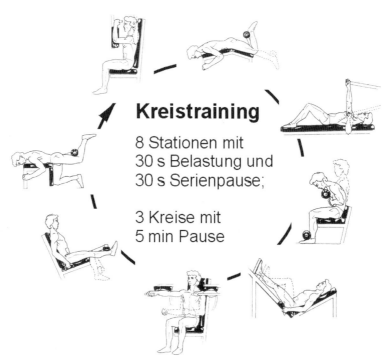

Abb. 4.1-18: Beispiel eines Kreistrainings zur Verbesserung der Kraftausdauerfähigkeit und der Belastungsverträglichkeit (Übungsauswahl)

Bei Anfängern wird man im Kreistraining erst einmal sehr einfache *allgemeine* Übungen ohne Zusatzlasten auswählen, die vom Sportler schon beherrscht werden und die vielseitige Kräftigung der Muskulatur unterstützen. Mit zunehmender Leistungsfähigkeit und Spezialisierung nimmt dann die Gerichtetheit bei der Auswahl der Trainingsübungen (*allgemein-sportartgerichtete Übungen*) zu. Eine globale Orientierung auf den Einsatz von Übungen mit dem *eigenen Körpergewicht*, wie häufig vor allem für das Anfängertraining aber auch den Schulsport gefordert wird, ist dabei nicht sinnvoll. Einerseits lässt sich das eigene Körpergewicht kaum variieren, andererseits gibt es eine Reihe von Übungen mit dem eigenen Körpergewicht, die für einen Trainingsanfänger meist eine zu hohe Anforderung darstellen, wie beispielsweise Klimmzüge oder Liegestütze. Natürlich kann man letztgenannte Übungen wieder variieren und dadurch die Anforderungen reduzieren, aber einen sachlichen Grund, ausschließlich mit dem eigenen Körpergewicht zu trainieren, gibt es nicht.

4.1.5 Erfolgskontrolle

Die eigentliche Kraftentwicklung im Muskel kann nicht unmittelbar gemessen werden. In der Trainingspraxis und sportwissenschaftlichen Forschung bedient man sich deshalb insbesondere

- elektromyographischer sowie
- dynamometrischer und kinematischer Untersuchungsverfahren und
- sportmotorischer Tests und Leistungskontrollen,

um Rückschlüsse über das Niveau der Kraftfähigkeiten eines Sportlers zu erhalten.

Im Folgenden werden zwei **sportmotorische Tests** vorgestellt, die eine Kontrolle des Niveaus der Maximalkraftfähigkeit (1. Beispiel) und der Kraftausdauerfähigkeit (2. Beispiel) der Armstreck- und Brustmuskulatur ermöglichen.

Beispiel 1:
Maximalkrafttest: Bankdrücken, liegend

Testaufgabe:	Ermitteln der maximalen Last beim Bankdrücken, liegend
Messwert:	Last (Gewicht)
Fähigkeit:	Maximalkraftfähigkeit
Aspekt:	Armstrecker, großer Brustmuskel
Sportart:	allgemein
Verwendung:	ab Aufbautraining, Fitnesssport

Testdurchführung: Erläuterung der Aufgabenstellung (Testübung ist dem Sportler aus dem Training bekannt).
Der Sportler absolviert mehrere Versuche mit kontinuierlich ansteigender Last. Die Steigerungsraten betragen 5, 2,5 oder 1,25 kg. Die Anfangslast liegt 1 oder 2 Laststufen unter seinem bisherigen Bestwert. Zwischen den Versuchen wird eine Pause von 3 bis 5 min eingehalten. Der Test wird beendet, wenn der Sportler die Laststufe nicht mehr bewältigen kann. Die Gesamtanzahl der Wiederholungen sollte 5 Versuche nicht überschreiten. Gewertet wird der letzte bewältigte Versuch. Der Sportler ist während der Versuchsausführung durch ein bis zwei Helfer zu sichern.

Testdauer:	ca. 20 Minuten pro Sportler

Testanweisung:
„Der Test überprüft eure Maximalkraftfähigkeit bei der Übung Bankdrücken. Ihr führt die Übung mit schulterbreitem Griff aus. Während des Versuches wird nicht nachgedrückt, Hüfte und Oberkörper bleiben auf der Bank. Die Hantel wird nach dem Absenken ca. 2 Sekunden direkt über dem Brustkorb fixiert, aber nicht abgelegt. Die Last wird um den festgelegten Betrag nach jedem erfolgreichen Versuch gesteigert. Ihr führt so viele Wiederholungen aus, bis ihr die Last nicht mehr bewältigen könnt. Gewertet wird der letzte gültige Versuch. Die Anfangslast sollte ein oder zwei Laststufen unter eurer bisherigen Bestleistung liegen. Macht zwischen den Versuchen eine Pause von 4 bis 5 Minuten, um euch für den nachfolgenden Versuch zu erholen."

Hinweise für Testleiter:
Vor dem Test ist eine gründliche allgemeine und spezielle Erwärmung durchzuführen. Die vorgegebene Bewegungsausführung ist exakt einzuhalten, insbesondere ein Nachdrücken aus der Hüfte zu unterbinden. Der Sportler ist durch Helfer zu sichern.

Testaufbau:

Testanforderungen:	1 Hantelstange
	div. Hantelscheiben
	2 Hantelstangenständer
	1 Drückerbank
	1 Testleiter
	1-2 Testhelfer

Testauswertung: Erfassen der maximalen bewältigten Last

Modifizierungsmöglichkeiten:
Die Griffbreite kann je nach vorrangig zu testender Muskelgruppe variiert werden (vgl. Kap. 4.1.4.1). Die Übung kann auch im Sitzen oder Schrägsitz ausgeführt werden. Die Ausführung im Hantelgleitgerüst ist bei „Anfängern" zu empfehlen. Dadurch kann der Test auch besser standardisiert werden.

Beispiel 2:
Kraftausdauertest: Bankdrücken, liegend (geführte Bewegung)

Testaufgabe:	Ermitteln der maximalen Wiederholungsanzahl beim Bankdrücken, liegend

Messwert:	Wiederholungen (Anzahl)
Fähigkeit:	Kraftausdauerfähigkeit
Aspekt:	Armstrecker, großer Brustmuskel
Sportart:	allgemein, Kraftausdauersportarten
Verwendung:	ab Aufbautraining, Fitnesssport

Testdurchführung: Erläuterung der Aufgabenstellung (Testübung ist dem Sportler aus dem Training bekannt).
Der Sportler absolviert so viele Versuche, bis er die Übung in ihrem Bewegungsausmaß (Amplitude) bzw. in ihrer zeitlichen Folge (Frequenz) nicht mehr realisieren kann (Abbruchtest). Amplitude (max. Beugung bis volle Streckung) und Frequenz (30 Wiederholungen pro Minute) sind festgelegt. Die Frequenz wird akustisch (Metronom) vorgegeben. Die konstante Last beträgt 50 % vom bisherigen Maximalkraft-Bestwert (MVC). Dabei wird in 2,5-kg-Laststufen aufgerundet.

Testdauer:	ca. 2 Minuten pro Sportler

Testanweisung:
„Der Abbruchtest überprüft eure Kraftausdauerfähigkeit bei der Übung Bankdrücken. Gewertet wird die maximale Wiederholungsanzahl gültiger Versuche bis zum Testabbruch. Ihr führt die Übung mit schulterbreitem Griff aus. Die Bewegungsfrequenz wird akustisch vorgegeben und ist unbedingt einzuhalten. Während der Versuche ist die volle Bewegungsamplitude zu realisieren. Der Test wird beendet, wenn ihr die vorgegebene Bewegungsfrequenz oder Bewegungsamplitude nicht mehr einhalten könnt bzw. unsauber arbeitet. Während der Versuche darf also nicht nachgedrückt werden, Hüfte und Oberkörper bleiben auf der Bank."
Hinweise für Testleiter:
Vor dem Test ist eine gründliche allgemeine und spezielle Erwärmung durchzuführen. Die vorgegebene Bewegungsausführung ist exakt einzuhalten, insbesondere ein Nachdrücken aus der Hüfte zu unterbinden.

Testaufbau:

Testanforderungen: Hantelschwinge
div. Hantelscheiben
1 Drückerbank
1 Metronom
1 Testleiter

Testauswertung: Erfassen der maximalen gültigen Anzahl an Wiederholungen

Kontrollfragen und Aufgaben

1. Worin bestehen die *Unterschiede* zwischen *absoluter* und *relativer* Kraft? In welchen Sportarten ist eine hohe Ausprägung der absoluten bzw. der relativen Kraft von Vorteil?

2. Charakterisieren Sie die unterschiedlichen *Muskelfasertypen*! Begründen Sie jeweils ihre Bedeutung für Schnellkraft- und Kraftausdauerleistungen!

3. Was versteht man unter *intra-* und *intermuskulärer Koordination*?

4. Kennzeichnen Sie die *Hauptwirkungsrichtungen* der unterschiedlichen Formen des *Krafttrainings*.

5. Stellen Sie die beiden *Methoden* des *Maximalkrafttrainings* gegenüber und begründen Sie das unterschiedliche methodische Vorgehen.

6. Begründen Sie, weshalb das „*IK-Training*" für Anfänger und wenig Trainierte nicht geeignet ist.

7. Erarbeiten Sie für sich ein *Kreistrainingsprogramm* zur Verbesserung der allgemeinen *Kraftausdauerfähigkeit* und der Belastungsverträglichkeit.

8. Wählen Sie eine *Schnellkraftsportart* aus und geben Sie geeignete Übungen für das *wettkampfspezifische Schnellkrafttraining* an.

9. Auf welche *biologischen Anpassungsprozesse* sind Verbesserungen der Kraftvoraussetzungen bei *Anfängern* in den ersten Trainingswochen vorrangig zurückzuführen?

4.2 Schnelligkeitsfähigkeiten

Schnelligkeitsfähigkeiten werden in der sportlichen Praxis in vielfältiger Form benötigt. Und zwar immer dann, wenn es darum geht, sportliche Handlungen in *kürzester Zeit* bzw. unter *hohem Zeitdruck* zu realisieren. Dies schließt zwei Aspekte ein:

- auf *Signale* so schnell wie möglich zu *reagieren* (Reaktionsschnelligkeit),
- die *Bewegung* schnellstmöglich *auszuführen* (Bewegungsschnelligkeit).

Dies ist nicht nur im leichtathletischen Sprint der Fall, sondern beispielsweise auch dann, wenn ein Sportler eine Finte ausführt, ein Torwart blitzschnell den Ball abwehrt oder ein Fechter einen Treffer erzielen will. Entsprechende Leistungen werden deshalb auch als Schnelligkeitsleistungen bezeichnet, die ihnen zugrunde-liegenden dominierenden Leistungsvoraussetzungen als Schnelligkeitsfähigkeiten.

> **Schnelligkeitsfähigkeiten sind Leistungsvoraussetzungen, um sportliche Handlungen bzw. Bewegungen unter den gegebenen Bedingungen in kürzester Zeit zu realisieren. Sie treten dann in Erscheinung, wenn keine ermüdungsbedingte Leistungsminderung auftritt.**

Auch in den Ausdauersportarten besteht die Zielstellung im Wettkampf meist darin, eine vorgegebene Distanz in kürzester Zeit zu überwinden. Bewegungen können aber nur dann maximal schnell ausgeführt werden, wenn auch ein Maximum an Energie zur Verfügung steht. Dies ist bekanntlich nur über wenige Sekunden (etwa 8 bis 12 s) möglich (vgl. Kap. 4.3.2.1). Der Nachsatz in der obigen Definition kennzeichnet folglich die Abgrenzung zwischen Schnelligkeit und Ausdauer. Nur solange Bewegungen mit *maximaler Intensität* ausgeführt werden können, spricht man von Schnelligkeitsleistungen. Tritt aufgrund der zeitlichen Dauer ein *ermüdungsbedingter Leistungsabfall* ein, handelt es sich um Ausdauerleistungen. Je länger hierbei die Belastungsdauer ist, desto geringer wird der Einfluss der Schnelligkeitsfähigkeiten auf die sportliche Leistung.

Betrachtet man die *Kontraktion eines einzelnen Muskels* (Abb. 4.2-1), dann wird deutlich, dass er seine maximale Verkürzungsgeschwindigkeit erst dann erreicht, wenn *keine* äußeren Lasten bzw. Widerstände zu überwinden sind. Diese *maximale Verkürzungsgeschwindigkeit* ist Ausdruck der Schnelligkeitsleistung, die dieser *einzelne* Muskel vollbringen kann. Schnelligkeitsleistungen treten dementsprechend bei Bewegungen mit möglichst *geringen äußeren Widerständen* bzw. bei der Überwindung *leichter Lasten* auf. In der sportlichen Praxis kommt der Idealzustand, wo sich **ein** Muskel maximal schnell verkürzen kann, aber nicht vor, da

- bei der sportlichen Bewegung durch die Muskelarbeit *immer* äußere Widerstände oder Lasten überwunden bzw. bewegt werden müssen, und sei es nur die Masse des Körpers oder einzelne seiner Teile, und
- keine sportlichen Bewegungen existieren, an denen nur *ein einzelner* Muskel beteiligt ist, sondern immer eine Vielzahl im Sinne einer *intermuskulären Koordination* zusammenwirkt (vgl. Kap. 4.1.3.4).

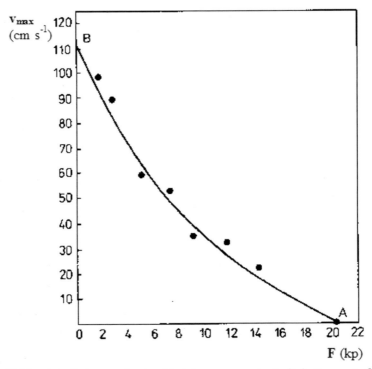

Abb. 4.2-1: Abhängigkeit der maximalen Verkürzungsgeschwindigkeit vom äußeren Widerstand (Last). Experimentalwerte des großen Brustmuskels (nach Ralston et al., 1949 in Zaciorskij, 1971)

Der erste Punkt weist auf die Schwierigkeiten einer *Abgrenzung* der Schnelligkeit zu den Kraftfähigkeiten und insbesondere zur Schnellkraftfähigkeit hin. Bei letzterer besteht die *Zielstellung* entsprechender sportlicher Bewegungen (z. B. Würfe, Stöße und Sprünge in der Leichtathletik) meist darin, dem Sportgerät oder dem eigenen Körper eine *maximale Endgeschwindigkeit* zu verleihen (vgl. Kap. 3.5.3 und 4.1.1.2). Dies setzt *nicht* zwangsläufig voraus, Bewegungen auch in kürzester Zeit zu realisieren, wie das bei Schnelligkeitsleistungen der Fall ist. Die Abgrenzung zwischen Schnelligkeits- und Schnellkraftleistungen ist folglich weniger vom zu überwindenden Widerstand, als vielmehr von der *Zielstellung* der Bewegung abhängig. Neben den Schnelligkeitsvoraussetzungen sind aber sowohl die Maximal- als auch die Schnellkraftfähigkeit wichtige Leistungsvoraussetzungen für das Zustandekommen von Schnelligkeitsleistungen.

Eine Spezifik von Schnelligkeitsleistungen besteht darin, dass meist auf ein *Signal* hin reagiert wird. Dies kann beispielsweise der Startschuss im Sprint, aber auch eine Spielsituation sein, auf die der Mitspieler oder auch der Gegenspieler reagiert. In Schnelligkeitsleistungen gehen folglich sowohl *Reaktions-* als auch *Bewegungsleistungen* ein. Da diese in den meisten Fällen nicht miteinander korrelieren, also relativ unabhängig voneinander sind, wird zwischen der **Reaktions-** und der **Bewegungsschnelligkeit** als entsprechende Leistungsvoraussetzungen differenziert.

Die *Grenze* zwischen der **Reaktions-** und der **Bewegungsphase** bei Schnelligkeitsleistungen ist der Zeitpunkt des *Beginns* der (sichtbaren) dynamischen Bewegung, ausgelöst durch die Verkürzung der für diese Bewegung zuständigen Muskulatur. Um die äußere Last beschleunigen zu können, muss zuvor aber unter isometrischen Bedingungen eine der äußeren Last entsprechende (innere) *Gegenkraft* aufgebaut werden; bei konzentrischen Bewegungen in vertikaler Richtung beispielsweise eine der Gewichtskraft entgegenwirkende gleichgroße Muskelkraft. Dementsprechend kann weiterhin zwischen einer *isometrischen und einer dynamischen Phase* unterschieden werden, die als **Kontraktionsphase** und **Bewegungsphase** bezeichnet werden. Für azyklische Schnelligkeitsleistungen lassen sich folglich drei zeitlich aufeinanderfolgende Phasen (Abb. 4.2-2) differenzieren:

1. *Reaktionsphase* (gekennzeichnet durch die Reaktionszeit),
2. (isometrische) *Kontraktionsphase* (gekennzeichnet durch die Kontraktionszeit) und
3. (dynamische) *Bewegungsphase* (gekennzeichnet durch die Bewegungszeit).

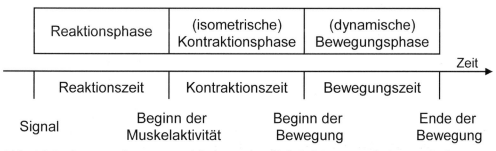

Abb. 4.2-2: Phasenstruktur von azyklischen Schnelligkeitsleistungen (Minow, 1995)

Schnelligkeitsleistungen, zumindest bezüglich des hier gewählten Beispiels einer *azyklischen* Bewegung, sind folglich Resultat der Aufeinanderfolge aller drei Phasen, mit der Zielstellung des *minimalen Zeitaufwands* für die Gesamthandlung.

Bisher ist es nur unzureichend gelungen, exakt diejenigen Funktionssysteme und Prozesse zu bestimmen, die letztendlich das Niveau der Schnelligkeitsfähigkeiten (insbesondere der Bewegungsschnelligkeit) determinieren und unabhängig von anderen Leistungsvoraussetzungen sind. Dies erschwert erheblich die Diagnostik von *Schnelligkeitsfähigkeiten*, die sich deshalb vorrangig auf das Bestimmen von *Schnelligkeitsleistungen* beschränkt.

4.2.1 Erscheinungsformen der Schnelligkeitsfähigkeiten

Aus den bisherigen Darstellungen wird deutlich, dass sich zwei grundlegende, unabhängig voneinander existierende Erscheinungsformen der Schnelligkeitsfähigkeiten (Abb. 4.2-3) unterscheiden lassen:

- **Reaktionsschnelligkeit** und
- **Bewegungsschnelligkeit**.

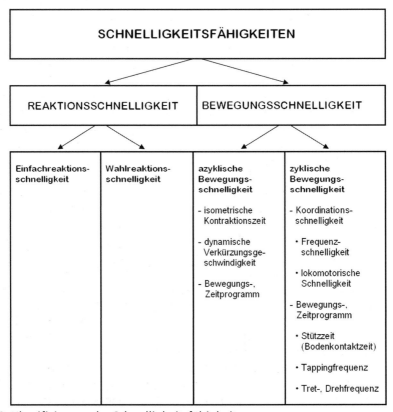

Abb. 4.2-3: Klassifizierung der Schnelligkeitsfähigkeiten

Die Reaktionsschnelligkeit wird in starkem Maße durch mentale (geistige) Prozesse, die Bewegungsschnelligkeit vor allem durch die Funktionsweise der Skelettmuskulatur bestimmt, weshalb auch von *geistiger* bzw. *motorischer* Schnelligkeit gesprochen wird.

Schnelligkeitsleistungen sind folglich sowohl vom Niveau der Reaktions- als auch der Bewegungsschnelligkeit abhängig.

4.2.1.1 Reaktionsschnelligkeit

Die Reaktionsschnelligkeit ist dafür verantwortlich, dass die *Reaktionsphase* einer Schnelligkeitsleistung zeitlich so kurz wie möglich ist (Abb. 4.2-2).

Entscheidend hierfür sind die *Art der Signale* bzw. Informationen und die mögliche *Anzahl von Antwortreaktionen* auf die Signale. Diesbezüglich werden unterschieden (Abb. 4.2-3):

- Einfachreaktionsschnelligkeit und
- Wahlreaktionsschnelligkeit.

Bei der **Einfachreaktionsschnelligkeit** muss der Übende auf ein festgelegtes Signal mit einer definierten Bewegung antworten, beispielsweise in allen Sportarten, bei denen ein akustisches oder optisches Startsignal erfolgt, wie im leichtathletischen Sprint oder Trapschießen.

Die Einfachreaktionsschnelligkeit lässt sich nur relativ begrenzt um etwa 10 - 20 % verbessern (Schnabel et al., 2008), insbesondere über das Training der *Antizipation* (vgl. Kap. 4.4.2). Bei Anfängern führt dies zuerst zu einer *Stabilisierung* der Reaktionsleistungen. Erfahrene Sportler können nach Zasiorskij (1971) ihre Reaktion weiterhin dadurch steigern, indem sie lernen, sich in Erwartung des Startsignals mehr auf die auszuführende *motorische Bewegung* zu *konzentrieren* als auf das Signal. Dies kann allerdings eine Erhöhung der Anzahl der Fehlstarts nach sich ziehen. Eine nerval bedingte Verbesserung der überwiegend anlagebedingten Reaktionsschnelligkeit gilt allgemein als umstritten.

Die **Wahlreaktionsschnelligkeit** ist dann gefordert, wenn auf *verschiedenartige Signale* (Informationen) bzw. Situationen hin, schnellstmöglich eine *zweckmäßige* und situationsgerechte motorische *Lösung* gefunden werden muss, wie dies beispielsweise in den Zweikampf- und Sportspielarten der Fall ist. Diese Art der Reaktionsschnelligkeit ist somit in starkem Maße abhängig vom Ausprägungsgrad der *Antizipationsfähigkeit* des Sportlers und dem ihm zur Verfügung stehenden Repertoire an motorischen *Antworthandlungen* (sportmotorischen Fertigkeiten) sowie deren Ausprägungsqualität. Dies setzt umfangreiche *Wettkampferfahrungen* und einen *langjährigen Trainingsprozess* voraus. Die Wahlreaktionsschnelligkeit lässt sich in weit besserem Maße trainieren als die Einfachreaktionsschnelligkeit. Nach Schnabel (2008) liegen die Verbesserungsraten bei ca. 30 %.

Bezüglich der Art der Signale bzw. Informationen ist weiterhin zu berücksichtigen, welche *Analysatoren* für ihre Verarbeitung herangezogen werden. Denn bei der Ausführung sportlicher Handlungen durch den Übenden kommen sowohl

- optische (beispielsweise Fechter, Fußballer, Trapschützen),
- akustische (beispielsweise Sprinter, Schwimmer),
- taktile und vestibuläre (beispielsweise Ringer, Judoka) als auch
- kinästhetische (alpine Skisportler und Snowboarder)

Signale bzw. Informationen vor, auf die die Sportler reagieren müssen.

4.2.1.2 Bewegungsschnelligkeit

Ausgehend von der Bewegungsstruktur lassen sich die

- azyklische Bewegungsschnelligkeit (z. B. beim Fechtstoß) und die
- zyklische Bewegungsschnelligkeit (beispielsweise im leichtathletischen Sprint)

unterscheiden (Abb. 4.2-3).

Bezüglich der **azyklischen Bewegungsschnelligkeit** ist es notwendig, die in Abb. 4.2-2 beschriebenen Kontraktions- und Bewegungsphase zu betrachten.

Die **Kontraktionszeit** der Muskulatur in der (isometrischen) Kontraktionsphase ist trainierbar, darauf weisen deutlich bessere Werte von Spitzensportlern gegenüber Untrainierten hin. Trainingsbedingt sind sie in der Lage, die Kraft zu *Beginn* der Muskelkontraktion deutlich schneller aufzubauen. Hierfür wird nach Verchosanskij (1971) der Begriff der *Startkraft* verwendet.

Die **Bewegungszeit** in der (dynamischen) Bewegungsphase ist wesentlich abhängig von der *Explosivkraft* (Verchosanskij, 1971), also der Fähigkeit, die für die Bewegung benötigte maximale Kraft so schnell wie möglich aufzubauen. Die Explosivkraft lässt sich sowohl durch ein Training der Schnelligkeitsvoraussetzungen als auch der Kraftvoraussetzungen, insbesondere der Maximalkraftfähigkeit, verbessern. Dies macht die Schwierigkeiten der Abgrenzung zwischen Schnelligkeits- und Kraftfähigkeiten erneut deutlich.

Aspekte der Bewegungsschnelligkeit zeigen sich auch in den sogenannten **Zeitprogrammen** (Voss, Witt, Werthner, 2007). Hierbei handelt es sich um automatisierte, zeitlich relativ kurze **Bewegungsprogramme**. Bei zeitlich sehr kurzen Bewegungen (< ca. 200 ms) ist der Mensch nicht mehr in der Lage, in ein einmal laufendes Bewegungsprogramm steuernd einzugreifen. Es handelt sich hierbei um sogenannte *„programmgesteuerte"* Bewegungen, im Gegensatz zu *„verlaufsgesteuerten"*, die auf Grund der zeitlichen Dauer (> 200 ms) eine *Korrektur* des Bewegungsprogramms während der Bewegungsausführung erlauben. Die Qualität der kurzen automatisierten Bewegungsprogramme ist Ausdruck guter Schnelligkeitsvoraussetzungen und widerspiegelt sich in erster Linie in der zeitlichen Dauer des Bewegungsprogramms, deshalb auch der Begriff Zeitprogramm. Die Zeitprogramme sind nicht kraftabhängig und auch unter Ausdaueranforderungen relativ stabil.

Beim Drop Jump (Nieder-Hoch-Sprung) beispielsweise liegt nach Voss et al. (2007) die zeitliche Grenze für ein **kurzes Zeitprogramm**, gemessen über die Bodenkontaktzeit (Stützzeit), bei unter 140 ms. Solche Angaben erlauben auch eine gute Diagnostik von Schnelligkeitsvoraussetzungen.

Die **zyklische Bewegungsschnelligkeit** (Abb. 4.2-3) ist für die optimale Koordination der einzelnen Bewegungszyklen verantwortlich, unter der Zielstellung einer zeitlichen Minimierung der gesamten zyklischen Bewegungsfolge. Insofern kann die zyklische Bewegungsschnelligkeit auch als **Koordinationsschnelligkeit** verstanden werden.

Typische Erscheinungsformen sind die

- *Frequenzschnelligkeit* als Voraussetzung für maximale Bewegungsfrequenzen bei zyklischen Bewegungen (z. B. im Radsport) und die
- *lokomotorische Schnelligkeit* als Voraussetzung für das Erreichen maximaler Bewegungsgeschwindigkeiten in zyklischen Bewegungen (beispielsweise im leichtathletischen Sprint).

Als von der Kraft relativ unabhängige Komponenten der Schnelligkeitsleistungen werden auch bei der zyklischen Bewegungsschnelligkeit **kurze automatisierte Bewegungsprogramme (Zeitprogramme)** angesehen, die sich beispielsweise in der *Tappingfrequenz* und in der *Stützzeit* (Bodenkontaktzeit) beim leichtathletischen Sprint oder in der maximalen *Tretfrequenz* am ungebremsten Ergometer (Radsport) widerspiegeln (Tab. 4.2-1).

Tab. 4.2-1: Ausgewählte sportartspezifische Frequenzanforderungen (Voss et al., 2007)

Sportart	Anforderung Wettkampfübung	Testübung	Testanforderung
Sprintlauf	5,5 Schritte pro s Stützzeit 70 ms	Tapping stehend	14-17 Hz Stützzeit 50-70 ms
Straßenradsport	100 U/min	Ergometer ungebremst	250-260 U/min
Radsprint	160 U/min	Ergometer ungebremst	275-285 U/min

4.2.2 Biologische Voraussetzungen der Schnelligkeitsfähigkeiten

Das Niveau der Schnelligkeitsfähigkeiten wird vor allem bestimmt durch:

- die *intramuskuläre Koordination* und
- die *intermuskuläre Koordination*,
- das *Muskelfaserspektrum*,
- das Niveau der *anaeroben alaktaziden Energiebereitstellung* sowie
- die *volitive* und *motivationale Steuerung*.

Allerdings geschieht das unter der Zielstellung, dass es die entsprechenden Leistungsvoraussetzungen in ihrem Zusammenwirken gewährleisten, die sportlichen Handlungen bzw. Bewegungen in kürzester Zeit zu realisieren.

Dem **Muskelfaserspektrum**, als in starkem Maße anlagebedingter Leistungs-voraussetzung, kommt gerade im Spitzensport eine selektive Bedeutung zu. Aufgrund seiner Spezifik sind diejenigen Sportler für Schnelligkeitsanforderungen besser geeignet, die über einen hohen Anteil an schnellkontrahierenden Fasern (vgl. Kap. 4.1.3.2) verfügen. Die Abb. 4.2-4 verdeutlicht dies am Zusammenhang zwischen der maximalen Laufgeschwindigkeit und dem Anteil an schnell kontrahierenden Fasern (FT-Fasern). Sprinter verfügen über einen FT-Faser-Anteil von bis zu 90 %. Bei Ausdauersportlern hingegen kann das Verhältnis umgekehrt sein, sie haben bis zu 90 % ST-Fasrn.

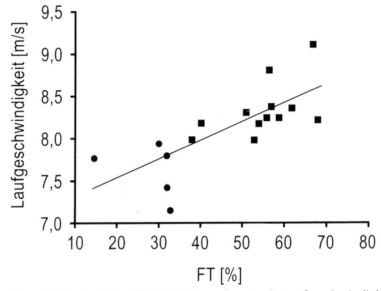

Abb. 4.2-4: Abhängigkeit der Schnelligkeitsleistung (maximale Laufgeschwindigkeit) von dem prozentualen Anteil an FT-Fasern (nach Inbar et al. in Weineck, 2007)

Das Schnelligkeitstraining ist vorrangig auf Anpassungsprozesse der FT-Fasern ausgerichtet. Eine trainingsindizierte Umwandlung von Fasern innerhalb der FT-Faser-Typen gilt als gesichert. Beim Krafttraining hypertrophieren ebenfalls vorrangig die FT-Fasern, was zu einer Vergrößerung des Anteils der FT-Fasern am Gesamtquerschnitt des Muskels führt. Dies ist eine der Ursachen für die hohe Abhängigkeit der Schnelligkeitsleistungen vom Ausprägungsgrad der Maximal- und Schnellkraftvoraussetzungen.

Bezüglich der Prozesse der **Energiebereitsstellung** ist aufgrund des notwendigerweise maximalen Energieumsatzes und der zwangsweise kurzen zeitlichen Dauer von Schnelligkeitsleistungen das Niveau der anaeroben alaktaziden Energiebereitstellung von entscheidender Bedeutung (vgl. Kap. 4.3.1.1).

Die geforderten Reaktionsleistungen und maximalen Bewegungsintensitäten stellen auch höchste Anforderungen an die **motivationalen und volitiven Steuerungsprozesse**.

Eine besondere Bedeutung für Schnelligkeitsleistungen kommt dem optimalen Zusammenspiel zwischen nervalem System und Skelettmuskelfaser zu, also der Arbeitsweise der motorischen Einheit.

Aufbau und Funktion der motorischen Einheit
Grundlage der Kontraktion einer Muskelfaser ist deren elektrische Reizung/Erregung. Die Arbeit der Skelettmuskelfasern wird durch die Erregungsübertragung von den motorischen Nervenfasern auf die Muskelfasern ausgelöst und gesteuert.

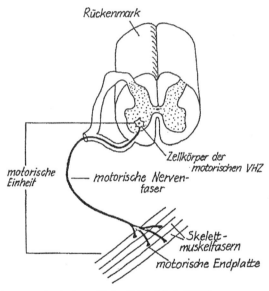

Abb. 4.2-5: Aufbau einer motorischen Einheit (Keidel, 1978)

Die Zellkörper der motorischen Nervenzellen, die *motorischen Vorderhornzellen* (VHZ), liegen im Rückenmark. Die weiterzuleitenden Informationen erhalten die Vorderhornzellen vom Gehirn bzw. bei einfachen Bewegungen (Reflexen) vom Rückenmark selbst. Vom Rückenmark aus ziehen die motorischen Nervenfasern (Neurite) zu den Skelettmuskelfasern. Die *Neurite* können bis zu einem Meter Länge erreichen. Am Skelettmuskel verzweigen sie sich, so dass jeder Neurit an einer bestimmten Anzahl von Muskelfasern ansetzt. Der Ansatzpunkt heißt *motorische Endplatte* (Synapse); hier erfolgt die Erregungsübertragung auf die Muskelfasern. Zu einer motorischen Einheit (Abb. 4.2-5) gehören jeweils

- eine motorische Vorderhornzelle mit ihrem Neurit und
- eine unterschiedlich große Zahl von ihr innervierter Skelettmuskelfasern.

Wird eine motorische Einheit aktiviert, kontrahieren *alle* zugehörigen Muskelfasern gleichzeitig und mit maximaler Kraft. Eine motorische Einheit innerviert dabei immer nur Muskelfasern ein und desselben Fasertyps.

Jeder Muskel verfügt über eine Vielzahl motorischer Einheiten (z. B. der Bizeps-muskel über ca. 700). Bei *kleinen* motorischen Einheiten werden von einer moto-rischen Vorderhornzelle weniger als 100 Skelettmuskelfasern innerviert. Derartige motorische Einheiten findet man in Muskeln, die für fein differenzierte Bewegun-gen verantwortlich sind. Beim Augenmuskel stehen nur 5-10 Muskelfasern mit ei-ner Nervenzelle in Verbindung, bei den Fingermuskeln ca. 20. Entsprechend groß muss die Zahl der motorischen Einheiten sein. Sehr viele Nervenzellen sind in die-sem Fall mit den Muskelfasern verknüpft.

Bei *großen* motorischen Einheiten, die für kräftige und schnelle Bewegungen Voraussetzung sind, werden dagegen bis zu 2000 Skelettmuskelfasern von einer Vorderhornzelle erregt. Da bei der Erregung alle Muskelfasern gleichzeitig kontra-hieren, ist die Möglichkeit zur Feindifferenzierung geringer. Diese Variante trifft vor allem auf die Rumpf- und Extremitätenmuskulatur zu.

Durch das nervale System wird sowohl *Stärke*, *Geschwindigkeit* als auch *Dauer der Kontraktion* eines Muskels reguliert. Dies erfolgt durch:

- die Aktivierung der für die jeweilige Bewegung notwendigen Anzahl motori-scher Einheiten und ihrer Muskelfasern (*Rekrutierungsrate*),
- die Frequenz, mit der die Muskelfasern angesteuert werden (*Frequenzcodie-rung*) und
- die gleichzeitige oder alternierende Ansteuerung der motorischen Einheiten (*Synchronisation*).

Dieses Zusammenspiel der motorischen Einheiten und Muskelfasern eines Muskels bezeichnet man als **intramuskuläre Koordination** (vgl. Kap. 4.1.3.3). Bei Schnelligkeitsanforderungen kommt es auf Grund des notwendigen maximal schnellen Kraftanstiegs (Explosivkraft) vor allem auf *sehr hohe Entladungsfrequen-zen* bei der synchronen Ansteuerung der Muskelzellen an. Dadurch kann die Kon-traktion schneller begonnen (Startkraft) und realisiert werden, allerdings wird dann nicht das mögliche Kraftmaximum erreicht. Trainingsmethodisch kann dies vor al-lem durch eine hohe *Konzentration* des Sportlers auf eine schnelle Bewegungsaus-führung unterstützt werden und sollte in der Formulierung der Bewegungsaufgabe durch den Trainer schon Berücksichtigung finden. Bezogen auf die „rampenartige Rekrutierung" kommt es zu einem immer stärkeren Zusammenschieben der zeitli-chen Aktivierung der verschiedenen Muskelzellen.

4.2.3 Schnelligkeitstraining

Schnelligkeitsleistungen sind neben den Schnelligkeitsfähigkeiten von einer Viel-zahl weiterer *Faktoren* abhängig. Dies betrifft insbesondere die *Kraftfähigkeiten*, *psychische Voraussetzungen* und die *Qualität der Bewegungsausführung* sport-technischer Fertigkeiten. Das Schnelligkeitstraining steht folglich mit den ande-ren Trainingsformen in sehr enger Beziehung und Abhängigkeit. Abgesehen vom Schnelligkeitstraining im leichtathletischen Sprint, dem so genannten „Sprinttrai-ning", ist es schwierig, verallgemeinerte und sportartübergreifende Aussagen zum Schnelligkeitstraining zu finden. Die Ursachen hierfür sind vielfältiger Art:

- unzureichende Klärung derjenigen Funktionssysteme, die das Niveau der Schnelligkeitsfähigkeiten wesentlich bestimmen,
- die damit in Zusammenhang stehende unzureichende Abgrenzung insbesondere zur Schnellkraftfähigkeit sowie
- der geringere gesundheitsfördernde Aspekt des Schnelligkeitstrainings.

Das Schnelligkeitstraining stellt aber ungeachtet dieser Tatsachen in allen Sportarten mit Schnelligkeitsanforderungen einen unverzichtbaren Bestandteil des Trainings dar.

4.2.3.1 Ausbildung der Reaktionsschnelligkeit

Da die eigentliche Reaktion immer Bestandteil einer *komplexen* sportlichen Handlung ist, ist in der Regel auch das Training der Reaktionsschnelligkeit mit einer breiten *koordinativen* Ausbildung gekoppelt. Neben dem eigentlichen „Reagieren" kommt meist auch eine große Palette koordinativ anspruchsvoller Teil- oder Ganzkörperbewegungen zum Einsatz.

Sowohl bei der Ausbildung der Reaktions- als auch der Bewegungsschnelligkeit wird fast ausschließlich die **Wiederholungsmethode** (vgl. Kap.4.3.6.3) eingesetzt. Sie gewährleistet eine weitestgehend vollständige Wiederherstellung zwischen den einzelnen Teilbelastungen. Im Schnelligkeitstraining ist dies auf Grund der sehr hohen zu realisierenden Belastungsintensitäten und der hohen Beanspruchung psychophysischer Regulationsprozesse erforderlich.

Vor allem in der Etappe des *Grundlagentrainings* (vgl. Kap. 3.10.2) geht es um eine allgemeine und vielseitige Verbesserung der Reaktionsschnelligkeit unter Einbeziehung **allgemeiner Körperübungen**. Dabei hat sich der Einsatz folgender Übungen bewährt:

- einfache Reaktionsübungen aus der Ruhe oder Bewegung auf akustische oder optische Signale,
- Reaktionsspiele (Fang-, Abschlagspiele) und Ballspiele,
- Staffelspiele,
- Starts aus unterschiedlichen Ausgangspositionen auf verschiedenartige Signale.

Die Übungen werden so ausgewählt, dass zunächst unter *bekannten* Bedingungen (z. B. bekannte Bewegungen, Startpositionen), später dann zunehmend unter *variablen* Bedingungen (z. B. Signal, Ausgangsposition, Krafteinsätze) trainiert wird.

Wenn es um die *maximale* Ausprägung der Reaktionsschnelligkeit im weiteren Verlauf des langfristigen Leistungsaufbaus in einer Sportart/Disziplin geht, dann ist es erforderlich, **wettkampfspezifische Formen** der Ausbildung der Reaktionsschnelligkeit einzusetzen.

Die bekannteste Form ist das Trainieren der **speziellen Einfachreaktionsschnelligkeit** für den **Start**. Im leichtathletischen Sprint beispielsweise werden etwa 10 Starts über 10 bis 30 m durchgeführt, mit einer vollständigen Wiederherstellung in den Pausen. Diese Standardreize führen nach anfänglich schnellen Trainingserfolgen allerdings bald zu einer Stagnation in der Leistungsentwicklung. Leistungsfördernd kann sich der Einsatz *schwächerer oder stärkerer Signale* (z. B. Veränderung der üblichen Lautstärke) auswirken, um die Konzentration des Sportlers zu steigern.

Weitere Möglichkeiten beschreibt Zaciorskij (1971). Für den Sprint empfiehlt er auf Grund der relativ schwierigen Startbewegung das Üben der eigentlichen motorischen Startbewegung zuerst *ohne*, später dann zunehmend *mit Startsignal*. Die sogenannte **„sensorische Methode"** wiederum basiert auf der Verbesserung der *zeitlichen Differenzierungsfähigkeit* für sehr kleine Zeitintervalle und der *Antizipationsfähigkeit*. Sie wird in drei Etappen durchgeführt:

1. Starts mit maximaler Intensität und Rückmeldung über die tatsächliche Reaktionszeit.
2. Selbsteinschätzung der Reaktionszeit und Vergleich mit der tatsächlichen Reaktionszeit.
3. (Geringfügige) Variation der Reaktionszeit durch den Sportler nach genauen Vorgaben.

Voraussetzungen für die Verbesserung und Ausbildung der **wettkampfspezifischen Wahlreaktionsschnelligkeit** sind bekanntlich ein *umfangreiches Repertoire* an sporttechnischen Fertigkeiten und möglichst vielfältige *wettkampfspezifische Erfahrungen*. Die Ausbildung der Wahlreaktionsschnelligkeit ist deshalb verbunden mit:

- einer breiten und *vielseitigen Fertigkeitsausbildung* und
- der Anwendung der erlernten Fertigkeiten unter möglichst *wettkampfnahen Bedingungen*.

4.2.3.2 Ausbildung der Bewegungsschnelligkeit

In der trainingswissenschaftlichen Literatur wird die Ausbildung der Bewegungsschnelligkeit meist am Beispiel des leichtathletischen Sprinttrainings dargestellt, Sprint- und Schnelligkeitstraining folglich gleichgesetzt.

Ausgehend vom Geschwindigkeits-Zeit-Verlauf eines 100-m-Laufs werden *zeitliche Phasen* der Wettkampfleistung und entsprechende *Leistungsvoraussetzungen* (Beschleunigungsfähigkeit, lokomotorische Schnelligkeit, Schnelligkeitsausdauer) abgeleitet (Abb. 4.2-6).

Die *Beschleunigungsfähigkeit* ist sehr stark abhängig von der Maximal- und Schnellkraftfähigkeit, die *Sprint- bzw. Schnelligkeitsausdauer* von den Ausdauerfähigkeiten. Lediglich die *lokomotorische Schnelligkeit* kann den Schnelligkeitsfähigkeiten zugeordnet werden, wenn sie unter koordinativen Aspekten betrachtet wird, denn auch die maximale Bewegungsgeschwindigkeit wird bekanntlich wesentlich vom Niveau der speziellen Schnellkraftfähigkeit des Sportlers bestimmt.

Es ist deshalb nicht verwunderlich, dass im Sprinttraining das Schnellkraft- und Maximalkrafttraining eine große Rolle spielen und wettkampfspezifisches Schnellkraft- und Schnelligkeitstraining häufig kaum zu unterscheiden sind.

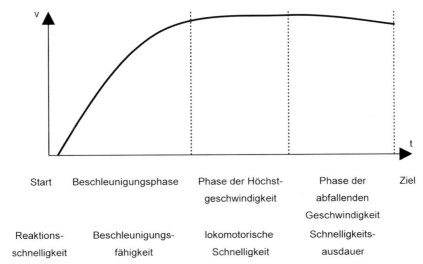

Abb. 4.2-6: Schematische Darstellung der Phasen des Geschwindigkeits-Zeit-Verlaufs eines 100-m-Laufs und zugehöriger Leistungsvoraussetzungen

Ausbildung der zyklischen Bewegungsschnelligkeit

Die Ausbildung der **Koordinationsschnelligkeit** (lokomotorische Schnelligkeit und Frequenzschnelligkeit) wird überwiegend mit **Spezial- und Wettkampfübungen** (vgl. Kap. 3.4.1.1) durchgeführt. Dabei sollte durch Variation dieser Übungen eine *Vielseitigkeit* bei ihrer Auswahl realisiert werden. Lediglich im *Anfängertraining* ist es möglich und notwendig, *vielfältige allgemeine Körperübungen* zur Verbesserung von allgemeinen Schnelligkeitsvoraussetzungen einzusetzen.

Die **Belastungsintensität** wird im langfristigen Trainingsprozess beginnend von *submaximal* bis auf *maximal* gesteigert. Diese hohen Intensitäten verlangen eine sehr *gute Qualität der Bewegungsausführung* und setzen somit eine entsprechende sporttechnische Vorbereitung voraus. Werden hingegen ungenügend beherrschte Übungen eingesetzt, kann es schnell zu Verletzungen kommen oder falsche Bewegungsabläufe verfestigen sich.

Durch die ständige Wiederholung derselben Übungen mit relativ gleicher Intensität besteht die Gefahr der Herausbildung eines *motorischen Stereotyps*. Im Schnelligkeitstraining haben sich hierfür die Begriffe der **Schnelligkeits- bzw. Geschwindigkeitsbarriere** eingebürgert, die zum Ausdruck bringen sollen, dass trotz steigender Trainingsbelastungen die Verbesserung der Schnelligkeitsleistungen stagniert. Dieses trainingsmethodische Problem kann durch *vielfältige Übungsauswahl* und möglichst *wechselnde Belastungsintensitäten* vermieden werden. Eine solche Möglichkeit stellt der Einsatz supramaximaler Intensitäten dar.

Supramaximale Intensitäten sind Belastungsintensitäten oberhalb des gegenwärtig im Wettkampf zu erreichenden Maximums. Sie sind beispielsweise durch

- gewichtsentlastende Maßnahmen (z. B. auf dem Laufbandergometer mit Longe),
- Zwangsmaßnahmen (z. B. motor- oder handbetriebene Zugsysteme),
- Rückenwindunterstützung und Bergabläufe

realisierbar. Im Prinzip ähneln sie den Übungen des wettkampfspezifischen Schnellkrafttrainings mit *verringerten äußeren Widerständen* (vgl. Kap. 4.1.4.3). Dies widerspiegelt die große inhaltliche Nähe zwischen Schnellkraft- und Schnelligkeitstraining.

Der Einsatz von Übungen mit supramaximalen Intensitäten erlaubt es in Bereichen zu trainieren, die *prognostischen Zielvorstellungen* entsprechen. Dadurch
können Entwicklungsreize für die weitere Verbesserung der Schnelligkeitsfähigkeiten gegeben und eine relativ eintönige Intensitätsgestaltung vermieden werden.
Der Einsatz supramaximaler Intensitäten setzt bezüglich des Beherrschungsgrades
der zum Einsatz kommenden Übung die Phase der *Feinform* bzw. *variablen Verfügbarkeit* voraus, die bei Anfängern noch nicht gegeben sind. Auch sind meist erhebliche materielle und technische Voraussetzungen notwendig, weshalb das Training
in diesem Intensitätsbereich überwiegend im *Spitzensport* Anwendung findet. Die
oben genannten relativ einfach zu realisierenden Möglichkeiten (Rückenwindunterstützung und Bergabläufe) erlauben keine exakte Dosierung der Belastungsintensität und sind somit kaum zielgerichtet im Trainingsprozess einsetzbar.

Der *Belastungsumfang* der Teilbelastungen im Schnelligkeitstraining ist von zwei
Faktoren abhängig. Er muss einerseits mindestens so groß sein, dass die angestrebte Belastungsintensität erreicht werden kann. Im leichtathletischen Sprinttraining
beispielsweise sollten die Streckenlängen länger sein, als die Beschleunigungsphase
(Abb. 4.2-4). Diese ist abhängig vom Ausbildungszustand und kann bei Spitzen-
sprintern durchaus bis zu 60 m betragen. Andererseits ist der Umfang begrenzt
durch die nach etwa *10 bis 12 Sekunden* (im Kindesalter schon nach ca. 8-10 s)
einsetzende *Ermüdung*, die zwangsweise zu einer Verringerung der Belastungsintensität führen würde.

Das Schnelligkeitstraining ist nur dann wirksam, wenn die *qualitativ hohen Anforderungen* insbesondere bezüglich der Intensität über die gesamte Trainingsdau-
er aufrechterhalten werden. Dies setzt eine *vollständige Erholung* zwischen den
einzelnen Teilbelastungen voraus, weshalb die **Wiederholungsmethode** zum Einsatz kommt. Bei der Wahl der *Belastungsintensität* ist es, wie schon beschrieben,
zweckmäßig, diese ständig zu *variieren*. Diesbezüglich hat sich die **Kontrastmethode** (kontrastives Vorgehen) bewährt, bei der innerhalb einer Trainingseinheit
zwischen submaximalen, maximalen und evtl. auch supramaximalen Anforderungen hinsichtlich der Belastungsintensität gewechselt wird.

Ausbildung der azyklischen Bewegungsschnelligkeit

Schnelligkeitsleistungen bei azyklischen Bewegungen basieren in sehr hohem
Maße auf der Ausbildung der Maximalkraft- und der speziellen Schnellkraftfähigkeit. Die eigentlichen Schnelligkeitsfähigkeiten widerspiegeln sich in *koordinativen*
Aspekten der Bewegungsregulation. Ein neuer Ansatz des Schnelligkeitstrainings
orientiert deshalb vor allem darauf, die der Bewegung zugrunde liegenden *Bewegungsprogramme* zu optimieren.

Voss et al. (2007) sprechen in diesem Zusammenhang von *kurzen und langen
Zeitprogrammen* (vgl. Kap. 4.2.1.2).

Zeitprogrammtraining

Das Training der kurzen Zeitprogramme bzw. die Umwandlung langer in kurze Zeitprogramme erfolgt zuerst im sogenannten **elementaren Schnelligkeitstraining**.

Die Autoren fordern, das gesamte Schnelligkeitstraining dahingehend umzugestalten, dass im Nachwuchstraining vorrangig mit *vielfältigen Übungen* elementare neuromuskuläre Bewegungsprogramme trainiert werden (elementares Schnelligkeitstraining) und erst im Hochleistungstraining die *komplexe wettkampfspezifische Schnelligkeitsleistung* (komplexes Schnelligkeitstraining) ausgebildet wird. Für den *langfristigen Leistungsaufbau* lassen sich daraus drei Stufen für die Schwerpunktlegung im Schnelligkeitstraining ableiten:

1. Entwicklung der kurzen Zeitprogramme mit einfachen (allgemeinen) Bewegungen (vorwiegend im Grundlagentraining),
2. Ausprägung des Zielzeitprogramms in den speziellen Wettkampfübungen (vorwiegend im Aufbautraining),
3. Beachtung des Zielzeitprogramms im wettkampfspezifischen Krafttraining (ab Anschlusstraining).

Für das elementare Schnelligkeitstraining im *Anfängerbereich* müssen gezielt Übungen ausgewählt werden, die das kurze Zeitprogramm ermöglichen. Typische Beispiele sind verschiedenartige Tappingübungen oder Drop Jumps mit Gewichtsentlastung (Sprungspinne). Wenn mindestens *50 % der Übungswiederholungen* im kurzen Zeitprogramm realisiert werden, dann reichen relativ *geringe Umfänge* pro Trainingseinheit (Tab. 4.2-2). Zur Vermeidung neuromuskulärer Ermüdungserscheinungen sollten nicht mehr als zwei derartige Trainingseinheiten pro Woche realisiert werden. Ein *positiver Trainingseffekt*, also die Ausbildung entsprechender stabiler kurzer Zeitprogramme, wird bei diesem Vorgehen nach Voss et al. (2007) in *etwa 3-4 Wochen* erreicht.

Tab. 4.2-2: Beispiele für das Zeitprogrammtraining (nach Voss et al., 2007)

	Tapping, klassisch	**Sprungspinne**
Abschnitt, Dauer in Wochen	6	6-8
Trainingseinheiten/Woche	2	1-2
Umfang/Trainingseinheit	6-10 x 3 s	1-3 x 5-8 Sprünge

Typische Übungsbeispiele für Zeitprogrammtraining unter *wettkampfspezifischen Bedingungen* sind im Radsport der Einsatz von motorgetriebenen Rennradergometern oder das Windschattenfahren zur Verbesserung der Frequenzschnelligkeit und im Schwimmsport das Schwimmen mit Zugunterstützung. Hierbei kann der Schwimmer mittels eines Seiles, welches an einem Hüftgürtel befestigt ist, mit *supramaximaler Geschwindigkeit* „geschleppt" werden (Voss et al., 2007).

Zehn Regeln für das Schnelligkeitstraining

1. Die erforderlichen hohen Intensitäten im Schnelligkeitstraining verlangen eine vorangehende gründliche Erwärmung des Übenden.

2. Das Schnelligkeitstraining sollte in erholtem und frischem Zustand durchgeführt werden, innerhalb einer Übungs- bzw. Trainingseinheit also zu Beginn des Hauptteils.

3. Im Schnelligkeitstraining sind sowohl submaximale, maximale als auch supramaximale Belastungsintensitäten anzuwenden.

4. Die Belastungsdauer einzelner Teilbelastungen ist auf maximal 8 bis 12 Sekunden zu begrenzen.

5. Zwischen den Teilbelastungen ist im Schnelligkeitstraining eine möglichst vollständige Wiederherstellung zu sichern; dieser Forderung entspricht die Wiederholungsmethode.

6. Schnelligkeitstraining verlangt eine hohe Motivation und bewusste Mitarbeit der Übenden.

7. Das Schnelligkeitstraining ist möglichst vielseitig zu gestalten. Dies betrifft insbesondere die Auswahl der Körperübungen als auch eine kontrastive Intensitätsgestaltung.

8. Das Schnelligkeitstraining ist eng mit der koordinativen und sporttechnischen Ausbildung zu verbinden.

9. Mit dem Schnelligkeitstraining ist frühzeitig zu beginnen. Unter Berücksichtigung der prognostischen Schnelligkeitsanforderungen des Spitzenbereichs sind hier vor allem für vielfältige Übungen elementare kurze Zeitprogramme auszubilden.

10. Schnelligkeitstraining ist ganzjährig und akzentuiert durchzuführen.

4.2.4 Erfolgskontrolle

Im Folgenden werden zwei sportmotorische Tests vorgestellt, die eine Kontrolle des Niveaus der Reaktionsschnelligkeit (1. Beispiel) und der lokomotorischen Schnelligkeit (2. Beispiel) ermöglichen.

Beispiel 1:
Reaktionstest: Fallstabtest (nach Richter/Beuker)

Testaufgabe: Fangen eines senkrecht fallenden Stabes
Messwert: Fallstrecke (in cm)
Fähigkeit: Reaktionsschnelligkeit
Aspekt: Einfachreaktionsschnelligkeit (Auge-Hand-Koordination)
Sportart: allgemein
Verwendung: ab 5 Jahre

Testdurchführung: Erläuterung der Aufgabenstellung und Demonstration:
Der Sportler führt sitzend zwei Vorversuche und anschließend zwei Wertungsversuche durch. Der bessere Versuch wird gewertet.

Testdauer: ca. 2 Minuten pro Sportler

Testanweisung:
„Der Test überprüft eure Reaktionsschnelligkeit. Ihr sitzt seitlich auf dem Stuhl und legt euren „geschickteren" Arm bis zum Handgelenk auf die Stuhlkante. Dabei zeigt die Handfläche nach innen und die Finger sind gestreckt. Ich halte diesen Stab senkrecht zwischen eure Innenhand und den Daumen. Etwa eine Sekunde nach dem „Achtung-Signal" lasse ich den Stab fallen. Ihr müsst versuchen, ihn so schnell wie möglich mit der Hand zu greifen und festzuhalten. Nach zwei Probeversuchen führt ihr zwei Wertungsversuche aus. Gemessen wird, wie weit der Stab fällt, bis ihr ihn fangt. Der bessere der zwei Wertungsversuche wird gewertet."

Hinweise für Testleiter:
Es ist auf die korrekte Position der Hand (auf der Stuhllehne) und des Stabs (1 cm Abstand von Innenhand und Daumen, Unterkante Stab auf Höhe Unterkante der Hand) zu achten. Der zeitliche Abstand zwischen dem „Achtung-Signal" und dem Fallenlassen des Stabs ist geringfügig zu variieren.

Testaufbau:

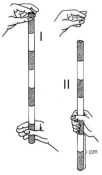

I Ausgangsposition
II Position nach Fangen des Stabs

Tab. 4.2-3: Bewertungskriterien für die Fallstrecke (in cm) beim Fallstabtest bei jungen Erwachsenen (20-29 Jahre)

Bewertung	Männer	Frauen
sehr gut	unter 13	unter 16
gut	13-18	16-22
mäßig	19-24	23-28
schwach	25-29	29-34
sehr schwach	größer 29	größer 34

Beispiel 2:
Schnelligkeitstest: 30-m-Sprint, fliegend

Testaufgabe: Durchlaufen einer 30-m-Strecke mit maximaler Geschwindigkeit aus dem Hochstart nach vorangegangener Beschleunigungsphase

Messwert:	Zeit
Fähigkeit:	Bewegungsschnelligkeit
Aspekt:	lokomotorische Schnelligkeit
Sportart:	allgemein, Leichtathletik (Sprint, Sprung)
Verwendung:	ab Grundlagentraining

Testdurchführung: Erläuterung der Aufgabenstellung.
Der Sportler steht am Start. Nach einem Signal des Testleiters beginnt er von sich aus, auf dem ersten Streckenabschnitt auf die maximale Geschwindigkeit zu beschleunigen und diese über den markierten 30-m-Streckenabschnitt zu halten. Der Test wird nach einer 10-minütigen Pause wiederholt.

Testdauer: 1 Minute pro Lauf, insgesamt ca. 12 Minuten

Testanweisung:
„Der Test überprüft eure Schnelligkeit. Ihr steht am Start und beginnt nach meinem Signal aus dem Hochstart mit dem 1. Test. Dabei müsst ihr so laufen, dass ihr kurz vor Erreichen der eigentlichen 30-m-Messstrecke eure maximale Geschwindigkeit erreicht habt und diese bis zum Ende der Messstrecke beibehaltet. Der Test wird nach einer 10-minütigen Pause wiederholt. Versucht, in der Pause warm zu bleiben. Gewertet wird der bessere der beiden Läufe."

Hinweise für Testleiter:
Vor dem Test ist eine gründliche allgemeine und spezielle Erwärmung durchzuführen. Zwischen den beiden Tests müssen die Sportler „warm" bleiben, um Verletzungen zu vermeiden. Bei Handzeitmessung sollte für eine exakte Messung ein genügend großer seitlicher Abstand von der Messstrecke eingehalten werden.

Testaufbau:

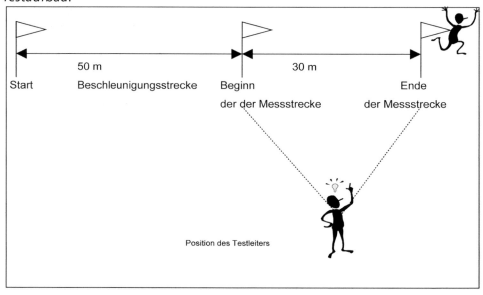

212

Testanforderungen: 1 Stoppuhr
                               3 Markierungsfähnchen
                               1 Bandmaß
                               1 Testleiter

Testauswertung:
Erfassen der Laufzeit zwischen den Markierungen der 30-m-Messstrecke. Die bessere der zwei Laufzeiten ergibt den Testendwert.

Modifizierungsmöglichkeiten:
Anstelle der Handzeitmessung kann zur Verbesserung der Genauigkeit eine Lichtschrankenmessanlage eingesetzt werden.

Kontrollfragen und Aufgaben

1. Begründen Sie, weshalb es so schwierig ist, eigenständige, *elementare Schnelligkeitsfähigkeiten* zu definieren und von anderen Fähigkeiten abzugrenzen.

2. Erklären Sie den *Unterschied* zwischen der *Einfach-* und der *Wahlreaktionsschnelligkeit*.

3. Mit welchen *allgemeinen Körperübungen* lässt sich die *Einfachreaktionsschnelligkeit* verbessern?

4. Begründen Sie, weshalb im *Schnelligkeitstraining* submaximale, maximale und supramaximale *Belastungsintensitäten* zum Einsatz kommen sollen.

5. Wie können im Schnelligkeitstraining *supramaximale Belastungsintensitäten realisiert* werden?

6. Was verstehen Sie unter „*elementarem Schnelligkeitstraining*"?

4.3 Ausdauerfähigkeiten

4.3.1 Begriffsbestimmung

Die Motive und Ziele für ein regelmäßiges Ausdauertraining können sehr unterschiedlicher Art sein. Hervorzuheben sind hier vor allem die Aspekte Gesundheit, Prävention, Fitness und sportliche Höchstleistungen.

Die Ausprägung einer stabilen **Gesundheit** und der Erhalt bzw. die Verbesserung des psychischen Wohlbefindens und der körperlichen Leistungsfähigkeit sind für viele Menschen der Hauptgrund für die Aufnahme eines Ausdauertrainings. Die **Prävention**, d. h. das bewusste Vorbeugen gegen gesundheitliche Defizite, setzt schon entsprechende Kenntnisse über den eigenen Körper und die angestrebten Trainingswirkungen voraus. Ähnlich ist das **Fitnesstraining** einzuordnen. Hier stehen aber weniger die Prävention als vielmehr das Erleben der eigenen sportlichen Aktivität (Anstrengung, Willensspannkraft, Körpererfahrung) und die Verbesserung der sportlichen Leistungsfähigkeit sowie der psychophysischen Belastungsverträglichkeit im Vordergrund.

Sowohl im Gesundheitssport als auch im Präventions- und Fitnesssport dominiert eindeutig die Ausbildung der *allgemeinen bzw. Grundlagenausdauer*. Das Ausdauertraining ist also vor allem auf diejenigen Funktionssysteme ausgerichtet, die das Niveau der *aeroben* Energiestoffwechselprozesse bestimmen. Beliebte Formen des Ausdauertrainings sind hier beispielsweise Wandertouren oder Nordic Walking, Jogging, Inlineskating und Rad- oder Skiausflüge.

Im **Wettkampfsport** ist für das Erreichen sportlicher Höchstleistungen die optimale Ausprägung *wettkampfspezifischer (spezieller) Ausdauerfähigkeiten* nicht nur in den *Ausdauersportarten* von entscheidender Bedeutung. Ausdauerfähigkeiten sind Bestandteil der Leistungsstruktur in all jenen Sportarten, in denen aufgrund der Dauer des Wettkampfs ermüdungsbedingte Leistungsminderungen einsetzen können (z. B. Spiel- und Zweikampfsportarten, Eiskunstlauf). Die wettkampfspezifische Ausdauer basiert allerdings immer auf dem Niveau der *Grundlagenausdauer*. Diese ist umso bedeutender, je länger die Wettkampfdauer ist.

Darüber hinaus benötigt *jeder* Wettkampfsportler, unabhängig davon, ob in seiner Sportart bzw. Disziplin im Wettkampf Ausdaueranforderungen zu realisieren sind, ein Mindestmaß an *Grundlagenausdauer* zur Bewältigung der vielfältigen Trainingsanforderungen und für eine schnellere Wiederherstellung nach Belastungsende.

Die **Ausdauerfähigkeiten** sind eine entscheidende Voraussetzung, wenn es darum geht, sportliche Übungen über längere Zeit und ohne größere Pause zu wiederholen bzw. aneinander zu reihen oder eine sportliche Tätigkeit über einen längeren Zeitraum durchzuhalten, wie das beispielsweise beim Aerobic-Training oder beim Langstreckenlauf der Fall ist.

Beobachtet man eine Sportlerin in einer Aerobic-Stunde, hat man den Eindruck, dass ihr die Übungen anfangs relativ leicht fallen. Nach einiger Zeit allerdings ist anhand der zunehmenden Hautrötung und Schweißbildung sowie der ansteigenden Herzfrequenz zu erkennen, dass für die Bewältigung der Anforderungen die verschiedenen Funktionssysteme des Organismus zunehmend stärker aktiviert werden müssen, um die Übungsintensität aufrecht erhalten zu können. Wird so weitertrainiert, kommt trotz größter Willensanstrengung nach einiger Zeit der Punkt, an dem die anfängliche Übungsintensität nicht mehr gehalten werden kann oder das Übungsprogramm ganz abgebrochen werden muss.

Die Ursachen hierfür sind in zunehmenden *Ermüdungsprozessen* zu suchen, die als Folge der verstärkten Inanspruchnahme der Funktionssysteme auftreten. Die Ermüdung äußert sich nicht nur in einem Absinken der sportlichen Leistung. Weitere Merkmale können starke Hautrötung, Störungen in der Bewegungskoordination oder verringerte Konzentrationsfähigkeit sein, bei sehr starker Ermüdung bzw. Erschöpfung auch Trotzreaktionen oder gesteigerte Aggressivität. Es gibt folglich unterschiedliche **Arten der Ermüdung** (Tab. 4.3-1), je nach dem, welche Funktionssysteme bei der sportlichen Betätigung besonders hoch beansprucht werden und zuerst ermüden.

Tab. 4.3-1: Arten der Ermüdung, vorrangig betroffene Funktionssysteme und typische Sportarten

Art der Ermüdung	Funktionssystem	Beispiel
mental-kognitiv	Zentralnervensystem	Schachspieler
mental	Zentralnervensystem	Ausdauersportler (Monotonie)
sensorisch	Analysatoren	Sportschütze
energetisch (körperlich)	Muskel	Kraftsportler

Die Zeitspanne, wie lange diese Ermüdungsprozesse hinausgeschoben werden können, ist abhängig vom jeweiligen Ausprägungsgrad der **Ausdauerfähigkeit**, die umgangssprachlich auch als *Ausdauer* bezeichnet wird. Je höher ihr Niveau ist, desto länger können Ermüdungsprozesse kompensiert werden und desto später tritt der ermüdungsbedingte Leistungsabfall bzw. Leistungsabbruch ein.

Die Ausdauerfähigkeit hilft dem Sporttreibenden aber auch, sich während und nach sportlicher Betätigung schneller wieder zu *erholen*. Ein bestimmtes Mindestniveau an Ausdauer zur Realisierung der notwendigen Trainingsbelastungen ist deshalb von prinzipieller Bedeutung.

> **Ausdauerfähigkeiten sind Leistungsvoraussetzungen, die es dem Sportler ermöglichen, bei sportlicher Tätigkeit einen ermüdungsbedingten Leistungsabfall zu minimieren. Sie werden immer dann benötigt, wenn aufgrund der zeitlichen Dauer der sportlichen Tätigkeit ermüdungsbedingte Leistungsminderungen auftreten. Sie unterstützen weiterhin eine schnelle Wiederherstellung.**

Das Niveau der Ausdauerfähigkeit eines Sporttreibenden kann am besten mit der Höhe des *ermüdungsbedingten Leistungsabfalls* in einer Ausdauerdisziplin charakterisiert werden. In der Tab. 4.3-2 wird dies am *Beispiel* der Leistungen eines 800-m-Laufs dargestellt. Vergleicht man die erreichten mittleren Geschwindigkeiten auf der Ausdauerstrecke mit den auf der 60-m-Sprintdistanz erreichten maximalen Laufgeschwindigkeiten, erkennt man deutlich den jeweiligen Geschwindigkeitsabfall. Das prozentuale Verhältnis von maximal möglicher Leistung (60-m-Strecke) zur durchschnittlich erreichten Leistung in der Ausdauerdisziplin (800-m-Strecke) wird auch als **relative Ausdauer** gekennzeichnet, im Gegensatz zur **absolute Ausdauer**, die durch die auf der Ausdauerstrecke (800-m-Strecke) erreichte Zeit bzw. mittlere Geschwindigkeit beschrieben werden kann.

Tab. 4.3-2: Gegenüberstellung von Laufleistungen einer Schülerin und eines gleichaltrigen Schülers auf einer Sprint- und einer Ausdauerstrecke

	60-m-Leistung	**800-m-Leistung**	**Rel. Ausdauer**
Schülerin	11,0 s	3:00 min	81,5 %
	5,45 m/s	4,44 m/s	
Schüler	9,0 s	2:30 min	79,9 %
	6,67 m/s	5,33 m/s	

4.3.2 Biologische Voraussetzungen der Ausdauerfähigkeiten

Obwohl, wie oben dargestellt, verschiedene Formen der Ermüdung existieren, wird der Ausdauerbegriff in der Trainingswissenschaft, wenn nicht ausdrücklich anders hervorgehoben, fast ausschließlich mit der energetischen, also der Ermüdung des

Muskelsystems, in Zusammenhang gebracht. Der Ausprägungsgrad der Ausdauerfähigkeiten ist neben der

- Energieversorgung

aber auch von einer Vielzahl weiterer Funktionssysteme abhängig. Dies sind insbesondere

- das Muskelfaserspektrum,
- die intramuskuläre Koordination und
- die intermuskuläre Koordination,
- die Beweglichkeit sowie
- die volitive und motivationale Steuerung.

Im Gegensatz zu den Kraftfähigkeiten steht bezüglich der *inter- und intramuskuläre Koordination* (vgl. Kap. 4.1.3.3/4) in diesem Fall aber nicht das Erreichen
hoher Kraftleistungen im Vordergrund, sondern eine möglichst *ökonomische Arbeitsweise*, d. h., die sportliche Tätigkeit mit dem geringsten energetischen Aufwand zu realisieren. Auch bezüglich des *Muskelfaserspektrums* (vgl. Kap. 4.1.3.2)
besitzen diejenigen Sportler bessere Voraussetzungen für Ausdauerleistungen, die
über höhere Anteile der ökonomischer und langandauernder arbeitenden *ST- und
FTO-Fasern* verfügen.

Einschränkungen in der *Beweglichkeit* führen während der Bewegungsausführung zu einem höheren Energieverbrauch in der beteiligten Muskulatur, der Erhalt
der Beweglichkeit sichert folgerichtig ebenfalls eine *ökonomischere Arbeitsweise*
bei der Bewältigung von Ausdauerbelastungen.

Den größten Einfluss auf die Ausdauerleistungsfähigkeit haben aber zweifellos
die im Organismus ablaufenden Prozesse zur **Energieversorgung** der Muskulatur.
Dies betrifft insbesondere die

- in der Muskelzelle ablaufenden Prozesse zur Energieversorgung und
- Anpassungserscheinungen des kardiopulmonalen Systems an Ausdauerbelastungen,

auf die im Weiteren detaillierter eingegangen wird.

4.3.2.1 Energiegewinnungsprozesse

Der Stoffwechsel in der Muskelzelle (Energiestoffwechsel) dient der Bereitstellung
von Energie, die für die Kontraktion der Muskulatur benötigt wird. Die Anforderungen an den Energiestoffwechsel sind abhängig von der Art und Dauer der sportlichen Tätigkeit. Bei Schnelligkeitsleistungen muss beispielsweise in sehr kurzer Zeit
eine große Energiemenge bereitgestellt werden, während bei Ausdauerbelastungen Energie über einen langen Zeitraum verfügbar sein muss.

Die Zellen des Organismus benötigen ständig Energie zur Aufrechterhaltung der
vielfältigen Lebensvorgänge. Die dabei verbrauchte Energiemenge bezeichnet man

als *Grundumsatz*. Er ist abhängig vom Alter, Geschlecht, Körpermasse und hierbei besonders von der Muskelmasse. Durch körperliche Betätigung (Arbeit, Sport) erhöht sich der Energiebedarf des Organismus sehr stark. Dieser *Leistungsumsatz* ist abhängig von der verrichteten Muskelarbeit.

Die zur Kontraktion der Myofibrillen der Muskelzellen benötigte Energie wird normalerweise durch die biologische Oxydation gewonnen, d. h. durch den schrittweisen Abbau der energiereichen Nährstoffe (Kohlenhydrate und Fette) zu energiefreien Verbindungen wie Kohlendioxid und Wasser. Die Energiebereitstellung auf diesem Weg ist jedoch zu langsam, um die bei Schnellkraftleistungen (z. B. Weitsprung, Gewichtheben) kurzzeitig benötigte Energie zu erzeugen. Die Muskelzelle verfügt für diese Belange über eigene Energiespeicher, aus denen Energie für die Kontraktion schnell, für 10-20 Sekunden, in großer Menge bereitgestellt werden kann.

Die Art der Energiebereitstellung ist also immer abhängig von der Art der körperlichen Belastung und dem damit verbundenem Energiebedarf. Bei Belastungen mit hoher Intensität (z. B. 400-m-Lauf) wird eine große Energiemenge pro Zeiteinheit aber mit geringer Gesamtzeitdauer benötigt, während bei einer hohen Belastungsdauer (z. B. Marathonlauf) zwar weniger Energie pro Zeiteinheit gebraucht wird, diese muss aber über einen langen Zeitraum zur Verfügung stehen.

Ein Überblick über die Energiegewinnungswege und ihre Bedeutung für die sportliche Leistung vermittelt die Tabelle 4.3-3.

Energiebereitstellung in der Muskelzelle *(Spaltung energiereicher Phosphate)*

Immer wenn eine spontane Bewegung durchgeführt werden soll, wird unmittelbar Energie benötigt. Diese muss sofort zur Verfügung stehen und in relativ großer Menge. Wäre das nicht der Fall, könnte man nicht vom Stuhl aufstehen oder auf ein unerwartetes Ereignis reagieren. Für diese Anfangsenergiebereitstellung verfügt die Muskelzelle über interne Speicher, die energiereichen Phosphatverbindungen **Adenosintriphosphat** (ATP) und **Kreatinphosphat** (KP).

Die unmittelbare Energiebereitstellung in der Zelle geschieht durch die Abspaltung des endständigen Phosphatrestes vom ATP, es entsteht Adenosindiphosphat (ADP) und ein freier Phosphatrest.

$$ATP + H_2O \leftrightarrows ADP + Phosphatrest + H^+ + Energie$$

Die freigesetzte Energie beträgt ca. 30 Kilojoule pro Mol ATP. Der ATP-Vorrat der Muskelzelle ist sehr begrenzt und reicht nur für 3-4 maximale Muskelkontraktionen.

Der zweite Energiespeicher der Muskelzelle, das Kreatinphosphat (KP), liegt in höherer Konzentration im Muskel vor. Die Übertragung der energiereichen Phosphatgruppe des KP auf das ADP bewirkt eine **Resynthese des ATP.**

$$Kreatinphosphat + ADP + H^+ \leftrightarrows Kreatin + ATP$$

Die Energiemenge beider Speicher ermöglicht nur etwa 20 maximale Kontraktionen des Muskels. Nach etwa 10 s sind diese muskulären Reserven erschöpft.

Tab. 4.3-3: Kennzeichen und Bedeutung der verschiedenen Energiespeicher und Energiegewinnungswege (Blum, Friedmann, 2001)

Kennzeichen/ Speicher	ATP/KP-Speicher	Glykogenspeicher		Fettspeicher
Energiegewinnung	anaerob-alaktazid	anaerob-laktazid	aerob	
Sauerstoffbedarf	–	–	hoch	höher als bei aeroben Glukoseabbau
Milchsäurebildung	–	+	–	
Ermüdung	sehr schnell durch Speicherentleerung	schnell durch Übersäuerung	sehr langsam, da keine Milchsäurebildung	
Beginn der ATP-Nachbildung	verzögerungsfrei	schnell anspringend	langsam anlaufend	
ATP-Bildungsgeschwindigkeit (ATP-Menge/Zeit)	sehr hoch	hoch	gering	niedriger als bei aerobem Glukoseabbau
Energieausbeute (ATP-Menge/Mol Nährstoff)	–	gering	hoch	hoch
Speicherkapazität	gering, nur für Sekunden	kann wegen Übersäuerung nicht ausgenutzt werden	hoch über 1,5 Stunden	nahezu unerschöpfliche Energiequelle
Bedeutung	Sofortdepot, reicht für wenige und schnell aufeinanderfolgende Kontraktionen bei maximaler Belastung (z. B. Startreaktionen, Beschleunigung beim 100-m-Lauf, Gewichtheben)	dominierend bei intensiven Belastungen zwischen 15 s und 2 min (z. B. Laufstrecken zwischen 150 m und 800 m, 100 m Schwimmen)	dominierend bei Belastungen zwischen 2,5 min und 120 min (z. B. Laufstrecken zwischen 1000 m und Marathon)	dominierend bei allen Belastungen über 120 min

Bei beiden Vorgängen wird kein Sauerstoff benötigt und kein Laktat gebildet **(anaerob-alaktazide Energiegewinnung).**

Die Muskelzelle besitzt also zwei direkte Energiespeicher:

- Der kleinere Energiespeicher, das ATP, steht bei Bedarf direkt für die Energie benötigenden Prozesse zur Verfügung.
- Der größere Energiespeicher, das KP, hat die Aufgabe, den ATP-Speicher wieder aufzufüllen.

Wenn die Belastung länger dauert müssen andere Energiegewinnungsprozesse genutzt werden.

Energieresynthese durch biologischen Abbau der Nährstoffe

Bei länger andauernden Belastungen laufen biochemische Reaktionen in der Muskelzelle ab, die die Energiegewinnung zum Wiederauffüllen der Energiespeicher auf anderen Wegen gewährleisten. Dies geschieht durch die biologische Oxydation der Nährstoffe. Dazu werden die Kohlenhydrate und Fette genutzt. Eiweiße spielen unter Normalbedingungen im Energiestoffwechsel keine Rolle. Sie werden im Baustoffwechsel z. B. für den Muskelaufbau benötigt. Durch die biologische Oxydation der Nährstoffe wird das ATP in der Muskelzelle resynthetisiert.

Die im menschlichen Körper gespeicherten Kohlenhydrate haben einen Energiegehalt von 1.200 bis 1.400 kcal. Fette sind, auch bei einem schlanken Mensch, mit etwa 50.000 kcal gespeichert.

Das Gehirn wird ausschließlich mit Energie versorgt, die aus dem Abbau der Kohlenhydrate stammt. Deshalb ist der Organismus bestrebt, diese geringen Reserven bestmöglich für diese Aufgabe zu schonen.

Wenn eine körperliche Belastung eine geringe Intensität aufweist und genügend Sauerstoff vorhanden ist, werden folglich die Fettdepots genutzt.

Die Art der Energiegewinnung ist abhängig von der Dauer und der Intensität der Belastung. Dabei sind die Übergänge zwischen den Energiebereitstellungsprozessen fließend. Bei einer Ausdauerbelastung mit geringer Intensität werden beispielsweise nach 30 Minuten etwa 50 % der Energie aus dem Fettabbau rekrutiert. Dieser Wert steigt bei längerer Belastungsdauer, während gleichzeitig der Anteil der aus den Kohlenhydraten gewonnenen Energie sinkt.

Die weit verbreitete Annahme, dass ein Ausdauertraining, welches den Effekt haben soll, Übergewicht entgegenzuwirken, erst nach einer Belastungsdauer von über 30 Minuten sinnvoll ist, ist aus dieser Sicht falsch. Richtig ist, dass der angestrebte Effekt des Fettabbaus mit zunehmender Belastungsdauer steigt.

Energie kann nur von den Muskelzellen verbrannt werden, nicht von den Fettzellen. Deshalb steigt mit einer höheren Muskelmasse der Grundumsatz, der Anteil des Energieumsatzes, der auch in Ruhe, selbst im Schlaf, stattfindet. Der trainierte Sportler verbraucht bei gleichem Körpergewicht in Ruhe mehr Energie als ein übergewichtiger Mensch mit einem hohen Fettanteil. Der Grundumsatz ist also nicht vom Körpergewicht abhängig, sondern von der Körperzusammensetzung und von den Anteilen an Muskelmasse und Körperfett.

Für die Wiederauffüllung der Energiespeicher gibt es zwei Wege (Abb. 4.3-1):

1. Biologische Oxydation der Kohlenhydrate und Fette unter Sauerstoffverbrauch (**aerober Weg**).
2. Biologische Oxydation der Kohlenhydrate ohne Sauerstoffverbrauch (**anaerober Weg**).

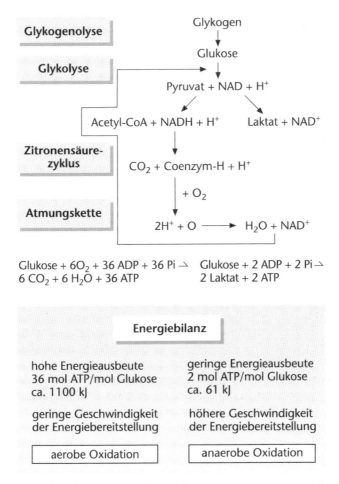

Abb. 4.3-1: Energiebereitstellung durch die Kohlenhydrate und Energiebilanz

Abbau der Kohlenhydrate

In Ruhezeiten werden in der Muskelzelle und in der Leber Kohlenhydrate (Glukose) in Form von Glykogen[5] (Stärke) gespeichert. Diese Glykogenspeicher werden ständig durch Glukosezufuhr aus dem Blut aufgefüllt. Die Art des Glukoseabbaus ist abhängig von der Dauer und Intensität der körperlichen Belastung. Bei geringen Belastungsintensitäten reicht der Sauerstoff aus, um die Glukose vollständig zu Kohlendioxid und Wasser abzubauen (**aerobe** Energiegewinnung). Hoch intensive Belastungen führen zu einem Sauerstoffmangel. Es kann nicht mehr so viel Sauerstoff zu den Muskelzellen transportiert werden, wie für den vollständigen Glukoseabbau benötigt wird. Das individuelle Maximum des Sauerstofftransportes wird erreicht. Unter diesen Umständen erfolgt der Abbau unvollständig, wobei Milchsäure entsteht (**anaerobe-laktazid**e[6] Energiegewinnung).

---

5 Glykogen: Molekülketten mit bis zu 60000 Glukosemolekülen
6 Laktat = Salz der Milchsäure

1) aerober Energiegewinnungsweg (Abb. 4.3-1, links)
Durch eine Vielzahl enzymatisch gesteuerter Reaktionsschritte wird die energiereiche Glukose unter schrittweiser Freisetzung der Energie zu Kohlendioxid und Wasser abgebaut.

- Im ersten Schritt **(Glykogenolyse)** werden von dem in der Muskelzelle gespeicherten Glykogen die endständigen Glukosemoleküle abgespalten.
- Im zweiten Schritt **(Glykolyse)** wird die Glukose gespalten. Aus dem Glukosemolekül mit sechs Kohlenstoffatomen entstehen zwei Pyruvatmoleküle[7] mit je drei C-Atomen. Anschließend wird das Pyruvat in Essigsäure umgewandelt, durch Bindung an das Coenzym A entsteht aktivierte Essigsäure (Acetyl-Coenzym A), wobei Wasserstoff freigesetzt wird.
- Im dritten Schritt **(Zitronensäurezyklus)** werden die Acetylgruppen weiter abgebaut, und zwar zu Kohlendioxid (CO_2) und Wasserstoff (H).
- Im vierten Schritt **(Atmungskette)** wird der in den vorangegangenen Reaktionsschritten freigesetzte Wasserstoff schrittweise auf Sauerstoff übertragen. Hierbei entstehen der Hauptteil der Energie (36 ATP-Moleküle) und Wasser. Erst in diesem Reaktionsschritt wird der Sauerstoff benötigt.

Der 1. und 2. Schritt finden *anaerob* im Zellplasma, der 3. und 4. Schritt *aerob* in den Mitochondrien statt.

2) anaerob-laktazider Energiegewinnungsweg (Abb. 4.3-1, rechts)
Tritt bei intensiven sportlichen Belastungen ein höherer Energiebedarf auf, so kann dieser durch die aerobe Energiegewinnung nicht gedeckt werden. Die Muskelzelle kann durch eine starke Erhöhung des Glukoseabbaus für kurze Zeit die Energie auf anaerobem Weg bereitstellen. Dabei wird wie bei dem aeroben Abbau das Glykogen abgebaut. Da zu wenig Sauerstoff zur Verfügung steht, wird dabei mehr Pyruvat gebildet, als aerob verarbeitet werden kann. Unter Sauerstoffmangel reagieren der entstehende Wasserstoff sowie das Pyruvat, und es wird Laktat gebildet. Dies ist der eigentlich *anaerobe Teil* der Energiegewinnung.

Die Energieausbeute beträgt pro Molekül Glukose jedoch nur zwei Mol ATP, also nur ca. fünf Prozent der Energie, die beim aeroben Abbau freigesetzt werden kann. Trotzdem ist die anaerobe Energiebildungsrate hoch, da die Reaktion sehr schnell abläuft. Die Glykogenvorräte des Muskels werden dabei entsprechend schnell verbraucht.

Bei intensiven Belastungen kann das Laktat nicht mehr so schnell abtransportiert werden wie es gebildet wird. Freie Wasserstoffionen führen zu einer „Übersäuerung" des Zellplasmas (saures Milieu), wodurch die Energiegewinnung zunehmend gehemmt wird. Der schnelle Abbau der Glykogenvorräte und die Übersäuerung sind die Ursachen dafür, dass der bei intensiven Belastungen notwendige Energiebedarf auf anaerobem Weg nur für *kurze* Zeit gedeckt werden kann. Es handelt sich hierbei um einen Schutzmechanismus des Körpers gegen Überlastung.

---

7 Pyruvat = Salz der Brenztraubensäure

Abbau der Fette

Fette sind hervorragende Energiespeicher. Der menschliche Körper verfügt über große Fettspeicher. Selbst bei einem Marathonläufer sind die Fettspeicher vorhanden, auch wenn diese oberflächig nicht sichtbar sind.

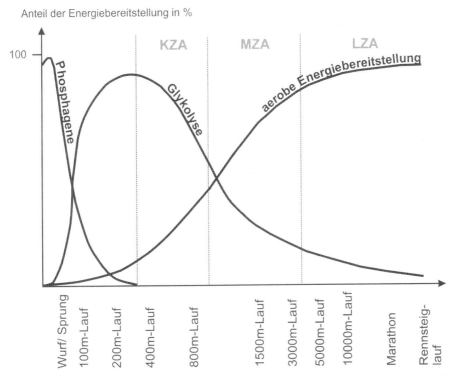

Abb. 4.3-2: Bereiche der Energiebereitstellung bei verschiedenen leichtathletischen Disziplinen in Abhängigkeit von Dauer und Intensität der Belastung (Badtke, 1999) KZA – Kurzzeitausdauer, MZA – Mittelzeitausdauer, LZA – Langzeitausdauer

Die Fette können nur auf *aerobem* Weg abgebaut werden. Die Fette werden schrittweise zerlegt und die Spaltprodukte in den Zitronensäurezyklus eingeschleust. Die Energiegewinnung aus den Fettsäuren benötigt doppelt so viel Zeit und ca. 16 % mehr Sauerstoff als die aus Kohlenhydraten. Aus diesen Gründen können die Fette nur bei geringeren Belastungsintensitäten genutzt werden. Um die Glykogenvorräte zu schonen, wird in der Muskelzelle immer möglichst viel Energie aus Fettsäuren gewonnen. Bei Belastungen geringer Intensität und langer Dauer stammen ca. 50 % der Energie aus dem Fettabbau.

Die Fette enthalten bei gleicher Menge etwa doppelt so viel Energie wie die Kohlenhydrate. Sie sind ein fast unerschöpflicher Energiespeicher in Situationen, in denen über lange Zeit relativ wenig Energie benötigt wird.

In der Abb. 4.3-2 ist am Beispiel leichtathletischer Teildisziplinen die Überlagerung der verschiedenen Energiegewinnungsprozesse dargestellt. Bei kurzzeitigen

Belastungen (Wurf/Sprung) werden die beiden muskulären Energiespeicher genutzt. Schon nach 10 Sekunden beginnt die Energiegewinnung aus den Kohlehydraten (Glykolyse). Bei einem 200-m- oder 400-m-Lauf wird die Energie, bedingt durch den hohen Energiebedarf bei diesen hochintensiven Laufdisziplinen vorwiegend auf anaerob-laktazidem Weg bereitgestellt. Die aerobe Energiebereitstellung beginnt später und läuft langsamer an. Bei einem 800-m-Lauf sind anaerobe und aerobe Prozesse etwa zu gleichen Teilen an der Energiegewinnung beteiligt. Beim 1500-m-Lauf geht der anaerobe Anteil bereits auf rund 20 % zurück, der Hauptteil der Energie wird durch den aeroben Kohlenhydratabbau gewonnen.

4.3.2.2 Anpassungserscheinungen

Die Anpassungserscheinungen bei Ausdauerbelastungen betreffen vor allem

- die Energiebereitstellung in der Muskelzelle,
- das Atmungssystem sowie die Sauerstofftransportkapazität des Blutes,
- die Funktionswerte des Herzens (Sportherz) und
- die Sauerstoffverwertung in den Muskelzellen (Kapillarisierung).

Energiebereitstellung
Die Art der Energiebereitstellung ist von der **Intensität** und der **Dauer** der Belastung abhängig. Je höher die Intensität, desto größer wird der Anteil der anaeroben Energiegewinnung, da die aeroben Prozesse die kurzzeitig benötigten großen Energiemengen nicht bereitstellen können. Der erhöhte anaerobe Anteil führt zu einem Anstieg der Laktatkonzentration im Blut (Serumlaktatkonzentration) und zur muskulären Ermüdung. Die Serumlaktatkonzentration wird deshalb als Indikator für die Art der Energie bereitstellenden Prozesse genutzt.

Die **Laktat-Leistungs-Kurve** (Abb. 4.3-3) kann in einem sogenannten *Stufentest* ermittelt werden. Der Sportler unterzieht sich auf dem Laufband oder dem Fahrradergometer einer Belastung mit definierter, steigender Intensität. Beim Laufband erhöht man beispielsweise nach festgelegten Zeitintervallen die Laufgeschwindigkeit. Am Ende jeder Belastungsstufe wird dann die Serumlaktatkonzentration bestimmt, die mit zunehmender Belastungsintensität (Laufgeschwindigkeit) ansteigt.

Bei geringer Intensität der Belastung, die Energie wird überwiegend aerob gewonnen, kann das entstehende Laktat sofort wieder abgebaut werden. Die Grenze dieses Bereichs wird als **aerobe Schwelle** bezeichnet und meist bei 2 mmol/l Laktat festgelegt.

Steigt die Belastungsintensität, muss zusätzlich Energie auf anaeroben Weg gewonnen werden, die Serumlaktatkonzentration steigt auf Werte zwischen 2-4 mmol/l. In diesem **aerob-anaeroben Übergangsbereich** kann der Laktatanfall durch abbauende Prozesse ausgeglichen werden. Laktatbildung und -abbau stehen im Gleichgewicht (stady state) und die Laktatkonzentration steigt nicht weiter an.

Mit der weiteren Erhöhung der Intensität der Belastung steigt der anaerobe Anteil an der Gesamtenergiebereitstellung immer stärker; der Laktatanfall wird jetzt größer als der Abbau. Es kommt deshalb oberhalb dieser **anaeroben Schwelle**

(4 mmol/l Laktat) zu einem immer weiteren Anstieg der Laktatkonzentration und schließlich zur Erschöpfung der Muskulatur durch Übersäuerung.

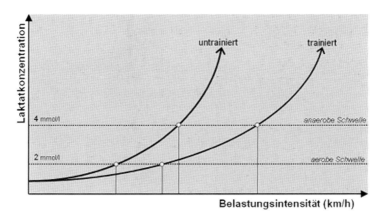

Abb. 4.3-3: Prinzipdarstellung der Veränderung („Rechtsverschiebung") der Laktat- Geschwindigkeits-Kurve durch Ausdauertraining

Durch Ausdauertraining kann die Laktat-Leistungs-Kurve in den Bereich höherer Intensitäten verschoben werden („Rechtsverschiebung" der Laktat-Leistungs-Kurve in Abb. 4.3-3), d. h. der Sportler kann unter denselben energetischen Bedingungen, z. B. an der aeroben Schwelle, höhere Intensitäten realisieren. Die „Rechtsverschiebung" ist also Ausdruck der Anpassungsprozesse im Energiestoffwechsel der Skelettmuskulatur.

Atmungssystem

Bei länger andauernden Ausdauerbelastungen mit entsprechend relativer niedriger Intensität wird der Energie fast ausschließlich durch aerobe Prozesse bereitgestellt. Damit ist ein hoher Sauerstoffbedarf verbunden. Zu Beginn einer Belastung kann durch das Herz-Kreislauf-System der erhöhte Sauerstoffbedarf nicht sofort gedeckt werden (deshalb sind die laktaziden Prozesse nötig), die Sauerstoffaufnahme ist kleiner als der O_2-Bedarf; es entsteht ein Sauerstoffdefizit. Nach 3-4 Minuten kommt es zu einer Anpassung von O_2-Bedarf und O_2-Aufnahme. Man bezeichnet diese Phase als „steady state".

Nach Beendigung der Belastung muss die anfangs eingegangene Sauerstoffschuld ausgeglichen werden. Dafür wird nach der Belastung noch eine Zeitlang mehr Sauerstoff benötigt, als dem Ruhebedarf entspricht. Die Atemtätigkeit ist für die Sauerstoffaufnahme Voraussetzung. Die schnellere und vertiefte Atmung beginnt nicht unmittelbar bei Beginn der Belastung, sondern erst nach 30-60 Sekunden und erreicht nach 3-4 Minuten ein Optimum, bei dem Sauerstoffbedarf und -aufnahme einander entsprechen. Nach Beendigung der Tätigkeit geht die Atmung nicht sofort auf die Ruhewerte zurück. Sie bleibt noch eine Weile vertieft, bis die zu Beginn eingegangene O_2-Schuld ausgeglichen ist (Abb. 4.3-4).

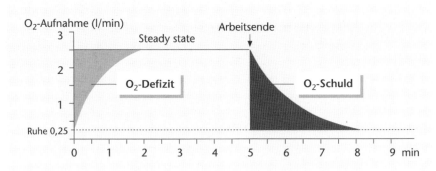

Abb. 4.3-4: Dynamik der O_2-Aufnahme bei Belastungsbeginn und in der Erholungsphase nach Ende der Belastung (Hollmann, Hettinger, 1990)

Bei gleicher Sauerstoffaufnahme können *ausdauertrainierte* Sportler höhere Intensitäten durch eine optimale Nutzung des Sauerstoffs noch auf aerobem Wege abdecken (Abb. 4.3-3), die maximale Sauerstoffaufnahmefähigkeit (VO_2 max) des Körpers ist größer als bei Untrainierten. Durch entsprechende Anpassungen des Organismus ist eine verbesserte Nutzung des Sauerstoffes möglich. Durch ausdauerindizierte Anpassungen ist der trainierte Sportler besser in der Lage, den mit dem Blut zur Muskulatur transportierten Sauerstoff zu verwerten. Die Sauerstoffdifferenz zwischen arteriellem und venösem Blut ist größer. In Ruhe beträgt die Sauerstoffnutzung etwa 25 %, bei Belastung steigt sie bei Untrainierten auf ca. 50 %, bei Trainierten dagegen auf über 75 % an.

Sportherz
Das Herz ist für die Sauerstoffversorgung des Muskels verantwortlich. Bei körperlicher Belastung steigt der Sauerstoffbedarf in Abhängigkeit von der Dauer und der Intensität der geleisteten Arbeit. Dieser erhöhte Bedarf muss vom Herz durch eine Erhöhung des Herzminutenvolumens abgedeckt werden. Das Herzminutenvolumen (HMV) ist das Produkt aus der Herzfrequenz (HF = Anzahl der Schläge pro Minute) und dem Schlagvolumen (SV = Menge des ausgeworfenen Blutes pro Kontraktion des Herz).

$$\textbf{HMV} \ [\text{ml/min}] = HF \ [\text{min}^{-1}] \cdot SV \ [\text{ml}]$$

Eine Vergrößerung des Herzminutenvolumens kann somit über die Erhöhung der Herzfrequenz und/oder ein vergrößertes Schlagvolumen erfolgen.
Bei jeder körperlichen Betätigung wird der größere Sauerstoffbedarf durch eine Steigerung der Herzfrequenz ausgeglichen. Diese akute Anpassung an eine Belastung wird als **metabole Adaptation** bezeichnet. Unter **epigenetischer Adaptation** versteht man hingegen die durch Training hervorgerufene langfristige Anpassung des Körpers an erhöhte Belastungen, z. B. das Sportherz (vgl. Kap. 3.3.1).
Spezifisches Training führt zu spezifischen körperlichen Anpassungen. Die veränderten Anforderungen bewirken eine Adaptation der beanspruchten Organsysteme.

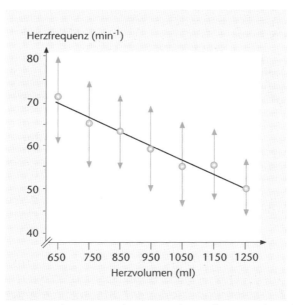

Abb. 4.3-5: Beziehungen zwischen Herzvolumen und Herzfrequenz in Ruhe (Findeisen, 1980)

Ausdauertraining führt beim Herz zu einer **Gewichtszunahme** durch die Verdickung des Herzmuskels (Hypertrophie) und zu einer **Vergrößerung** der Herzkammern (Dilatation). Die größeren Herzkammern wiederum ermöglichen einer Zunahme des Schlagvolumens. Daraus folgt, dass das gleiche Herzminutenvolumen mit einer geringeren Herzfrequenz erreicht werden kann.

Die Ruheherzfrequenz sinkt bei Ausdauertrainierten auf 30-40 Schläge pro Minute (Abb. 4.3-5). Unabhängig vom Trainingszustand können bei hohen Belastungen etwa gleich hohe maximale Herzfrequenzen erreicht werden. Da der Trainierte eine geringere Ruhefrequenz hat, verfügt er über eine größere Herzschlagfrequenzreserve. Darüber hinaus erreicht er die maximale Frequenz erst bei wesentlich höheren Belastungen.

Die Schlagfrequenzreserve führt bei körperlicher Anstrengung in Verbindung mit dem größeren Schlagvolumen zu einem wesentlich höheren Herzminutenvolumen und damit zu einer höheren maximalen Sauerstoffaufnahme VO_2max. (Abb. 4.3-6 u. 4.3-7).

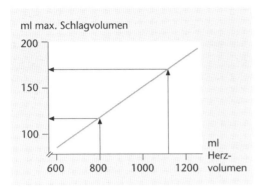

Abb. 4.3-6: Beziehung zwischen Herz- und max. Schlagvolumen (de Marees, 1991)

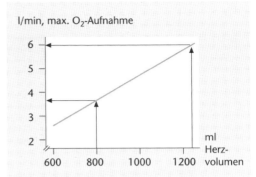

Abb. 4.3-7: Beziehung zwischen Herzvolumen und max. Sauerstoffaufnahme (de Marees, 1991)

Tab. 4.3-4: Vergleich morphologischer und funktioneller Größen des Herzens bei Ausdauersportlern und Untrainierten

	Untrainierter	Ausdauersportler
Absolutes Herzgewicht (g)	250-300	350-500
Absolutes Herzvolumen (ml)	600-800	900-1300
Ruhepuls (Schläge/min)	60-80	30-40
max. Belastungspuls (Schläge/min)	200	200
Schlagfrequenzreserve (Schläge/min)	120-140	160-170
Schlagvolumen in Ruhe (ml)	60-80	100-130
Schlagvolumen unter Belastung (ml)	100-120	180-200
Herzminutenvolumen in Ruhe (l/min)	3,6-6,4	3,0-5,2
Herzminutenvolumen unter Belastung (l/min)	20-24	36-40

Das Sportherz Ausdauertrainierter arbeitet insgesamt **ökonomischer** (Tab. 4.3-4). Die vergrößerten Herzkammern bewirken, dass in Ruhe die im Herz pro Schlag verbleibende Restblutmenge mehr als doppelt so groß ist wie bei Untrainierten. Diese Restblutmenge dient als Schlagvolumenreserve, die bei Belastungssteigerungen primär genutzt wird. Erst nach Ausschöpfen dieser Reserve wird die Herzfrequenz erhöht. Das Sportherz arbeitet in Ruhe im „Schongang", das in einer wesentlich geringeren täglichen Herzarbeit zum Ausdruck kommt.

Nach Beendigung des Ausdauertrainings bildet sich das Sportherz wieder zurück. Die Rückbildung erfolgt langsam und erfordert ein geplantes, ärztlich betreutes Abtraining über mindestens ein Jahr, um gesundheitliche Schädigungen auszuschließen (Abb. 4.3-8).

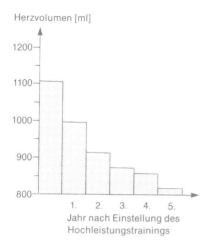

Abb. 4.3-8: Beziehung des Herzvolumens zur Herzarbeit in 24 h bei ausdauertrainierten Sportlern (Weineck, 1994)

Kapillarisierung des Muskels

Die Ökonomie des an Ausdauerleistungen angepassten Herzens ist immer im Zusammenhang mit den entsprechenden Veränderungen in der Muskulatur zu sehen. Dem geringeren Ruheherzminutenvolumen entspricht die bessere Sauerstoffaufnahmefähigkeit durch eine Verbesserung der Kapillarisierung der Muskeln. Die verbesserte Leistungsfähigkeit der ausdauertrainierten Muskulatur setzt eine gesteigerte aerobe Energiebereitstellung in der belasteten Muskelzelle voraus. Hierzu tragen die Veränderungen der großen arteriellen Gefäße in der trainierten Muskulatur, sowie besonders die verbesserte Kapillarisierung bei (Abb. 4.3-9).

In Ruhe durchströmt das Blut nur 3-5 % der vorhandenen Kapillaren, während bei Ausdauerbelastungen sämtliche Kapillaren eröffnet und zusätzlich erweitert werden. Die Zahl der offenen Kapillaren steigt von 50/mm² auf etwa 2400/mm² an. Dadurch wird die Austauschfläche zwischen den Kapillaren und den Muskelfasern größer. Wichtig hierfür ist, dass über einen längeren Zeitraum, mindesten etwa 30 Minuten, mit erhöhtem Blutdruck gelaufen wird. Durch den Dauerdruck wird die Aussprossung neuer Kapillaren ausgelöst und damit der Sauerstoffaustausch aufgrund der vergrößerten Austauschfläche verbessert.

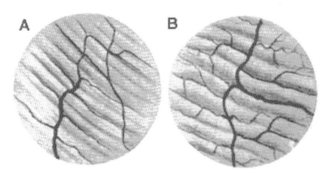

Abb. 4.3-9: Kapillarisierung des Muskels vor (links) und nach (rechts) einer durch Ausdauertraining ausgelösten Anpassung

4.3.3 Erscheinungsformen der Ausdauerfähigkeiten

Es existieren verschiedene Möglichkeiten, die vielfältigen Formen der Ausdauerfähigkeiten zu klassifizieren. Im Weiteren werden die bekanntesten und für die trainingsmethodische Praxis bedeutsamsten Varianten vorgestellt.

4.3.3.1 Klassifikation nach dem wettkampfspezifischen Bezug

- Grundlagenausdauer (bzw. allgemeine Ausdauer),
- wettkampfspezifische Ausdauer (bzw. spezielle Ausdauer).

Im Kapitel 4.3.2 wurde ausführlich dargestellt, dass die **aeroben Energiestoffwechselprozesse** aufgrund ihrer ökonomischen Arbeitsweise und der fast unbegrenzten Kapazität die Hauptform der Energiegewinnung sowohl während sportlicher Tätigkeit als auch in der anschließenden Erholungsphase darstellen. Nur wenn die Bewegungsintensität bei sportlicher Belastung so groß wird, dass diese Prozesse nicht mehr ausreichend sind, um den momentan erforderlichen Energieumsatz zu realisieren, werden zusätzlich anaerobe Prozesse hinzugeschaltet.

Jeder Sporttreibende benötigt deshalb ein bestimmtes Mindestmaß an **Grundlagenausdauerfähigkeiten** (GA), die vorrangig durch das Niveau der *aeroben* Stoffwechselsysteme charakterisiert wird, um die vielfältigen Übungs- und Trainingsanforderungen realisieren zu können.

Darüber hinaus werden in jeder Sportart bzw. -disziplin mit Ausdaueranforderungen für die Bewältigung des Wettkampfs eine ganz *spezifische* Art der Ausdauer benötigt, die sich insbesondere aus

- der Zeitdauer der Wettkampftätigkeit (Belastungsumfang),
- der Stärke (Belastungsintensität)
- und Kontinuität der Belastungsanforderungen (Belastungsdichte) sowie
- der Art und dem Umfang der eingesetzten Muskulatur (Art der Körperübung)

ergibt und durch entsprechende Energiestoffwechselverhältnisse gekennzeichnet ist (Tab. 4.3-5). Diese wird als **wettkampfspezifische Ausdauerfähigkeit** bezeichnet.

Tab. 4.3-5: Charakterisierung unterschiedlicher Anforderungen an die wettkampfspezifische Ausdauerfähigkeit, ausgehend von der Wettkampfstruktur in ausgewählten Sportarten

Sportart	Belastungs-umfang	Belastungs-intensität	Belastungs-dichte	Hauptmuskulatur
Marathon	> 2 h	mittel	gleichbleibend	Beinmuskulatur
Kanu, 500 m	> 1:40 min	hoch	gleichbleibend	Armmuskulatur
Fußball	2 x 45 min	wechselnd	wechselnd	Beinmuskulatur

Da die Grundlagenausdauerfähigkeit vorwiegend mit *allgemeinen Trainingsmitteln* und die wettkampfspezifische Ausdauerfähigkeit mit *speziellen Trainingsmitteln* ausgebildet wird (vgl. Kap. 4.3.4/5), werden hierfür auch die Begriffe **allgemeine** und **spezielle Ausdauer** verwendet.

4.3.3.2 Klassifikation nach der Wettkampfdauer

- Schnelligkeitsausdauer (SA),
- Kurzzeitausdauer (KZA),
- Mittelzeitausdauer (MZA),
- Langzeitausdauer I bis IV (LZA I – IV).

Ausgehend von der Tatsache, dass in Abhängigkeit von der Zeitdauer der Wettkampftätigkeit unterschiedliche Funktionssysteme bei der Energieabsicherung der Muskulatur dominieren, werden Sportarten in Gruppen zusammengefasst, die durch ähnliche energetische Verhältnisse im Wettkampf gekennzeichnet sind (Tab. 4.3-6) und in denen folgerichtig zur Ausbildung der wettkampfspezifischen Ausdauerfähigkeiten adäquate Trainingsmethoden eingesetzt werden.

Tab. 4.3-6: Ausdauerformen ausgehend von der Wettkampfdauer (modifiziert nach Neumann, 1987)

Funktions-system	Zeitdauer	Beispiele: Leichtath-letik, Lauf	Herz-Kreis-lauf	O_2-Auf-nahme	Laktat	Energiewandlung	
						aerob	anaerob
Messgröße	t (in min)		Hf (min^{-1})	VO_{2max} (in %)	(mmol/l)	(in %)	(in %)
SA	0:12-0:35	(100 m), 200m		100			> 80
KZA	0:35-2:00	400 m, 800 m	185-200	100	18	20	80
MZA	2-10	1500 m, 3000 m	190-210	95-100	20	60	40
LZA I	10-35	5000 m, 10000 m	180-190	90-95	14	70	30
LZA II	35-90	Halbmara-thon	175-190	80-95	8	80	20
LZA III	90-360	Marathon	150-180	60-90	4	95	05
LZA IV	> 360	100 km, 24-h-Lauf	120-170	50-60	2	99	01

Diese Einteilung entstammt dem Wettkampfsport und charakterisiert die Art der wettkampfspezifischen Ausdauer näher. Dabei wird in der Regel eine Wettkampfbelastung mit relativ konstanter und (auf die Wettkampfdauer bezogener) maximaler Intensität vorausgesetzt. Problematisch ist deshalb die Zuordnung von Sportarten mit diskontinuierlichem Intensitätsverlauf wie beispielsweise die Sportspiele und Kampfsportarten.

Die Einteilung in Kurzzeit-, Mittelzeit- und Langzeitausdauer wird in der Praxis auch für die Kennzeichnung von *Trainingsbelastungen*, ausgehend von ihrem zeitlichen Belastungsumfang, verwendet. Hierbei muss aber beachtet werden, dass die in Tab. 4.3-6 angegebenen Stoffwechselparameter nur für den Fall gelten, dass auch die dem Belastungsumfang entsprechende maximal mögliche Belastungsintensität gefordert wird.

Die Schnelligkeitsausdauer stellt als *komplexe motorische Fähigkeit* die Verbindung zwischen den beiden hierin enthaltenen *elementaren* Fähigkeiten dar.

Während die *Schnelligkeit* bei sportlichen Handlungen leistungsdominierend ist, bei denen aufgrund der relativ kurzen Übungsdauer (bis ca. 10 s) noch kein ermüdungsbedingter Leistungsabfall eintritt, dominiert die *Schnelligkeitsausdauer*, wenn dieser Zeitraum überschritten wird und erste ermüdungsbedingte Leistungseinschränkungen auftreten. Auf Sportarten bezogen geht es um den Übergang zwischen den Sprint- bzw. Schnelligkeitssportarten und den Kurzzeitausdauersportarten. Typisches Beispiel ist der leichtathletische 200-m-Lauf.

4.3.4 Ausbildung der Grundlagenausdauerfähigkeit

4.3.4.1 Körperübungen

Die Grundlagenausdauerfähigkeit kann prinzipiell mit allen *zyklischen Bewegungsformen*, insbesondere denen der Ausdauersportarten, ausgebildet werden. Auch die *Sportspiele*, die *kleinen Spiele* und *gymnastische Übungen* sind geeignet, wenn die Mindestanforderungen hinsichtlich Belastungsumfang und -intensität beachtet werden. Berücksichtigen sollte man bei der Übungsauswahl aber emotionale Zu- oder Abneigungen und die individuelle Belastungsverträglichkeit. So ist Übergewichtigen bzw. Sportlern mit Problemen im Stütz- und Bewegungsapparat vom Lauftraining abzuraten, zugunsten von Schwimmen (Rücken oder Freistil) bzw. Radsport oder Inlineskating.

Wettkampfsportler aus den Ausdauer- und Kraftausdauersportarten hingegen müssen, aufgrund der notwendigen Ökonomisierungsprozesse in der disziplinspezifischen Arbeitsmuskulatur, den überwiegenden Anteil ihres Grundlagenausdauertrainings mit der *Wettkampfübung* bzw. mit *Spezialübungen* durchführen. In diesen Sportarten wird deshalb meist auch ganz bewusst zwischen dem mit der Wettkampf- bzw. Spezialübung realisierten Grundlagenausdauertraining und dem mit allgemeinen Trainingsübungen realisierten allgemeinen Ausdauertraining unterschieden. Für einen Kanurennsportler wäre für Letzteres beispielsweise das Lauf- oder Schwimmtraining charakteristisch, während das Grundlagenausdauertraining von ihm prinzipiell im Boot ausgeführt wird.

4.3.4.2 Belastungsumfang und -intensität

Im Allgemeinen wird ein **Mindestbelastungsumfang** von etwa 30 min gefordert, da dies Voraussetzung für Anpassungen der *aerob* arbeitenden Energiestoffwechselprozesse ist. Außerdem wird erst nach diesem Zeitbereich der Fettabbau verstärkt in die Energiegewinnung einbezogen, was für viele Freizeitsportler von Interesse ist. Anfänger sollten aber erst systematisch durch Steigerung der Streckenlänge bzw. den Einsatz mehrerer kürzerer Teilstrecken und kurzer Pausen auf diese Belastungsdauer vorbereitet werden.

Im Wettkampfsport und insbesondere in den Langzeitausdauersportarten sind Belastungsumfänge im Grundlagenausdauertraining von mehreren Stunden keine Seltenheit (z. B. Radsport, Skilanglauf).

Die Grundlage für die Ableitung der **Intensitätsbereiche** des Ausdauertrainings ist das sogenannte *„Schwellenkonzept"* (Abb. 4.3-10), ein Modell zum Ablauf und zur Regulation der Energiestoffwechselprozesse in der Muskulatur in Abhängigkeit von der Belastungsintensität (vgl. Kap. 4.3.1.2, Abb. 4.3-3).

Die hohen Belastungsumfänge im Grundlagenausdauertraining sind nur möglich, wenn die Belastungsintensität soweit reduziert wird, dass die Energie fast ausschließlich über aerobe Energiestoffwechselprozesse gewonnen wird. Dieser Intensitätsbereich wird als **„Grundbereich"** bzw. ausgehend von der Zielrichtung der Anpassungsprozesse, als **„Ökonomisierungsbereich"** bezeichnet und ist durch eine Laktatkonzentration im Blut (Serumlaktatkonzentration) bis etwa 2 mmol/l gekennzeichnet. Dieser Parameter kennzeichnet das Maß der Inanspruchnahme anaerober Energiestoffwechselprozesse. Das Ausdauertraining in diesem Intensitätsbereich wird als **Grundlagenausdauertraining 1** (GAT 1) bezeichnet und ist für den *Präventions- und Gesundheitssport* völlig ausreichend.

Im *Wettkampfsport* hingegen sind regelmäßig auch höhere Intensitätsbereiche anzustreben, um Entwicklungsreize zu setzen, welche die Grundlagenausdauer noch weiter verbessern helfen. Im **Grundlagenausdauertraining 2** (GAT 2) wird deshalb der Bereich der „reinen" aeroben Stoffwechsellage zeitweise verlassen, um im **„Entwicklungsbereich"** bzw. im Intensitätsbereich der **„Funktionserweiterung"** zu trainieren. Das Grundlagenausdauertraining 2 wird folglich überwiegend im aerob-anaeroben Übergangsbereich (Serumlaktatkonzentrationen ca. 2 bis 4 mmol/l) realisiert, lediglich im *Hochleistungssport* auch bis in den anaerob-aeroben Stoffwechselbereich hinein (Serumlaktatkonzentrationen bis etwa 7 oder 8 mmol/l).

Der angestrebte *Mindestbelastungsumfang* für das Grundlagenausdauertraining kann nur im *unteren* Intensitätsbereich des Grundlagenausdauertraining 2 (bis max. 5 mmol/l Laktat) auf Grund des sich einstellenden Laktat-stady-state ohne Pausen realisiert werden (*kontinuierliche Dauermethode*, vgl. Kap. 4.3.6.1). Im *oberen* Trainingsbereich des Grundlagenausdauertrainings 2 (etwa ab 4 mmol/l Laktat) steigt die Serumlaktatkonzentration kontinuierlich an, was relativ schnell zum Trainingsabbruch führen würde. Um den notwendigen Gesamtbelastungsumfang in der Trainingseinheit realisieren zu können, wird das Grundlagenausdauertraining 2 deshalb in mehreren Teilstrecken (*Intervallmethode*, vgl. Kap. 4.3.6.2) oder eingebettet in das Grundlagenausdauertraining 1 (*Wechselmethode*, vgl. Kap. 4.3.6.1) durchgeführt.

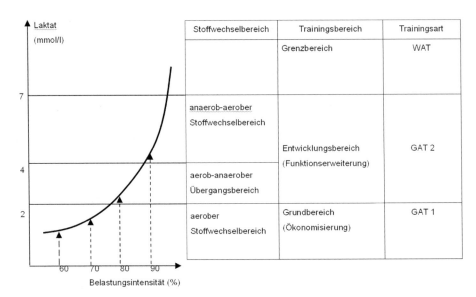

Abb. 4.3-10: Modell der Regulation der Energiestoffwechselprozesse in Abhängigkeit von der Belastungsintensität bei Ausdauerbelastungen (Schwellenkonzept) und Ableitung von Trainingsbereichen für das Ausdauertraining
Legende:
GAT 1   Grundlagenausdauertraining 1,
GAT 2   Grundlagenausdauertraining 2,
WAT   wettkampfspezifisches Ausdauertraining

Die Serumlaktatkonzentration ist u. a. abhängig von der konkret ausgeführten *Körperübung*, insbesondere von der einbezogenen Skelettmuskulatur und unterliegt individuellen Besonderheiten. Deshalb können für die obigen Trainingsbereiche, ausgehend von dem Schwellenkonzept, nur *Richtwerte* empfohlen werden, die konkreten Trainingsbereiche sind immer *disziplinspezifisch* und *individuell* festzulegen.

Die *Belastungsintensität* im Ausdauertraining wird überwiegend über die **Herzfrequenz** gesteuert. Dabei ist zu berücksichtigen, dass diese insbesondere von folgenden Faktoren abhängig ist:

- Lebensalter,
- Geschlecht,
- Trainings- bzw. Leistungszustand und
- konkrete Art der Tätigkeit (Körperübung, Sportart).

So ist bekannt, dass die Herzfrequenz bei vergleichbarer Belastungsintensität im Lauf ca. 10 % höher ist als beim Schwimmen oder Radfahren. *Ausdauersportler* haben schon im Ruhezustand eine wesentlich niedrigere Herzfrequenz als andere Sportler oder Untrainierte. Und *Anfänger* wiederum reagieren schon bei Ausdaueranforderungen mit geringer Intensität häufig mit relativ hoher Herzfrequenz (bezogen auf das Maximum), da sie entsprechende Regulationsmechanismen erst durch das wiederholte Üben erlernen.

Eine Steuerung des Grundlagenausdauertrainings mittels der Herzfrequenz über solche bekannten *Faust-Formeln* wie beispielsweise

- Trainings-Herzfrequenz = 180 minus Lebensalter

berücksichtigt lediglich das Alter des Übenden und ist somit zur individuellen Steuerung der Belastungsintensität nur als sehr grober Richtwert zu gebrauchen.

Im Leistungssport kommt zur Belastungssteuerung auch der schon erwähnte Energiestoffwechsel-Parameter *Laktat* zur Anwendung.

4.3.5 Ausbildung der wettkampfspezifischen Ausdauerfähigkeit

4.3.5.1 Körperübungen

Das wettkampfspezifische Ausdauertraining spielt ausschließlich im *Wettkampf- bzw. Leistungssport* eine Rolle. Aufgrund seiner Zielstellung, der Ausprägung tätigkeitsspezifischer Anpassungen, kann es nur mit der *Wettkampfübung* selbst oder mit *Spezialübungen* realisiert werden. Solche tätigkeitsspezifischen Anpassungen betreffen beispielsweise die für den Hauptantrieb verantwortlichen Muskelgruppen (z. B. Kanurennsport vorwiegend Arm-, Lauf vorwiegend Beinmuskulatur) und die spezifische Art der intermuskulären Koordination (vgl. Kap. 4.1.3.4).

Hieraus wird deutlich, dass es keine wettkampfspezifische Ausdauerfähigkeit an sich gibt, sondern jede Sportart bzw. -disziplin eine ganz spezielle Art ihrer Ausprägung verlangt. Dies ergibt sich einerseits aus der konkreten Art der zu realisierenden Bewegungen (Körperübungen), andererseits aus der sportart- bzw. disziplinspezifischen Dauer und Dynamik der Beanspruchung im Wettkampf, was wiederum die Inanspruchnahme unterschiedlicher Energiestoffwechselprozesse bedingt. Die Kenntnis dieser Zusammenhänge ist die entscheidende Grundlage der Einteilung der „klassischen" (zyklischen) Ausdauersportarten, basierend auf der Klassifikation der Ausdauerarten ausgehend von der Wettkampfdauer (vgl. Kap. 4.3.3.2), in

- Kurzzeitausdauer-,
- Mittelzeitausdauer- und
- Langzeitausdauersportarten.

4.3.5.2 Belastungsumfang und -intensität

Aus den oben dargestellten Zusammenhängen ergibt sich zwangsläufig, dass im wettkampfspezifischen Ausdauertraining Belastungsumfang und -intensität den *Wettkampfbedingungen angenähert* sein sollten. In der Praxis haben sich zwei Trainingsbereiche (Tab. 4.3-7) mit unterschiedlicher Zielstellung herausgebildet, das Training

- im *Unterdistanzbereich* und
- im *Überdistanzbereich*.

Den Bezugspunkt stellt die jeweilige Wettkampfstrecke bzw. -dauer dar.

Das **Überdistanztraining** dient aufgrund des höheren Belastungsumfangs vor allem der Verbesserung der Ausdauerkomponente der wettkampfspezifischen Ausdauerfähigkeit ("Durchhaltevermögen"). Das **Unterdistanztraining** ist darauf ausgerichtet, den Sportler auf die im Wettkampf angestrebten höheren Geschwindigkeiten (Prognosegeschwindigkeit) vorzubereiten.

Tab. 4.3-7: Formen des wettkampfspezifischen Ausdauertrainings

Training im ...	**Intensität** bezogen auf die Wettkampfübung	**Umfang** der Einzelbelastung bezogen auf die Wettkampfübung
... Unterdistanzbereich	höher oder gleich	kleiner
... Überdistanzbereich	niedriger	größer

Der **Intensitätsbereich** des wettkampfspezifischen Ausdauertrainings ist überwiegend im so genannten *Grenzbereich* (Abb. 4.3-10) angesiedelt und stellt somit sehr hohe Anforderungen an den Sportler. Das wettkampfspezifische Ausdauertraining kann deshalb nur im ausgeruhten und erholten Zustand durchgeführt werden. Mehrere Einzelbelastungen in einer Trainingseinheit werden deshalb meist mittels der *Wiederholungsmethode* (vgl. Kap. 4.3.6.3) realisiert.

4.3.6 Methoden des Ausdauertrainings

Im Training bedient man sich zur Realisierung des notwendigen Verhältnisses von Belastungsumfang, Belastungsintensität und Belastungsdichte bestimmter Trainingsmethoden. Da bei der Einteilung nachfolgender Methoden die *Belastungsdichte* und damit verbunden auch der Grad der *Ermüdung* im Trainingsverlauf ausschlaggebend sind, werden sie in der Trainingswissenschaft häufig als Ausdauertrainingsmethoden bezeichnet. Sie lassen sich in drei große Gruppen einteilen:

- Dauermethoden,
- Intervallmethoden und
- Wiederholungsmethoden.

Der Einsatzbereich dieser Methoden ist aber trotz ihres Namens bei weitem *nicht* auf das Ausdauertraining begrenzt. Als eine Möglichkeit der Klassifikation von Trainingsmethoden (vgl. Kap. 3.9) besitzen sie universellen Charakter und kommen auch in vielen anderen Bereichen des Trainings zur Anwendung. Dies gilt insbesondere für die *Wiederholungsmethode*, die beispielsweise auch im Schnelligkeits-, Maximalkraft- oder Fertigkeitstraining Anwendung findet.

4.3.6.1 Dauermethoden

Zu den Dauermethoden zählen die **kontinuierliche Methode** und die **Wechsel-methode**. Ihr Hauptmerkmal ist die *langandauernde Ausdauerbelastung ohne Unterbrechung* (Pause). Sie unterscheiden sich hauptsächlich hinsichtlich des Verlaufs der Belastungsintensität (*kontinuierlich* bzw. *wechselnd*) und somit auch der Ermüdung (Tab. 4.3-8).

Tab. 4.3-8: Methoden des Ausdauertrainings – Beispiele für einen 800-m-Läufer (Jugend, männlich)

Methoden		Umfang	Intensität (v in ms⁻¹)	Intensität (t in min)	Herz-frequenz (min⁻¹)	Pause (min)
Dauer-methoden	**kontinuierliche Methode**	8 km	3,70	36:00	150	keine
	Wechsel-methode	60 min *jeweils* 1000 m und 500 m im Wech-sel	3,50 4,30	4:45 1:56	150 180	keine
Intervall-methoden	**extensive Intervall-methode**	8x1000 m	4,17	4:00	165 (110 nach Pause)	3
	intensive Intervall-methode	2 Serien à 5x200 m	6,45	0:31	ab 180 (110 nach Pause)	1 (5 nach Serie)
Wieder-holungs-methode		3x1200 m	6,00	3:20	ab 180	5-10

Kontinuierliche Methode
Prinzip (Abb. 4.3-11)
- langandauernde Ausdauerbelastung (ab 30 min),
- gleichbleibende (kontinuierliche) Intensität im Grundbereich (Leistungssport auch im unteren Entwicklungsbereich),
- kontinuierlich ansteigende Ermüdung.

Zielstellung
- Verbesserung der Grundlagenausdauerfähigkeit (Ökonomisierungsprozesse).

Ausdauertrainingsform
- Grundlagenausdauertraining 1

Anwendungsbereich
- alle Tätigkeitsbereiche im Sport.

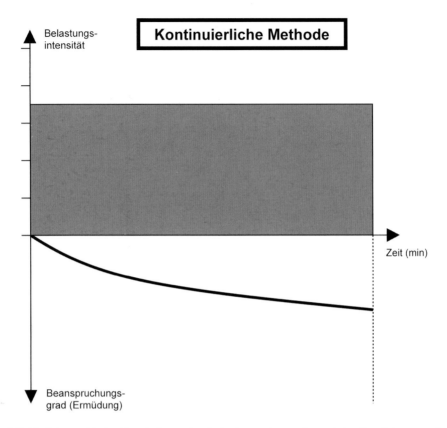

Abb. 4.3-11: Schematische Darstellung der Belastungsdynamik und des Ermüdungsverlaufs bei der kontinuierlichen Methode

Wechselmethode

Prinzip (Abb. 4.3-12)
- langandauernde Ausdauerbelastung (ab 30 min),
- gezielt wechselnde Intensität zwischen Grundbereich und Entwicklungsbereich,
- Wechsel in der Stärke der Ermüdungsprozesse bei tendenziell ansteigender Ermüdung.

Zielstellung
- Verbesserung der Grundlagenausdauerfähigkeit (Entwicklungsbereich)

Ausdauertrainingsform
- Grundlagenausdauertraining 2 eingebettet in Grundlagenausdauertraining 1

Anwendungsbereich
- überwiegend Wettkampf- und Leistungssport

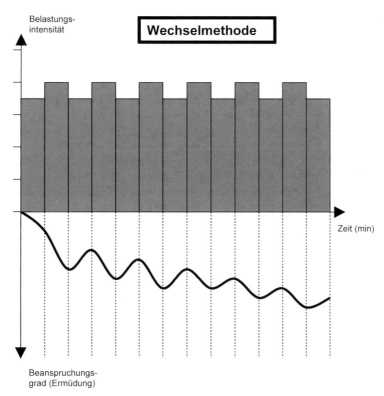

Abb. 4.3-12: Schematische Darstellung der Belastungsdynamik und des Ermüdungsverlaufs bei der Wechselmethode

4.3.6.2 Intervallmethoden

Die Intervallmethoden sind durch *intermittierende* Belastungen, d. h. durch von Pausen unterbrochene Teilbelastungen, gekennzeichnet. Dadurch lassen sich trotz relativ großer Gesamtbelastungsumfänge höhere Belastungsintensitäten als mit den Dauermethoden realisieren. Die Spezifik besteht darin, dass die Pausen einerseits einen Erholungseffekt bewirken, andererseits aber wiederum so kurz sind, dass eine *vollständige Wiederherstellung nicht möglich* ist. Durch die unvollständige Erholung kommt es, wie bei den Dauermethoden, zu einer *tendenziell zunehmenden Ermüdung* im Verlauf der Gesamtbelastung (Abb. 4.3-13).

Die Intervallmethoden können nach verschiedenen Kriterien weiter differenziert werden. Trainingsmethodisch bedeutsam ist die Einteilung ausgehend von der Belastungsintensität in

- *intensive* Intervallmethode und
- *extensive* Intervallmethode.

Die Intensitätsbereiche unterscheiden sich dahingehend, dass im *extensiven* Intervalltraining vorwiegend im *Grund- bzw. Entwicklungsbereich* trainiert wird, im *intensiven* Intervalltraining hingegen überwiegend im *Grenzbereich*. Dementsprechend wird der zugehörige Belastungsumfang, der auf den Teilstrecken möglich ist, immer geringer (Tab. 4.3-8).

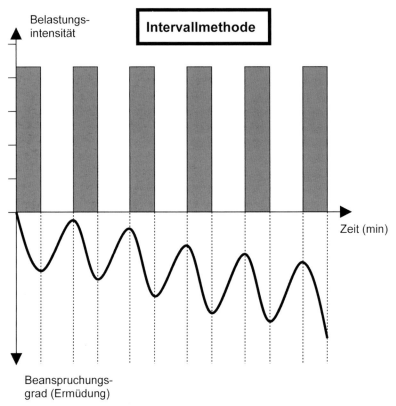

Abb. 4.3-13: Schematische Darstellung der Belastungsdynamik und des Ermüdungsverlaufs bei der Intervallmethode

Prinzip (Abb. 4.3-13)
- intermittierende Ausdauerbelastung,
- unvollständige Wiederherstellung in den Pausen,
- Kumulation (Aufstockung) der Ermüdung im Gesamtbelastungsverlauf.

Zielstellung
- Verbesserung der Grundlagenausdauerfähigkeit (Grund- und Entwicklungsbereich),
- Verbesserung der wettkampfspezifischen Ausdauer.

Ausdauertrainingsform
- Grundlagenausdauertraining 1 und 2 (extensive Intervallmethode),
- wettkampfspezifisches Ausdauertraining (intensive Intervallmethode).

Anwendungsbereiche
- im Ausdauertraining überwiegend Wettkampf- und Leistungssport,
- in Form des *Kreistrainings* zur Verbesserung der Kraftausdauerfähigkeit (vgl. Kap. 4.1.4.5) in allen sportlichen Tätigkeitsbereichen.

4.3.6.3 Wiederholungsmethode

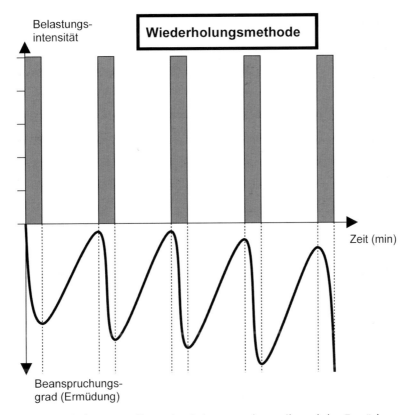

Abb. 4.3-14: Schematische Darstellung der Belastungsdynamik und des Ermüdungsverlaufs bei der Wiederholungsmethode

Ähnlich den Intervallmethoden handelt es sich um *intermittierende* Belastungen (Abb. 4.3-14, Tab. 4.3-8), allerdings mit dem Unterschied, dass bei der Wiederholungsmethode eine möglichst *vollständige Wiederherstellung* zwischen den Teilbelastungen angestrebt wird. Sie eignet sich deshalb vor allem für solche Trainingsinhalte, bei denen die zu realisierenden Trainingsanforderungen eine weitgehend vollständige Erholung zwischen den Teilbelastungen notwendig machen. Im Ausdauertraining trifft dies vor allem auf das wettkampfspezifische Training zu.

Prinzip (Abb. 4.3-14)
- intermittierende Ausdauerbelastung mit hoher Intensität,
- möglichst vollständige Wiederherstellung in den Pausen.

Zielstellung
- Verbesserung der wettkampfspezifischen Ausdauerfähigkeit.

Ausdauertrainingsform
- wettkampfspezifisches Ausdauertraining (Grenzbereich).

Anwendungsbereich
- Wettkampf- und Leistungssport,
- mit niedriger Intensität (Grundbereich) auch für Untrainierte zur Gewöhnung an Ausdauerbelastungen.

4.3.7 Erfolgskontrolle

Nachfolgend wird ein sportmotorischer Test vorgestellt, der die Kontrolle des Niveaus der allgemeinen bzw. Grundlagenausdauerfähigkeit ermöglicht.

Beispiel:
Cooper-Test

Testaufgabe:	12-min-Dauerlauf auf einer 400-m-Rundbahn
Messwert:	Zeit
Fähigkeit:	Grundlagenausdauerfähigkeit (allgemeine Ausdauerfähigkeit)
Aspekt:	Langzeitausdauerfähigkeit I (LZA I)
Sportart:	allgemein
Verwendung:	alle Bereiche

Testdurchführung: Erläuterung der Aufgabenstellung
Der Sportler läuft nach dem Startsignal mit möglichst gleich bleibender Geschwindigkeit 12 min auf einer 400-m-Rundbahn.

Testdauer: 12 Minuten

Testanweisung:
„Der Test überprüft eure Grundlagenausdauerfähigkeit. Nach dem Startsignal lauft ihr auf der 400-m-Rundbahn und versucht dabei, so viele Runden wie möglich zurückzulegen. Teilt euch die Kräfte so ein, dass ihr die 12 min durchhaltet und möglichst mit gleichmäßiger Geschwindigkeit laufen könnt. Wir ermitteln die maximale Laufstrecke, die ihr in den 12 min zurücklegen könnt."

Hinweise für Testleiter:
Vor dem Test ist eine allgemeine Erwärmung durchzuführen. Auf der Rundbahn sollten Markierungen zur einfachen Bestimmung der Laufstrecken angebracht sein.

Testanforderungen: 400-m-Rundbahn mit Markierungen
                         1 Stoppuhr

	1 Testleiter
	bei mehreren Probanden Helfer zur Bestimmung der Laufstrecke
Testauswertung:	Erfassen der in den 12 min zurückgelegten Laufstrecke.

Modifizierungsmöglichkeiten:
Zusätzlich zur Laufstrecke können Belastungs- und Nachbelastungsherzfrequenzwerte in die Auswertung einbezogen werden. Bei sehr geringer Leistungsfähigkeit der Probanden kann die Laufzeit reduziert werden.

Bewertungshinweise: Beispiele in Tab. 4.3-9

Tab. 4.3-9: Richtwerte (Streckenlänge in m) für den Cooper-Test zur Leistungseinschätzung von **Jungen**. Für Mädchen gelten jeweils 200 m weniger (nach Weineck, 2007)

Leistungseinschät-zung	Zurückgelegte Streckenlänge (in m) für die Altersklasse						
	11	12	13	14	15	16	17
Ausgezeichnet	2800	2850	2900	2950	3000	3050	3100
Sehr gut	2600	2650	2700	2750	2800	2850	2900
Gut	2200	2250	2300	2350	2400	2450	2500
Befriedigend	1800	1850	1900	1950	2000	2050	2100
Mangelhaft	1200	1250	1300	1350	1400	1450	1500
Ungenügend	Geringere Strecke (m) als bei mangelhaft.						

Kontrollfragen und Aufgaben

1. Was versteht man unter *relativer Ausdauer*?

2. Kennzeichnen und begründen Sie die in Ihrer Sportart leistungsbestimmenden *Energiegewinnungsprozesse*. Stellen Sie die Energiegewinnungsprozesse in Abhängigkeit von Belastungsdauer und -intensität grafisch dar.

3. Was versteht man unter dem „*Schwellenkonzept*"?

4. Warum ist die Ausbildung der *Grundlagenausdauer* in allen Sportarten und Tätigkeitsbereichen des Sports erforderlich?

5. Welche *Ausdauerformen* werden ausgehend von der Belastungsdauer unterschieden? Welche Gründe gibt es für eine derartige Einteilung?

6. Welche *Körperübungen* sind beim *Grundlagenausdauertraining* einsetzbar und welcher *Belastungsumfang* sollte mindestens realisiert werden? Begründen Sie ihre Angaben.

7. Erklären Sie die *Intensitätsbereiche* für die Ausbildung der *Grundlagenausdauerfähigkeit* und leiten Sie Anwendungsmöglichkeiten in den unterschiedlichen Tätigkeitsbereichen des Sports ab.

8. Vergleichen Sie die *Wiederholungs-* und die *Intervallmethode* hinsichtlich ihres Beanspruchungsgrades. Begründen Sie Einsatzmöglichkeiten dieser Methoden im Ausdauertraining.

4.4 Koordinative Fähigkeiten

4.4.1 Begriffsbestimmung

Aufgrund der vielfältigen Anforderungen im sportlichen Handlungsverlauf wie

- das Vorhandensein einer großen Anzahl möglicher Handlungsprogramme (z. B. in Form von verschiedenen Bewegungs- und Handlungskombinationen),
- die Notwendigkeit eines situationsangepassten Handelns (z. B. in der Kooperation mit den Mitspielern oder unter Gegnerbeeinflussung),
- das rechtzeitige Erkennen und „Meistern" der Umgebungsbedingungen (z. B. Wind- und Lichtverhältnisse, Schneebedingungen, Wasser und Wellen),
- die hohe Geschwindigkeit (Zeitdruck), mit der eine Handlung auszuführen ist (z. B. das Abwehren eines Volleyball-Angriffsschlags),
- die hohe Zielgenauigkeit bei entsprechender Handlungsgeschwindigkeit (z. B. im Schießen oder Biathlon)

werden u. a. ein *variierter Handlungsbeginn*, ein *differenzierter Krafteinsatz* und ein *gezielter räumlich-zeitlicher Verlauf* der Handlung notwendig.

Dies erfordert ein hohes Ausprägungsniveau von den Prozessen, durch die Handlungen gesteuert und geregelt werden können. Im Verlauf der Tätigkeit (Prozess der sportlichen Ausbildung) verfestigen und generalisieren sich die Prozesse immer mehr. Auf diesem Niveau stellen sie als psycho-physische Eigenschaften die koordinativen Fähigkeiten dar.

> **Koordinative Fähigkeiten sind eine Klasse motorischer Leistungsvoraussetzungen, die primär informationell determiniert, d. h. durch die Prozesse und Funktionen der Handlungssteuerung und -regulation, bedingt sind.**

Im Zusammenhang mit anderen personalen Persönlichkeitseigenschaften sind sie Leistungsvoraussetzungen für

- das *Erlernen, Vervollkommnen und Stabilisieren* motorischer Fertigkeiten,
- das *Umlernen* motorischer Fertigkeiten,
- die Ausführung *präziser* oder der Situation *angepasster* motorischer Fertigkeiten und
- ihr Ausprägungsniveau wird im *Umsetzungsgrad* der Ausdauer- und Kraftfähigkeiten zum Ausdruck gebracht.

Koordinative Fähigkeiten befähigen einen Sportler zur Ausübung **sportlicher Handlungen** (allgemein und auch unter sportartspezifischen Bedingungen) und sie entwickeln sich durch *variables Üben*, auf der Grundlage von *Anlagen*, weiter.

Einzelne koordinative Fähigkeiten sind niemals alleinige Leistungsvoraussetzung für eine bestimmte Bewegungshandlung. Es wirken immer *mehrere* koordinative Fähigkeiten im *Komplex* zusammen. D. h., sie stehen in enger Beziehung untereinander und beziehen andere personale Leistungsvoraussetzungen wie intellektuelle, musische oder volitive mit ein.

Lange Zeit kannte man gegenüber den konditionellen Fähigkeiten im Sport nur eine koordinative Fähigkeit – die **Gewandtheit**. Sie wurde ziemlich komplex und allgemein als „Fähigkeit zur schnellen und zweckmäßigen Lösung motorischer Aufgaben" definiert. Der universelle Begriff „Gewandtheit" wurde aber wegen seiner Unschärfe und Undifferenziertheit in Bezug auf die Vielzahl verschiedenartiger motorischer Handlungen mit ihren hohen Qualitätsansprüchen, insbesondere im Leistungssport, nicht mehr gerecht. Daraus resultierte die Forderung nach einer Unterscheidung in mehrere koordinative Fähigkeiten. Blume (1978) legte mit seiner Forschergruppe ein Konzept der *sieben koordinativen Fähigkeiten* vor, das aus den Anforderungen der verschiedenen Sportarten und Disziplinen abgeleitet wurde und in einem hohen Maße sportpraktische Relevanz aufweist. Zu den koordinativen Fähigkeiten gehören die

- **Orientierungsfähigkeit,**
- **Kopplungsfähigkeit,**
- **Differenzierungsfähigkeit,**
- **Gleichgewichtsfähigkeit,**
- **Rhythmisierungsfähigkeit,**
- **Reaktionsfähigkeit und**
- **Umstellungsfähigkeit**.

Bei den koordinativen Fähigkeiten handelt es sich um ein *Konstrukt*, d. h., dass sich ihr Ausprägungsniveau beim Sportler auch nicht direkt messen lässt. Lediglich bei der Erfüllung einer Aufgabenstellung bzw. Bewältigung einer konkreten (sportlichen) Situation kommt ihre Qualität zum Ausdruck. Um z. B. bei verschiedenen Körperübungen das Gleichgewicht zu wahren, bzw. nach dessen Störung (z. B. bei Drehungen um die Breiten- oder Längsachse) schnell wieder herzustellen, ist eine ganz spezifische Steuerung der Bewegung erforderlich, die spezifische Fähigkeiten erfordert. Deren Qualität lässt sich z. B. im Ausprägungsniveau der *Gleichgewichtsfähigkeit* ausdrücken.

Für die Sportarten und Disziplinen sind auch nie alle koordinativen Fähigkeiten in gleicher Weise wichtig, sondern entsprechend der Tätigkeitsmerkmale in den Sportarten kann von einer *Dominanz* bestimmter koordinativer Fähigkeiten gesprochen werden. So ist es auch möglich, dass während des Handlungsverlaufs die eine oder andere koordinative Fähigkeit stärker in den Vordergrund tritt, z. B. in der Feldabwehr im Volleyball: Orientierungs- und Reaktionsfähigkeit, aber im Zuspiel: Orientierungs- und Differenzierungsfähigkeit.

Weil koordinative Fähigkeiten demzufolge immer an ganz konkrete Handlungen gebunden sind ist es erforderlich, die *spezifischen Handlungsanforderungen* zu analysieren. Am Beispiel der volleyballtypischen Spielhandlung *Annahme* soll dies verdeutlicht werden:

- Zur Lösung der Spielaufgabe, Annahme des Balles zum Zuspieler, muss der Sportler in der Lage sein, seine eigene Position im Verhältnis zu Mitspielern (besonders: Zuspieler), Spielfeldmarkierungen und zum anfliegenden Ball zu bestimmen. Aus der Flugbahn des Balles muss er den voraussichtlichen Handlungsort gedanklich vorausnehmen (antizipieren) und eine entsprechende Ortsveränderung vornehmen. Die zweckmäßige Lösung dieser Teilaufgaben erfordert eine hohe Ausprägung der *Orientierungsfähigkeit*.

- Anforderungen an die *Reaktionsfähigkeit* werden insofern gestellt, dass sich durch die Besonderheiten und die zunehmende Schärfe der Aufgaben (z. B. Sprungaufgaben) die Zeitspanne zwischen Erfassung der Situation und der Einleitung der motorischen Handlung verkürzt.
- Durch den Wechsel der gegnerischen Aufschlagmöglichkeiten (Effet-, Flatter- und Sprungaufgaben) ist der Ball annehmende Sportler gezwungen, sich den Bedingungen ständig *anzupassen.* Dies erfordert ein hohes Niveau an *Umstellungsfähigkeit*.
- Die erforderliche Genauigkeit der Annahme zur Vorbereitung schneller und effektiver Kombinationsangriffe bedingt ein hohes Niveau an *Differenzierungsfähigkeit*.
- Für eine hohe Qualität der motorischen Ausführung der Annahme ist eine zweckmäßige Koordination der Teilkörperbewegungen notwendig, wodurch ebenfalls Anforderungen an die *Kopplungsfähigkeit* gestellt werden, die sich durch bestimmte *taktische Varianten* noch erhöhen.

Im Ergebnis der Analyse lässt sich ein Komplex von koordinativen Fähigkeiten ableiten, der trainingsmethodische Konsequenzen für die Fähigkeits-, wie auch Fertigkeitsausbildung haben wird.

Die **biologischen Voraussetzungen** bzw. Grundlagen für die koordinativen Fähigkeiten stellen die Steuer- und Regelprozesse im Sinne der **Informationsregulation** dar und wurden bereits im Kapitel 3.3.3 ausführlich erläutert.

4.4.2 Zur Charakteristik koordinativer Fähigkeiten

> **Die Differenzierungsfähigkeit ermöglicht dem Sportler, eine ökonomische und zweckentsprechende Feinabstimmung einzelner Bewegungsphasen und Teilkörperbewegungen vornehmen zu können.**

Sie drückt sich in großer Bewegungsgenauigkeit und -ökonomie aus und beruht auf der bewussten, präzisen Unterscheidung zwischen den *Kraft-, Zeit- und Raumparametern* des aktuellen Bewegungsvollzugs und denen des in der Vorstellung existierenden Bewegungsablaufs. Sie ist besonders bedeutsam für die Vervollkommnung und Stabilisierung sportlicher Bewegungen und ihrer Anwendung im Wettkampf. Oft verbindet man die Differenzierungsfähigkeit mit Begriffen wie *„Ball-, Wasser-, Schnee- oder Tempogefühl".* Dies ist jedoch kritisch zu werten, da in diesen Begriffen die für Gefühle typischen Lust- oder Unlustaspekte kaum oder gar nicht impliziert sind.

Die *Geschicklichkeit*, als Fähigkeit der Feinkoordination von Hand-, Fuß- und Kopfbewegungen, und die Muskelanspannungs- und -entspannungsfähigkeit, als

Fähigkeit der bewussten Feinsteuerung der Muskelaktivität, werden als Ausprägungsaspekte der Differenzierungsfähigkeit betrachtet.

Die Differenzierungsfähigkeit ist Voraussetzung für die Gleichgewichts- und Rhythmisierungsfähigkeit und steht in enger Beziehung zur Kopplungs- und Orientierungsfähigkeit.

Die Kopplungsfähigkeit ermöglicht dem Sportler, eine zweckmäßige Koordination von Teilkörperbewegungen untereinander und in Beziehung zu der auf ein bestimmtes Handlungsziel gerichteten Gesamtkörperbewegung vornehmen zu können.

Sie drückt sich im Zusammenspiel räumlicher, zeitlicher und dynamischer Parameter aus. Die Kopplungsfähigkeit ist besonders bedeutsam in den technisch-akrobatischen Sportarten, in denen Aufgaben mit hohem Schwierigkeitsgrad zu lösen sind wie z. B. Sprünge mit Mehrfachdrehungen (Gerätturnen), oder wo im Sinne von Mehrfachanforderungen simultan, d. h. gleichzeitig, Bewegungshandlungen ausgeführt werden müssen (z. B. Handball: Absprung vor dem Kreis, Fangen eines zugespielten Balls im Sprung und Wurf auf das Tor, bevor die Landung erfolgt).

In den situativen Sportarten kommen die Auseinandersetzung mit den Gegnern und der Gebrauch von Geräten (z. B. Bälle, Waffen) hinzu.

Zwischen der Kopplungsfähigkeit und der Orientierungs-, Differenzierungs- und Rhythmisierungsfähigkeit bestehen enge Beziehungen.

Die Reaktionsfähigkeit ermöglicht dem Sportler ein schnelles Erkennen eines Signals oder mehrerer Signale und die unmittelbare Einleitung einer zweckmäßigen und in der Regel kurzzeitigen Antworthandlung. Dies geschieht zum richtigen Zeitpunkt und mit einer aufgabenadäquaten Geschwindigkeit.

Insofern schließt ein *situationsangepasstes Reagieren* beim rechtzeitigen Erkennen einer *Täuschungshandlung* (Finte) auch das *zeitverzögerte Einleiten* einer Antworthandlung mit ein. Eine Besonderheit der Reaktionsfähigkeit ist ihre enge Beziehung zu Aspekten der Schnelligkeitsfähigkeit (vgl. Kap. 4.2). Die Signale können akustischer (z. B. Startkommando), optischer (z. B. Aktionen von Mitspielern), taktiler oder kinästhetischer (z. B. Judo) Art sein. Oft muss aus einer Vielzahl von Signalen das richtige erkannt und ausgewählt werden.

Antworthandlungen auf Signale können „einfache" sportliche Aktionen, wie z. B. der Start auf das Kommando zum 100-m-Lauf, oder auch komplizierte motorische Aktionen sein. Als Beispiel für derartig komplexe oder auch *Wahlreaktionshandlungen* sei z.B. die von einem Angriffsspieler im Fußball zu treffende Reaktionshandlung angeführt, wonach in Bruchteilen von Sekunden entweder die Entscheidung für den eigenen Torschuss oder für ein Abspiel zu einem noch günstiger vor dem gegnerischen Tor postierten Mitspieler zu treffen ist. In diesen Fällen wird vom Sportler verlangt, nach einer Situationsanalyse eine zweckmäßige Antworthandlung zur Erreichung des Handlungsziels auszuwählen und einzuleiten.

Die Reaktionsfähigkeit steht in einem engen Bezug zu der Umstellungsfähigkeit und psychischen, insbesondere intellektuellen Regulationsaspekten, d. h., dass in hohem Maße bewusstseinspflichtige Anteile benötigt werden.

Die Orientierungsfähigkeit ermöglicht dem Sportler, eine Veränderung der Lage und Bewegung des Körpers in Raum und Zeit, bezogen auf ein definiertes Aktionsfeld (z. B. umgebender Raum) bzw. ein sich bewegendes Objekt (z. B. Gegner, Mitspieler oder Ball), zu bestimmen und zu regulieren.

Die Orientierungsfähigkeit hat besondere Bedeutung in den technisch-akrobatischen und situativen Sportarten, da die Stellung des Körpers im Raum ständig und vielgestaltig verändert werden muss. Eine enge Beziehung besteht zur Differenzierungsfähigkeit, die sich bei guter Ausprägung insbesondere in einer richtigen und zweckentsprechenden zeitlichen Koordination der Teilkörperimpulse ("timing") niederschlägt. Ein hohes Ausprägungsniveau der Orientierungsfähigkeit allgemein schafft dem Lernenden mehr Sicherheit und trägt somit zur Verbesserung der Lern- und Leistungsbedingungen bei. Aufgrund der im Kopf lokalisierten Rezeptoren des optischen (Augen) und des statico-dynamischen (Ohren) Analysators, ist diesem als "Orientierungs-" und Steuerorgan eine große Bedeutung beizumessen. Störungen in diesem Bereich haben direkt negative Auswirkungen auf die Bewegungssteuerung und damit auf die gesamte Bewegungsregulation.

Die Gleichgewichtsfähigkeit ermöglicht dem Sportler, den gesamten Körper im Gleichgewicht zu halten und diesen Zustand während bzw. nach Bewegungshandlungen und bei sich ändernden Umgebungsbedingungen beizubehalten bzw. (schnell) wiederherzustellen.

Die Gleichgewichtsfähigkeit ist eine grundlegende, vom Sportler erworbene und relativ stabile Voraussetzung für jede Bewegungshandlung. Besonders benötigt wird sie in allen technisch-akrobatischen und situativen (besonders Zweikampf-) Sportarten, und in verschiedenen Wasserfahr- und Skisportarten kann sie leistungsentscheidend sein. So werden erhöhte Anforderungen an ihr Ausprägungsniveau gestellt, wenn Bewegungen auf schmaler Unterstützungsfläche (Balken, Seil), unter Schwerelosigkeit (im All) und unter labilen Gleichgewichtsverhältnissen (Boote auf dem Wasser) auszuführen sind.

Einerseits betrachtet man das Gleichgewicht in relativer Ruhe oder bei sehr langsamen Bewegungen (Stand- oder Balanciergleichgewicht), andererseits bei umfangreichen und schnellen Lageveränderungen des Körpers (Dreh- oder Fluggleich-gewicht). Die Fähigkeit, den Körper im „statischen" Gleichgewicht zu halten, ist vorrangig abhängig von der Funktionstüchtigkeit des taktilen und kinästhetischen Analysators und beruht auf dem Lageempfinden. Das Erhalten des „dynamischen" Gleichgewichtes hängt ab vom Grad der Stabilität des Vestibularanalysators (auch: Gleichgewichtsanalysator oder statico-dynamischer Analysator, vgl. Kap. 3.3.3.1) und beruht auf dem Beschleunigungsempfinden.

Insbesondere bei der Gleichgewichtsfähigkeit ist zu beobachten, dass deren do-minante Wirkung beim Lernanfänger nach einer gewissen Übungszeit wieder in den Hintergrund tritt und andere Fähigkeiten an Bedeutung gewinnen. So hat der Anfänger im Surfen zunächst große Schwierigkeiten, auf dem Surfboard zu stehen; dies ist aber eine Grundvoraussetzung, um die surfspezifischen Fertigkeiten wie z. B. Wende oder Halse erlernen zu können. Nach einer relativ kurzen Zeit der Gleich-gewichts- und Gewöhnungsschulung erlangt der Lernende eine gewisse Sicherheit auf dem Board (surfspezifisches Gleichgewicht) und lenkt seine Aufmerksamkeit auf andere lernrelevante Inhalte. Sehr enge Beziehungen bestehen zur Orientie-rungs- und Differenzierungsfähigkeit.

Die Umstellungsfähigkeit ermöglicht dem Sportler, das Handlungsschema, aufgrund der während eines Handlungsvollzugs wahrgenommenen oder vorausgesehenen (antizipierten) Situationsveränderungen, den neuen Bedingungen anzupassen und eine zweckentsprechende Antworthandlung einzuleiten.

Die **Antizipationsfähigkeit** ermöglicht dem Sportler, künftige Handlungen, Handlungsverläufe, Ereignisse und Situationen *gedanklich vorwegzunehmen*. Dies stellt hohe Anforderungen an das menschliche Bewusstsein (u. a. auch an das Gedächtnis) und schließt eine kritische Beurteilung und Wertung *vorangegangener Handlungen* und Ereignisse mit ein. Ein hohes Niveau der Antizipationsfähigkeit kann wesentlich zur

- Verkürzung der Situationserfassungszeit,
- zur schnellen Handlungsprogrammbildung und damit
- zur Verkürzung der Zeit bis zur Einleitung und Ausführung der (Antwort-) Handlung beitragen.

Antizipationsregulatorische Aspekte sind in *allen koordinativen Fähigkeiten* enthalten und prägen deren Niveau. Man unterscheidet in **Situations-, Erfahrungs-, Ziel- und Programmantizipation**. Bei entsprechender Übungsauswahl ist eine gezielte Ausbildung der Antizipationsfähigkeit möglich.

Die Situationsänderungen können unerwartet sein oder plötzlich stattfinden. Bei kleineren Situationsveränderungen muss die Bewegungshandlung durch Veränderung der räumlichen, zeitlichen und dynamischen Parameter *angepasst* werden, wobei die ursprüngliche Bewegungsaufgabe beibehalten wird. Als Beispiel dafür sei das Speerwerfen angeführt, bei dem der Sportler den Anstellwinkel des Speers beim Abwurf den Windbedingungen anpassen muss, um eine maximale Wurfweite erreichen zu können. Bei größeren Situationsveränderungen ist ein Umstellen der Bewegungsaufgabe auf ein neues Handlungsprogramm erforderlich. Dies kann z. B. dann notwendig werden, wenn der gegnerische Spieler anstatt eines erwarteten defensiven Verhaltens angriffsfreudig und offensiv in Aktion tritt.

Ein hohes Ausprägungsniveau der Umstellungsfähigkeit wird in den situativen Sportarten auch dann benötigt, wenn z. B. der Gegner eine vom Sportler begonnene Angriffshandlung stört.

Je größer die Palette der *Bewegungserfahrungen* eines Menschen ist, umso mehr Möglichkeiten des Umstellens stehen ihm zur Auswahl. Es bestehen enge Beziehungen zur Orientierungs- und Reaktionsfähigkeit.

Die Rhythmisierungsfähigkeit ermöglicht es dem Sportler einerseits, einen von außen durch akustische (oft musikalische) oder visuelle Mittel vorgegebenen Rhythmus motorisch zu reproduzieren. Andererseits versetzt sie ihn in die Lage, einen „verinnerlichten", in der Vorstellung existierenden, bestimmten Rhythmus einer sportlichen Bewegung zu realisieren.

Die Rhythmisierungsfähigkeit ist besonders wichtig in Sportarten, die mit musikalischer Begleitung ausdrucksstark dargeboten werden (z. B. Rhythmische Sportgymnastik, Eiskunstlaufen, Synchronschwimmen), und in Sportarten, in denen man sich einem Gruppenrhythmus unterzuordnen hat (z. B. in Mannschaftsbooten oder Gruppengymnastik).

Generell stellt die Rhythmisierungsfähigkeit eine wichtige Grundlage für das richtige Erlernen von sporttechnischen Fertigkeiten (vgl. Kap. 5.4) in allen Sportarten und Disziplinen dar.

Enge Bezüge bestehen zur Differenzierungs-, Orientierungs-, Kopplungs- und Kraftfähigkeit, außerdem zu intellektuellen und musischen Fähigkeiten.

Es sei nochmals betont, dass koordinative Fähigkeiten *nie isoliert*, sondern immer mehr oder weniger miteinander verknüpft in Erscheinung treten, d. h. *Fähig-*

keitskomplexe bilden, und sowohl *Voraussetzung*, als auch *Ergebnis* von sportlicher Tätigkeit sind. Entsprechend des Anforderungscharakters der jeweiligen Sportart dominieren darin die eine oder andere koordinative Fähigkeit oder mehrere im Zusammenspiel.

4.4.3 Bedeutung koordinativer Fähigkeiten

Die Bedeutung der koordinativen Fähigkeiten für die Motorik ist eine sehr vielfältige.

Grundsätzlich ist ein gut ausgeprägtes Niveau an koordinativen Fähigkeiten hilfreich in allen Bereichen des Lebens. Auch außerhalb des Sports werden dadurch Menschen in die Lage versetzt, eine Vielzahl motorischer Handlungen im täglichen Leben (Alltagsmotorik) und auch im Arbeitsprozess (Arbeitsmotorik) zweckmäßig, effektiv oder auch „schön" auszuführen. Dies hilft beim Haushalten mit den Kräften, vermeidet gefährliche Situationen (z. B. im Umgang mit Geräten), schafft dadurch ein hochwertiges Lebensgefühl und bewahrt dem Menschen außerdem seine Gesundheit, wodurch er leistungsfähiger bleibt oder wird.

Im **Sport** sind koordinative Fähigkeiten neben den anderen motorischen Fähigkeiten Beweglichkeit, Kraft, Ausdauer, Schnelligkeit, den sporttechnischen Fertigkeiten und konstitutionellen Bedingungen *Voraussetzungen* zur *Ausbildung* und zur *Erbringung* (hoher und höchster) *sportlicher Leistungen* (Sportmotorik). Von einem hohen koordinativen Fähigkeitsniveau ausgehend, gelingt es dem Sportler schneller und mit höherer Qualität, die für die Sportart benötigten sporttechnischen Fertigkeiten zu erlernen, vervollkommnen, stabilisieren oder auch *umzulernen*. Damit tragen sie einerseits **Voraussetzungscharakter** für die Ausprägung von Fertigkeiten, andererseits kommt das erreichte Niveau an koordinativen Fähigkeiten in der Qualität der jeweiligen motorischen Fertigkeit zum Ausdruck. Die engen **Wechselbeziehungen** zwischen sporttechnischen Fertigkeiten und koordinativen Fähigkeiten lassen sich in diesem Zusammenhang sehr gut erkennen.

Prinzipieller **Unterschied** zwischen beiden besteht darin, dass *koordinative Fähigkeiten* immer Voraussetzungscharakter tragen für eine ganze *Klasse von Aufgabenlösungen*, d. h., dass z. B. ein hohes Ausprägungsniveau an Reaktionsfähigkeit den Menschen in die Lage versetzt, in allen Situationen, in denen Anforderungen an das Reaktionsvermögen gestellt werden, auch schnell und zweckentsprechend zu reagieren. Anders hingegen verhält es sich mit der *sporttechnischen Fertigkeit*, z. B. hoch springen zu können. Diese wird tatsächlich immer nur dann gefordert, wenn es um diese spezielle Aufgabenlösung geht, eben hoch zu springen. Um weit springen zu können, benötigt der Sportler ggf. ähnliche Leistungsvoraussetzungen wie beim Hochsprung, aber die angewandte Fertigkeit ist eine andere.

Unterschiedlich ist auch die Bedeutung der koordinativen Fähigkeiten in den verschiedenen *Sportarten*. Welche Wichtung sie hier erfahren, sei verallgemeinert an den *Sportartengruppen* dargestellt:

- In den *Ausdauersportarten* sichern sie durch ein zweckentsprechendes Anspannungs- und Entspannungsverhalten der Muskulatur über einen längeren Zeitraum eine hohe *Bewegungseffektivität und -ökonomie*, wodurch der Sportler ermüdungswiderstandsfähiger wird;

- in den *Kraft- und Schnellkraftsportarten* steuern und regeln sie den *optimalen Krafteinsatz* („timing") oder sichern einen *effizienten Energieeinsatz*;
- gewährleisten bei *Schnelligkeitsleistungen* eine hohe *Bewegungsfrequenz*;
- in den *technisch-akrobatischen* Sportarten sichern sie neben der *ästhetischen Ausstrahlung* die hohe *technische Perfektion* und sorgen für *„flüssige" Bewegungskombinationen*, die die *Kreativität und Originalität* der Sportler zum Ausdruck bringen;
- in den *situativen Sportarten* gewährleisten sie die *Anpassung* an sich *ständig ändernde Bedingungen* (Gegner- und Mitspielerverhalten, Umgebungsbedingungen) und ermöglichen die *situativ zweckmäßige und richtige Umstellung* im Angriffs- und Verteidigungsverhalten in Anlehnung oder Abwandlung des vorgefassten strategischen Konzepts.

Es sei an dieser Stelle noch auf ein Problem aufmerksam gemacht, das aus dem *Generalitätsanspruch* der koordinativen Fähigkeiten, also ihrer *Verallgemeinerbarkeit*, und der *Spezifität* des sportlichen Leistungsvollzugs entsteht.

Am Beispiel der *Gleichgewichtsfähigkeit* soll dies näher erläutert werden. Ganz allgemein ist für die Bewegungstätigkeit des Menschen ein gewisses Niveau der Gleichgewichtsfähigkeit notwendig, z. B. wenn es um den aufrechten Gang, das Sitzen, das Ausführen von Drehungen usw. geht. Der statico-dynamische oder Gleichgewichtsanalysator trägt dafür u. a. die Verantwortung. Das Balancieren über einen umgefallenen Baum über einem Bach, das Turnen auf dem Schwebebalken, das Surfen auf dem Board oder das Paddeln im Kanu erfordern aber bereits ganz spezifische Ausprägungen der Gleichgewichtsfähigkeit, die mit ihrer allgemeinen Ausprägung nur bedingt etwas zu tun haben. Das Problem wird noch weiter dadurch „verschärft", dass es sich nur schwerlich nachweisen lässt, dass eine gute Surferin günstigere Voraussetzungen bezüglich des Gleichgewichtsverhaltens für das Turnen auf dem Schwebebalken hat. Die *Transferabilität*, also die Verallgemeinerung und Übertragbarkeit von koordinativen Fähigkeiten, muss daher von den *allgemeinen* zu den *spezifischen* Ausprägungsaspekten in Frage gestellt werden.

So wurde auch in Untersuchungen im Volleyball nachgewiesen, dass in den einzelnen volleyballspezifischen Handlungen wie z. B. Angriff, Aufgabe oder oberes und unteres Zuspiel unterschiedliche Anforderungen an das Niveau der spezifischen Ausprägung der Differenzierungsfähigkeit gestellt werden. D. h., ein Sportler, der präzise und platzierte Aufgaben schlagen kann, muss deshalb nicht automatisch auch ein präziser Zuspieler sein, da sich die Anforderungen an insbesondere die Differenzierungsfähigkeit in Abhängigkeit der sportlichen Handlung selbst innerhalb einer Sportart (stark) unterscheiden (Grübler, Hartmann, 1986). Um diesem Phänomen besonders aus trainingsmethodischer Sicht Rechnung tragen zu können, ist es sinnvoll, von einem **allgemeinen** und einem **sportartspezifischen Ausprägungsniveau** der einzelnen koordinativen Fähigkeiten zu sprechen. Demnach hat jede der koordinativen Fähigkeiten **einen** allgemeinen und **mehrere** sportartspezifische Ausprägungsaspekte. Konsequenzen, die sich daraus in Abhängigkeit vom Alter des Sportlers und seiner sportlichen Leistungsfähigkeit usw. ergeben, müssen im Training der koordinativen Fähigkeiten Berücksichtigung finden.

4.4.4 Ausbildung der koordinativen Fähigkeiten

4.4.4.1 Ziele und Funktionen des Koordinationstrainings

Eine grundsätzliche **Zielstellung** des koordinativen Fähigkeitstrainings liegt in der Sensibilisierung der Analysatorensysteme und im Schaffen der vorrangig informationell determinierten Voraussetzungen für die Ausbildung sporttechnischer Fertigkeiten, denn:

> **Das Qualitätsniveau einer sporttechnischen Fertigkeit kann immer nur so gut sein, wie ihre dafür notwendigen Fähigkeiten ausgeprägt wurden.**

Der Anspruch, der an das Koordinationsniveau in den verschiedenen Anwendungsfeldern des Sports (Schulsport, Freizeitsport, Altensport, Rehabilitationssport und Leistungssport) und in den verschiedenen Sportarten (z. B. Spielsport- und Zweikampfsportarten im Vergleich zu Ausdauersportarten) gestellt wird, ist unterschiedlich. Auf diese Bedingungen muss die Methodik der koordinativen Fähigkeitsausbildung ausgerichtet werden und erfährt dadurch eine gewisse Spezifik.

Im Folgenden werden einige *Trainingsprinzipien, Grundsätze* und *methodische Maßnahmen*, die bei der Ausbildung koordinativer Fähigkeiten berücksichtigt und angewendet werden sollten, vorgestellt. Zunächst lässt sich thesenhaft feststellen:

- Das Training koordinativer Fähigkeiten weist eine *eigenständige Trainingsmethodik* auf und lässt sich vom Training sporttechnischer Fertigkeiten unterscheiden.
- Während in der Methodik des „Koordinationstrainings" die Ausprägung des Niveaus der koordinativen Fähigkeiten im Mittelpunkt steht, gilt die Methodik des Fertigkeitstrainings (auch „Techniktraining") der Ausbildung und Vervollkommnung sporttechnischer Fertigkeiten (vgl. Kap. 5.4).
- In Abhängigkeit des *Anspruchs an das Koordinationsniveau* (verschiedene Tätigkeitsbereiche und Sportarten/Disziplinen) unterscheiden sich Zielstellungen und Inhalte des koordinativen Trainings voneinander.
- Koordinationstraining steht außerdem in einer Abhängigkeit zu *ontogenetischen Gesichtspunkten*, d. h. Alter und Entwicklungsniveau der Sportler sind in der Methodik zu beachten (vgl. Kap. 4.1).

Drei wesentliche **Funktionen des Koordinationstrainings** lassen sich ableiten:

1. Voraussetzungsfunktion
Das Schaffen von koordinativen Voraussetzungen für die Ausprägung einer *normalen Motorik* vom Kindesalter an und damit die Herstellung einer gewissen „*Bewegungssicherheit*". Darüber hinaus werden Voraussetzungen geschaffen, die für die *Aneignung, Weiterentwicklung und Stabilisierung von sporttechnischen Fertigkeiten* eine wesentliche Grundlage bilden.

2. Erhaltungsfunktion

Die lebensbegleitende Anwendung koordinativ anspruchsvoller Übungen zur Anregung der (motorischen) Sinne, der Stoffwechselprozesse und damit zur Verbesserung bzw. zum Erhalt der *Alltags- und Arbeitsmotorik* bis ins hohe Alter. Koordinationsschulung derart verstanden, *mindert* die *Verletzungsgefahr* bzw. dient in der *Prävention* der Verhütung von Verletzungen. Das Wohlbefinden gerade der älteren und auch behinderten Menschen kann auf diese Weise gesteigert und damit die Lebensqualität erhöht werden.

3. Ergänzungs- und Harmonisierungsfunktion

Die Ergänzung von spezifischen Koordinationsübungen im Fertigkeitstraining für Sportler, die in einer Sportart/Disziplin *sportliche Höchstleistungen* erreichen wollen, was die Ausformung der Bewegungsabläufe in der Phase der *sporttechnischen Vervollkommnung* erleichtert und zur Sicherung der *variablen Verfügbarkeit* sporttechnischer Fertigkeiten beiträgt.

4.4.4.2 Grundsätze bei der Ausbildung koordinativer Fähigkeiten

> **Grundsatz 1**
> **Hauptmethode ist das *variable Üben*. Haupttrainingsmittel sind demzufolge die Körperübungen, die unter *variierenden Übungsbedingungen* ausgeführt werden. Eine relativ *große Anzahl* von *verschiedenartigen* Körperübungen ist zudem *kurzzeitig* und *variantenreich* zu trainieren.**

Dieser Grundsatz besagt, dass zur Verbesserung des motorischen Koordinationsniveaus die Anwendung von *allgemeinen, allgemein-sportartgerichteten und speziellen* (vgl. Kap. 3.4.1.1) *Körperübungen* notwendig ist. Die zweckentsprechende Auswahl der jeweiligen Körperübung richtet sich dabei nach der *Koordinationsanforderung*.

Die Vorgehensweise unterscheidet sich deutlich von der Methodik des Fertigkeitstrainings (vgl. Kap. 5.4). Im Falle des Koordinationstrainings kommt es nämlich nicht darauf an, dass der Sportler lernt, Bewegungen automatisiert auszuführen. Durch den ständigen *Wechsel der Übungen* soll der Sportler vielmehr immer wieder an die *Grenze* seines Koordinationsvermögens geführt werden (Grenzerfahrungen sammeln) und sich *bewusst* auf die Meisterung der ständig wechselnden Koordinationsanforderungen einstellen. Dabei können durchaus auch wenige *Grundübungen* ausreichen, die aber *variantenreich* ausgeführt werden. Der Kreativität von Trainern und Sportlern sind in diesem Zusammenhang keine Grenzen gesetzt.

> **Grundsatz 2**
> **Die in den Körperübungen zur Anwendung kommenden motorischen Fertigkeiten müssen *technisch richtig erlernt* worden sein und stets *technisch richtig ausgeführt* werden.**

Dieser Grundsatz besagt, dass im Koordinationstraining nur Körperübungen zur Anwendung kommen sollten, die mindestens mit dem Niveau der *Feinform* (vgl. Kap. 5.4.1) beherrscht werden. Sinn und Zweck dieser Forderung ist, dass sich der Sportler bei der Ausführung einer koordinativ anspruchsvollen Übung (z. B. mehrfaches Rollen nacheinander um die Breitenachse, vorwärts und rückwärts) nicht auf die technisch richtige Ausführung der ausgewählten Übung (im Beispiel: Rolle vorwärts und rückwärts) konzentrieren muss, sondern die *Erfüllung der Koordinationsanforderung* im Vordergrund steht. Beherrscht der Sportler die Übung aber noch nicht mit der geforderten Qualität (d. h., es ist nur *Grobform* vorhanden), ist eine derartige Aufmerksamkeitslenkung nicht möglich und das eigentliche Trainingsziel wird verfehlt. Besondere Beachtung gilt diesem Grundsatz beim koordinativen Training im *Kindesalter*. Da das Kind in diesen Jahren noch nicht so viele sportliche Bewegungen in der Qualität „Feinform" beherrscht, sollten hier die beherrschten *elementaren Bewegungsfertigkeiten* zur Anwendung kommen.

Ebenso zu beachten ist dieser Grundsatz im *sportartspezifischen Training* koordinativer Fähigkeiten. Wird z. B. der Aufgabeschlag im Volleyball noch nicht in der Qualität der „Feinform" beherrscht, lohnt es sich nicht beziehungsweise verbietet es sich sogar, diesen zur Schulung der volleyballspezifischen Differenzierungsfähigkeit (z. B. das Aufschlagen in verschiedene Segmente des gegnerischen Volleyballfeldes oder auf die Außenlinien) einzusetzen. Als *allgemein-sportartgerichtete Übung* könnte man den Ball mit gleicher Aufgabenstellung aber durchaus *werfen* lassen.

Grundsatz 3
Als zusätzliche Körperübungen können und sollten solche eingesetzt werden, die zur Verbesserung der *Funktionstüchtigkeit der Analysatoren* beitragen.

Generell gilt es, durch geeignete Übungen die *Sensibilität* (Empfindlichkeit) der Analysatorensysteme zu erhöhen. In der Tabelle 4.4-1 wird ein entsprechender Überblick gegeben.

Grundsatz 4
Die anzuwendenden Körperübungen sollten so ausgewählt werden, dass sie primär auf *eine* koordinative Fähigkeit ausgerichtet sind.

Unabhängig von der getroffenen Feststellung, dass koordinative Fähigkeiten niemals isoliert und als einzelne Fähigkeiten existieren, ist das koordinative Fähigkeitstraining effektiver und wirkungsvoller, wenn es *zielgerichtet* auf bestimmte Fähigkeiten ausgerichtet ist. Soll in der Trainingspraxis z. B. das Niveau der Gleichgewichtsfähigkeit erhöht werden, sind diejenigen Körperübungen auszuwählen und anzuwenden, die hohe Ansprüche an das Gleichgewichtsvermögen des Sportlers stellen (Abb. 4.4-1). Dies wären u. a. Balancierübungen auf verschieden *schmalen Unterstützungsflächen* wie Gehen auf einer Linie am Boden, einer Turnbank, einer umgedrehten Turnbank oder einem niedrigen und später hohen Schwebebalken. Dabei werden in den Beispielübungen nicht nur die *Breite* der Unterstützungsfläche variiert, sondern auch in den *Handlungshöhen* differenziert und *Zusatzgeräte* (z. B. Bälle halten, werfen oder fangen) verwendet. Auch *Drehungen* um die Breiten-, Längs- und Tiefenachsen stellen gezielte Anforderungen an die Gleichgewichtsfähigkeit, ohne zu verkennen, dass außerdem die Differenzierungs- und Kopplungsfähigkeit des Sportlers beansprucht werden.

Tab. 4.4-1: Trainingsmaßnahmen zur Sensibilisierung der Analysatorensysteme

Analysator	Trainingsmaßnahmen
optischer	- Beobachtungsaufgaben - zeitweiliges Ausschalten der akustischen Informationen - Anwendung von Anschauungsmitteln
akustischer	- Richtungswahrnehmungen - Reaktionsübungen - zeitweiliges Ausschalten der optischen Informationen
taktiler	- benutzen verschiedener Geräte - zeitweiliges Ausschalten der optischen Informationen
kinästhetischer	- beschreiben empfundener Bewegungen - bewusster Vergleich von Soll und Ist der Bewegung - kurzzeitiges Ausblenden der optischenen Informationen zur Vervollkommnung der „inneren" Bewegungsempfindungen - veränderte Sportgeräte (z. B schwerere und leichtere Kugeln/Bälle)
statico-dynamischer	- Verkleinerung/Vergrößerung oder Erhöhung der Unterstützungsflächen - Übungen nach Reizung des Vestibularapparates (Drehstuhl) - Einschränkung bzw. Ausschaltung der optischen Informationen

Grundsatz 5
Koordinativ *leichtere* Übungen sollten mit koordinativ *schwierigeren* abgewechselt werden.

Der Wechsel von koordinativ leichteren und schwierigeren Übungen in der Aufeinanderfolge folgt im Allgemeinen einem *didaktischen Prinzip,* im Besonderen stellt es ein *kontrastives* Üben dar. Dabei wird ein kurzzeitiges Üben auf verschiedenen Schwierigkeitsstufen aneinandergereiht, ohne dass dem Sportler zwischendurch Pausen gegönnt werden.

Ein *kontrastives Üben* entspricht insofern der *Kontrastmethode* (vgl. Kap. 3.9). Dabei geht es darum, durch den Wechsel verschieden hoher Widerstände (z. B. Bälle mit unterschiedlichem Luftdruck und verschiedenen Massen), Kräfte differenzieren zu lernen (Zielwerfen). Denkbar wäre der Einsatz dieser Methode auch im Skilanglauf, wo durch die verschiedenen Geländeformen (ebenes, ansteigendes, abfallendes Gelände) der Sportler lernt, ein „Gefühl" für den Abdruck zu entwickeln.

Dieser Grundsatz muss auch dann beachtet werden, wenn der Sportler bei der Anwendung einer Körperübung vom Schwierigkeitsgrad her überfordert ist und die technisch saubere Ausführung der Bewegung nicht (mehr) möglich ist. In diesem Fall ist das Koordinationstraining auf dieser Stufe abzubrechen und methodisch einen (oder auch mehrere) Schritte zurückzugehen. Oft empfiehlt sich dann auch der Wechsel der Grundübung.

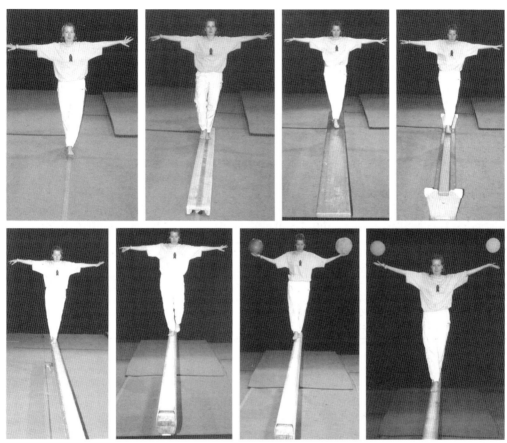

Abb. 4.4-1: Sportlerin beim Training der Gleichgewichtsfähigkeit

Grundsatz 6
Ein optimaler Trainingseffekt wird dann erreicht, wenn durch bestimmte methodische Maßnahmen die *Koordinationsschwierigkeit* schrittweise *gesteigert* wird.

Der Grundsatz der ständig steigenden Koordinationsschwierigkeit verdient im technisch-koordinativen Training besondere Beachtung (vgl. Kap. 4.4.4.3).

Im übertragenen Sinn wird hierin das allgemeine Prinzip von der *Steigerung der Trainingsbelastung* zum Ausdruck gebracht. Es bedeutet aber auch, dass ein stetes Üben auf ein und derselben Niveaustufe im Koordinationstraining keinen Lernzuwachs mit sich bringt, höchstenfalls eine Automatisierung in der Bewegungsausführung erreicht wird. Dies wäre, wie bereits eingangs des Kapitels erläutert, aber eher typisch für ein *Fertigkeitslernen* und stünde der Absicht einer Ausprägung von koordinativen Fähigkeiten negativ gegenüber. Kommt ein Sportler beim Üben an eine Schwierigkeitsstufe heran, bei der die technische Ausführung der Bewegung nicht mehr exakt gelingt, ist seine momentane *Leistungsgrenze* erreicht und die Übung sollte abgebrochen und durch eine andere ersetzt werden.

Grundsatz 7
Das Training von koordinativen Fähigkeiten sollte in *eigenstän-*
digen Teilen von Trainingseinheiten oder separaten Übungs-
stunden organisiert werden, wobei die *Übungsdauer 30 bis 45*
Minuten betragen sollte. Zwischen den Trainingseinheiten soll-
ten auch keine längeren Zeiträume der koordinativen Inaktivi-
täten liegen.

Dieser Grundsatz bezieht sich auf die *Planung und Durchführung* des Koordinationstrainings. Generell ist der Ausbildung koordinativer Fähigkeiten als Leistungsvoraussetzungen ebenfalls soviel Bedeutung beizumessen wie der Ausprägung z.
B. der Kraft- oder Ausdauerfähigkeiten. Dies wird in der Sportpraxis oft verkannt,
woraus eine unbegründete Vernachlässigung der Ausprägung wichtiger Leistungsvoraussetzungen resultiert. Entsprechend des Koordinationsanspruchs der Sportart/
Disziplin sollte dementsprechend das Koordinationstraining in Umfang und Intensität einen festen Platz im Gesamttrainingsaufbau (im Sinne einer planbaren Größe)
einnehmen.

Eine längere koordinative Beanspruchung als 30 bis 45 Minuten (in Abhängigkeit
der ontogenetischen Entwicklungsbedingungen) bringt nicht mehr den erwarteten Trainingserfolg, da durch eine eintretende psycho-physische Ermüdung der
Sportler zur Unkonzentriertheit und auch zu einer fehlerhaften Bewegungsausführung neigt. Dies ist auch in einer Abhängigkeit zur Koordinationsschwierigkeit der
Übungen zu sehen.

Um das durch Training erreichte Koordinationsniveau aufrecht zu erhalten, ist es
nötig, *regelmäßig Trainingsreize* zu setzen. Längere Pausen (entstehen z. B. durch
Ferien und Urlaub der Sportler) zwischen den Koordinations-Trainingseinheiten
wirken sich ungünstig aus. Wer z. B. als Basketballspieler über die Sommerferien
keinen Ball in die Hand genommen hat wird feststellen, dass in der ersten Trainingseinheit nach der Pause seine Aktionen am Ball zunächst weniger differenziert
ausfallen werden. Dabei sinkt das Koordinationsniveau nicht in allen koordinativen
Fähigkeiten gleich stark ab.

Grundsatz 8
Koordinatives Fähigkeitstraining ist am wirkungsvollsten,
wenn der Sportler einen *ausgeruhten Körper* und einen „fri-
schen Geist" hat. Demnach sollte es nicht nach vorangegange-
ner, übermäßig hoher psycho-physischer Beanspruchung erfol-
gen.

Abb. 4.4-2: Sportler beim Training der surfspezifischen Gleichgewichtsfähigkeit

Wenngleich das koordinativ anspruchsvolle Üben nach einer gewissen *Vorbelastung* durchaus eine Möglichkeit zur Steigerung der Koordinationsschwierigkeit sein kann (vgl. Kap. 4.4.4.3), sollten den Körper hoch beanspruchende Belastungen wie beispielsweise ein voran gestellter Ausdauerlauf oder ein Kraftausdauertraining vermieden werden. Nicht nur der Konzentrationsverlust, sondern auch mangelnde Energievorräte könnten die Koordinationsleistungen (besonders feinmotorische) negativ beeinträchtigen und zu „unsauberen" Bewegungsausführungen und gestörten Regulationsprozessen führen.

Grundsatz 9
Ein Training der *sportartspezifischen Aspekte* koordinativer Fähigkeiten ist dann wikungsvoll, wenn es unter den *Handlungsbedingungen der Sportart* durchgeführt wird.

Dieser Grundsatz ist besonders dann zu berücksichtigen, wenn im leistungssportlichen Training *sportartspezifische* koordinative *Leistungsreserven* aufgedeckt werden sollen. So unterscheidet sich z. B. die spezifische Gleichgewichtsfähigkeit am Schwebebalken von der auf dem Surfboard enorm. Sie ist jeweils nur auf ein höheres Niveau anzuheben, wenn die ausgewählten Trainingsübungen *wettkampftypische Bedingungen* widerspiegeln, d.h., aus der Struktur der konkreten jeweiligen Handlung abgeleitet sind. Praktisch umgesetzt heißt das, die Übungen finden auf dem Schwebebalken (z. B. Drehungen um verschiedene Achsen, Schrittkombinationen, Sprünge) oder auf dem Board im Wasser unter bestimmten Windbedingungen (z. B. Drehungen, Sprünge, Einbeinstände, Kniebeugen, Gewichtsverlagerungen nach Bug und Heck, um die Gleichgewichtsgrenzen auszutesten, vgl. Abb. 4.4.-2) statt.

4.4.4.3 Methodische Maßnahmen zur Steigerung der Koordinationsschwierigkeit

Im Grundsatz 6 wurde bereits auf die Beachtung der Steigerung der Koordinationsschwierigkeit im koordinativen Training hingewiesen. In der Tabelle 4.4-2 werden im Überblick verschiedene *methodische Maßnahmen* mit praktischen Beispielen dargestellt, die zum Umsetzen dieser Forderung beitragen können.

Tab. 4.4-2: Methodische Maßnahmen und Beispiele zur Steigerung der Koordinationsschwierigkeit

Maßnahmen	Beispiele	Fähigkeit
1. Variation der Übungsbedingungen[a]		
üben bei verschiedenen Geländeformen und Untergrundmaterialien	- ebenes, ansteigendes und abfallendes Gelände im Skilanglauf;	DF/OF[b]
	- federnder, weicher und starrer Boden im Gerätturnen;	DF
	- glatter und holpriger Rasen, Kunststoffrasen im Fußball;	DF
üben unter Verwendung von *Handgeräten*	- verschiedene Arten von Bällen, Bälle verschiedenen Drucks; unterschiedlich schwere Bälle im Fuß-, Hand-, Volley- und Basketball;	DF
	- unterschiedlich schwere und große Kugeln, Speere, Disken in den leichtathletischen Wurf- und Stoßdisziplinen;	DF
	- verschiedene Handgeräte gleichzeitig bei der Jonglage;	OF/DF

üben unter *un-bekannten* und *ungewohnten* Bedingungen	- Schwimmen, Segeln und Surfen im Freiwasser mit unterschiedlichen Wind- und Wellenverhältnissen;	OF/DF/KF/ UF
üben unter Einflussnahme von *Partnern*	- passive, aktive Partner, Partner aus verschiedenen (auch höheren) Gewichtsklassen in den Zweikampfsportarten;	DF
	- Partner, die aktiv handeln oder Handlungen in den Sportspielen antäuschen (Finten);	UF/RF/KF/ DF
	- unterschiedliche Entfernungen/Abstände zu Partnern beim oberen und unteren Zuspiel im Volleyball (Gassenaufstellung);	OF/UFDF
üben unter Veränderung der *Unterstützungsflächen*	- Gehen auf einer Linie, über eine Turnbank, umgedrehte Turnbank, einen Schwebebalken (niedrig/hoch);	GF
2. Variation der Bewegungsausführung[a]		
üben unter veränderten *Ausgangs- und Endstellungen*	- starten auf Signal aus dem Sitz, Hockstütz, Liegen, Kniestand, Liegen rücklings zur Bewegungsrichtung bei kleinen Spielen;	KF/RF
üben unter Veränderung der *Bewegungsrichtung, -weite* und des *Bewegungstempos*	- groß- und kleinräumige Bewegungen beim Schwingen am Barren;	DF/KF/OF
	- vor-, rück- und seitwärts bei Turnübungen am Boden;	
	- schnelle und langsame Bewegungen/Drehungen in allen Sportarten;	
üben mit *variiertem Krafteinsatz*	- als Folge der Variation der verwendeten Handgeräte und Partner (vgl. 1. in Tab. 4.4-2);	DF
	- bewusst ausgeführte weite oder nahe Aufschläge im Tennis, Badminton, Volleyball	OF/DF
üben nach wechselnden, vorgegebenen Rhythmen	- rhythmisch akzentuierte Hürdenlaufe (Abstände der Hürden verändern);	RhF
	- Partner gibt im Tanzen Bewegungsrhythmus vor, der „aufzunehmen" ist;	RhF
	- Anwendung des Gruppenrhythmus im Mannschaftsruderboot;	RhF/OF
	- Bewegungen den sich ändernden Musikrhythmen anpassen;	RhF/UF
spiegelbildliches und *beidseitiges* Üben	- Partner gibt Bewegung vor, die spiegel-bildlich nachzuahmen ist;	OF/RF/UF
	- Bewegungen auf und nach beiden Körperseiten erlernen/ausführen und damit positiven Transfer ausnutzen;	DF/KF
wechselnde Ausführung von *Teil- und Ganzkörperbewegungen*	- Jonglage oder Ballspiele im Sitzen auf dem Boden oder im Rollstuhl, Knien, Hocken und Liegen;	DF/KF/UF

3. Kombination von Bewegungsfertigkeiten		
Ausführung von *Sukzessiv- und Simultankombinationen*	**sukzessiv**: - *nach* einem oberen und unterem Zuspiel eines Volleyballs mit einem Partner: Sprünge, Drehungen um die Längs- und Breitenachsen oder Sitz auf dem Boden ausführen	KF/OF
	simultan: - *während* eines oberen oder unteren Zuspiels eines Volleyballs mit einem Partner: gleichzeitig jeder einen weiteren Ball am Ort prellen - Jonglage mit mehreren Bällen *während* der Ausführung von Drehungen um die Längsachse, Kniebeugen, Einbeinständen	KF/OF/RF/ UF

4. Variation der Informationsgebung und -aufnahme		
üben unter eingeschränkter optischer *Kontrolle*	- Eis- und Rollschuhlaufen, Ski- und Snowboardfahren rückwärts; - Einsatz von Sichtschirmen im Handball (Wurf auf das Tor) oder im Volleyball (Netz verhängt); - Einsatz von Dunkelbrillen;	OF/GF/RF/ UF
üben unter *ausgeschalteter optischer Kontrolle*	- Drehungen und Balanceübungen mit verbundenen Augen;	OF/GF/RF
üben nach vorheriger Reizung des *statico-dynamischen Analysators*	- mehrere Drehungen um die Längsachse/Breitenachse und anschließendes Zielschießen bzw. -werfen - mehrere Drehungen um die Breitenachse, vor- und rückwärts und anschließendes Balancieren über eine Bank;	OF/GF/DF OF/GF/DF
üben mit objektiven *Zusatzinformationen*	- üben nach Zählschritten im Tanz und in der Rhythmischen Sportgymnastik; - üben nach Musik im Tanz, Bodenturnen, Synchronschwimmen, Schwimmen; - Anlaufgestaltung im Weitsprung nach gesetzten Markierungen; - Hochsprung/Weitsprung unter bewegungsbegleitenden Hinweisen des Trainers (z. B. „und hopp" oder Klatschen); - während des Ruderns im Ruderkasten wird das „Leitbild" auf der Leinwand/dem Monitor eingespielt;	OF/RhF

5. Koordination unter Zeitdruck		
üben unter *eingeschränkter optischer Kontrolle*	- Volleyballspiel mit verhängtem Netz: der Ball wird erst sichtbar, kurz bevor er das Netz überquert, wodurch die Orientierungsfähigkeit eingeschränkt und die Reaktionszeit verkürzt ist;	RF/OF
Übungen, die *möglichst schnell* ausgeführt werden sollen	- Hindernisläufe auf Zeit; - Dreh- und Schraubsprünge im Wasserspringen und Bodenturnen (ein- und beidbeinig) bei geringerer Sprunghöhe; - verschiedene Koordinationsübungen in Wettbewerbsform;	RF/OF RF/OF RF/OF

Übungen, die nach erfolgtem *Signal* (optisch, akustisch, taktil) *möglichst schnell* ausgeführt werden sollen	- Starts im Laufen, Schwimmen, Radsport auf Signal; - Wahlreaktionsübungen nach verschieden Signalen;	RF/OF RF/OF
Übungen nach Veränderung der *Unterstützungsflä- chen*	- Balancieren ein- und beidbeinig (vgl. Grundsatz 4)	RF/OF/DF/ KF

6. Koordination nach Vorbelastung

Übungen nach einer *spezifischen funk- tionellen Vorbelas- tung*	Koordinationstraining nach - einem Dauerlauf - dem Krafttraining für ausgewählte Muskelgruppen	alle
Übungen nach einer *psycho-physischen Vorbelastung*	Koordinationstraining als Ausgleich nach einem Wett- kampf (beachte auch Grundsatz 8);	alle

7. Koordination mit genauer Kontrolle

Balancehalteübun- gen auf unter- schiedlichen Unter- stützungsflächen	- erhöhte, schmaler werdende Unterstützungsflächen; - Hochseilübungen; - Wackelbrett; - verschiedene Boote, Surfboards; - verschiedene Snowboards und Skier; - Rollen bzw. Gleiten auf Skates, Rollschuhen und Ku- fen;	GF/DF/RF/ KF
Wurf- und Schieß- übungen	- Zielwürfe mit wechselnden Wurfgeräten; - Zielwürfe mit gleichen oder verschiedenen Wurfge- räten in unterschiedlich weit entfernte und große Zielsektoren; - schießen auf feste oder bewegte Ziele;	DF/KF/OF
Fangübungen	- Fangen von wechselnden Wurfgeräten in der Ruhe oder aus der Bewegung heraus.	DF/KF/OF

8. Koordination in Kombination mit Ausdauer- oder Kraftausdauertraining

„Zugtechnik-Fahr- ten" im Kanurenn- sport	- Paddeln unter Betonung unterschiedlicher Anteile des Zugs im Schlag (vorderzug-, mittelzug-, hinterzugbe- tont)	DF/KF
„Frequenzen nach- fahren" im Kanu- rennsport	- ohne Höhenverlust die Frequenz des vorausfahrenden Sportlers nachfahren - Frequenzen variieren	RhF/DF/OF
„Dauertanzen"	- Paartänze ohne Pausen mit wechselnden (Musik-) Rhythmen	OF/RhF
„Dauergehen" und Tischtennis	- sportliches Gehen mit integrierten Tischtennisaufga- ben für Herzsportgruppen	DF/OF

a   1. und 2. werden auch als „Methode des variierten Übens" bezeichnet.
b   Legende: OF – Orientierungsfähigkeit   RF – Reaktionsfähigkeit
                 KF – Kopplungsfähigkeit   DF – Differenzierungsfähigkeit
                 UF – Umstellungsfähigkeit   GF – Gleichgewichtsfähigkeit
                 RhF – Rhythmisierungsfähigkeit

4.4.4.4 Reihenfolge (Hierarchie) in der Ausbildung koordinativer Fähigkeiten

Auf die gleichwertige Bedeutung aller koordinativen Fähigkeiten wurde bereits hingewiesen. In ihrer sportpraktischen Ausbildung muss sich der Trainer jedoch die Frage stellen:

Mit welcher Fähigkeit sollte man die Ausbildung beginnen, weil sie eventuell Grundlage für die Ausprägung weiterer Fähigkeiten ist, und in welcher Reihenfolge sollte man fortsetzen?

In der Abbildung 4.4-3 wird modellhaft die Hierarchie der koordinativen Fähigkeitsausbildung dargestellt.

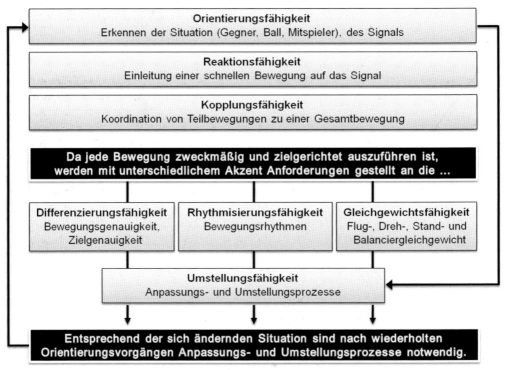

Abb. 4.4-3: Hierarchie in der koordinativen Fähigkeitsausbildung

Bei der Ausübung sportlicher Handlungen werden zunächst immer Anforderungen an die **Orientierungsfähigkeit** gestellt. So gilt es z. B., die *entsprechende Situation* (z. B. im Volleyball: eigene Stellung auf dem Feld/zum Netz; Mitspieler- und Gegnerverhalten; Anfliegen des Balles) und *entsprechende Signale* (z. B. im Sprint: Startsignal) wahrzunehmen und zu erkennen. In der weiteren Folge der koordinativen Beanspruchung werden meistens Anforderungen an die **Reaktionsfähigkeit** gestellt, wenn es darum geht, schnelle Antworthandlungen *einzuleiten* und *auszuführen* (z. B. im Zweikampf: Angriffs-, Verteidigungs- oder Meidbewegung). Da es in der Regel um die Ausführung einer harmonischen *Gesamtkörperbewegung* geht, wird ein hohes Niveau von der **Kopplungsfähigkeit** erwartet, das es gestattet, die verschiedenen Teilkörperbewegungen und Freiheitsgrade zu koordinieren. Da jede sportliche Handlung auch einen bestimmten *Zweck* erfüllt und *zielgerichtet* auszuführen ist, werden mit unterschiedlichem Anspruch Anforderungen an die **Differenzierungs-, Gleichgewichts- und Rhythmisierungsfähigkeit** gestellt. Eine Wichtung des Koordinationsanspruchs lässt sich nur aus der jeweiligen Bewegungsaufgabe selbst ableiten, so dass eine Hierarchie in ihrer Ausbildung hier nicht mehr vorzugeben ist. Z. B.

- in der Rhythmischen Sportgymnastik/Eiskunstlaufen: Interpretation von Musiken mit und durch Bewegungen (Rhythmisierungsfähigkeit);
- beim Surfen oder Turnen auf dem Schwebebalken: Bewegungsausführung auf beweglicher bzw. schmaler Unterstützungsfläche (Gleichgewichtsfähigkeit);
- beim Billard/Schießen: feinmotorische und zielgenaue Bewegungen (Differenzierungsfähigkeit).

Als am koordinativ anspruchsvollsten und am schwierigsten auszubilden gilt die **Umstellungsfähigkeit**. Ein hohes Ausprägungsniveau ist besonders gefordert in allen *situativen Sportarten* wie den Spiel- und Zweikampfsportarten, aber auch in den Sportarten, die durch Windeinfluss (z. B. Segeln, Surfen, Ski- und Fallschirmspringen), durch freies Wasser/Wellen (z. B. Kanu, Rudern) oder auch durch den Einsatz von Tieren (z. B. Springreiten) maßgeblich beeinflusst werden. Entsprechend der sich ständig ändernden Bedingungen/Situation, werden zunächst wiederholte Anforderungen an die *Orientierungs- und Reaktionsfähigkeit* gestellt (d. h., die Situation wahrnehmen, erkennen und ggf. antizipieren). Anschließend gilt es, sich an die vorherrschenden Bedingungen *anzupassen*. Dies gelingt umso besser und effektiver, je höher u. a. auch das Niveau an *allen* koordinativen Fähigkeiten ausgeprägt ist. Demzufolge kann bzw. sollte die Ausbildung der Umstellungsfähigkeit gezielt *nach* der Schulung der anderen koordinativen Fähigkeiten erfolgen.

4.4.4.5 Zur Ausprägung der Antizipationsfähigkeit

Die Vorwegnahme (Antizipation) des zukünftigen Zielzustands, bei Beachtung möglicher Veränderungen der Ausgangssituation und des Verlaufs der Handlung, ist ein grundlegendes Prinzip der menschlichen Tätigkeit. Die an Bewegungsvorstellungen gebundenen Antizipationen, d. h. die ständigen *Situationsantizipationen* durch den sportlich Aktiven sind eine der wesentlichen Voraussetzungen für die Handlungsentscheidung und damit für eine erfolgreiche Leistung insbesondere in den situativen Sportarten.

- In den *Spielsportarten* wird auf der Basis des Erkennens der
- Handlungsabsichten von Mitspielern und Gegnern,
- der wahrscheinlichen „Bewegung" des Balles (Richtung, Geschwindigkeit, Effet) und
- des Einbeziehens der eigenen Stellung auf dem Spielfeld

die Entwicklung der Spielsituation *„vorausgesehen"* (Dominanz der *Orientierungs-prozesse*). Auf dieser Grundlage kann der Sportler

- die Spielaufgabe ableiten,
- durch Einbeziehen vorhandener Erfahrungen gedanklich mehrere Lösungsvarianten in kürzesten Zeiteinheiten „erproben" und
- sich dann schnell und zweckmäßig für ein Handlungsprogramm entscheiden (Dominanz der *Antriebsprozesse*). Dies schafft schließlich
- Zeitvorteile bei der Handlungsausführung, weil der Sportler weniger vom Verlauf der Handlung „überrascht" wird und sich damit die Reaktionszeiten verlängern lassen (Dominanz der *Ausführungsprozesse*, vgl. Kap. 2.2).

Die Antizipationsfähigkeit kann somit einerseits in hohem Maße die Qualität der Regulationsprozesse mitbestimmen, andererseits können diese auf das Niveau der Fähigkeit zurückwirken. Besondere Bedeutung erlangt in diesem Zusammenhang die *Orientierungsfähigkeit*.

Bei der **Ausbildung der Antizipationsfähigkeit** ist Folgendes zu beachten:

1. Auswahl und Einsatz von Körperübungen, die dazu beitragen, die *sensorischen Informationen zu verfeinern* (vgl. Grundsatz 3).
2. *Bewusste* Lenkung der *Aufmerksamkeit* im Übungs- und Trainingsprozess, insbesondere bei komplizierten Bewegungskombinationen, die einen ständigen Vorlauf in der Programmierung verlangen.
3. Schulung der Bewegungsvorausnahme mit *sportartspezifischen Körperübungen* und frühzeitiges Anwenden von *wettkampfnahen Übungsformen* (Kennenlernen von Situationsvarianten).
4. Entwicklung des *taktischen Denkens* besonders in den Spiel- und Zweikampfsportarten.
5. Wiederholtes *bewusstes Vorstellen* der jeweiligen Situation und des Bewegungsvollzuges (mentale Trainingsformen, u. a. *ideomotorisches Training*).
6. Üben von *Standardsituationen* und Erfassen der möglichen Folgehandlungen der unterschiedlichen Gegner (im Sinne der *Erfahrung sammeln*).
7. Vermittlung notwendiger Kenntnisse/Wissen.
8. Stets auf *Speicherung der Erfahrung* orientieren.

4.4.4.6 Empfehlungen zum koordinativen Training in den Etappen des langfristigen Leistungsaufbaus

Etappe Grundausbildung

In dieser Etappe trägt das koordinative Fähigkeitstraining *Voraussetzungsfunktion*. Zu empfehlen ist ein Koordinationstraining mit *ausschließlich allgemeinen Körperübungen*. Alle koordinativen Fähigkeiten sind in gleichem Maße auszubilden. Das Training dient der *allgemeinen koordinativen Befähigung* und der *Sensibilisierung der Sinne*.

Etappe Grundlagentraining

Die *Voraussetzungsfunktion* des Koordinationstrainings wird auch in dieser Etappe beibehalten. Zu empfehlen ist ein Koordinationstraining, das sich zu ca. 60 bis 70 % aus *allgemeinen bzw. allgemein-sportartgerichteten Körperübungen* und 40 bis 30 % *speziellen Körperübungen* zusammensetzt. Der Einsatz von sportart- und disziplinrelevanten Bewegungen erfolgt in Abhängigkeit des Niveaus ihrer Beherrschung (mindestens Feinform, vgl. Grundsatz 2). *Alle koordinativen Fähigkeiten* sollten durch *differenzierte Trainingsmaßnahmen* auf ein höheres Niveau gehoben werden.

Etappe Aufbautraining

In dieser Entwicklungsetappe erfährt das Koordinationstraining die Funktion eines *Ergänzungstrainings*. Zu ca. 70 bis 80 % werden *allgemein-sportartgerichtete* und vor allem *spezielle Körperübungen* zum Training der sportart- und disziplinrelevanten koordinativen Fähigkeiten eingesetzt. Auch *allgemeine*, d. h. sportartfremde *Körperübungen*, sollten weiterhin im Sinne der *Kompensation* und einer *ganzkörperlichen Schulung* zum Einsatz kommen (ca. 30 bis 20 %). In ausdauerorientierten Sportarten tragen diese Körperübungen durch Vermeidung von Monotonie dazu bei, dass die Freude am Training nicht verloren geht.

Etappe Anschluss- und Hochleistungstraining

Da das gesamte Training in dieser Entwicklungsetappe vorrangig auf die Verbesserung der sportart- und wettkampfspezifischen Voraussetzungen und Funktionen abzielt, hat das Koordinationstraining in einem noch stärkeren Maße, neben der bereits gekennzeichneten *Ergänzungsfunktion,* auch eine *Harmonisierungsfunktion.*

Der Einsatz von vorrangig *Spezial- und Wettkampfübungen* (ca. 90 %) trägt dazu bei, dass *Fein- und Feinstfehler* im Fertigkeitstraining noch abgestellt werden können. Da in allen Entwicklungsbereichen eindeutig das *spezielle Training* dominiert, neigt der Organismus in einigen Organfunktionen zu *Überbeanspruchungen*, die durch Koordinationstraining auch mit *allgemeinen Körperübungen* (ca. 10 %) ausgeglichen werden können. In Phasen höchster wettkampfspezifischer Beanspruchung (auch Wettkampfperiode genannt) sollte der Anteil der *allgemeinen Körperübungen* durchaus höher sein (ca. 30 %) und auch die „vernachlässigten" koordinativen Fähigkeiten sollten dann wieder mehr angesprochen werden.

4.4.4.7 Stufenschwerpunkte der koordinativen Vervollkommnung im Schulsport

In der Tabelle 4.4-3 werden Empfehlungen für Schwerpunkte der koordinativen Fähigkeitsausbildung in den verschiedenen *Schulstufen* gegeben. Dabei ist zu fordern, dass die *allgemeine koordinative Fähigkeitsausbildung* generelle Zielstellung *in allen Klassenstufen* und Bestandteil der Lehrpläne ist. Es kommt im Schulsport weniger auf eine spezielle Ausprägung an, als vielmehr auf eine allgemeine, die einerseits positive Voraussetzungen für *Alltags- und Arbeitsmotorik* schafft, und andererseits als eine hervorragende *Grundlage* für ein *Training* in einer *Sportart/ Disziplin* angesehen werden kann.

Tab. 4.4-3: Stufenschwerpunkte der Koordinationsschulung im Schulsport

Primarstufe (Unterstufe)	- Schaffung einer breiten *koordinativen Basis*; - Ausprägung und Vervollkommnung *aller koordinativen Fähigkeiten*; - Einsatz von überwiegend *allgemeinen Körperübungen* und Sammeln *vielfältiger Bewegungserfahrungen*;
Sekundarstufe I (Mittelstufe)	- systematische Vervollkommnung aller koordinativer Fähigkeiten; - ausgewogenes Verhältnis im Einsatz allgemeiner und sportartgerichteter Körperübungen; - zunehmend differenziertere, spezifischere und belastungswirksamere koordinative Schulung; - Gewöhnung durch koordinative Schulung an veränderte Körperproportionen der Mädchen und Jungen ab dem frühen Jugendalter
Sekundarstufe II (Oberstufe)	- ausgewogene Vervollkommnung koordinativer Fähigkeiten (Fähigkeitskomplexe) in *Einheit* mit der *Fertigkeitsentwicklung und konditionellen Schulung*; - Integration in die *Sportarten-Stoffkomplexe*.

4.4.5 Erfolgskontrolle

Koordinative Fähigkeiten stellen komplexe, psycho-physische Konstrukte dar, die sich u. a. auszeichnen durch einen hohen

- Verallgemeinerungsgrad,
- Umfang von beteiligten Muskeln und Muskelgruppen,
- Variabilitätsgrad und eine
- Beteiligung verschiedener Regulationsebenen und Analysatoren,

was ihre Kontrolle/Objektivierung erschwert.

Einen Nachweis über das Ausprägungsniveau an koordinativen Fähigkeiten lässt sich am besten mit aussagekräftigen **sportmotorischen Tests** erbringen, da eine direkte Messung nicht möglich ist.

Die im Test zu realisierende *Bewegungsaufgabe* muss derart sein, dass sie eine idealtypische Bestimmung *dominanter Komponenten* einzelner koordinativer Fähigkeiten zulässt, d. h.,

- der Einfluss *anderer Fähigkeiten* (u. a. koordinativer, aber auch Kraft-, Ausdauer- und Schnelligkeitsfähigkeiten) darf nicht überwiegen,
- die *Bewegungsaufgabe* muss *gekonnt* werden (angemessener Schwierigkeitsgrad),
- *anthropometrische Daten* der unterschiedlichen Testteilnehmer dürfen das Testergebnis nicht verfälschen und
- die *zu erfassende koordinative Fähigkeit* in einem hohen Maße *im Test widergespiegelt* wird, um Rückschlüsse auf das vorhandene Fähigkeitsniveau ziehen zu können.

Im Folgenden werden **zwei sportmotorische Tests** dargestellt, die eine Kontrolle der *allgemeinen Orientierungsfähigkeit* (Beispiel 1) und der *volleyballspezifischen Differenzierungsfähigkeit* (Beispiel 2) ermöglichen.

Beispiel 1:
Medizinballorientierungslauf (nach Hartmann, Grübler, 1986)

Testaufgabe:	Anlaufen verschiedenfarbiger Medizinbälle
Messwert:	Zeit
Fähigkeit:	Orientierungsfähigkeit
Fähigkeitsaspekt:	räumliche Orientierungsfähigkeit
Sportart:	allgemein
Verwendung:	Grundlagen- und Aufbautraining, Schulsport

Testdurchführung: Erläuterung der Aufgabenstellung und Demonstration. Zwei Sportler absolvieren im Wechsel je vier Wertungsversuche hintereinander bei ungeordneter Folge der Farbvarianten (nicht nacheinander gleiche Farbfolgen wählen).

Testdauer: 1-2 Minuten pro Proband

Testaufbau:

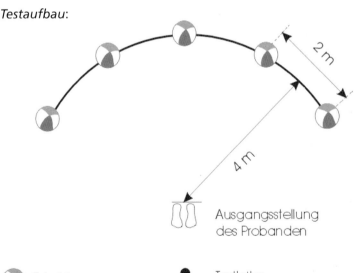

 5 farbige
Medizinbälle (3 kg)

 Testleiter

Testanweisung:
„Der Test überprüft, inwieweit ihr in der Lage seid, euch zu orientieren. Ihr steht mit den Fersen in Grundstellung an der gekennzeichneten Startlinie mit dem Blick zum Testleiter. Auf ein akustisches Signal hin (Zuruf einer Farbe) lauft ihr so schnell wie möglich zu dem gleichfarbigen Medizinball, berührt diesen mit beiden Händen und von dort aus lauft ihr wieder zurück zur Ausgangslinie, die mit einer Hand zu

berühren ist. Im Moment der Berührung hört ihr das neue Signal, das Euch wiederum die Farbe des nächsten anzulaufenden Medizinballs angibt. In dieser Weise sind von fünf ausgelegten Medizinbällen vier zu absolvieren. Die Zeitnahme erfolgt vom Startsignal, z. B. ‚fertig – rot', bis zum letzten Berühren der Ausgangslinie.
Der Versuch ist ungültig, wenn die Farbe des angelaufenen Medizinballs nicht mit dem gegebenen Farbsignal übereinstimmt. Ihr habt vier Wertungsversuche."

Hinweise für Testleiter: Von den fünf möglichen Farben sind pro Wertungsversuch vier auszuwählen. Maximal zwei Farben dürfen innerhalb aller Wertungsversuche zwei Mal genannt werden.

Testanforderungen:	5 farbige Medizinbälle (3 kg) oder farbige Hussen über den Bällen
	1 Stoppuhr (1/10 Genauigkeit)
	1 Bandmaß
	Kreide
	1 Testleiter

Testauswertung:	Erfassen der Laufzeit vom Startkommando bis zum letztmaligen Berühren der Ausgangslinie.
	Summe der Laufzeiten des 2. bis 4. Wertungsversuches ergibt den Testendwert.

Modifizierungsmöglichkeiten:
Anstatt der zugerufenen Farben können dem Probanden auch Farbkarten gezeigt werden (optischer Analysator).

Bewertungshinweise:	Trainierte
	Mittelwert AK 12 (m/w): 56,7/55,2 Sekunden
	AK = Altersklasse, m = männlich, w = weiblich

Beispiel 2:
Korbzuspieltest (nach Hartmann, Grübler, 1986)

Testaufgabe:	Oberes Zuspiel auf Basketballkorb
Messwert:	Punkte
Fähigkeit:	Differenzierungsfähigkeit
Fähigkeitsaspekt:	dynamisch-räumliche Differenzierungsfähigkeit
Sportart:	Volleyball
Verwendung:	Grundlagen- und Aufbautraining, Schulsport

Testdurchführung: Erläuterung der Aufgabenstellung und Demonstration.
Der Proband spielt von fünf verschiedenen, auf dem Boden markierten Positionen Volleybälle nach eigenem Anwerfen mit der Technik des oberen Zuspiels auf einen Basketballkorb. Jeder Proband hat drei Wertungsversuche. Als gültig zählen nur die Bälle, die direkt – also ohne vorherige Brettberührung – in den Korb und solche, die den Ring nach deutlich parabelförmiger Flugkurve oberhalb treffen.

Testdauer: 2 Minuten pro Proband

Testanweisung:
„Der Test überprüft eure Genauigkeit beim oberen Zuspiel auf ein begrenztes Ziel. Von fünf verschiedenen Positionen aus, beginnend bei Position 1 usw., sollt ihr nacheinander je drei Volleybälle im oberen Zuspiel auf den Basketballkorb spielen. Dabei muss der Ball eine deutlich parabelförmige Flugkurve beschreiben, um den Korb bzw. Korbring von oben zu treffen. Nur diese Bälle sind gültig und außerdem ist auf eine exakte sporttechnische Ausführung nach ihren Knotenpunkten zu achten. Sollte der Ball einmal schlecht angeworfen worden sein, dann lasst ihn fallen und ihr bekommt einen weiteren Versuch auf dieser Position. Bei der Übungsausführung habt ihr ausreichend Zeit.
Bevor ihr mit dem ersten Wertungsdurchgang beginnt, habt ihr von jeder Position aus je einen Probeversuch. Insgesamt gibt es drei Wertungsdurchgänge."

Hinweise für Testleiter:
Auf Einhaltung der Reihenfolge (Positionen 1 bis 5) und exakte sporttechnische Ausführung achten.

Testaufbau:

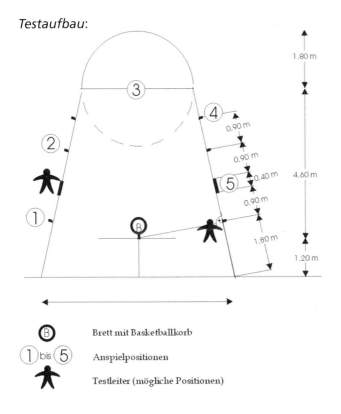

Ⓑ	Brett mit Basketballkorb
①bis⑤	Anspielpositionen
🧍	Testleiter (mögliche Positionen)

Testanforderungen: 1 Basketballkorb (mit Brett)
Linienaufzeichnung um den Basketballkorb auf dem Hallen- bzw. Sportplatzboden.

10 bis 15 Volleybälle im Korb
Kreide
1 Bandmaß
1 Testleiter

Testauswertung: *5 Punkte*:
- Ball fällt durch den Ring, egal ob mit oder ohne vorherige Berührung des Rings
3 Punkte:
- Ball berührt den Ring, ohne danach in den Korb zu fallen
- Ball berührt den Ring, dann das Brett und fällt danach in den Korb
0 Punkte:
- Ball berührt den Ring unterhalb, nach nicht parabelförmiger Flugkurve
- Ball berührt das Brett, bevor er „gut" wäre
- Ball trifft den Ring nicht
Summe der erreichten Punkte bei 15 Versuchen.
Maximal mögliche Punktzahl: 75 Punkte.

Modifizierungsmöglichkeiten:
Zur Überprüfung des *allgemeinen Aspekts der Differenzierungsfähigkeit* kann der Ball an Stelle des oberen Zuspiels mit einem beidhändigen (oder einhändigen) Druckwurf auf den Korb geworfen werden.

Bewertungshinweise: AK 12 (m): 30,0
AK 13 (m): 33,4
AK 14 (m): 40,6
AK 15 (m): 43,6
AK 16 (m): 46,9 Punkte
AK = Altersklasse, m = männlich

Kontrollfragen und Aufgaben

1. Analysieren Sie die von Ihnen ausgeübte Sportart/Disziplin bezüglich ihrer dominanten *koordinativen Anforderungen*. Begründen Sie Ihre Aussage.

2. Erläutern Sie beispielhaft, warum es sinnvoll ist, eine *allgemeine Ausprägung* der Differenzierungsfähigkeit von mehreren *speziellen Ausprägungsaspekten* zu unterscheiden.

3. Worin unterscheiden sich die Anforderungen, die an eine *einfache* und an eine *Wahlreaktionshandlung* gestellt werden?

4. Erläutern Sie an einer selbst gewählten *Ausdauersportart*, welche Aufgaben die *koordinativen Fähigkeiten* beim Erbringen einer Ausdauerleistung erfüllen.

5. Begründen Sie, warum die zum Training der koordinativen Fähigkeiten eingesetzten *Körperübungen* in der *Feinform* beherrscht werden müssen.

6. Konstruieren Sie eine Übung, in der durch veränderte Ausführungsbedingungen der Grundsatz der *ständig steigenden Koordinationsschwierigkeit* zum Ausdruck kommt.

7. Welche methodischen Maßnahmen eignen sich, um *Koordination unter Zeitdruck* zu üben? Welche koordinative(n) Fähigkeit(en) lässt/lassen sich auf diese Art bevorzugt ausbilden?

8. Erarbeiten Sie ein Konzept zur Ausbildung der *Antizipationsfähigkeit* in den situativen Sportarten.

9. Warum ist es notwendig, auch noch in der Etappe des *Hochleistungstrainings* die koordinativen Fähigkeiten mit *allgemeinen Körperübungen* auszubilden?

10. Konzipieren Sie einen *sportmotorischen Test* zur Erfassung einer in Ihrer Sportart dominanten *koordinativen Fähigkeit*.

4.5 Beweglichkeit

4.5.1 Begriffsbestimmung

Die Beweglichkeit ist sowohl für das Erlernen von Bewegungsfertigkeiten wie auch für die Entwicklung von Kraft-, Schnelligkeits- und Ausdauerfähigkeiten eine wesentliche Voraussetzung. Eine angemessene Beweglichkeit ermöglicht erst die Ausführung vieler Bewegungen.

Die Beweglichkeit wird durch anatomisch-morphologische, energetische und nerval-regulative Prozesse geprägt. Insofern lässt sich die Beweglichkeit, als motorische Fähigkeit, nicht eindeutig zuzuordnen und nimmt eine „Zwischenstellung" ein:

Zu den anatomisch-morphologischen oder auch konstitutionellen Grundlagen, die die Beweglichkeit bedingen, gehören

- die Stellung der Gelenkflächen
- die Dehnbarkeit der Gelenkkapseln, Bänder, Sehnen und Muskeln und
- die Muskelmasse.

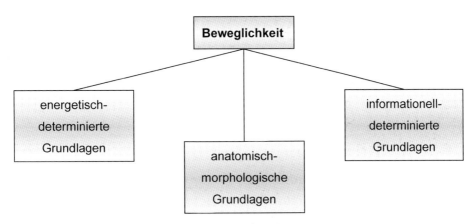

Abb. 4.5-1: Determiniertheit der Beweglichkeitsfähigkeit

Für jegliche Beweglichkeitsanforderungen ist ein zeitlich abgestimmtes und dynamisch koordiniertes Zusammenspiel der Agonisten und Antagonisten, im Sinne eines intermuskulären Koordinierens, notwendig. Die sog. Muskelspannungs- und -entspannungsfähigkeit (kommt in der Differenzierungsfähigkeit zum Ausdruck, vgl. Kap. 4.4), als primär informationell determinierte oder nerval-regulative Komponente erlangt dabei leistungsentscheidende Bedeutung.

Unter Beweglichkeit werden Leistungsvoraussetzungen subsummiert, die es ermöglichen, willkürliche und gezielte Bewegungen mit entsprechender Schwingweite (Amplitude) in den Gelenken auszuführen bzw. bestimmte Haltungen einzunehmen.

4.5.2 Biologische Grundlagen

Bewegungen werden durch die Veränderungen der Winkelstellungen der Knochen zueinander ermöglicht. Die Gelenke stellen die Bindeglieder zwischen den Knochen dar. Der anatomische Aufbau der Gelenke bestimmt die Art und die Schwingweite der möglichen Bewegungen. Inwieweit diese vorgegebenen Möglichkeiten genutzt werden können, hängt von der Dehnbarkeit der die Gelenke umgebenden Bänder, Sehnen und Muskeln ab.

Die Sehnen, Bänder und Kapseln dienen der Stabilisierung des Gelenks. Entsprechend gering ist ihre Dehnfähigkeit (ca. 5 %). Trainingsbedingte Verbesserungen sind kaum möglich und aus gesundheitlichen Gründen in der Regel nicht anzustreben.

Die Dehnbarkeit der Muskulatur ist dagegen hoch. Sie wird durch den Dehnwiderstand der Bestandteile des Muskels selbst und durch Tonus bzw. Entspannungsfähigkeit begrenzt.

Die kontraktilen Elemente (Myofibrillen) haben nur geringe Dehnwiderstände.

Bei der Dehnung des Muskels gleiten die Aktien- und Myosienfilamente ohne Widerstand auseinander. Gleichzeitig setzen die Titinfilamente des Muskels der

Dehnung einen immer größer werdenden Widerstand entgegen. Der Muskeltonus bzw. die Entspannungsfähigkeit des Muskels wird zentralnervös über parallel zu den Muskelfasern liegende Dehnungsrezeptoren (Muskelspindeln) geregelt. Durch Regulationsprozesse wird ein der jeweiligen Tätigkeit adäquater Ruhetonus durch die Einbeziehung von mehr oder weniger Muskelfasern gesichert. Ein erhöhter Tonus vergrößert den Dehnwiderstand des Muskels und mindert so die Beweglichkeit. Andererseits regulieren die Muskelspindeln das Maß der möglichen Beweglichkeit, indem sie bei sehr starker Dehnung reflektorisch für eine der Dehnung entgegengesetzte Muskelanspannung sorgen. Dadurch wird der Muskel vor Überdehnung geschützt.

Nach intensiven, anaeroben Belastungen kommt es durch die Übersäuerung (Laktatanreicherung) zu einer Verringerung der Dehnfähigkeit.

Auch durch einseitiges mit geringer Bewegungsamplitude durchgeführtes Krafttraining wird die Dehnfähigkeit verringert. Die Muskeln verkürzen sich durch die Verringerung der Zahl der hintereinander liegenden Sarkomere.

Die Beweglichkeit ist abhängig vom Alter und Geschlecht. Die Beweglichkeit nimmt in dieser Hinsicht eine Sonderstellung ein. Ihre größte Trainierbarkeit ist im Kindes- und Jugendalter gegeben. Bis zum Alter von 10 bis 12 Jahren ist die Ausbildung der Beweglichkeit besonders wirkungsvoll. Als einzige Fähigkeit erreicht sie schon um das 20. Lebensjahr ihre maximale Ausprägung, um mit zunehmendem Alter durch die verringerte Dehnbarkeit des Muskels (Wasserverluste, Abnahme der elastischen Elemente) und durch Veränderungen der Gelenke (besonders im Bereich der Wirbelsäule) geringer zu werden. Dem Rückgang der Beweglichkeit im Altersgang kann durch gezieltes Üben entgegengewirkt werden.

Die Innen- und Außentemperatur und die Tageszeit beeinflussen den Grad der Beweglichkeit wesentlich.

Tab. 4.5-1: Veränderung der Beweglichkeit (Übung: Rumpftiefbeuge vorwärts) unter verschiedenen Bedingungen (nach Osolin in Harre, 1986)

Bedingungen	nach der Nachtruhe		10 min Aufenthalt bei 10 °C mit entblößtem Körper	10 min Verweilen in einem heißen Bad von 40 °C	nach 20 min Auflockerung	nach ermüdendem Training
Uhrzeit	8.00	12.00	12.00	12.00	12.00	12.00
Änderung der Beweglichkeit (in mm)	-15	+35	-36	+78	+89	-35

Die günstigste Tageszeit für das Beweglichkeitstraining liegt in den Nachmittags- und Abendstunden. Eine aktive Erwärmung erhöht die Beweglichkeit in höherem Maße als eine passive (z. B. Wannenbad).

Tab. 4.5-2: Einflussfaktoren auf die Beweglichkeit

Bedingungen	günstiger Einfluss	ungünstiger Einfluss
Alter	Kindesalter (11-14 Jahre)	Erwachsenenalter
Geschlecht	weiblich	männlich
Ruhetonus des Muskels	im zu dehnenden Muskel niedrig	im zu dehnenden Muskel hoch
emotionale Erregung	optimal	sehr stark und andauernd
muskuläre Koordination	abgestimmte Kontraktion von Agonisten und Antagonisten	ungünstiges Zusammenspiel
Gelenkkapseln, Sehnen, Bänder	im funktionellen Rahmen nachgiebig	geschrumpft (Fixation)
Tageszeit	mittags bis abends	frühe Morgenstunden
Außentemperatur	über 18 Grad Celsius	geringe Temperaturen
Erwärmung	spezifisch, ausreichend und langsam gesteigert, aktiv	kurzfristig, passiv
Ermüdung	keine Ermüdung	starke Ermüdung

4.5.3 Erscheinungsformen der Beweglichkeit

Die Beweglichkeit kann nach unterschiedlichen Bezugsebenen untergliedert werden: Nach der Zielbewegung bzw. dem Verwendungsaspekt unterscheidet man die allgemeine und die spezielle Beweglichkeit

Als allgemeine Beweglichkeit wird die dem Niveau der angestrebten Tätigkeit angepasste Beweglichkeit der wesentlichen Gelenke des Körpers (insbesondere des Schulter- und Hüftgelenks und der Wirbelsäule) bezeichnet. Sie ist dann adäquat ausgeprägt, wenn die Tätigkeiten ohne Einschränkungen ausgeführt werden können.

Die spezielle Beweglichkeit zielt auf eine für eine definierte (z. B. sportliche) Anforderung notwendige überdurchschnittlich ausgeprägte Schwingweite oder Amplitude in bestimmten Gelenken. Sie ermöglicht damit erst die Ausführung dieser Bewegungen (z. B. eines Spagats).

Nach der Ursache für das Erreichen der Dehnstellung sind aktive und passive Beweglichkeit zu unterscheiden. Unter aktiver Beweglichkeit versteht man die größtmögliche Beweglichkeit in einem Gelenk, die der Übende willkürlich ohne fremde Hilfe, allein durch die Kontraktion der Antagonisten des zu dehnenden Muskels, erreichen kann. Unter passiver Beweglichkeit versteht man die größtmögliche Beweglichkeit in einem Gelenk, die mit zusätzlichen äußeren Hilfen (u. a. Partner, Gewicht, Schwerkraft) erreicht werden kann. Hierbei kommt es zu einer größeren Annäherung an die anatomischen Grenzen als bei der aktiven Beweglichkeit (Abb. 4.5-2).

Zusammenfassend kann festgestellt werden, dass die optimale Beweglichkeit die Ausschöpfung der Bewegungsmöglichkeiten des Menschen fördert.

Die Beweglichkeit trägt bei zur:

- Optimierung des Bewegungsflusses, der Bewegungsharmonie und des Bewegungsausdrucks,

- Erweiterung der spezifischen Bewegungsmöglichkeiten,
- Optimierung der konditionellen Möglichkeiten, besonders der Kraft und Schnelligkeit, aber auch der Ausdauer,
- Verringerung der Verletzungsanfälligkeit,
- Verminderung muskulärer Disbalancen (Weineck, 2007).

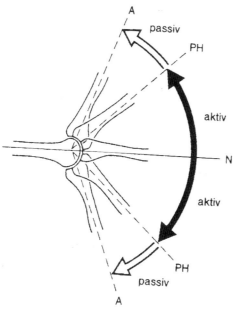

Abb. 4.5-2 Anatomische und physiologische Grenzen der Beweglichkeit

4.5.4 Ziele des Beweglichkeitstrainings

Beweglichkeit und deren Ausbildung sind keine Erfindung unserer Zeit. Es gibt zweitausend Jahre alte Statuen in Bangkok, die Menschen in Dehnpositionen darstellen. Das indische Yoga beinhaltet Übungen, die mit modernen Stretching-Methoden vergleichbar sind.

Ungeachtet dessen hat die Ausbildung der Beweglichkeit in den letzten Jahren eine neue Bewertung erfahren; ihr hoher Stellenwert ist heute unumstritten.

Dabei sind verschiedene Aspekte einer optimal ausgeprägten Beweglichkeit zu unterscheiden.

Langfristig geht es im Trainingsprozess um die Anpassung der funktionellen Systeme, die die Beweglichkeit bedingen, an allgemeine und spezielle Anforderungen der Sportarten. Die Bewegungsausführung wird durch die Beweglichkeit optimiert oder erst ermöglicht (z. B. Gerätturnen, Eiskunstlauf). Sie versetzt den Sportler in die Lage, Bewegungen durch die Verlängerung des Beschleunigungswegs und die Verringerung des Widerstands der Antagonisten schneller und kräftiger auszuführen. In den Ausdauersportarten wird die Ökonomie der Bewegung gefördert und damit der Energiebedarf verringert.

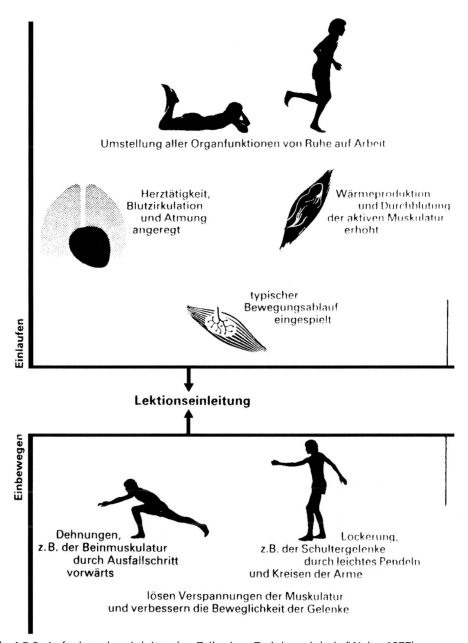

Abb. 4.5-3: Aufgaben des einleitenden Teils einer Trainingseinheit (Weiss, 1977)

Aktuell ist der Einfluss der Beweglichkeit auf die Schaffung von Voraussetzungen für das unmittelbar zu absolvierende Training (Erwärmung, Lockerung und Dehnung der Muskulatur) sowie auf die Beschleunigung der psychischen Wiederherstellung nach Trainingsbelastungen von Bedeutung.

Eine angepasste Beweglichkeit verringert das Verletzungsrisiko durch die Dehnbarkeit und Entspannungsfähigkeit der Muskeln. Jede Trainingseinheit beginnt mit der Erwärmung, die auch die Dehnfähigkeit in Abstimmung auf die jeweiligen Trainingsinhalte einschließt. Hierbei werden Übungen angewandt, die auf eine allgemeine Lockerung und Dehnung gerichtet sind und solche, die den Organismus speziell auf die folgende Trainingsbelastung vorbereiten.

Neben der Umstellung der Organfunktionen von Ruhe auf Arbeit sind die Dehnung und Lockerung der Muskeln und Gelenke fester Bestandteil der Erwärmung zum Auftakt jeder Trainingseinheit.

Dehnübungen, die zum Ende der Trainingseinheit zum Einsatz kommen („Cool down", Abwärmen), beschleunigen die Wiederherstellungsprozesse nach Belastungen, indem der erhöhte Muskeltonus gesenkt wird.

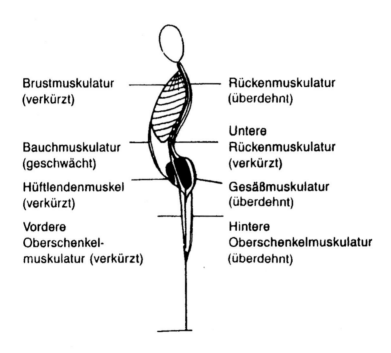

Brustmuskulatur (verkürzt) — Rückenmuskulatur (überdehnt)

Untere Rückenmuskulatur (verkürzt)

Bauchmuskulatur (geschwächt)

Hüftlendenmuskel (verkürzt) — Gesäßmuskulatur (überdehnt)

Vordere Oberschenkelmuskulatur (verkürzt) — Hintere Oberschenkelmuskulatur (überdehnt)

Abb. 4.5-4: Schematische Darstellung der Haltungsschwäche „Hohlrundrücken" (Rusch, 1998)

Besondere Bedeutung hat die Beweglichkeit für eine gesunde Körperhaltung. Hierbei spielt die Balance zwischen Kräftigung und Dehnung der Muskulatur eine besondere Rolle. Störungen dieser Balance führen zu funktionellen Beeinträchtigungen, zu Haltungsschwächen und bei Verfestigung dieser Störungen zu strukturellen Veränderungen oder Haltungsschäden. Haltungsschwächen entwickeln sich häufig im frühen Kindesalter, etwa im 5.-7. Lebensjahr. Diese Entwicklungsphase (erster Gestaltwandel) ist durch ein forciertes Skelettwachstum gekennzeichnet.

Wenn sich die Muskulatur nicht adäquat entwickelt, kann das zu Fehlstellungen der Wirbelsäule und somit zu Haltungsschwächen führen. Die ungenügende und unausgeglichene Entwicklung der Rumpfmuskulatur wird durch Bewegungsarmut und Sitzzwang in der Schule verstärkt. In der Abbildung 4.5-4 ist beispielhaft die Haltungsschwäche Hohlrundrücken dargestellt. Durch mangelhaften Trainingszustand eines Teils der Muskeln sowie schlechte Haltung im Stehen und Sitzen kommt es zur Abschwächung bzw. Überdehnung oder auch zur Verkürzung spezieller Muskelgruppen, in deren Folge die Wirbelsäule in eine unphysiologische Stellung gezogen wird. Durch gezielte Übungen kann derartigen Haltungsschwächen entgegengewirkt und ihrer Manifestation vorgebeugt werden. Dabei sind Übungen zur Kräftigung der schwachen Muskelgruppen besonders wirkungsvoll.

Die Abbildung 4.5-5 zeigt die wichtigsten Muskelgruppen, die zur Verkürzung bzw. Abschwächung neigen und dementsprechend belastet werden müssen, um eine optimale Körperhaltung zu sichern bzw. wiederherzustellen. Zur Verkürzung und Verspannung neigen vorwiegend diejenigen Muskeln, die Haltefunktionen haben. In manchen Berufen führen einseitige Haltungen über längere Zeiten zu typischen Verspannungen, denen durch Dehnübungen begegnet werden kann.

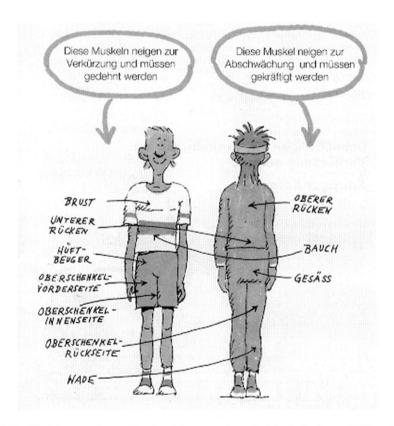

Abb. 4.5-5: Zur Verkürzung bzw. Abschwächung neigende Muskeln (aus: AOK, o. J.)

285

4.5.5 Voraussetzungen für die optimale Ausbildung der Beweglichkeit

Beim Beweglichkeitstraining sind zwei Bereiche zu unterscheiden. Diese richten sich auf:

1. Die **Gelenkbeweglichkeit** durch Optimierung des Gelenkstoffwechsels, der neurophysiologischen Prozesse und des Zustands der bindegewebigen Elemente.
2. Die **Dehnbarkeit** der Muskulatur durch die qualitative Verbesserung bzw. den Erhalt der elastischen Eigenschaften des Muskels.

Die Durchführung des Beweglichkeitstrainings setzt exakte Kenntnisse des Trainers über Ziele und Methodik voraus und ist in seinen Wirkungen nur unter Beachtung einiger Grundvoraussetzungen effektiv:

- Anpassungen brauchen Zeit. Die Steigerung der Beweglichkeit ist ein allmählicher Prozess.
- Das Dehnen soll ruhig und geführt erfolgen. Dehnen ist kein Wettbewerb, kein Vergleich mit Besseren.
- Das Gefühl der Dehnung, Spannung und Entspannung muss den Übenden bewusst gemacht werden.
- Eine allgemeine und spezielle Erwärmung der zu dehnenden Muskulatur unter Beachtung der Umgebungstemperatur sollte dem Training vorausgehen.
- Die korrekte Bewegungsausführung (Einnehmen der Dehnstellung, Ausführung der Dehnübung, langsames Zurückgehen in die Ausgangsstellung) ist der Schlüssel zum Erfolg.
- Millimeterweise (sanft) dehnen bis ein Dehnschmerz spürbar ist.
- Konzentration auf ein Gelenk durch Fixierung der benachbarten Gelenke.
- Beidseitiges Üben und Dehnen der Antagonisten (verkürzte Muskeln akzentuiert, abgeschwächte Muskeln leicht dehnen).
- Beim Üben ruhig und gleichmäßig atmen.

In den einzelnen Trainingseinheiten sind die Beweglichkeitsübungen auf die konkreten Zielstellungen auszurichten (Tab. 4.5-3).

Tab. 4.5-3: Einordnung der Beweglichkeitsübungen in die Trainingseinheit

Zielstellung	Einordnung in Trainingseinheit
Vordehnung/Erwärmung vor Belastungen	Einleitungsteil
Vorbereitung großer Bewegungsamplituden	Einleitungsteil
Erhalt und Erhöhung der Beweglichkeit	Einleitungs-/Hauptteil
Kompensation nach Belastungen	Haupt-/Schlussteil

4.5.6 Trainingsmethoden

Beweglichkeitstraining ist durch Wiederholungsarbeit gekennzeichnet (Wiederholungsmethode).
Die Methoden unterscheiden sich entsprechend ihrer Zielstellung durch:

- unterschiedliche Belastungsmerkmale (Belastungsumfang, -dauer und -intensität),
- die die Dehnung verursachende Kraft und
- die Bewegungsausführung.

Unterscheidungsmerkmal für **dynamische und statische** Methoden ist die Ausführung der Bewegung. Dynamische Dehnmethoden sind durch eine intermittierende (unterbrochene), schwunghafte, wippend-federnde und statische Methoden durch eine über längere Zeit gehaltene, permanente Bewegungsausführung gekennzeichnet.
Für **aktive und passive** Methoden ist das Unterscheidungskriterium die Kraft, durch die die Dehnbewegung ausgelöst wird. Bei der aktiven Dehnung wird die Dehnstellung durch Kontraktion der Antagonisten der zu dehnenden Muskulatur ausgelöst. Bei der passiven Dehnung wird der Dehnreiz durch äußere Kräfte verstärkt oder erst ausgelöst. Dies können die Schwerkraft, die Trägheitskraft bei Schwungbewegungen, die Kraft anderer Körperteile oder die Kraft eines helfenden Partners sein (Abb. 4.5-6).

		bewegende Kraft	
		aktiv (innere Kräfte)	passiv (äußere Kräfte)
Bewegungsausführung	dynamisch (federnd)	aktiv-dynamische Methode	passiv-dynamische Methode
	statisch (gehalten)	aktiv-statische Methode	passiv-statische Methode

Abb. 4.5-6: Systematik der Dehnmethoden

Eine Systematisierung der Dehnmethoden kann durch die unterschiedliche Kombination von Bewegungsausführung und bewegender Kraft erfolgen. Die einzelnen Dehnmethoden sind in den Tabellen 4.5-4 und 4.5-5 dargestellt.

Tab. 4.5-4: Aktive Dehnmethoden

Merkmal	Aktiv-dynamisch	Aktiv-statisch	
Bewegende Kraft	Antagonisten der zu dehnenden Muskeln	Antagonisten der zu dehnenden Muskeln	
Bewegungsausführung	- wiederholt - schwunghaft - federnd	- permanentes Halten der Dehnstellung	- in Teilschritten Erreichen der finalen Dehnstellung
Durchführung	- mehrfach wiederholte, federnde Bewegung - Wiederholungszahl: > 10 pro Einzelübung	- langsames aktives Einnehmen der Dehnstellung - 10-30 s halten - 2-3 malige Wiederholung pro Übung	- aktives Einnehmen der Ausgangsdehnstellung - diese 10-30 s halten bis Spannung nachlässt - Erweiterung der Dehnstellung - wiederum 10-30 s halten - evtl. nochmalige Erweiterung
Vorteile der Methode	- entspricht den Anforderungen der sportlichen Bewegung - wirkt kräftigend auf kontrahierte Antagonisten	- lang anhaltender Dehnreiz - Kräftigung der kontrahierten Muskulatur - Muskeldehnreflex wird vermieden	
Nachteile der Methode	- extreme Dehnstellung wird nur kurzfristig eingenommen - schnelle Bewegung kann Muskeldehnreflex auslösen	- geringe Spezifik bezüglich konkreter sportlicher Bewegungen	

Tab. 4.5-5: Passive Dehnmethoden

Merkmal	Passiv-dynamisch	Passiv-statisch	
Bewegende Kraft	Schwerkraft, Kraft anderer Körperteile, Partnerhilfe	Schwerkraft, Kraft anderer Körperteile, Partnerhilfe	
Bewegungs- ausführung	- wiederholt - wippend-federnd	- permanentes Halten der Dehnstellung	- in Teilschritten Erreichen der finalen Dehnstellung
Durchführung	- Einnahme einer leichten Dehnstellung - wippend-federnde Bewegung durch äußeren Druck oder Zug	- Einnahme der Dehnstellung durch äußeren Druck oder Zug - Halten der Dehnstellung 10-30 s - 2-3 malige Wiederholung der Übung	- Einnahme einer leichten Dehnstellung durch äußere Kräfte - 10-30 s halten - schrittweise Erweiterung der Dehnstellung unter Erhöhung der äußeren Kräfte - jede Erweiterung 10-30 s halten
Vorteile der Methode	- starker Dehnreiz	- starker Dehnreiz - geringe Verletzungsgefahr durch langsame statische Ausführung	
Nachteile der Methode	- durch federnde Ausführung hohe Verletzungsgefahr, besonders bei Partnerhilfe - nur von mit der Methode vertrauten Sportlern anwendbar - Muskeldehnreflex kann Effektivität der Dehnmethode verringern - keine Kräftigung der Antagonisten	- bei Dehnung in Teilschritten kann Dehnreflex Effektivität begrenzen	

Innerhalb dieser Methoden gibt es spezifische Modifikationen. Interessant ist bei den passiv-statischen Methoden die Anspannungs-Entspannungs-Dehnung (postisometrische Dehnung). Hierbei wird der zu dehnende Muskel vor der Dehnung 10-30 Sekunden maximal angespannt, nach 2-3 Sekunden Entspannung erfolgt die Dehnung (Dauer 10-30 s). Die vorherige Kontraktion bewirkt reflektorisch eine bessere Entspannung, die die folgende Dehnung effektiver werden lässt.

Die Verbesserung der Dehnbarkeit der Muskeln hat das Ziel ihre optimale Länge für eine bestimmte Tätigkeit zu erreichen. Die Muskeln stellen sich je nach den Anforderungen, die an sie gestellt werden, auf eine für genau diese Anforderung angemessene Länge ein. Das trifft auch dann zu, wenn diese Länge nicht mit einem optimalen Gesundheitszustand im Einklang steht. Beispielsweise stellt sich bei einer vorwiegend sitzenden Tätigkeit (z. B. der Arbeit am Computer) der Brustmuskel auf die für diese Tätigkeit optimale Länge ein. Das ist aber eine Verkürzung dieses Muskels, die im Zusammenhang mit einer schwach ausgeprägten oberen Rückenmuskulatur zu einem muskulären Ungleichgewicht führt und demzufolge möglicherweise zu Schmerzen im Bereich der Halswirbelsäule. Trotzdem ist auch hier von einer der Tätigkeit entsprechenden Anpassung der Länge der Muskeln zu sprechen. Dem kann durch ein entsprechendes Trainingsprogramm begegnet werden (vorzugsweise gerichtet auf eine Kräftigung der zu schwachen Muskelgruppen).

Die nachfolgende Abb. 4.5-7 beinhaltet ein Dehnprogramm für die in den meisten Sportarten wichtigen Muskelgruppen. Die Übungen können von den Sportlern nach einer Einweisung durch den Trainer selbstständig auch außerhalb der Trainingseinheit durchgeführt werden.

Methodisch handelt es sich um ein Stretching-Programm. Das Stretching ist den statischen Dehnmethoden zuzuordnen. Bei der Durchführung des Dehnprogramms ist folgendermaßen vorzugehen (Spring, 1986):

- „Nimm die abgebildete Dehnstellung ein."
- „Ändere langsam die Position in Richtung der angestrebten Dehnung."
- „Vermeide ruckartige, wippende Bewegungen."
- „Normal ist ein leichtes Ziehen im zu dehnenden Muskel („Dehnschmerz")."
- „Halte diese Stellung 15 - 30 s, bis der „Dehnschmerz" nachlässt."
- „Atme regelmäßig und ruhig, entspanne dich."

Im Leistungssport ist das Beweglichkeitstraining dadurch gekennzeichnet, dass die für bestimmte Bewegungen notwendige spezielle Schwingweite in den Gelenken vorbereitet werden muss. Die dafür notwendigen Reize sind allein durch die Kontraktion der Antagonisten nicht zu erreichen. Hier sind die (langsam) fedende Bewegungsausführung oder die die Dehnstellung vergrößernde Wirkung des Körpergewichts, der Schwerkraft oder die Hilfe des Trainers Voraussetzung für das Erreichen dieser extremen Gelenkstellungen. Die größte Verbesserung der Bewegungsreichweite wird dabei bei den ersten (fünf) Wiederholungen erreicht, wobei sich selbst dehnen effektiver ist als sich „dehnen zu lassen"

Der durch Training bedingte Massezuwachs der Muskulatur (Hypertrophie) führt zu einer erhöhten Ruhespannung, wodurch die Beweglichkeit eingeschränkt werden kann. Auch hier ist die Abweichung von der „Norm" als optimale Anpassung des Systems an die sportliche Tätigkeit zu verstehen.

Brust- und
Schultermuskulatur

vordere Oberschenkelmuskulatur

seitliche Rumpfmuskulatur

Beinmuskulatur

hintere Oberarmmuskulatur

innere Hüftmuskulatur

Gesäßmuskulatur

Hals-und Nackenmuskulatur

hintere Oberschenkelmuskulatur

Wadenmuskulatur

Abb. 4.5-7: Basisdehnprogramm

In Verbindung mit den in Kap. 4.1.2 beschriebenen Wirkungen der Titinfilamente, die sich bei Muskelzuwachs mit der Steigerung der Anzahl der parallelen Sarkomere ebenfalls vermehren, erhöht sich die Ruhe-Dehnspannung des Muskels sogar. Im Gegenteil zu bisherigen Erkenntnissen wird durch intensives Dehnen die Muskellänge nicht verändert. Das hätte auch negative Folgen für die Koordination aller Bewegungen, wenn nach jedem Dehnen völlig andere muskuläre Verhältnisse vorlägen.

Dehnübungen führen weniger zu einer Vergrößerung der Muskellänge als vielmehr zu einer Verbesserung der Verträglichkeit des Sportlers gegenüber dem Dehnschmerz. Auch das Nervengewebe wird mit der Muskulatur gedehnt oder komprimiert. Dabei werden der Stoffwechsel des Nervs und damit die Schmerzempfindlichkeit verringert. Allerdings werden im leistungssportlichen Beweglichkeitstraining auch die normalen Schutzmechanismen durch die Gewöhnung an die vergrößerten Gelenkreichweiten teilweise außer Kraft gesetzt, was zu einem erhöhten Verletzungsrisiko führt. Hierauf ist bei der Planung von Dauer und Intensität des Beweglichkeitstrainings besonders zu achten.

Sinnvoll bleiben jedoch nach wie vor Dehnübungen in der Prävention zur Wiederherstellung der optimalen Funktion der Muskulatur, wenn die Ruhe-Dehnspannung infolge von Verletzungen o. ä. abgesunken ist.

Die Beweglichkeit scheint unter diesen Aspekten weit mehr genetisch determiniert als durch Training beeinflussbar. Neuere Erkenntnisse belegen, dass sich Kraft- und Schnellkraftleistungen durch eine maximale statische Dehnung der Muskulatur unmittelbar vor dem Wettkampf verschlechtern. Das spricht gegen ein spezielles Dehnprogramm unmittelbar vor dem Start. Lediglich ein submaximales Dehnen ist hier zu empfehlen.

Hingegen kann in Disziplinen, die eine hohe Beweglichkeit erfordern, auf das entsprechende langfristige Training nicht verzichtet werden.

Ein submaximales statisches Dehnen nach der Belastung ist besonders für die Durchsaftung der Bandscheiben und damit für die Anregung ihres Stoffwechsels von Bedeutung.

Nicht zu vergessen ist die subjektive Wahrnehmung des Sportlers nach dem Dehnen. Er fühlt sich erholter und entspannter, damit wird die psychische Regeneration gefördert.

Sicher belegt werden können:

- Die akute, kurzzeitige Erhöhung der Bewegungs- oder Gelenkreichweite nach 5- bis 15-minütigem Dehnen.
- Eine langfristige Erhöhung der Bewegungsreichweite bei regelmäßigem Beweglichkeitstraining.

4.5.7 Erfolgskontrolle

Die Objektivierung bzw. Diagnose der Beweglichkeit erfolgt mittels verschiedener sportmotorischer Tests. Es gibt allgemeine Beweglichkeitstests, die u. a. auch im Schulsport angewandt werden und spezielle Tests, die der Objektivierung der Beweglichkeit in bestimmten Sportarten dient.

Beweglichkeitstests erfassen die maximal einnehmbare Stellung einzelner Gelenke oder Körperteile, die eine bestimmte Zeit gehalten werden kann. Gemessen werden die Winkel zwischen den Extremitäten bzw. die erreichte Entfernung bestimmter Körperteile zu einem Bezugspunkt.

Beispiel 1:
Beweglichkeitstest: Rumpfbeuge vorwärts

Testaufgabe: Rumpfbeuge vorwärts bis zur tiefsten erreichbaren Stellung
Messwert: Zentimeter
Fähigkeit: komplexe allgemeine Beweglichkeit
Sportart: allgemein
Verwendung: Grundlagentraining, Schulsport

Testdurchführung: Erläuterung der Aufgabenstellung und Demonstration
Der Sportler steht ohne Schuhe mit geschlossenen Beinen auf einem kleinen Kasten. Die großen Zehen schließen mit der Vorderkante des Kastens ab. Aus dieser Ausgangsstellung führt der Sportler eine Rumpfbeuge vorwärts mit gestreckten Knien aus. Jeder Sportler hat 2 Versuche.

Testdauer: 1 Minute pro Sportler

Testaufbau:

Testanweisung:
„Der Test überprüft eure Beweglichkeit. Stellt euch mit geschlossenen Füßen auf den Kasten; die Fußspitzen schließen mit der Vorderkante ab. Beugt nun den Oberkörper langsam, soweit ihr könnt, nach vorn unten und versucht, die Fingerspitzen möglichst weit Richtung Fußboden zu bringen. Die Knie bleiben gestreckt. Ihr dürft nicht nachfedern und sollt kurz in der tiefsten Stellung verharren".

Testanforderungen: 1 kleiner Kasten (Bank),
                       1 Bandmaß,
                       1 Testleiter

Testauswertung:
Gemessen wird der mit den Fingerspitzen erreichte tiefste Punkt (in cm), der mindestens 2 Sekunden gehalten werden kann. Messwerte unterhalb des Kastenniveaus werden mit plus, oberhalb mit minus bewertet.

Beispiel 2:
Beweglichkeitstest: Ausschultern

Testaufgabe:	Ausschultern mit Handfassung am Gymnastikstab
Messwert:	Zentimeter
Fähigkeit:	Beweglichkeit des Schultergelenks
Sportart:	Schwimmen
Verwendung:	Grundlagen-, Aufbautraining
Testdurchführung:	Erläuterung der Aufgabenstellung und Demonstration.

Der Sportler erfasst einen Gymnastikstab mit beiden Händen in der Hochhalte. Er führt den Stab langsam nach hinten unten. Der Sportler verringert bei jedem Versuch den Abstand zwischen den Händen (Griffbreite). Jeder Sportler hat 3 Versuche.

Testdauer: 1 Minute pro Sportler

Testanweisung:
„Der Test überprüft eure Beweglichkeit im Schultergelenk. Dazu erfasst ihr den Gymnastikstab mit beiden Händen. Der Abstand der Hände muss so groß sein, dass ihr den Stab mit gestreckten Armen nach hinten-unten führen könnt. Nach jedem Versuch wird der Abstand der Hände am Stab verringert. Jeder von euch hat 3 Versuche. Gemessen wird der Abstand zwischen beiden Händen bei den Versuchen, bei denen ihr den Stab noch mit gestreckten Armen zurückführen könnt."

Testaufbau:

Testanforderungen: 1 Gymnastikstab,
                         1 Bandmaß,
                         1 Testleiter

Testauswertung:
Gemessen wird der Abstand zwischen den Händen (in cm), bei dem der Sportler gerade noch in der Lage ist, den Stab mit gestreckten Armen nach hinten-unten zu führen.

Kontrollfragen und Aufgaben

1. Kennzeichnen Sie die *Beweglichkeit* als motorische Fähigkeit bzgl. ihrer *Determiniertheit*. Warum ist keine eindeutige Zuordnung möglich?

2. Welche Bedeutung hat die Verbesserung der Beweglichkeit für die *allgemeine Leistungsfähigkeit*?

3. Vergleichen Sie die Bedeutung der *Beweglichkeit* für die Leistungsfähigkeit in einzelnen Sportarten/Disziplinen der verschiedenen *Sportartengruppen*. Gehen Sie auf eine Sportart näher ein.

4. Erstellen Sie ein *Dehnprogramm* für eine von Ihnen gewählte spezifische Sportart oder Disziplin. Begründen Sie die Notwendigkeit der gewählten Übungen und charakterisieren Sie die angewandten *Dehnmethoden*.

5. Welche *Beweglichkeitstests* werden in ihrer Sportart eingesetzt? Erarbeiten Sie die *Testbeschreibung* für einen Test.

5. Bewegungskompetenzen – Sporttechnische Fertigkeiten

5.1 Der motorische Lernprozess als Grundlage des Erlernens und Anwendens sporttechnischer Fertigkeiten

Motorisches Können, Fertigkeitserwerb und -beherrschung sind generell als Zielgrößen eines meist *längerfristigen* und sehr *komplexen* motorischen Lernprozesses anzusehen.

Am „Ende" dieses Prozesses verfügt ein *Könner* sowohl über einen hohen Ausprägungsgrad an motorischen Fähigkeiten als auch über eine hohe Ausführungsqualität von **motorischen Fertigkeiten** (Bewegungsfertigkeiten).

Bisher wurde herausgearbeitet, dass Kraft-, Ausdauer-, Schnelligkeits-, Beweglichkeits- und koordinative Fähigkeiten motorische Voraussetzungen für das Erbringen von **sportlicher Leistungen** darstellen (vgl. Kap. 2 und 4).

Darüber hinaus bestehen zwischen den *motorischen Fähigkeiten*, *sporttechnischen Fertigkeiten* und *sportlichen Techniken* enge Beziehungen. So sind die genannten motorischen Fähigkeiten aber auch wesentliche Grundlage für den Erwerb *motorischen* oder *sportlichen Könnens*, bzw. kommt deren Ausprägungsniveau im erreichten Fertigkeitsgrad zum Ausdruck.

Hierbei handelt es sich um *elementare Bewegungsabläufe*, die durch ihr häufiges Anwenden bzw. Üben einen hohen Automatisierungsgrad erreicht haben und somit vorrangig *sensomotorisch* reguliert werden (vgl. Kap. 2). Solche **elementaren motorischen Fertigkeiten**, die sich zum größten Teil bereits im *Kleinkind- bzw. frühen Kindesalter* ausbilden bzw. erlernt werden, sind u. a. Gehen, Laufen, Hüpfen, Springen, Heben, Balancieren, Rollen, Fangen und Werfen.

> **Elementare motorische Fertigkeiten sind personelle Voraussetzungen, die einen Menschen befähigen, Bewegungen und motorische Handlungen weitestgehend automatisch, d. h. ohne bewusstseinspflichtige Steuerungs- und Regelungsprozesse auszuführen.**

Auf diese elementaren motorischen Fertigkeiten aufbauend, lassen sich durch gezieltes Lernen, Üben bzw. Trainieren Sportart/Disziplin **spezifische Fertigkeiten** ausprägen, die im Vergleich zu einem alltäglichen Gebrauch und einer Verwendung in der Arbeitstätigkeit weiter zu differenzieren sind. In diese Fertigkeitskategorie sind z. B. Bewegungsformen des Schwimmens, Turnens, Springens, Schlagens oder (Rad-)Fahrens einzuordnen.

Diese spezifischen Fertigkeiten bedürfen für ihren Erwerb nicht nur spezieller *Lehr- und Lernmethoden*, sondern auch *spezifischer* Ausprägungsformen der *motorischen Fähigkeiten* (vgl. Kap. 4). So wird z. B. für einen *hohen Sprung* u. a. ein bestimmtes Maß an spezifischer Sprungkraftfähigkeit, für das Fahren auf einem *Zweirad* u. a. ein bestimmtes Maß an spezifischer Gleichgewichtsfähigkeit oder für das *Schwimmen* u. a. ein bestimmtes Maß an spezifischer Kopplungsfähigkeit (z. B. Arme, Beine, Atmung) benötigt.

Grundsätzlich bedürfen das Erlernen oder das Ausführen motorischer Fertigkeiten verschiedene motorische Fähigkeiten bzw. ganze **Komplexe von Fähigkeiten**, die in ihrem *Ausprägungsniveau* und *integrativen Zusammenwirken* ausschlaggebend für die Qualität von Fertigkeiten sind.

Hat sich ein Sportler für eine bestimmte Sportart/Disziplin entschieden, in der er regelmäßig trainiert, um hohe sportliche Leistungen zu erreichen, müssen vorhandene spezifische Fertigkeiten weiter ausgeprägt, d. h. ausdifferenziert und effektiviert werden. Dies wird möglich, indem sich der Trainierende **zweckentsprechende sporttechnische Fertigkeiten** aneignet, die zu einer Effektivierung und Optimierung seiner Bewegungsausführung beitragen.

Dies soll an *zwei Beispielen* verdeutlicht werden:

Beispiel 1:
Ein *Leichtathlet*, der sich im leistungssportlichen Training auf die Disziplin *Hochsprung* konzentriert, wird sich eine spezifische sporttechnische Fertigkeit aneignen, die seinen (körperlichen) Voraussetzungen in besonderem Maße entspricht und hohe sportliche Leistungen erwarten lässt. Er trainiert nach der *Technik* des „Fosbury-Flops". Diese Technikvariante wird für ihn zugleich zum *sporttechnischen Leitbild*, nach dem er trainiert. Andere *Arten bzw. Lösungsmöglichkeiten* der Aufgabe, hoch zu springen, wären z. B. die Techniken des „Straddles" (Wälzer) oder der Schersprünge. Durch ein *Fertigkeitstraining* bzw. *motorisches Lernen* versucht er nun, die Ausführungsqualität seines Hochsprungs dem idealisierten Bild (Leitbild) eines „Fosbury-Flops" anzunähern. Die sporttechnische Fertigkeit unterliegt insofern ständiger Veränder- bzw. Verbesserungen, das Leitbild „Fosbury-Flop" bleibt dagegen immer gleich.

Beispiel 2:
Ein *Ausdauersportler* (Langstreckenläufer) muss mit seinen Energieressourcen sparsam umgehen bzw. seine Kräfte einteilen, damit genügend Reserven bis zum Ende der Distanz verfügbar bleiben. Bei ihm kommt es darauf an, dass er das Spannungs- und Entspannungsverhalten der Muskulatur und das Zusammenspiel innerer und äußerer Kräfte zweckentsprechend, d. h. optimal gestaltet (eine Aufgabe der *Differenzierungs- und Kopplungsfähigkeit*). Neben einer hohen *aeroben Kapazität* sind eine gut ausgeprägte *Rhythmisierungsfähigkeit* und vor allem eine *hohe Qualität der Laufbewegung* („flüssige" Bewegung) wesentliche Voraussetzungen bzw. Bedingungen für ein ökonomisches Leistungsverhalten.

> **Sporttechnische Fertigkeiten sind primär informationell-determinierte Leistungsvoraussetzungen, die einen Sportler befähigen, eine bestimmte Bewegungsaufgabe zweckentsprechend und mit einer regelgerechten sportlichen Technik zu lösen.**

Grundlage dafür sind motorische, insbesondere *spezifische koordinative Fähigkeiten*, die ebenfalls primär durch die Prozesse der Bewegungssteuerung und -regelung bestimmt sind (vgl. Kap. 3.3.3) und in einem Lernprozess angeeignet werden.

Richtig interpretiert heißt das, dass sich ein Sportler nicht eigentlich eine sportliche Technik aneignet, sondern „lediglich" spezifische Voraussetzungen für eine Aufgabenlösung in Form von sporttechnischen Fertigkeiten nach einem „Leitbild" erwirbt.

Einer solchen Auffassung folgend verbietet sich eine Gleichsetzung von *sportlichen Fertigkeiten* und *sportlichen Techniken*. Ebenso ist die Bezeichnung „*Techniktraining*" *irreführend*.

Motorische Fähigkeiten und sporttechnische Fertigkeiten stehen in einem direkten und sehr engen **Wechselverhältnis**. So wird *einerseits* das erreichte Fertigkeitsniveau in starker Abhängigkeit vom verfügbaren Fähigkeitsniveau stehen. Man kann von einem **fähigkeitsorientierten Fertigkeitstraining** sprechen und das Niveau und die Ausprägung von Fähigkeiten als Voraussetzung und Ziel des Fertigkeitserwerbs betrachten (*Voraussetzungsfunktion*, vgl. Kap. 4.4.3).

Dabei wird eine sporttechnische Fertigkeit in ihrer Ausführungsqualität nie besser als das Niveau der ihr zugrunde liegenden Fähigkeiten sein.

Andererseits werden durch ein *Fertigkeitstraining* die sportartspezifischen Aspekte der *motorischen Fähigkeiten* mitgeprägt.

Für das Beispiel Hochsprungtraining heißt das, dass durch wiederholtes Üben des Flopsprungs sowohl die *sprungspezifische Schnellkraftfähigkeit*, als auch die *spezifischen* Aspekte der *Orientierungs- und Kopplungsfähigkeit* mitgeschult werden (*Nachfolgefunktion*). In diesem Fall kann man auch von einem **fertigkeitsorientierten Fähigkeitstraining** sprechen.

Koordinative Fähigkeiten und *sporttechnische Fertigkeiten* stellen somit bei hohem Ausprägungsniveau einen Grundpfeiler der **motorischen Handlungskompetenz** eines Sportlers dar, die ihn zur Lösung anspruchsvoller und komplexer sportlicher Aufgaben befähigen. Diese wird durch das Vorhandensein und die Qualität weiterer *motorischer* (vgl. Kap. 4), *kognitiver* und *motivationaler Leistungsvoraussetzungen* (vgl. Kap. 2) mitbestimmt.

Kontrollfragen und Aufgaben

1. Verdeutlichen Sie an einem selbst gewählten Beispiel den *Unterschied* zwischen koordinativen *Fähigkeiten*, sporttechnischen *Fertigkeiten* und einem technischen *Leitbild*.

2. Erläutern Sie, was unter einem *fähigkeitsorientierten Fertigkeitstraining* zu verstehen ist.

5.2 Biologische Grundlagen

Nach einem längerfristigen Fähigkeitstraining verändert sich die Konstitution des Sportlers, der *Kraftsportler* verfügt über eine sichtbar definierte *Muskulatur*, der *Marathonläufer* über einen geringen *Körperfettanteil*. Das Training hat zu entsprechenden spezifischen Anpassungserscheinungen geführt. Was aber ist im Organismus eines Kindes passiert, das am Morgen als Nichtschwimmer in die Schwimmhalle geht und diese zwei Stunden später als Schwimmer verlässt? Hier hat ein *motorischer Lernprozess* stattgefunden, der äußerlich nicht sichtbar ist.

Motorisches Lernen wird als Initiierung oder Modifikation motorischer Bewegungsabläufe durch eine Informationshöherorganisation beschrieben (vgl. Kap. 5.3).

Offensichtlich ist es bei dem Schwimmbeispiel zu einer solchen Informationshöherorganisation gekommen und sie ist *gespeichert*, so dass diese Fertigkeit immer wieder abgerufen werden kann.

Verantwortlich dafür ist das motorische System, wobei zwei Teilbereiche zu unterscheiden sind: der *spinale Teil*, der für die *Reflexe* verantwortlich ist und der *supraspinale Teil*, der die gesamte *Willkürmotorik* steuert (spinal – das Rückenmark betreffend). Reflexe werden also über das Rückenmark direkt ausgelöst, ohne eine Beteiligung des Gehirns.

Das Entstehen von sportlichen Handlungen hingegen ist die Folge von komplexen Vorgängen, die in verschiedenen Teilen des *Zentralnervensystems* (ZNS) ausgelöst, gesteuert und kontrolliert werden. Das ZNS besteht aus dem *Großhirn* (= Endhirn), dem *Zwischenhirn*, dem *Mittelhirn*, dem *Brückenhirn* mit dem *Kleinhirn*, dem *verlängerten Rückenmark* und dem *Rückenmark*.

Jede Muskelkontraktion setzt einen nervalen Reiz voraus, der durch das ZNS ausgelöst und gesteuert wird. Erst durch diese Steuerung sind zielgerichtete Bewegungen möglich.

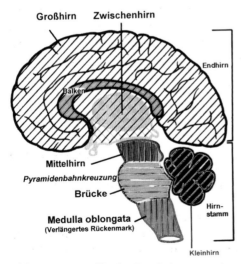

Abb. 5.2-1: Anteile des Zentralnervensystems

Die Vorgänge, die bei jeder Bewegung ablaufen, lassen sich in drei Bereiche gliedern:

- Den *Handlungsantrieb* und die *Planung* der Bewegung,
- die *Programmerstellung* und
- die *Durchführung* der Bewegung.

In der Tab. 5.2-1 sind diese Vorgänge und die daran beteiligten Gebiete und Systeme des Zentralnervensystems schematisch dargestellt.

Tab. 5.2-1: Neuronale Vorgänge bei der Entstehung und Durchführung einer Bewegung

Prozess	Aufgaben des ZNS		neuronale Gebiete und Systeme
- Antrieb - Motivation	interner willkürlicher Reiz	emotionaler Anlass	- Motivationsareale des Großhirns
- Bewertung des Reizes - Strategieentwurf	Entschluss, Bewegungsplanung		- sensorische und Assoziationsareale des Großhirns
- Vorbereitung der Handlung, - Festlegung der Bewegungsparameter	Programmierung		- motorisches Rindenfeld des Großhirns, - Kleinhirn
- Bewegungsausführung, - Bewegungskontrolle, - Bewegungsregulation	Bewegungsausführung		- Pyramidenbahnen, - Spinalnerven, - motorische Einheit

In einem ersten Schritt entsteht über innere oder äußere Reize ein *Antrieb* oder *Motiv* zur Ausführung einer Bewegung. Dazu werden in den *sensorischen* und den *Assoziationsfeldern* der *Großhirnrinde* die aufgenommene Reize verarbeitet, mit gespeicherten Erfahrungen, Emotionen oder Wertungen verglichen und situationsangemessene Programme zur Lösung des *Bewegungsanlasses* aktiviert. Diese Programme werden umso genauer zu der auszuführenden Bewegungsaufgabe passen, je mehr Bewegungsfertigkeiten der Sportler erlernt hat.

Im *motorischen Rindenfeld* (Kortex) des Großhirns werden alle Informationen gesammelt, ein passendes *Bewegungsprogramm* ausgelöst und die entsprechenden elektrischen Potenziale über die *Pyramidenbahnen* vom motorischen Kortex zu den *motorischen Einheiten* der Muskulatur geleitet. Die einzelnen Muskeln haben dabei entsprechend ihrer Funktion lernabhängige Widerspiegelungsareale im motorischen Kortex (vgl. Kap. 3.2 „motorischer Homunculus").

Im *Zwischenhirn* werden die Sinnesinformationen entsprechend ihrer Wichtigkeit selektiert.

Durch das *Kleinhirn* werden die Planung, Aktivierung und Ausführung der Bewegung geregelt (Abb. 5.2-2). Das betrifft besonders schnelle und situativ-wechselnde Bewegungen. Es gliedert die Bewegungsprogramme in dynamischer und zeitlicher Hinsicht und ist somit für die Feinabstimmung der Bewegung verantwortlich. Bei der Durchführung jeder Bewegung werden *Rezeptoren* (vgl. Kap. 3.3.3.1) aktiviert, deren Erregungen wiederum verarbeitet werden und das Gehirn über den Verlauf der Bewegung informieren. Die Meldungen gehen von den Hautrezeptoren und den Muskelspindeln aus.

Jeder Befehl von der Großhirnrinde zur Muskulatur wird parallel zum Kleinhirn geleitet (Efferenzkopie) und hier mit den Rückmeldungen der Rezeptoren zur Bewegungsausführung (Reafferenzen) verglichen. Nötigenfalls werden Korrekturen zur Hirnrinde gesandt.

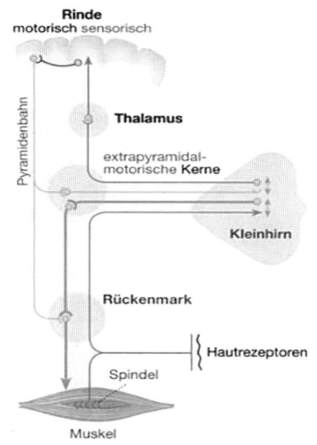

Abb. 5.2-2: Feinabstimmung der Bewegungen durch das Kleinhirn (Deetjen et al., 2005)

Langsame, verlaufsgesteuerte Bewegungen (von über 200 ms Dauer) können dadurch noch umorganisiert und angepasst werden, wenn sich die Bedingungen ändern. Sehr schnelle Bewegungen (von unter 200 ms Dauer) werden als *programmgesteuert* bezeichnet. Hier ist nach dem Auslösen der Bewegung keine Korrektur mehr möglich. Das ist z. B. bei einem Boxschlag oder einer Abwehrbewegung beim Volleyball der Fall.

Beim Erlernen neuer Bewegungsfertigkeiten werden zuerst im Großhirn Spuren, so genannte Engramme, hinterlassen. Das sind spezielle Muster für die Impulsübertragung, die vorerst nur wenige Stunden erhalten bleiben. Allerdings sind die beteiligten Systeme in dieser Zeit für neue Reize besonders empfänglich. Deshalb ist es wichtig, den Lernvorgang kontinuierlich fortzusetzen, damit aus den Engrammen durch Üben bleibende Bewegungsautomatismen werden, die relativ stabil im Kleinhirn gespeichert sind.

Das Kind aus dem Beispiel zu Beginn des Kapitels hat also in dieser Stunde den Schritt von einfachen Bewegungsmustern, die ihm noch nicht das freie Schwimmen ermöglicht haben, zu zentral gespeicherten Bewegungsprogrammen geschafft, die die Regulation der komplizierten Gesamtbewegung ermöglichen.

Kontrollfragen und Aufgaben

1. Erläutern Sie, welche *motorischen Entsprechungen* die einzelnen *Hirnareale* aufweisen.

2. Gibt es in der von Ihnen bevorzugten Sportart/Disziplin sportliche Bewegungen, die nach ihrer Auslösung wegen der kurzen Zeitdauer keiner *bewussten Korrektur* unterzogen werden können?

5.3 Der motorische Lernprozess (Fertigkeitserwerb)

Der Fertigkeitserwerb und die Fertigkeitsbeherrschung führen in ihrem Zielstadium zu einem *(sport-)motorischen Können*, das den Sportler zur Ausübung einer oder mehrerer Sportarten/Disziplinen befähigt. D. h., um z. B. als Spieler an einem *Volleyballturnier* teilnehmen zu können, müssen zuvor die *volleyballspezifischen Fertigkeiten* Aufgabe, Angriffsschlag, (oberes und unteres) Zuspiel, Annahme/Feldabwehr und Block angeeignet und beherrscht werden. Möchte man andererseits an einer Regatta im *Surfen* teilnehmen, ist es notwendig, die *surfspezifischen Fertigkeiten* Start, Geradeausfahrt/Steuern, Wende und Halse zu erlernen.

Dieser Fertigkeitserwerb wird treffend als **motorischer Lernprozess** bezeichnet. Da das motorische Lernen eine *spezielle menschliche Tätigkeit*, ähnlich wie das kognitive oder soziale Lernen, darstellt, ist eine isolierte Betrachtung der Lernveränderungen im Motorischen nicht möglich und auch nicht sinnvoll.

Insofern ist motorisches Lernen ein *komplexer Prozess*, der primär auf die Ausprägung und zweckentsprechende Veränderung der *Nerv-Muskel-Koordination* im Sinne immer komplexerer, und zunehmend auf *sensomotorischer Ebene* regulierbarer Prozesse, ausgerichtet ist. Dies schließt, in Abhängigkeit der ausgeübten sportlichen Tätigkeit, die (unbewusste) Regulation der *Energie liefernden Prozesse* mit ein.

Kognitve Lernveränderungen (ausgerichtet z. B. auf das Verstehen von Gesetzmäßigkeiten, Beherrschen von Regeln und taktischen Verhaltensweisen) beeinflussen ebenso wie *soziale Verhaltensweisen* (ausgerichtet z. B. auf Umgangsformen in Lerngruppen oder Mannschaften) und *emotionale Aspekte* (ausgerichtet z. B. auf Lernbereitschaft und Ausdruck eigener Gefühle) den motorischen Lernprozess und das Lernergebnis. Allerdings sind die Lernfortschritte im Kognitiven, Sozialen und Emotionalen *nicht Ziel* des motorischen Lernens, sondern „lediglich" *Mittel zum Zweck*.

> **Motorisches Lernen ist eine umweltbedingte, erfahrungsabhängige und relativ überdauernde Initiierung bzw. Modifikation (sport-)motorischer Bewegungsabläufe auf der Grundlage von Informationsaufnahme- und -verarbeitungsprozessen.**

Es ist ausgerichtet auf den Erwerb *motorischer Handlungskompetenz* und der Lernfortschritt bzw. das Lernniveau werden durch die Beherrschung von motorischen und vielfältigen sporttechnischen Fertigkeiten und zweckmäßigen Verhaltensweisen geprägt.

Dass ein Mensch motorisch gelernt hat, zeigt sich u. a. daran, dass

- er nunmehr über zuvor nicht beherrschte Fertigkeiten verfügt (*Neulernen*: z. B. das Fangen und Werfen eines Balles bei einem kleinen Kind),
- *qualitative Verbesserungen* in bereits bestehenden Bewegungsmustern erreicht wurden,
- sich durch differenziertere Koordinationsverbindungen die *Grobform* zunehmend zur *Feinform* ausprägt (*Lernoptimierung*: z. B. vom Purzelbaum über die Rolle vorwärts zur Sprungrolle).

Wie ein Mensch in der Lage ist, motorisch zu lernen, kann auch als *motorische Lernfähigkeit* bezeichnet werden.

Um einen *didaktisch-methodischen* Bezugsrahmen für die Gestaltung des motorischen Lernprozesses zu schaffen, hat sich eine Einschätzung zur „Offenheit" einer Bewegungsaufgabe bei der Erlernung und Ausübung sporttechnischer Fertigkeiten als zweckmäßig herausgestellt. Bezüglich ihres Aufgabenkontinuums werden nach Roth (1990) **offene** und **geschlossene Fertigkeiten** unterschieden (Abb. 5.3-1).

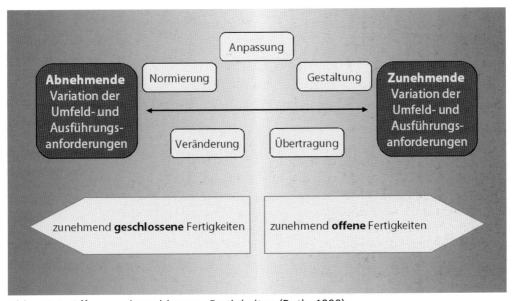

Abb. 5.3-1: Offene und geschlossene Fertigkeiten (Roth, 1990)

Einer derartigen *idealtypischen Darstellung* bzw. *Klassifikation* von Fertigkeiten folgend bedeutet, dass die *Handlungsbedingungen* bei der Bewegungsausführung mehr **variabel** oder eher **konstant** zu halten sind.

Diese Auffassung steht dem beschriebenen Ansatz der *Sportartengruppen* (vgl. Kap. 2.4) nicht gegensätzlich gegenüber, in dem eine oder wenige dominierende motorische Fähigkeit(en) des Sportlers das Unterscheidungskriterium darstellen. Vielmehr wird mit dem *Fertigkeitsdifferenzierungsaspekt* ein anderes *Klassifizierungskriterium* in den Mittelpunkt gestellt, das die Ableitung weiterer Konsequenzen für das Trainieren ermöglicht.

So finden z. B. ein *Gerätturner* oder ein *Wasserspringer* in ihrer sportlichen Tätigkeit weitestgehend *konstante Bedingungen*, ein geübter *Sportspieler* aber *variierende Bedingungen* und ein noch unerfahrener *Surfer* weitestgehend *unbekannte* und *variierende* Bedingungen vor.

Kontrollfragen und Aufgaben

1. Kennzeichnen Sie die Besonderheiten des *motorischen Lernens* im Vergleich zum *kognitiven* (geistigen) *Lernen*.

2. Benennen Sie die *sporttechnischen Fertigkeiten* einer selbst gewählten Sportart/Disziplin, die sich der Sportler in einem motorischen Lernprozess aneignen muss.

3. Ordnen Sie die von Ihnen bevorzugte *Sportart/Disziplin* einem der von Roth beschriebenen *Fertigkeitstypen* zu und schlussfolgern Sie für die *Lernmethodik*.

5.4 Methodik der Ausbildung sporttechnischer Fertigkeiten

5.4.1 Phasen des motorischen Lernprozesses

Durch aktive Auseinandersetzung des Menschen (Üben und Trainieren) mit seiner Umwelt wird der Spielraum der *individuellen Handlungskompetenz* ständig erweitert, wodurch sich **Anfänger** von **Fortgeschrittenen** und **Könnern** unterscheiden lassen.

Im Folgenden werden der *typische Verlauf* des motorischen Lernprozesses, bewährte *methodische Ansätze, Lehr-* und *Lernverfahren* und *-wege* erörtert, die insbesondere den *Erwerb* sporttechnischer Fertigkeiten und die Gestaltung der Informationsregulationsprozesse auf dem Wege zu ihrer weiteren *Optimierung* kennzeichnen.

Unabhängig von der *Art* der zu erlernenden sporttechnischen Fertigkeit, des *Alters* des Lernenden und seiner vorhandenen *Leistungsvoraussetzungen* lässt sich der motorische Lernprozess in **typische Phasen** gliedern. Wegen ihrer sportpraktischen und besonders trainingsmethodischen Relevanz hat sich eine *Dreigliederung* des motorischen Lernprozesses durchgesetzt, die auf Meinel (1960) zurückzuführen ist. Ausgehend von äußerlich sichtbaren Aspekten, die eine Einschätzung des qualitativen Lernfortschritts mit Hilfe von *beobachtbaren Merkmalen* der Bewegungsregulation (vgl. Kap. 5.5.1) ermöglichen, werden *drei Lernphasen* unterschieden. Diese sind in ihrer Aufeinanderfolge *nicht umkehrbar* und verlaufen in ihrer *zeitlichen Ausdehnung* unterschiedlich.

Erste Lernphase: Aneignung und Ausprägung der Grobform
In diesem ersten Abschnitt, in dem der Lernende als **Anfänger** zu bezeichnen ist, sind folgende *Aufgaben* zu realisieren:

- *Bekannt machen* mit und gedankliches *Erfassen* der *Zielstellung* und Lernaufgabe,
- Schaffen von grundlegenden *psychophysischen Leistungsvoraussetzungen* wie *Leistungsbereitschaft* und *motorische Fähigkeiten*,
- Herausbildung einer zunehmend *verfeinerten Bewegungsvorstellung* (*äußeres* Abbild) von der zu erlernenden Bewegung,
- *Erwerb* und *Ausprägung* eines so genannten *Grundmusters* der zu erlernenden Bewegung durch:
  - Vielfältiges Üben bei vorwiegend **erleichternden** (günstigen) **Bedingungen**,
  - Sammeln von *Bewegungserfahrungen* u. a. auch durch *Ausprobieren* bei
  - hoher *Lernbereitschaft* und *Konzentration* (gesteuert vornehmlich durch die *intellektuelle Regulationsebene,* vgl. Kap. 2.1).

Im **Ergebnis** der ersten Lernphase bildet sich eine **Grobform** der neu zu erlernenden Bewegung heraus, die

- in ihren Grundzügen bereits der *gewünschten Bewegungsstruktur* entspricht,

- *„Rahmen"* koordinativ, d. h. ziel- und regelgerecht ist, aber
- lediglich *geringe sportliche Leistungen* ermöglicht (Bildfolge 5.4-1).

Abb. 5.4-1: Grobform des Tennisaufschlags eines Anfängers (Ende 1. Lernphase)

Zweite Lernphase: Herausbildung der Feinform

Der zweite Lernabschnitt, der sich nahtlos an die erste Phase anschließt und in dem der Lernende am Ende der Phase bereits als **Fortgeschrittener** gilt, ist durch folgendes *Vorgehen* gekennzeichnet:

- Vielfaches *Wiederholen* der Zielübung unter zunehmend **normalen Bedingungen**,
- *abwechslungsreiches* und *freudbetontes Üben*, um *Lernbereitschaft* aufrecht zu erhalten,
- weitere *Differenzierung* und *Präzisierung der Bewegungsvorstellung* (*inneres* Abbild, *Detail* orientiert),
- den Lernprozess begleitende Verbesserung des *koordinativen Fähigkeitspotenzials*, der *Beweglichkeit* und der *Kraft-, Ausdauer-* und *Schnelligkeitsfähigkeiten*,
- *Vervollkommnung* der angeeigneten *Bewegungs(grund)muster* im Sinne einer *Standardisierung* (gilt für Bewegungen, die unter relativ standardisierten Bedingungen ausgeführt werden wie z. B. Disziplinen des Gerätturnens) beziehungsweise *Variabilisierung* (gilt für Bewegungen, die unter situativ-variablen Bedingungen ausgeführt werden wie z. B. Spiel- und Zweikampfsportarten, alpiner Skisport),
- zunehmend *selbstständiger initiiertes* und *variabel gestaltetes Üben*, das sich nunmehr nur noch mit kleineren Lernfortschritten vollzieht und
- bei *hoher Konzentration*, aber bereits in weiten Teilen unter bekannten Bedingungen *automatisiert* abläuft (gesteuert durch *perzeptiv-begriffliche Regulationsebene*, vgl. Kap. 2.1).

Im **Ergebnis** der zweiten Lernphase bildet sich eine **Feinform** der zu erlernenden Bewegung heraus, die

- unter *günstigen Bedingungen* mit *Leichtigkeit*,
- unter *normalen Bedingungen zweckentsprechend, effektiv, zielgenau* und *-sicher* ausgeführt werden kann, aber
- unter *Wettkampfbedingungen* (situativ-variablen Bedingungen) noch *Qualitätsschwankungen* unterliegt.
- Im Vergleich zur ersten Lernphase werden nun *höhere sportliche Leistungen* erreicht (Bildfolge 5.4-2).

Abb. 5.4-2: Feinform des Tennisaufschlags eines Fortgeschrittenen (Ende 2. Lernphase)

Dritte Lernphase: Stabilisierung der Feinform und Herausbildung der variablen Verfügbarkeit

Im dritten Lernabschnitt, in dem sich der Lernende zum **Könner** entwickelt, führt er alle Bewegungen, auch unter *situativ-variablen Bedingungen*, sicher und erfolgreich aus. Folgende *Merkmale* sind für diese Phase kennzeichnend:

- Wiederholte Anwendung der *Zielübung* unter ständig *wechselnden* und *ungewohnten Bedingungen* (**Wettkampfbedingungen**),
- Herausbildung des höchsten Niveaus der *Bewegungsvorstellung*, die im Vergleich zur zweiten Lernphase nunmehr *Knotenpunkt* orientiert (d. h. auf so genannte *Technikknotenpunkte* ausgerichtet) abläuft.
- Ausprägung der *sportartspezifischen Aspekte motorischer Fähigkeiten* auf höchstem Niveau,
- Entwicklung insbesondere der *Umstellungsfähigkeit* für das Anwenden sportlicher Bewegungen unter situativ-variablen Bedingungen,
- weitere Ausprägung der *Antizipationsfähigkeit*,
- Erreichen einer weitestgehenden *Automatisierung* im Vollzug von Bewegungen (gesteuert durch die *sensomotorische Regulationsebene*, vgl. Kap. 2.1),
- zunehmend *Aufmerksamkeitslenkung* auf *taktische Überlegungen* (situative Sportarten) und *ästhetische Ausführung* der Bewegungen (technisch-akrobatische Sportarten).

Im **Verlauf** der dritten Lernphase wird die *Feinform* der Bewegung weiter *vervollkommnet*, *stabilisiert* und führt zu einer *variablen Verfügbarkeit*. Diese besagt, dass der Sportler nunmehr die Bewegungen auch

- unter *komplizierten inneren* (z. B. Verarbeitung von Misserfolgen im vorangegangenen Training) und *äußeren Ausführungsbedingungen* (z. B. ständig ändernde Windbedingungen beim Segeln) mit
- *hoher Präzision* (Bewegungen, die zielgenau auszuführen sind wie z. B. Boxschläge),
- *weitestgehender Konstanz* (Bewegungen, die wiederholt auszuführen sind wie z. B. im Rudern, beim Paddeln, Laufen) und vor allem
- *variabel-situativ angepasst* (Bewegungen, die den sich ändernden Umgebungsbedingungen anzupassen sind wie z. B. in den Spiel- und Zweikampfsportarten, beim Skifahren) ausführen kann.
- Darüber hinaus werden in dieser Entwicklungsphase die *höchsten sportlichen Leistungen* erzielt (Bildfolge 5.4-3).

Abb. 5.4-3: Stabilisierte Feinform des Tennisaufschlags eines Könners (3. Lernphase)

Der **Entwicklungsverlauf des motorischen Lernprozesses** in den drei Phasen kann zusammenfassend wie folgt dargestellt werden (Abb. 5.4-4):

- *Erlern-* beziehungsweise *Aneignungsabschnitt* bis zur Ausprägung der *Grobform*, der ein Sich-Vertrautmachen, Erproben und Nachahmen mit der Ziel- und Aufgabenstellung einschließt, wobei der *Lernfortschritt* in Abhängigkeit der Schwierigkeit der zu erlernenden Bewegung und dem Alter des Lernenden *beträchtlich* sein kann (mittleres und spätes Kindesalter: „Lernen auf Anhieb", vgl. Kap. 3.1.6), (in der Abb. 5.4-4: als *Position 1* gekennzeichnet).
- *Lern-* und *übungsintensiver Abschnitt* zur *Vervollkommnung* der Bewegung, in dem der *Lernerfolg* nur in *kleineren Schritten* sichtbar wird und am Ende die *Feinform* der Bewegung ausgeprägt ist; es kommt möglicherweise zu einer

Stagnation, die in der Abbildung 5.4-4 als *Position 2* mit einem so genannten *„Lern-Plateau"* gekennzeichnet ist.

- Weiterer *übungsintensiver Abschnitt* zur *Stabilisierung* der Feinform beziehungsweise *variablen Verfüg-* und *Anwendbarkeit* der Bewegung (*Feinstform*), der auf dem Wege zur Ausprägung des *höchsten Fertigkeitsniveaus* durch weitere *Stagnationsabschnitte* oder Abschnitte zeitweiligen *„Qualitätsverlustes"* (in der Abb. 5.4-4: als *Positionen 3 und 4* gekennzeichnet) geprägt wird.

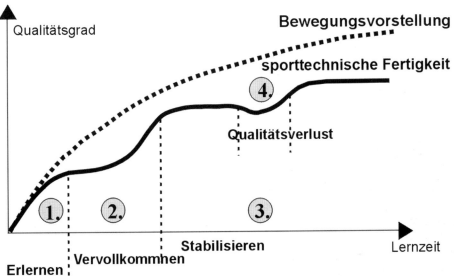

Abb. 5.4-4: Entwicklungsverlauf des motorischen Lernprozesses (modifiziert nach Pöhlmann, 1986) und der Bewegungsvorstellung (Hartmann, 1999)

Vergleicht man dazu über den gleichen Zeitraum den Entwicklungsverlauf des Ausprägungsniveaus der **Bewegungsvorstellung** (Abb. 5.4-4, gestrichelte Linie) ist festzustellen, dass nicht nur ihre *kontinuierliche Weiterentwicklung* typisch ist, sondern die Qualität der Bewegungsvorstellung der Qualität der Fertigkeitsausprägung in gewisser Weise *„vorauseilt"*. Sicherlich ist es einem jeden schon einmal in der Sportpraxis so ergangen, dass er meinte genau zu wissen, wie die Bewegung auszuführen sei (z. B. die Schwünge im alpinen Skisport), bei der praktischen Umsetzung dann aber dennoch versagte (z. B. „Schussfahrt" statt Schwingen).

5.4.2 Qualität der Bewegungsausführung, -vorstellung und Verhaltensregulation in den Lernphasen

In einer *zusammenfassenden Übersicht* (Tab. 5.4-1) sollen Aussagen zu typischen *Qualitätsausprägungen* im fortschreitenden motorischen Lernprozess, in der zunehmend verbesserten *Bewegungsvorstellung* und zu ausgewählten Aspekten der

Verhaltensregulation getroffen werden. In die Zustandsbeschreibung werden die im Kapitel 5.4.1 näher erläuterten, äußerlich sichtbaren Aspekte einer Bewegung (morphologische Sichtweise) bereits einbezogen. Da es sich bei den Phasen des motorischen Lernens um Prozesse mit *fließenden Übergängen* handelt, werden sowohl typische Erscheinungen des *Phasenverlaufs*, als auch Aussagen zur Qualität der *Endstadien* getroffen.

Tab. 5.4-1: Übersicht über die Merkmalsausprägung in den drei motorischen Lernphasen

	Bewegungsausführung und Bewegungsvorstellung	Aspekte der Verhaltensregulation
	*Bei **erleichternden** Ausführungsbedingungen[1]:*	
1. Lernphase	- ausgeführte Zielbewegung entspricht der Phasenstruktur - mangelnder Bewegungsfluss in den Teilaktionen - „Rahmen" koordinativ, d. h. noch unpräzise und undifferenziert - gleichgewichtsunsicher - unökonomischer Krafteinsatz; verkrampft - unzweckmäßige(r) Bewegungsweite und -umfang - mangelnde zeitliche Abstimmung in den Aktionen („timing") - grobe Bewegungsvorstellung	- hoch konzentriert - mangelnde Konzentration bei geringer Motivation, geringem Selbstvertrauen und schneller Ablenkbarkeit - kaum bzw. nicht in der Lage, Bewegung zu beschreiben - freudig über gelungene Versuche - visuelle (optische) Wahrnehmung dominiert - u. U. resigniert, wenn Lernaufgabe als zu schwer empfunden wird - Korrekturhinweise können kaum oder gar nicht umgesetzt werden - Neigung zur Fehleinschätzung und gelegentlich zur Überschätzung - ungenügende Antizipation
	*Bei **normalen** Ausführungsbedingungen[1]*	
2. Lernphase	- harmonischer Gesamtbewegungsablauf mit integrierten Teilaktionen, mit Blick auf das „technische Leitbild" - ausdifferenziertes Grundmuster der Bewegung - ökonomischer Krafteinsatz - richtiges „timing" - zweckentsprechende(r) Bewegungsweite und -umfang - bei variablen Ausführungsbedingungen noch deutliche Mängel - richtiger Bewegungsrhythmus und -fluss - Detail orientierte Bewegungsvorstellung	- bewusste und differenzierte Informationsauswertung (z. T. auch kinästhetische Informationen) - Korrekturhinweise können gut umgesetzt werden - eigene Fehler in der Bewegungsausführung werden zunehmend selbst erkannt - Qualität der Eigen- und Fremdbewegungen kann gut verbal beschrieben und richtig beurteilt werden - (ziel)sicheres Auftreten - mehr Selbstbewusstsein - vermindertes Selbstgespräch - Fehlversuche bei sich plötzlich ändernden Bedingungen

3. Lernphase	Bei **variablen** Ausführungsbedingungen[1]:	
	- Ausführung mit hoher technischer Sicherheit und koordinativer Vollkommenheit - zweckentsprechende und situativrichtige Anpassung an sich ändernde Bedingungen - hohe Variationsvielfalt und „Spielwitz" (situative Sportarten) - ausdrucksstark und ästhetisch anspruchsvoll (technisch-akrobatische Sportarten) - ökonomischer Krafteinsatz auch bei lange andauernden Belastungen (Ausdauer-/Kraftausdauersportarten) - exaktes „timing" - höchste Ausprägungsqualität in allen beobachtbaren Bewegungsmerkmalen - Knotenpunkt orientierte Bewegungsvorstellung	- weniger Reaktion, mehr Antizipation - kaum bzw. keine Fehlversuche - Korrekturhinweise zu Feinstfehlern werden rasch umgesetzt - hohes Maß an Fehlereigenanalyse und -korrektur - sehr selbstbewusst und siegessicher - kreativ im Üben - in weiten Teilen automatisierte, d. h. unbewusste Bewegungsausführung - Umlernprozesse erschwert

1   Bedeutet nicht, dass in dieser Phase ausschließlich unter diesen Bedingungen geübt wird.

5.4.3 Methodische Schritte im motorischen Lernprozess (Algorithmus)

Die Erlernung, Vervollkommnung und Stabilisierung einer sporttechnischen Fertigkeit (z. B. Hochsprung) nach einem idealisierten technischen Leitbild (z. B. „Fosbury-Flop") stellt einen **komplexen Lernprozess** dar, der neben der Aneignung von *Kenntnissen*, vor allem der Ausprägung einer *verinnerlichten Bewegungsvorstellung*, einem hohen Ausprägungsniveau an *motorischer Fähigkeiten* (z. B. Kraft- und koordinativen Fähigkeiten) und einer *vielfachen Wiederholung* der Bewegungsausführung bei *unterschiedlichen Ausführungsbedingungen* bedarf. Ausgehend von den gekennzeichneten Phasen des motorischen Lernprozesses lassen sich *methodische Hauptschritte* ableiten, die in der Abbildung 5.4-5 im Sinne eines **Grundalgorithmus´** dargestellt werden.

1. Stufe – Erlernen:
Schaffen von Lern- und Leistungsvoraussetzungen

- Bekanntgabe der *Lernzielstellung*, die *alters*- und *entwicklungsgemäß* sein muss, damit sich der Lernende damit identifizieren kann (*Metapher* verwenden, z. B. Handstütz-Überschlag, seitwärts: ein Rad schlagen);
- Schaffen von geeigneten *Lernmotiven*, die eine *Lernbereitschaft* hervorrufen soll (Antriebsprozesse);
- Ausprägung von *sportartspezifischen motorischen Fähigkeiten,* die das Fähigkeitsniveau (allgemein und spezifisch), das bereits *vor* dem eigentlichen Lernprozess ausgebildet wurde, erweitern;

- Vermittlung von notwendigen *Kenntnissen* zur Bewegungsaufgabe, die *alters-* und *entwicklungsgemäß* umfangreicher oder sparsamer ausfallen kann;
- Herausbildung einer *Bewegungsvorstellung*, die in der Folge zu einer groben *Programmbildung* für die praktische Aufgabenlösung (Orientierungsprozesse) führen soll und
- *erarbeitendes Üben* (Ausführungsprozesse), das nach einer
  - geeigneten *Erwärmung* (Vorübungen),
  - unter meist *erleichternden Ausführungsbedingungen* und
  - nach einem *zweckentsprechenden Lehr-* und *Lernverfahren* (Teillern- oder Ganzlernmethode, vgl. Kap. 5.4.6) erfolgt.

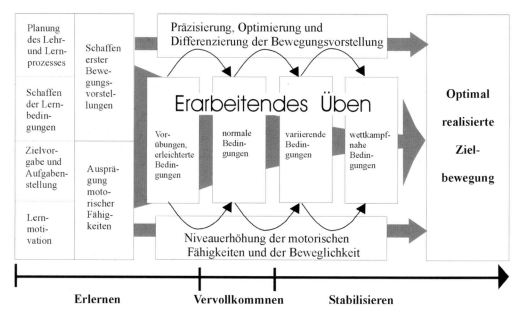

Abb. 5.4-5: Methodische Hauptschritte (Grundalgorithmus) in der sporttechnischen Ausbildung (modifiziert nach Schnabel, 1986)

2. Stufe – Vervollkommnen:
Verbesserung der Lern- und Leistungsvoraussetzungen

- Weitere *Präzisierung* und *Differenzierung* der *Bewegungsvorstellung*, wobei zunehmend kinästhetische Informationen an Bedeutung gewinnen;
- Erhöhung des *Ausprägungsniveaus* der *motorischen Fähigkeiten*, wobei weiterhin die *sportartspezifischen* Aspekte dominieren;
- *erarbeitendes Üben*, das zunehmend unter
  - *normalen Ausführungs-*, d. h. *Standardbedingungen*,
  - bei *bewusster Bewegungskontrolle* und *-korrektur* und
  - *vielmaligem Wiederholen* („Einschleifen") erfolgt.

3. Stufe – Stabilisieren:
Optimierung der Lern- und Leistungsvoraussetzungen

- Weitere Niveauerhöhung und Verinnerlichung der *Bewegungsvorstellung*;
- *sportartspezifisches Training* der koordinativen Fähigkeiten (insbesondere Umstellungsfähigkeit), der Schnellkraft-, Kraftausdauer-, Ausdauer- und Schnelligkeitsfähigkeiten und der Beweglichkeit;
- *situativ anwendendes* und *ergänzendes Üben*, das unter
  - überwiegend *wechselnden* (d. h. erschwerenden, normalen und erleichternden Bedingungen: z. B. Skilanglauf bei ansteigendem, ebenem und abfallendem Gelände, vgl. Kap. 3.9 und 4.5.6, *Kontrastmethode*) oder *wettkampfnahen Bedingungen* und
  - mit dem Ziel der *unter-* bzw. *unbewussten Regulation* (sensomotorische Regulationsebene) erfolgt.

5.4.4 Methodische Grundformen im motorischen Lernprozess

Bei der Bestimmung der Methodik im pädagogischen Vermittlungs- und Aneignungsprozess von sporttechnischen Fertigkeiten ist von einem *„Interaktionsmodell"* auszugehen, in dem sich Schüler und Lehrer beziehungsweise Sportler und Trainer kommunizierend gegenüberstehen; im weiteren Sinne sind sie *Lernende* und *Lehrende*. Aus dieser Sicht sind auch die Vor- und Nachteile jeder angewandten methodischen Maßnahme im motorischen Lernprozess zu betrachten. Es soll eingangs erwähnt werden:

1. Es gibt keine „Rezepte" für ein erfolgreiches motorisches Lernen. Vielmehr existieren verschiedene methodische Wege und Vorgehensweisen, die gleichermaßen zum Lernziel führen können. Es liegt zunächst an den Lehrenden, sich diese Lehr- und damit verbundenen Lernmöglichkeiten anzueignen und die effektivste Variante herauszufinden und anzuwenden.
2. Kaum eine Methode oder ein Weg allein führen zum Ziel; oft sind es mehrere verschiedene methodische Maßnahmen und Varianten, die zweckentsprechend kombiniert werden müssen oder sich ergänzen.

Fragt man zunächst nach den **Einflussfaktoren** auf die richtige *Methodenwahl* im motorischen Lernprozess, so sind folgende Aspekte ausschlaggebend:

- Die *Lernzielstellung* (z. B. Hocke über den Sprungtisch in der Sportart Gerätturnen),
- der *Lerninhalt* (z. B. das wiederholte Üben der sporttechnischen Fertigkeit „Hocke"),
- die *Schwierigkeit* der zu erlernenden Bewegung (z. B. Hocke im Vergleich zum Salto vorwärts, gehockt),
- das *Ausgangsniveau* der *Lernenden* (z. B. ontogenetische Entwicklungsbedingungen, verfügbares Niveau an motorischen Fähigkeiten, kognitives Niveau),

- das *Bildungsniveau* des *Lehrenden* (z. B. Kenntnisse von verschiedenen Trainingsmethoden, eigene Demonstrationsfähigkeit),
- die für das Erlernen und Festigen zur Verfügung stehende *Trainingszeit*,
- die Situation in der *Trainingsgruppe* (z. B. Einzeltraining mit dem Trainer im Hochleistungsbereich oder 30 Schüler einer Klasse im Schul-Sportunterricht) und
- die *materiell-technischen Bedingungen* (z. B. Beschaffenheit der Sporthalle und die zur Verfügung stehenden Trainingsgeräte).

Tab. 5.4-2: Übersicht über methodische Grundformen und Maßnahmen im motorischen Lernprozess

Lehrender		Lernender	
Methodische Grundformen	**Maßnahmen**	**Maßnahmen**	**Methodische Grundformen**
Darbieten	- *Demonstrieren* der Zielbewegung - *Vorzeigen* von Abbildungen und grafischen Darstellungen - *Vorführen* von Filmen und Videos	Aufnehmen der *optischen* Informationen durch gezieltes *Beobachten* zur Ausprägung der Bewegungsvorstellung und Programmbildung (mit Speicherabsicht)	**Aufnehmen**
	- *Vortragen* von Ziel- und Aufgabenstellung - *Beschreiben* der Zielbewegung - *Erklären* von Zusammenhängen (Anknüpfen, erinnern, vergleichen)	Aufnehmen der *verbalen* (akustischen) *Informationen* durch konzentriertes *Zuhören* und *Verinnerlichen* zum Anreichern von Wissen und Kenntnissen (mit Speicherabsicht)	

Aufgeben	- *Bewegungsaufgaben* im Rahmen
	  - eines Trainingsplans bzw. einer Sportstunde
	  - außerhalb des regulären Trainings
		- bewusstes und selbstständiges *Lösen* der Aufgaben, mit oder ohne ständige Kontrolle durch den Lehrenden	**Lösen**

	- Beobachtungsaufgaben
	  - Fremd- und
	  - Eigenbewegung
		- gezieltes *Beobachten* als Voraussetzung für einen Soll-Ist-Vergleich	

Erarbeiten[1]	- *Anleiten* zum Üben - *Helfen* und *Sichern* - bewegungsunterstützende *Impulse* - korrigierende *Hinweise* - *Kontroll-* und *Korrekturgespräche*	- wiederholtes *Ausführen* der Bewegungen durch Nachahmen, Erproben - *Beschreiben* der Bewegungsausführung	**Üben**[2]

1 Setzt die methodischen Grundformen „Darbieten" und „Aufgeben" voraus und schließt sie z. T. mit ein.
2 Setzt die methodischen Grundformen „Aufnehmen" und „Lösen" voraus und schließt sie z. T. mit ein.

In der Tabelle 5.4-2 werden in Form einer Übersicht zunächst die *methodischen Grundformen* und die ihnen zugeordneten *methodischen Maßnahmen* abgebildet. Im Wesentlichen sind drei *Grundformen* zu unterscheiden: Das **Darbieten/Aufnehmen**, das **Aufgeben/Lösen** und das **Erarbeiten/Üben**.

Ein Lernerfolg ist nur dann zu erwarten, wenn die Handlungen der Lehrenden mit den Handlungen der Lernenden eine *Einheit* bilden. So sind Kenntnisse, Erfahrungen und Demonstrationsfähigkeit bei den Lehrenden einerseits, und Lern- und Leistungsbereitschaft, Konzentration, Disziplin und Willen bei den Lernenden andererseits die grundlegenden Voraussetzungen für einen erfolgreichen Lernprozess.

Darbieten/Aufnehmen
Eine wesentliche methodische Maßnahme des Darbietens ist die **Demonstration** durch den Lehrenden.

Folgende *Anforderungen* werden an eine *wirkungsvolle Bewegungsdemonstration* gestellt:

1. Sie muss *technisch richtig ausgeführt* werden; das Demonstrieren von Fehlerbildern ist vor allem vor Anfängern zu vermeiden!
2. Sie muss *alters- und entwicklungsgerecht* erfolgen; zu hohe technische Schwierigkeiten (auch wenn sie vom Lehrenden beherrscht werden) überfordern das Vorstellungsvermögen eines Lernanfängers!
3. Um auf Schwerpunkte der Bewegung (Knotenpunkte) hinweisen zu können, ist eine *Zeit gedehnte* oder auch *„übertriebene"* Demonstration, bezogen auf einzelne Körperteile, günstig (nicht bei allen Bewegungen möglich, z. B. Salto vorwärts, gehockt).
4. Die Demonstration sollte *mehrfach wiederholt* werden!
5. Nach Analyse der Trainingsgruppe bezüglich des *Seitigkeitsverhaltens* der Lernenden (z. B. Rechts- und Linkshänder im Kugelstoßen), ist möglichst *beidseitig* zu *demonstrieren*!
6. *Vor* der Demonstration den Lernenden *Beobachtungsaufgaben* erteilen!
7. *Während* des Demonstrierens sollten die Lernenden *konzentriert* sein und eine *gute Sicht* auf den Lehrenden haben (Abb. 5.4-6, Position b); ein Standort zu nah (a), zu weit entfernt (c) oder frontal zum Demonstrierenden (d) sind ungünstig!
8. *Nach* der Demonstration *sofort üben*; die Erwärmung sollte zu diesem Zeitpunkt bereits abgeschlossen sein!

Obwohl die *Bewegungsdemonstration* (optische Informationen) und die *Kenntnisvermittlung* (verbale Informationen) wesentliche Methoden des Darbietens am *Anfang* des motorischen Lernprozesses darstellen, werden sie auch in höheren Lernphasen immer wieder angewendet, um die *Bewegungsvorstellung* weiter zu differenzieren und um Fehler in der Bewegungsausführung durch *Soll-Ist-Vergleich* herausfinden zu können (*Korrekturzwecke*).

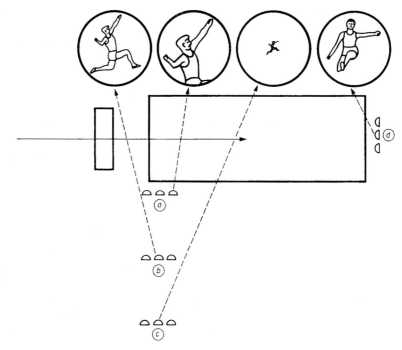

Abb. 5.4-6: Standort der Lernenden in Bezug zur Entfernung und Bewegungsebene beim Demonstrieren (nach Hasenkrüger, Leirich, Burisch, 1973)

Aufgeben/Lösen

Bei den Formen des Aufgebens und Lösens steht die *selbstständige, bewusste* und *aktive Auseinandersetzung* des *Lernenden* mit den Lernaufgaben im Mittelpunkt. Hierbei tritt der Lehrende weitestgehend in den Hintergrund. Seine Lernaufgaben enthalten Impulse zum Üben; er beobachtet den Lernfortgang, leitet aber kaum an.

Derartige Lernaufgaben können entweder in Form von *Bewegungsaufgaben* oder *Beobachtungsaufgaben* erteilt werden.

Handelt es sich um **Bewegungsaufgaben**, dann besteht das Lösen der Aufgaben grundsätzlich

- im *selbstständigen Suchen* und *Finden* einer geeigneten Lösung der Bewegungsaufgabe durch *Probieren* (vgl. Kap. 5.4.5, „induktives Lernen") oder
- im Sinne des Übens und Trainierens von bereits *bekannten* und z. T. *beherrschten Bewegungen* (vgl. Kap. 5.4.5, „deduktives Lernen").

Darüber hinaus werden in der Trainingspraxis aber auch *weitere Bewegungsaufgaben* erteilt, die vom Alter und Lernniveau des Einzelnen und/oder der Gruppe abhängig sind. Es handelt sich hierbei u. a. um Aufgaben

- zur Übernahme der Vorbereitung und Durchführung einzelner *Teile der Trainingseinheit* (z. B. Erwärmung oder abschließendes Spiel),

- zum *selbstständigen Regulieren* der Anzahl der Wiederholungen nach körperlichem Befinden,
- zum *selbstständigen Variieren* von bekannten (und unbekannten) Übungen (z. B. im koordinativen Fähigkeitstraining zur Steigerung der Koordinationsschwierigkeit, vgl. Kap. 4.4.4.3).
- zur *selbstständigen Auswahl* und *Anwendung* der Körperübungen und Trainingsmethoden und
- zur *eigenverantwortlichen* Erstellung und Umsetzung eines *Trainingsplans*.

Derartige Aufgaben erfüllen, richtig dosiert, auch wertvolle *erzieherische Zielstellungen* und fördern in einem hohen Maße die *Selbstständigkeit* und *Bewusstheit* des Lernenden.

Alle angeführten Aspekte und Varianten des Aufgebens eignen sich sowohl für einen Einsatz im Rahmen eines *regulären Trainings* unter Aufsicht des Trainers, aber ebenso im Sinne des *ergänzenden Übens* zur Anwendung *außerhalb des Trainings*. Für leistungssportlich Aktive in höheren Entwicklungsabschnitten (vgl. Kap. 3.10) ist es üblich, dass sie während der Sommer- oder Winterferienpause selbstständig nach einem bestimmten Plan ein Trainingsprogramm absolvieren, um ihren Trainingszustand weitestgehend aufrecht zu erhalten. Hier muss bedacht werden, dass keine *Bewegungsaufgaben* gestellt werden, die ausdrücklich das Helfen und Sichern durch den Lehrenden bedürfen, um Verletzungen zu vermeiden. Außerdem sollte in der 1. Phase des motorischen Lernprozesses sparsam mit derartigen Bewegungsaufgaben ohne Kontrolle durch den Lehrenden umgegangen werden, damit sich nicht vorhandene Fehler durch wiederholtes (unbeaufsichtigtes) Üben festigen können. In diesem Fall kehrt sich der Vorteil in einen deutlichen Nachteil für den Lernfortschritt um, denn in einem zeitaufwändigen *Umlernprozess* müssten dann die Fehler beseitigt werden.

Handelt es sich um *Beobachtungsaufgaben*, dann werden vom Lehrenden Aufträge erteilt, die auf die gezielte Sammlung von *optischen Informationen* bei der Beobachtung von *Fremdbewegungen* ausgerichtet sind. In der Regel sollen diese

- auf *Schwerpunkte* bei einer *Bewegungsdemonstration* hinweisen (z. B. wie verhält sich der Kopf in den einzelnen Bewegungsphasen),
- den *qualitativen Verlauf* des motorischen Lernfortschritts widerspiegeln (z. B. unrhythmische Bewegung und nur mit Unterstützung durch den Trainer geschafft: Einordnung in die 1. Lernphase),
- Aussagen zur *aktuellen psycho-physischen Befindlichkeit* eines Sportlers (z. B. sehr aufgeregt und ängstlich) oder
- Aussagen zum *taktischen Verhalten* einer gegnerischen Mannschaft oder einzelner Spieler zulassen (z. B. defensives Auftreten; Sportler versagt wiederholt im Angriff).

Einige Beobachtungsaufgaben können sich in einer fortgeschrittenen Lernphase im Sinne einer *Bewegungsanalyse* auch auf die selbst ausgeführten Bewegungen (*Eigenbewegungen*) beziehen. Dies setzt allerdings voraus, dass der Sportler in der

Lage ist, „in sich hinein zu sehen", und sich bestimmte Informationen auch bewusst machen kann. Ein *Lernanfänger* verfügt kaum oder gar nicht über diese Fähigkeiten, da er sich auf die Bewegungsausführung voll konzentrieren muss. Die *Eigenbeobachtung* und *-analyse* kann wertvolle Informationen auch zu den *inneren Regelprozessen* im Organismus liefern und diese sind die Voraussetzung für eine *Fehlerkorrektur*.

Erarbeiten/Üben
Während die Formen des Darbietens vorrangig durch die einseitigen Aktivitäten des Lehrenden realisiert werden, kommt es beim *erarbeitenden Üben* durch wechselseitige Tätigkeit zwischen Lehrendem und Lernenden zu einem regen *Informationsaustausch*. Dem *Lernenden* kommt dabei die Funktion des *aktiv Handelnden* (Übenden) zu, indem er eine Lösung der Bewegungsaufgabe sucht („induktives Vorgehen") oder die Bewegung nachahmt („deduktives Vorgehen") und durch mehrfaches Wiederholen festigt. Der *Lehrende* leitet dabei die Lernenden an, sichert, unterstützt und bemüht sich, die durch Bewegungsbeobachtung und im Gespräch gewonnenen Rückinformationen über die Qualität des Lernfortschrittes für die *Bewegungskorrektur* zu nutzen.

Das *erarbeitende Üben* setzt in der Regel die anderen methodischen Grundformen voraus beziehungsweise schließt sie z. T. ein und wird auch als die **Hauptmethode** im motorischen Lernen im engeren, und im Üben und Trainieren im weiteren Sinne bezeichnet, was seine Bedeutung in der Methodik unterstreicht.

Die *Interaktion* (Zusammenwirken) zwischen Lehrendem und Lernendem verläuft um so zweckentsprechender und erfolgreicher, je besser der Lehrende seinerseits die Aktionen auf die *Alters-* und *Entwicklungsbesonderheiten* der Sportler einstellt, und der Lernende sich mit der *Lernaufgabe identifiziert*.
Festigen und vervollkommnen lässt sich eine neu erlernte Bewegung nur durch *vielfaches Wiederholen*. Dabei wird außerdem das *kinästhetische Empfinden* weiter ausdifferenziert und der *Bewegungserfahrungsschatz* (Handlungskompetenz) erweitert. Im leistungssportlichen Training wird dem Lernenden deshalb viel Zeit zum Erproben und Üben eingeräumt, während es im *Schulsport* oft an dieser nötigen Übungszeit im Sportunterricht mangelt und die Kontrolle mit Benotung für viele Sportler zu früh erfolgt.

5.4.5 Deduktiver und induktiver Lehr- und Lernweg

In der Sportpraxis haben sich zwei grundlegende Wege herausgebildet, die beide unter verschiedenen Anwendungsbedingungen Vor- und Nachteile aufweisen. Es sind der *deduktive* und *induktive Lehr- und Lernweg*.
Die beiden Wege unterscheiden sich lediglich in der charakteristischen Reihung der eingesetzten methodischen Grundformen und Maßnahmen.

Das **deduktive Vorgehen** soll an einem **Beispiel** verdeutlicht werden:
Ein *Trainer* beginnt den motorischen Lernprozess mit der *Demonstration* der Zielbewegung: *Handstützüberschlag, seitwärts* (Rad). Anschließend *erklärt* er die

Wirkungsweise der Ausholbewegung der Arme, zeichnet eine Linie auf den Boden, worauf die Hände möglichst aufsetzen sollen und zeigt ein Video mit Aufnahmen von Gerätturnern, die dieses Element im Rahmen einer Bodenkür turnen und sagt schließlich: „Das wollen wir heute und in den nächsten Trainingseinheiten lernen!" Die Sportler der Gruppe sind ausreichend *lernmotiviert* und folgen der vom Trainer vorgegebenen *methodischen Reihe* zum Erlernen der Zielbewegung. Nach den ersten *Probeversuchen* und Herausfinden der „besseren" Körperseite, um die das Rad gedreht wird, folgen *Korrekturgespräche* und -*hinweise*, der Trainer *demonstriert* wiederholt vor einzelnen Sportlern und orientiert auf *Knotenpunkte* der Bewegungsausführung.

Mit einem derartigen methodischen Vorgehen wird der **deduktive Weg** angewandt, der *Lehrer zentriert* und *Ziel bzw. Ergebnis orientiert* verläuft.

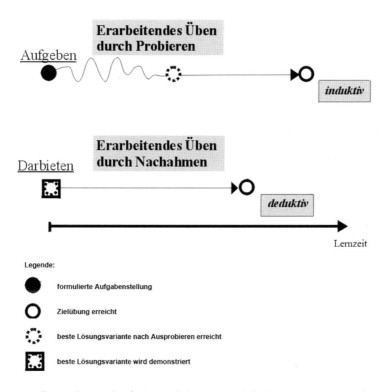

Abb. 5.4-7: Darstellung des Verlaufs des induktiven und deduktiven Lehr- und Lernwegs

Die **Vorteile** dieses Weges liegen in der

- *systematischen Führung* des Trainers, die *kaum Irrwege* zum Ziel zulässt,
- angewandten, *zielgerichteten methodischen Reihe*, in der die Lern- und Lehrerfahrungen vieler „Vorgänger" subsumiert werden und damit
- *Effektivität*, denn diese Methode ist *zeitsparend* (Abb. 5.4-7, unterer Teil).

Die **Nachteile** dieses Weges liegen durch das *Nachahmen* des Vorgezeigten in der

- *eingeschränkten Selbstständigkeit* des Lernenden,
- geringeren Anforderung an das *Mitdenken* und
- dadurch wenig geförderten *Kreativität* bei der Lösung der Aufgabe.

Durch Nachahmen entsteht folglich *kein neues Lösungsverfahren*.

Das **induktive Vorgehen** wird in seinem Prinzip durch die folgenden **zwei Beispiele** charakterisiert:

1. Ein *Gerätturner* in der Etappe des *Hochleistungstrainings* versucht die Qualität und den Wert seiner *Kürübung* am *Reck* weiter dadurch zu erhöhen, dass er ein *neues Abgangselement* mit höchster Schwierigkeit erlernt. Nachdem er *verschiedene Varianten ausprobiert* und mit dem Trainer biomechanische Gesetzmäßigkeiten erörtert hat, *findet* er eine *extravagante Lösung*, die bei Gelingen für Aufsehen sorgen wird. Es schließt sich ein *intensiver Übungsprozess* an, in dem der *Lehrende* mehr als ein *Berater* fungiert, da er selbst die Bewegung nicht beherrscht und demzufolge auch nicht demonstrieren könnte. Zur Meisterschaft beendet der Sportler mit dem neuen Element erfolgreich seine Reckkür und erhält höchste Anerkennung. Nicht selten passiert es, dass andere Sportler daraufhin diese Bewegung später *nachahmen* und dass das Element nach seinem „Erfinder" benannt wird (z. B. Ginger-Salto).
2. Eine *Eiskunstlauftrainerin* möchte mit ihren Sportlern einen *Kürvortrag* für die Meisterschaft einstudieren, nachdem die wichtigsten Sprungelemente in hoher Qualität beherrscht werden. Mit den Sportlern werden *geeignete Musiken* ausgewählt, nach denen sie eine Kür „zusammenbauen" sollen. Vor allem werden *Schrittkombinationen* und *Verbindungen/Übergänge* zwischen den verschiedenen sporttechnischen Fertigkeiten (Elementen) gesucht. Nachdem die *Zielstellung* für die Trainingseinheit von der Trainerin formuliert wurde, wird die *Musik* aufgelegt und die erste Sportlerin aufgefordert, die *Musik* kreativ *in Bewegung umzusetzen*. Es werden keine Schritte oder Kombinationen vorgegeben. Sobald nach mehrfachen Wiederholen des Vorgangs ein *Grundkonzept* durch den *Sportler* erarbeitet vorliegt, geben *Trainer* und Choreograph (sofern vorhanden) *Tipps, Ratschläge* und *Korrekturhinweise*, die den Sportler zu einer noch besseren Leistung befähigen (können).

Mit einer derartigen Vorgehensweise, in der die *Bewegungsaufgabe* an erster Stelle steht und der Lehrer eine *kreative Lernsituation* geschaffen hat, wird der **induktive Weg** angewandt, der *Schüler zentriert* und *Prozess orientiert* verläuft. Ein derartiges Vorgehen ist auch dann geeignet, wenn das Training ein *Gewöhnen* an verschiedene „*Medien*" wie z. B. Wasser, Schnee oder Eis oder das *Kennenlernen* verschiedener *Geräte* wie z. B. Boote, Skier oder Bälle zum Inhalt hat; im weitesten Sinne spricht man dann von „*Materialerfahrung*".

Die **Vorteile** dieses Weges liegen in der

- großen *Aktivität* der *Sportler*, die Lösung *selbstständig* zu suchen und zu finden,

- durch vielfältiges Ausprobieren gesammelten *Bewegungserfahrung*,
- Möglichkeit des Einbringens ihrer eigenen *Kreativität* in den Lernprozess,
- nicht zu unterschätzenden *erzieherischen Komponente* durch den *aktiven Einbezug* der Sportler in die Gestaltung des Trainingsprozesses und
- in dem erzielbaren *individuelleren Zuschnitt* der Bewegungsausführung und -gestaltung auf den jeweiligen Sportler.

Bislang unbekannte, also völlig *neue Lösungsvarianten* mit *methodisch neuen Wegen* können so entstehen.

Die **Nachteile** dieses Weges liegen in der

- *geringeren Anwendungsbreite*, denn Fertigkeiten mit einem hohen technischen Schwierigkeitsgrad bedürfen bei ihrer Erlernung in der Regel einer zielgerichteten *methodischen Reihe* (deduktiver Weg), ausgenommen Neuentwicklungen,
- *geringen Planbarkeit* des Lernprozesses, da „Irrwege" und „Umwege" auf der Suche nach der besten Lösung in Kauf genommen werden müssen,
- damit verbundenen *erweiterten Zeitkomponente* für den Lernprozess (Abb. 5.4-7, oberer Teil) und
- etwas problematischen, *didaktisch-methodischen Führung* einer Lerngruppe, wenn es sich um eine größere Anzahl handelt (z. B. Schulklassen).

In der Tabelle 5.4-3 werden charakteristische Aspekte der beiden Lehr- und Lernwege zusammengefasst.

Tab. 5.4-3: Charakteristik des deduktiven und induktiven Lehr- und Lernwegs

	Deduktives Vorgehen	**Induktives Vorgehen**
Methodische Grundform	- Darbieten/erarbeitendes Üben	Aufgeben/erarbeitendes Üben
Ziel	- Ziel bzw. Ergebnis orientiert	- Prozess orientiert
Lernweg	- rationell, ökonomisch	- kreativ, suchend
Inhalt	- Fertigkeiten	- Fertigkeiten - Variation und Erweiterung von Fertigkeiten - Materialerfahrung - motorische Fähigkeiten - Bewegungserfahrung
Verhalten Lehrender	- Lehrer zentriert - Norm gebend	- Sportler zentriert - beobachtend
Verhalten Lernender	- rezeptiv - nachahmen - üben	- selbsttätig und -ständig - Norm suchend - ausprobieren - finden und verwerfen - lösen und erweitern - üben

Eine interessante wie auch Erfolg versprechende Vorgehensweise ist die *Vermischung beider Lehr- bzw. Lernwege zu einem „deduktiv geführten induktiven Lernen"*. Im Sinne des zunächst *deduktiven Lernens* gibt der *Lehrende* Übungsaufgaben vor, die sich nicht von vorn herein an einer optimalen Aufgabenlösung orientieren, sondern *Varianten* dieser darstellen. Der Lernende erlebt und empfindet beim Üben dieser vorgegebenen, aber aus der Sicht des Lehrenden noch nicht „richtigen", Bewegungsausführung seinen Körper immer wieder anders und macht dabei diverse *„Grenzerfahrungen"*, die ihm grundsätzlich beim deduktiven Lernen im negativen Sinne erspart bleiben würden. Für den *Lernenden* selbst stellt sich dieser Lernvorgang als *induktiver Lernweg* dar, da er über *„Ausprobieren"* bzw. über ein *„Versuch-Irrtum-Lernen"* am Ende des Wegs selbstständig die Lösung gefunden zu haben scheint. Diese Vorgehensweise, die ein *koordinatives Üben* impliziert (vgl. Kap. 4.4), schafft wertvolle *Bewegungserfahrungen*, die für weitere motorische Lernvorgänge sehr von Nutzen sein können.

5.4.6 Ganzlernmethode und Teillernmethode

Eine weitere methodische Entscheidung, die der Trainer bei der Planung und Durchführung des motorischen Lernprozesses treffen muss, ist die Auswahl der einzelnen *Körperübungen*, einschließlich so genannter *„Vorübungen"* und das Zusammenstellen von *Übungsreihen*. Hierbei lassen sich zwei grundsätzliche Methoden unterscheiden, die in der Sportpraxis als *Ganz-* und *Teillernmethoden* bekannt sind.

Die Ganzlernmethode
Beim Einsatz der Ganzlernmethode (auch Ganzheitsmethode genannt) wird das Ziel verfolgt, die *komplette Bewegung*(shandlung) sofort „auszuführen" und zu *erlernen*. Diese Vorgehensweise schließt allerdings nicht aus, dass später, also nach Beherrschen der Zielbewegung (1. Lernphase/Grobform), einzelne Schwerpunkte und Phasen oder Phasenübergänge herausgehoben und gezielt (isoliert) geübt werden.
Die **Vorteile** dieser Methode liegen

- im *Erhalt* der *Struktur* und des *Rhythmus'* der Bewegung, da nicht „zergliedert" wird,
- in der unkomplizierten Anwendung bei der Erlernung relativ *einfacher* sporttechnischer Fertigkeiten (z. B. Rollbewegungen, einfache Sprünge) und
- in den gleich zu Beginn des Lernprozesses „erlebten" Ausführungsbedingungen (Erleben des in der Bewegung objektiv existierenden Rhythmus') unter Einsatz von *technischen Hilfsmitteln* oder *bewegungsführenden Hilfen* (z. B. Doppelsalto an der Longe).

Nachteil dieser Methode ist ihre

- *beschränkte Anwendbarkeit* bei der Erlernung *komplizierter sporttechnischer Fertigkeiten* und *Bewegungskombinationen* (z. B. Kippe und Handstand am Barren).

Die Teillernmethode

Die Anwendung der Teillernmethode (auch analytisch-synthetische oder zergliedernde Methode genannt) bedeutet, dass die zu erlernende Zielbewegung in *Teilbewegungen* gegliedert wird, die dann *nacheinander* geübt und *erlernt* werden, bevor sie anschließend wieder zu einer *Gesamtbewegung* zusammengesetzt und im Ganzen *geübt* werden. So ist es z. B. sinnvoll, die Arm- und Beintätigkeiten der verschiedenen Schwimmarten gesondert zu üben, bevor die Gesamttechnik angewandt wird. Demgegenüber ergibt es wenig Sinn, einen Sprung über einen niedrigen Bock im Geräturnen in Aufsprung und Niedersprung zu „zergliedern" und separat zu üben. Empfehlenswert ist diese Vorgehensweise immer dann, wenn es sich um *sporttechnische Fertigkeiten* mit

- einem *hohen Schwierigkeitsgrad*,
- *Komplexübungen* und
- einem anspruchsvollen *dynamisch-zeitlichen Bewegungsverlauf*

handelt.

Die **Vorteile** der Anwendung der Teillernmethode liegen in der Möglichkeit,

- durch das Erlernen von Teilbewegungen den *Schwierigkeitsgrad* der Gesamtbewegung zu *verringern* und somit
- *Lernerfolge* in *Teilschritten* zuzulassen.
- Dadurch steigt oder wird die *Lernmotivation* erhalten.

Diesen Vorteilen stehen aber gravierende **Nachteile** gegenüber:

- Es muss häufig ein *Eingriff* in das *innere Gefüge* der Bewegung vorgenommen werden, wodurch sich neue räumliche, zeitliche und dynamische Strukturen ergeben, die kaum oder gar nicht mit der eigentlichen Bewegungsstruktur der Zielbewegung übereinstimmen.
- Ein *Zusammenführen* der beherrschten Teilbewegungen bereitet aus diesem Grund dem Lernenden Schwierigkeiten und das Üben der Gesamtbewegung mündet nahezu in einem *Neulernen*.
- Durch Strukturveränderungen geht der objektiv in der Gesamtbewegung vorherrschende *Rhythmus verloren*, der dann vom Sportler als solcher auch nicht „erfahren" werden kann.
- Oft wird beim Training der Teilbewegungen die *Gesamtzielstellung* aus dem Auge verloren, was wiederum Zeitverzug im Lernfortschritt bedeuten kann.

Ungeachtet dieser massiven Nachteile wird diese Methode in der Sportpraxis jedoch vorherrschend angewandt.

> **Beachte:**
> **Nur so wenig wie nötig die Zielbewegung zergliedern und so frühzeitig wie möglich im Lernprozess die Gesamtbewegung üben!**

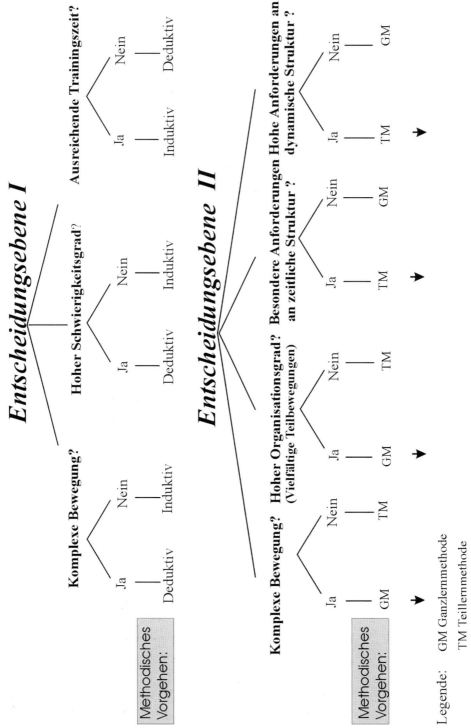

Abb. 5.4-8: Entscheidungsebenen und methodische Maßnahmen im motorischen Lernprozess (Teil A)

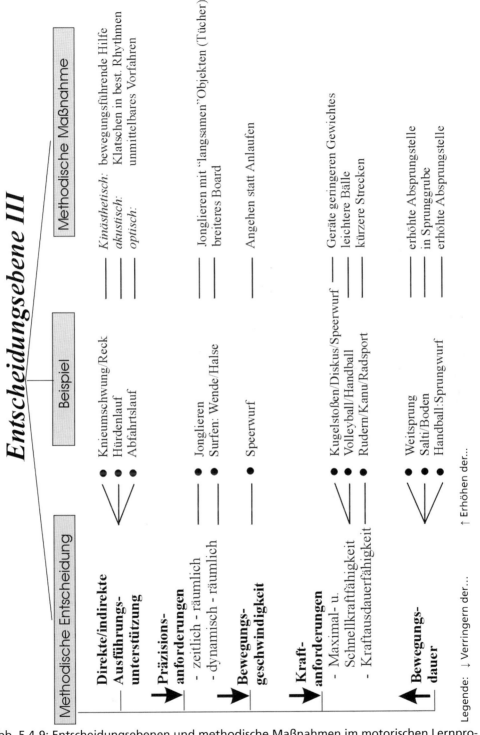

Abb. 5.4-9: Entscheidungsebenen und methodische Maßnahmen im motorischen Lernprozess (Teil B)

Zusammenfassend ist festzustellen, dass *alle* genannten Lehr- und Lernwege (deduktiv, induktiv und Mischformen) und Lehr- und Lernmethoden (Ganzlern- und Teillernmethode) ihre Berechtigung für eine Anwendung im motorischen Lernen haben. Nach der Analyse der jeweiligen Lernbedingungen und -voraussetzungen muss der Trainer prüfen, welche Methode die geeignetere ist und ggf. schneller zum Ziel führt. Zu beachten sind immer auch die *ontogenetischen Entwicklungsbedingungen* der Sportler.

In der Tabelle 5.4-8 (Teile A und B) werden in einem **Organigramm** beispielhaft die *unterschiedlichen Entscheidungsebenen* gekennzeichnet und *methodischen Maßnahmen* dargestellt, die der Lehrende nach Analyse der Lernsituation zu treffen hat.

5.4.7 Erfolgskontrolle

Tab. 5.4-4: Hauptaspekte der Kontrolle sporttechnischer Fertigkeiten und ihre Erfassungsmöglichkeiten (Überblick)

Hauptaspekte der Kontrolle	Erfassungsmöglichkeiten	Eingesetzte Methode und gerätetechnische Anforderungen
Übereinstimmung der erreichten Qualität mit dem *Vorgabemodell* („Technisches Leitbild")	Kontrolle über mess- und objektivierbare Parameter	- biomechanische Tests/Bewegungsanalysesysteme - Kontrolle *kinematischer* Parameter (Geschwindigkeits- und Beschleunigungs-Zeit-Verläufe) und - Kontrolle *dynamischer* Parameter (Kraft-Zeit-Verläufe)
	Eindrucksanalyse	- Beobachtungsmethode
	Vergleich von Bildkonserven	- Beobachtungsmethode unter Einsatz von Videokamera und -rekorder
Überprüfung des erreichten *Fertigkeitsgrads* bei der Lösung der Aufgabenstellung	vergleichende Kontrolle bei unterschiedlichen Ausführungsbedingungen - erleichternde, - normale und - erschwerende Bedingungen	- Beobachtungsmethode
	Qualitätsrückgang bei lange andauernden Belastungen (zyklische Bewegungen/Ausdauersportarten)	- Beobachtungsmethode
	mehrfache Wiederholung azyklischer Bewegungen bei gleichen Ausführungsbedingungen	- Beobachtungsmethode
Kontrolle erfassbarer *Teilaspekte* der *Bewegungskoordination*	Bewegungsempfindungen und -wahrnehmungen	- Sportmotorische Tests
	Bewegungsvorstellung	- mündliche und schriftliche Befragung - zeichnerische Wiedergabe
	Intermuskuläre Koordination	- Elektromyografie

Bei der Überprüfung des *Lernfortschritts* und der erreichten *Qualität* der *Bewegungsausführung* sind verschiedene *Kontrollmöglichkeiten* denkbar. Generell werden so genannte *qualitative Erfassungsmethoden* (Bewegungsbeobachtung, die auf einer Analyse der Merkmale der Bewegungsregulation beruhen, vgl. Kap. 5.5) und *quantitative Erfassungsmethoden* zur Leistungsmessung (sportmotorischer Test/Fertigkeitstest) eingesetzt. In der Tabelle 5.4-4 wird ein kleiner Einblick in die Vielfalt der Kontrollmöglichkeiten gegeben.

Kontrollfragen und Aufgaben

1. Kennzeichnen Sie typische Aspekte der erreichten *Qualität der Bewegungsausführung* am *Ende der 2. Lernphase*. Wie schlussfolgern Sie für das weitere methodische Vorgehen?

2. Worin unterscheidet sich das Niveau der *Bewegungsvorstellung* im Vergleich der *ersten* zur *zweiten Lernphase*? Durch welche *methodischen Maßnahmen* lässt sich die Bewegungsvorstellung weiter verbessern?

3. Welche methodischen Anforderungen werden an eine zweckentsprechende *Bewegungsdemonstration* vor Lernanfängern im Alter von 10/11 Jahren gestellt? Beziehen Sie in Ihre Antwort die Kenntnisse aus der Thematik *„Motorische Ontogenese"* (vgl. Kap. 3.1) mit ein.

4. Erläutern Sie, wie sich der Sportler aktiv in den Prozess des *erarbeitenden Übens* einbringen kann.

5. Benennen Sie *Vor-* und *Nachteile* des *deduktiven* und *induktiven Lehrwegs* und erörtern Sie, welcher der Lehrwege in der von Ihnen bevorzugten *Sportart/Disziplin* dominiert.

6. Kennzeichnen Sie die *Unterschiede* im methodischen Vorgehen beim Erlernen einer selbst gewählten sporttechnischen Fertigkeit nach der *Ganzlern-* und *Teillernmethode*.

7. Mit welcher *Kontrollmethode* erlangt Ihr Trainer einen Eindruck zu Ihrem erreichten *Fertigkeitsstand* in der bevorzugten Sportart? Erläutern Sie die Methode.

5.5 Analyse sportlicher Bewegungen (Bewegungsanalyse)

Der motorische Lehr- und Lernprozess, den der Lehrende und die Lernenden in einem ständigen *Kommunikationsprozess* gemeinsam gestalten, umspannt *zwei Forderungen*:

1. Der *Lehrende* muss den zu vermittelnden Bewegungsablauf genau **kennen**, um
   - eine gute Bewegungsvorstellung beim Lernenden entwickeln,
   - den Lernenden methodisch richtig anleiten und
   - selbst ggf. die Bewegung demonstrieren

zu können.

Die *Lehrenden* und *Lernenden* müssen den Bewegungsablauf **erkennen** können, um
   - die richtigen *methodischen Maßnahmen* zu treffen, d. h. entweder den eingeschlagenen Lehr- und Lernweg beizubehalten oder zu korrigieren,
   - generell *Fehler* im Lernprozess zu *vermeiden* und
   - *keine Überforderung* zu provozieren (besonders bedeutsam im Umgang mit behinderten Menschen und in der Rehabilitation).

Abb. 5.5-1: Die Bewegungsbeurteilung beeinflussende Aspekte (Hartmann, 1999)

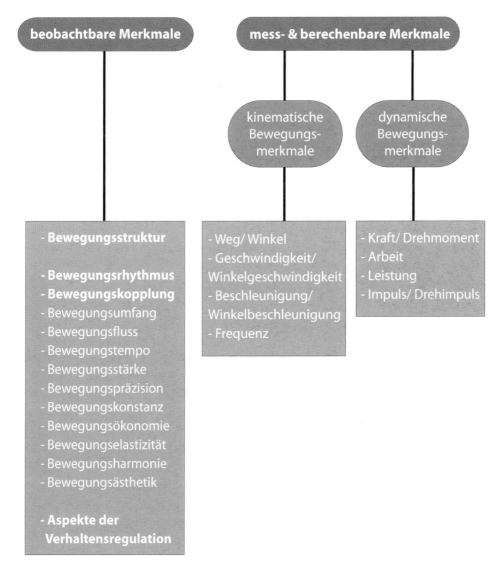

Abb. 5.5-2: Übersicht über beobacht-, mess- und berechenbare Merkmale sportlicher Bewegungsabläufe

Somit müssen Bewegungen in der Sportpraxis permanent *beurteilt* werden (Abb. 5.5-1, Mittelteil): Sei es im Sinne der *Bewegungsbeschreibung*, um dem Sportler eine Vorstellung von der zu erlernenden Bewegung zu vermitteln, oder den Lernenden auf Defizite bzw. Fehler bei der Bewegungsausführung hinzuweisen. Bewegungsbeurteilung mündet aber auch oft in *Bewegungsanweisungen*, die dann in Form von Lernschritten, Zusatzinformationen oder Korrekturhinweisen gegeben werden. Nicht zuletzt werden Bewegungen im Rahmen der Bewegungsbeurteilung auch *bewertet*. Dies geschieht immer dann, wenn im Sinne der Kontrolle Lernstandsüberprüfungen (Schulsport: Benotung) stattfinden oder bei Wettkämpfen in verschiedenen Sportarten keine über Messungen gewonnene Daten zur Ermittlung der Sieger und Platzierten vorhanden sind (z. B. Rhythmische Sportgymnastik, Eiskunstlaufen oder Gerätturnen: Punktvergabe).

Bevor ein *Trainer* jedoch die Qualität der beobachteten Bewegung des Lernenden mit einer möglichst hohen Objektivität einzuschätzen vermag, müssen bei ihm verschiedene *Voraussetzungen* gegeben sein, die die Beurteilungsqualität maßgeblich beeinflussen:

- Das *Analysatoren- und sensorische System* muss *hoch sensibel* ausgeprägt und arbeitsfähig sein, damit *Wahrnehmungs-, Empfindungs-* und *Beobachtungsprozesse* in hoher Qualität ablaufen können (Abb. 5.5-1, oberer Teil).
- Er muss über eine fein *differenzierte Bewegungsvorstellung* verfügen und
- ein umfangreiches Niveau an *Bewegungserfahrungen, Wissen* und *Kenntnissen* haben, damit durch Soll-Ist-Vergleich eine objektive Bewegungsbeurteilung zustande kommen kann (Abb. 5.5-1, unterer Teil).

Ohne das Vorhandensein von bestimmten **Merkmalen sportlicher Bewegungsabläufe**, die auch das Ausprägungsniveau der *Bewegungsqualität* kennzeichnen, wäre es nicht möglich, sportliche Bewegungen zu analysieren und zu beschreiben. Bei der Vielzahl der für diese Zwecke bestimmten *Merkmale* wird in

- **beobachtbare** (qualitative) **Merkmale**, mit deren Hilfe die *äußere Form* einer Bewegung analysiert und beschrieben wird, und
- **messbare** bzw. **berechenbare** (quantitative) **Merkmale**, mit deren Hilfe mechanische Größen einer Bewegung objektiviert werden,

unterschieden (Abb. 5.5-2).

5.5.1 Beobachtbare Merkmale sportlicher Bewegungsabläufe

Diese Merkmalsgruppe hat einen großen *sportpraktischen Wert*, da überall dort, wo Bewegungen gelehrt, gelernt und trainiert werden, diese „qualitativen" Bewegungsmerkmale bewusst oder auch unbewusst zur Anwendung kommen. Sämtliche Hinweise und jede Korrekturmaßnahme, die vom Lehrenden an den Lernenden gegeben werden und für eine bessere Bewegungsausführung sorgen, gründen sich auf eine vorausgegangene *Bewegungsbeobachtung* und *-analyse*.

Die morphologische Betrachtungsweise

Meinel (1960) misst einer morphologischen Betrachtungsweise zum Zweck der Bewegungsanalyse und -beurteilung große Bedeutung bei, gestattet sie doch, sportliche Bewegungen in ihrem aktuellen Vollzug, noch bevor sie einer weiteren analytischen Betrachtung unterzogen werden (können), einzuschätzen.

Folgende *Aspekte* kennzeichnen die morphologische Betrachtungsweise:

- Es findet eine *Erfassung* und *Beschreibung* von *Bewegungsformen* statt, die vornehmlich dem *Auge* (*optischer Analysator*) direkt zugänglich sind.

	Bewegungsdemonstration
Stufe/Ebene 1 Informationsaufnahme mit vorrangig optischem Analysator	**Bewegungssehen, -wahrnehmung, -beobachtung** • äußerlich sichtbarer Bewegungsablauf • Ausdrucksformen der Verhaltensregulation
Stufe/Ebene 2 Informations-verarbeitung	**Bewegungsanalyse** • Vergleich von Soll- (Leitbild) und Istwert (Demonstration) • Einbezug von eigenen Bewegungserfahrungen • Erkennen von Unterschieden, Defiziten, Mängeln, Fehlern • Schließen auf, bzw. suchen nach Ursachen
Stufe/Ebene 3 Rückinformationen	**Bewegungsbeschreibung, -beurteilung** • zeitlicher Verlauf (schnell, langsam) • räumlicher Verlauf (ausladend, weiträumig, eng, nach oben und unten, zur Seite) • dynamischer Verlauf (eckig, fließend, verkrampft, zittrig, ruckartig, energisch, schwungvoll) • Ausgangs- und Endstellungen, Übergänge **Bewegungsbewertung** • beschreibende Urteile (gut, schlecht, besser, mangelhaft) • benotende Urteile auf der Grundlage von Normen (Noten von 1 - 5/6, Punkte, Kennziffern) • positive und negative Sanktionen (Lob und Tadel)
Stufe/Ebene 4 Rückinformationen	**Bewegungsanweisung, -hinweise** • Beibehalten der methodischen Vorgehensweise (weiter so) • Veränderung in der Methodik (Schritt zurück, Schritt weiter, Lernhilfen, erleichternde und erschwerende Bedingungen)

Abb. 5.5-3: Methodische Entscheidungsinstanzen im Lehr- und Lernprozess

- Es handelt sich um eine *funktionelle Morphologie*, da es um die Analyse von *Bewegungen* und nicht um starre Gegenstände geht.
- Durch *Vergleich* und *Abstraktion* werden
  - bestimmte Merkmale und Eigenschaften aufgedeckt,
  - Bewegungsverwandtschaften festgestellt,
  - Zusammenhänge und Beziehungen erkannt und letztendlich
  - gewisse Verallgemeinerungen getroffen.
- Die zu beobachtende Bewegung kann darüber hinaus *miterlebt* und von *„innen her"* wahrgenommen werden (hervorragende Bedeutung des *kinästhetischen Analysators*).

In der Abbildung 5.5-3 werden in Form eines *Stufenmodells* die verschiedenen *methodischen Entscheidungsinstanzen* dargestellt, die vom Lehrenden und Lernenden im motorischen Lernprozess zu durchlaufen sind, bevor richtige Korrekturanweisungen gegeben werden können.

Traditionell werden die in der Abbildung 5.5-2 angeführten Bewegungsmerkmale mehr oder weniger bewusst in der Sportpraxis angewandt, wobei nicht alle Merkmale gleich bedeutsam sind. Die Analyse eines Bewegungsablaufs sollte stets mit der Einschätzung seiner *Struktur* begonnen werden.

5.5.1.1 Bewegungsstruktur

Unter Struktur wird *allgemein* der innere Aufbau eines Objekts mit seinen Bestandteilen und charakteristischen Verknüpfungen der Elemente verstanden.

Betrachten wir den *inneren Aufbau* einer *sportlichen Bewegung*, so lassen sich typische **Phasen** unterscheiden. Gehen wir von der **Aufgabenerfüllung** sportlicher Bewegungen aus, d. h. beispielsweise

- eine Kugel zu stoßen,
- hoch zu springen oder
- zu laufen,

und ordnen die Lösung dieser Aufgabe jeweils der **Hauptphase** (auch *Hauptfunktionsphase*) einer Bewegung zu, dann ist verallgemeinernd festzustellen, dass jeder Hauptphase eine *Vorbereitungsphase vorgeschaltet* ist, in der z. B. ausgeholt oder angelaufen wird.

Ist dann die Kugel gestoßen oder hat der Körper die Latte beim Hochsprung überquert, muss die begonnene (Vorbereitungsphase) und ausgeführte Bewegung (Hauptphase) *beendet* werden, d. h. beispielsweise beim Kugelstoßen den Körper abzufangen, um nicht überzutreten, und beim Hochsprung ohne sich zu verletzen zu landen; der jeweiligen Hauptphase ist also eine *Endphase nachgeordnet*.

Somit besitzt **jede Bewegung** eine bestimmte Struktur, die auch als **Phasenstruktur** sportlicher Bewegungen bezeichnet wird.

Vorbereitungsphase
Die Funktion einer Vorbereitungsphase besteht im Schaffen der *optimalen Voraussetzungen* für die nachfolgende Hauptphase.

Findet sie in Form einer *Ausholbewegung* statt, die *grundsätzlich entgegengesetzt* der eigentlichen Bewegung (Hauptphase) gerichtet ist, dann soll aus

- *biomechanischer Sicht* eine Erhöhung der *Anfangskraft* (Prinzip der Anfangskraft, vgl. Kap. 3.5.2) beziehungsweise ein längerer *Beschleunigungsweg* (Prinzip des optimalen Beschleunigungswegs, vgl. Kap. 3.5.1) und aus
- *physiologischer Sicht* eine zweckentsprechende *Vordehnung* der Muskulatur erreicht werden.

Findet sie z. B. im Sinne eines Angleitens (Kugelstoß, Skisprung) beziehungsweise Anlaufens (Weit- oder Hochsprung) statt, wobei die Bewegungsrichtung mit der der Hauptphase identisch ist, soll aus

- *biomechanischer Sicht* der *Weg*, auf dem das Gerät (z. B. Kugel) oder der eigene Körper (z. B. Weit- und Hochsprung) beschleunigt wird, *optimal* gewählt werden. Im weiteren Verlauf ist die aufgebaute Beschleunigung auf die Bewegung in der Hauptphase übertragbar, wodurch im Ergebnis eine *höhere Leistung* zu erzielen ist.
- Aus *muskelphysiologischer Sicht* lässt sich u. a. durch Ausnutzung von Dehnreflexen eine höhere *Muskelspannung* erzielen als bei Kontraktion der Muskulatur ohne Vordehnung (aus der Ruhe), was ebenfalls Vorteile für die Gestaltung der Hauptphase bringt.

Nicht zuletzt bietet die richtige Gestaltung der Vorbereitungsphase auch eine entsprechende

- *psychologische Einstimmung* auf die Bewegungsausführung, in der sowohl Konzentration, als auch die bewusste Vorstellung des Bewegungsablaufs von Bedeutung sind.

Hauptphase
Die *Funktion* der Hauptphase besteht in der *eigentlichen Lösung* der *Bewegungsaufgabe*. Nach ihrer Art lassen sich **Sportarten/Disziplinen** unterscheiden wie z. B.

- ein Gewicht stoßen oder reißen – *Gewichtheben*;
- maximal (vertikal) hoch springen – *Hochsprung*;
- drei Sprünge (horizontal) nacheinander ausführen – *Dreisprung*.

Endphase
Die *Funktionen* der Endphase bestehen in:

1. Die ausgeführte Bewegung nach einer *einmaligen Hauptphase* (z. B. Skisprung) zu *beenden* und den Körper wieder in einen weitestgehend *statischen Zustand* zu führen. In der Regel sind dafür *Muskelkräfte* nötig, um den bewegten Körper *abzubremsen* (z. B. Stand nach einer Barren- oder Reckkür im Gerätturnen; Abfangen des Körpers nach einem Speerwurf oder Landung nach einem Weitsprung, Abb. 5.5-4).

2. Bei der Aneinanderreihung von *mehreren Elementen* (z. B. Reckkür im Gerätturnen) im Sinne einer *Übergangsphase* die verschiedenen *Hauptphasen* der Bewegungen zu *verbinden*. Bei flüssig geturnten *Bewegungskombinationen* (z. B. Element 1: Felgumschwung – Element 2: Felgunterschwung am Reck) wird die *Endphase* des Elements 1 gleichzeitig zur *Vorbereitungsphase* des Elements 2. Am Ende der Kür wird es eine *typische Endphase* im Sinne von 1. geben (Abgang zum Stand).

3. Bei der wiederholten Aneinanderreihung *mehrerer Hauptphasen* (z. B. mehrere Schwimm- oder Laufzyklen) *verschmilzt* die *Endphase* des vorangegangenen Zyklus´ mit der *Vorbereitungsphase* des nachfolgenden Zyklus´ und erfüllt dabei die Funktion einer *Zwischenphase* (Abb. 5.5-5). Auch hier wird es am Ende eine *typische Endphase* im Sinne von 1. geben (z. B. das Auslaufen und Abbremsen der Bewegung zum Stand).

Wie in den Abbildungen 5.5-6 und 5.5-7 dargestellt wird, bestehen zwischen den Phasen einer Bewegung bestimmte *Beziehungen* (Relationen). Diese sind für eine optimale Gestaltung der Bewegung einerseits und das richtige methodische Vorgehen beim Erlernen der sporttechnischen Fertigkeit mittels Teillernmethode andererseits *bedeutsamer,* als die Zuordnung der einzelnen Posen zu den jeweiligen Phasen an sich (Abb. 5.5-4 und 5.5-5).

Abb. 5.5-4: Phasenstruktur eines Weitsprungs

Abb. 5.5-5: Phasenstruktur eines Laufs

Das Vorhandensein einer *Ergebnisbeziehung* (resultierende Relation) bedeutet, dass die jeweils nachfolgende Phase aus der Qualität der vorangegangenen resultiert.

- Angewandt auf das Beispiel *Weitsprung* bedeutet das, dass aus einer in der Vorbereitungsphase durch Sprinttraining erzielten höheren Anlaufgeschwindigkeit eine bessere Gestaltung der Hauptphase zu erwarten ist.

Das Vorhandensein einer *Zweckbeziehung* (finale Relation) bedeutet, dass bei der Gestaltung der jeweils vorangehenden Phase der *Zweck* der *nachfolgenden* bereits voraus genommen und z. T. bereits mit erfüllt wird.

- Angewandt auf das Beispiel *Weitsprung* bedeutet das, dass nicht immer ein maximaler Anlauf der beste ist, sondern ein *optimaler*, der bereits den Zweck der Hauptphase, nämlich am Ende des Anlaufs abzuspringen, mit voraus nimmt. Dies ist auch im Training von Teilschritten (bei Anwendung der Teillernmethode, vgl. Kap. 5.4.6) zu beachten.

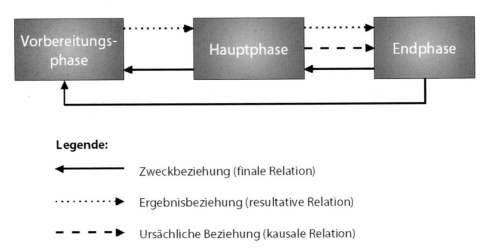

Legende:

← Zweckbeziehung (finale Relation)

·········▶ Ergebnisbeziehung (resultative Relation)

– – – –▶ Ursächliche Beziehung (kausale Relation)

Abb. 5.5-6: Phasenstruktur und Relationen einer azyklischen Bewegung (Modell)

Das Vorhandensein einer *Kausalbeziehung* (ursächliche Relation) bedeutet, dass eine ausgeführte Bewegung mit *Hauptphase* zwangsläufig auch zu Ende gebracht werden muss.

Angewandt auf das Beispiel *Weitsprung* bedeutet das, dass sich Trainer und Springer darüber im Klaren sein müssen, dass, wenn einmal abgesprungen wurde, auch gelandet werden muss.

Diese Relation erhält lebenswichtige Bedeutung z. B. beim *Skisprung*, der demzufolge erst dann ausgeführt werden kann, wenn die Landung vom Sportler beherrscht wird.

Klassifikation nach der Bewegungsstruktur

Wie bereits erwähnt, lassen sich sportliche Bewegungen nach ihrer *Bewegungsstruktur* ordnen in

- *azyklische* Bewegungen,
- *zyklische* Bewegungen und
- Bewegungs*kombinationen*

Unter **azyklischen** Bewegungen verstehen wir all diejenigen Bewegungen, in denen lediglich *eine* Vorbereitungs-, *eine* Haupt- und *eine* Endphase genügen, um die *Aufgabenstellung* zu erfüllen (z. B. Diskuswerfen, Wasserspringen, Speerwerfen, Kugelstoßen, Gewichtheben).

Bei den **zyklischen** Bewegungen, d. h. bei Bewegungen, deren Aufgabenstellung nur bei *mehrfacher Wiederholung* und *optimalen Verbindung* der *Bewegungszyklen* erfüllbar ist, findet eine Abwandlung der Phasenstruktur insofern statt, dass es zu einer *Phasenverschmelzung* zwischen den jeweiligen *End-* (vorausgehender Zyklus) und *Vorbereitungsphasen* (nachfolgender Zyklus) der aufeinander folgenden Einzelzyklen zu so genannten *Zwischenphasen* kommt (z. B. beim Schwimmen, Laufen, Skilanglaufen, Radfahren, Rudern, Paddeln, Abb. 5.5-5 und Abb. 5.5-7).

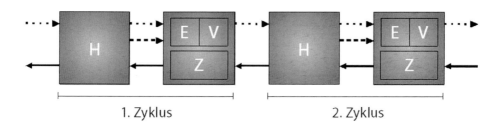

1. Zyklus   2. Zyklus

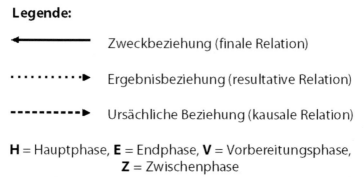

Legende:

Zweckbeziehung (finale Relation)

Ergebnisbeziehung (resultative Relation)

Ursächliche Beziehung (kausale Relation)

H = Hauptphase, **E** = Endphase, **V** = Vorbereitungsphase,
Z = Zwischenphase

Abb. 5.5-7: Phasenstruktur und Relationen einer zyklischen Bewegung (Modell)

Bei *alternierenden zyklischen Bewegungen*, bei denen abwechselnd die rechte und linke Körperseite am Vortrieb beteiligt sind (z. B. Radfahren, Paddeln, Laufen, Eisschnelllaufen, Skilanglaufen, Inlineskaten), muss die Struktur der Bewegung noch weiter *differenziert*, d. h. für beide Körperseiten getrennt betrachtet werden.

Bei **Bewegungskombinationen** kommt es ebenfalls zu *Verschmelzungen* der End- und Vorbereitungsphasen. Sie sind z. B. typisch beim Verbinden mindestens *zweier* oder *mehrerer Einzelelemente*, d. h. *azyklischer* Bewegungen (z. B. im Geräteturnen, im Eiskunstlaufen, aber auch beim Fangen und sofortigen Werfen eines Balls im Hand- und Basketball oder Annehmen und Abspielen eines Fußballs).
Kombinieren lassen sich auch eine *zyklische* mit einer *azyklischen* Bewegung, z. B. im Hindernislaufen die zyklische Laufbewegung und das azyklische Überwinden der Hindernisse oder verschiedene *zyklische* Bewegungen miteinander wie z. B. verschiedene Schrittkombinationen im Eiskunstlaufen oder in der Rhythmischen Sportgymnastik.

5.5.1.2 Bewegungskopplung

Motorische Handlungen, insbesondere sportliche Bewegungen, sind im Allgemeinen *Ganzkörperhandlungen*, d. h., es werden bei der Bewegungsausführung Anforderungen an das gesamte motorische System des Sportlers gestellt. Die Aufgabenlösung erfolgt über *zweckentsprechende Muskeltätigkeit* (in der Muskelkette bzw. -schlinge) unter Beteiligung aller *Gelenke*. In gewisser Weise werden *Impulse* in der kinematischen Kette „weitergeleitet", die eine *Bewegungskopplung* (*Bewegungsübertragung* nach Meinel, 1960) z. B. ausgehend

- vom Rumpf auf die Extremitäten,
- vom Kopf auf den Rumpf,
- von den Beinen auf den Rumpf, aber auch
- vom Körper auf entsprechende Sportgeräte

ermöglichen.

Die gelungene (optimale) Bewegungsübertragung entspricht inhaltlich einer Form des *biomechanischen Prinzips* der *zeitlichen Koordination* der *Einzelimpulse* (vgl. Kap. 3.5.4).

Auf der Grundlage von (bio-)mechanischen Gesetzmäßigkeiten und physiologischen Wirkmechanismen kommt es durch Muskelkontraktion und -entspannung zu (*inneren*) Kraftwirkungen, die über die Gelenke auf das gesamte Gliedersystem und weiter auf feste und bewegliche Widerlager (z. B. Boden, Wasser, Schnee) und Geräte (z. B. Kugel, Diskus, Ball) übertragen werden. Die so hervorgerufenen *äußeren* Kräfte führen im Wechselspiel mit den *inneren Kräften* zur menschlichen Bewegung oder zur Beschleunigung eines Geräts (Hochmuth, 1982). Welch komplizierte Aufgabe der Mensch bei jedem motorischen Akt, auch bei Körperhaltung bzw. -fixierung, durch Steuer- und Regelprozesse zu erfüllen hat, wird darin deutlich, dass jeweils 240 Freiheitsgrade bei einer Gesamtkörperbewegung zu beherrschen sind.

Nachfolgend werden die typischen **Arten** der Bewegungskopplung

- Schwungübertragung,
- zeitliche Verschiebung von Teilkörperbewegungen,
- Formen des Rumpfeinsatzes und
- Funktionen des Kopfes

herausgearbeitet und beispielhaft dargestellt.

Schwungübertragung

Vorbereitet durch eine *Ausholbewegung* der *freien Gliedmaßen* (z. B. bei einem Hochsprung: beide Arme und das Schwungbein) erfahren diese bereits vor Stützbeginn zur Absprungbewegung eine *schwunghafte Beschleunigung* in Sprungrichtung. Diese Beschleunigung kann Sprung unterstützend ausgenutzt werden, wenn durch entsprechende Muskelkontraktion am Ende der Absprungbewegung der Schwung wieder *abgebremst* wird. Dabei kommt es durch die „bremsenden Muskeln" zu einer Bewegungsübertragung u. a. auf den Rumpf, der bisher in seiner Aktion zurückgeblieben ist (Abb. 5.5-8).

Parallel dazu wird die am Widerlager entstehende Kraft („Bodenwiderstands-kraft") über das *Sprungbein* zur Wirkung gebracht (actio et reactio), wodurch eine *erhöhte Spannung* in der *Streckmuskulatur* entsteht und sich die zur Verfügung stehende *Zeit* für die Beschleunigung *verlängert*. Der Erklärung dieses Wirkmecha-nismus' liegt ebenfalls das biomechanische *Prinzip der zeitlichen Koordination* der *Einzelimpulse* zu Grunde (vgl. Kap. 3.5.4).

Vorherrschend ist diese Art der Bewegungskopplung bei allen ein- und beidbei-nigen Sprüngen und Bewegungen, in denen die Extremitäten eine schwunghafte Beschleunigung erfahren, z. B. bei allen Umschwüngen im Gerätturnen.

Abb. 5.5-8: Hochsprung (Fosbury-Flop)

Zeitliche Verschiebung der Teilkörperbewegungen

Diese Art der Bewegungskopplung, die bei allen *Wurf-, Schlag-, Zug-, Schub,- Stoß-* und *Schleuderbewegungen*, aber auch *Sprung-* und *Stützbewegungen* vorherr-schend ist, verwirklichen – ähnlich der *Ausholbewegung* – das biomechanische *Prin-zip* der *Anfangskraft* und insbesondere das *Prinzip* der *zeitlichen Koordination der Einzelimpulse* (vgl. Kap. 3.5.2 und 3.5.4). Eine zeitliche Verschiebung des Phasenver-laufs ist – vom Rumpf aus gesehen – sowohl auf der kinematischen Kette nach der *offenen Seite* als auch nach der *geschlossenen Seite* zu erkennen.

Betrachten wir den *Ballzielwurf* als ein Beispiel für die Phasenverschiebung nach der *offenen* Seite, so ist bei der Strukturanalyse feststellbar, dass während sich der Rumpf bereits in der Hauptphase befindet, Schulter, Oberarm, Unterarm und Hand noch in der Vorbereitungsphase sind (Abb. 5.5-9a). Der *Phasenbeginn* findet im *Rumpf* statt (Ansatz und Ursprung großer Muskelgruppen, große Masse) und setzt sich anschließend *distal* zunächst – entgegengesetzt der Wurfrichtung – zu den Fü-ßen fort (geschlossene Seite). Mit dem Abdruck am Boden (starres Widerlager) und der nachfolgenden Streckung in den Knien wird die vorrangig in den Hüft- und Beinmuskeln initiierte *Antriebsenergie* über den Rumpf, die Schulter, den Wurfarm, die Wurfhand auf den Ball übertragen (offene Seite, Abb. 5.5-9b). Bei einem *Ziel-wurf* übernehmen die schwächeren Schulter- und Armmuskeln die Feinabstimmung der Energie auf ein notwendiges bzw. gewünschtes Maß (*Modulation*).

Eine ähnliche, aber nach der *geschlossenen* Seite gerichtete, zeitliche Verschiebung findet beim Wurf, aber noch deutlicher bei allen *Sprung- und Stützbewegungen* statt. Wiederum im Rumpf beginnend ist eine weitere zeitliche, *distale* Verschiebung im Phasenverlauf hin zu den *Füßen* zu beobachten. Durch den Abdruck am festen oder auch beweglichen Widerlager (z. B. beim Trampolinspringen) soll dem gesamten Körper ein Impuls erteilt werden.

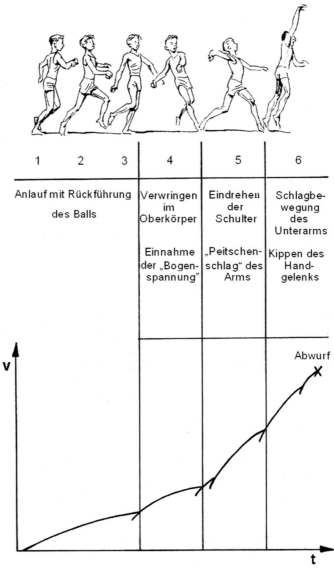

Abb. 5.5-9a: Prinzipskizze des Geschwindigkeits-Zeit-Verlaufs des Balls in Bezug zu den Bewegungsphasen beim Ballwurf

Abb. 5.5-9b: Reihenfolge der Muskelaktionen bei einem einhändigen Präzisionswurf (nach Wiemann, 1994)

In den genannten Fällen handelt es sich nicht nur um eine zeitliche Verschiebung im *Beginn* und *Verlauf* der einzelnen Bewegungsphasen, sondern auch im Auftreten der *Geschwindigkeitsmaxima* in den Körperteilen. Durch eine derartige Arbeitsweise wird erreicht, dass die Muskulatur auf die auszuführende *Hauptphase* optimal vorbereitet wird.

Formen des Rumpfeinsatzes
Dem Rumpf wird eine große Bedeutung als *Antriebselement* zugeschrieben. Außerdem übernimmt er die wichtige Funktion als *Übertragungsglied* der Kraftwirkungen von den Füßen, über die Beine, zum Arm, zur Hand und auf das Gerät (z. B. bei einem einhändigen Wurf) oder von den Händen, über die Arme zu den Beinen/Füßen zum beidbeinigen Stand (z. B. bei einem Stützsprung über den Bock). In jedem Fall hängt der Erfolg und die Art und Weise der Bewegungen der Gliedmaßen von einer zweckentsprechenden Rumpfbewegung ab.

Folgende charakteristische *Formen des Rumpfeinsatzes*, die hier nicht näher erläutert werden sollen, sind zu unterscheiden:

- *Translatorischer*, d. h. vertikaler und horizontaler *Rumpfeinsatz* (Schiebe- oder Zugbewegung, z. B. nach oben oder vorn),
- *rotatorischer Rumpfeinsatz* (z. B. Drehbewegungen um die Körperlängsachse),
- *Streck-* und *Beugebewegung* (z. B. beidhändiger Ballwurf über den Kopf),
- *Bogenspannung* (z. B. Speerwurf) und
- *Verwringung* (z. B. Diskuswurf, unter Nutzung des *biomechanischen Prinzips* der *Gegenwirkung*, vgl. Kap. 3.5.5).

Bei den verschiedenen menschlichen Bewegungen sind die gekennzeichneten Formen des Rumpfeinsatzes nicht nur zu beachten, sondern bezüglich ihrer trainingsmethodischen Relevanz zu prüfen. Ein optimaler Gang bedarf demnach der zweckentsprechenden Verwringung des Rumpfes gegen den Ober- und Unterkörper ebenso wie das Strecken und Beugen bei einem Einwurf im Fußball.

Funktionen des Kopfes

Durch die Lokalisation der Rezeptoren für den *optischen Analysator* im Kopf (in den Augen), kommt ihm zunächst eine *orientierende Funktion* zu. Es werden das Ziel der Bewegung oder aber auch die veränderte Bewegungsrichtung jeweils „ins Auge gefasst", noch bevor die Bewegung mit dem Körper stattfindet. Ganz allgemein wird eine Orientierung im Raum dadurch möglich.

Eine *einleitende Funktion* erfüllt der Kopf immer dann, wenn er den kopfwärts gerichteten Gesamtkörperbewegungen „vorauseilt". So wird z. B. eine Drehung um die Breitenachse bei der Rolle vorwärts oder das Tauchen mit einer entsprechenden Bewegung des Kopfes eingeleitet.

Andererseits übernimmt der Kopf oftmals eine *steuernde Funktion*. Dies lässt sich recht gut am Beispiel der Hechtrolle darstellen: Um eine weite und gestreckte Flugbewegung ausführen zu können, wird der Kopf nach dem Absprung zunächst zurück gebeugt (im Sinne eines Überstreckens). Durch einsetzende tonische (Hals-) Reflexe in der *Streckmuskulatur* des Rückens, der Arme und Beine kommt es zur Tonuserhöhung. Die Folge davon sind ein kräftigerer Absprung und eine gestreckte Flughaltung. Durch das nachfolgende Vorbeugen des Kopfes wird nunmehr der *Beugetonus* erhöht und unterstützt damit das Einrollen (Abb. 5.5-10).

Eine typische *Haltefunktion* führt der Kopf aus, wenn er z. B. beim Turnen an den Ringen *fixiert* werden muss, damit das Element gelingt (z. B. Ausführung des Kreuzhangs). Käme es zu einer Veränderung der Kopfhaltung bei diesem Element, müsste diese Haltebewegung aufgegeben werden. Halten und Bewegen des Kopfes stellen die typischen Steuerfunktionen dar.

Darüber hinaus erfüllt der Kopf bei bestimmten Bewegungen auch eine *ästhetische Funktion*, indem durch seine Haltung und Stellung einer Bewegung Ausdruck verliehen wird (z. B. im Eiskunstlaufen, in der Rhythmischen Sportgymnastik oder auch im Synchronschwimmen).

Gut gekoppelte Bewegungen und Teilkörperbewegungen drücken sich unmittelbar in der *Qualität* der *Bewegungsausführung* aus. Anders formuliert heißt das, eine mangelhafte Bewegungsausführung ist meistens auf Fehler zurückzuführen, die sich in den verschiedenen Kopplungsarten manifestiert haben. Deshalb muss dem Merkmal Bewegungskopplung große *trainingsmethodische Beachtung* beigemessen werden:

- So sollte eine Bewegungsanalyse neben der Bewegungsstruktur immer auch die bewegungsrelevanten Kopplungsaspekte einschließen.
- Das Training und die ständige Kontrolle von Kopplungsaspekten wie Schwungübertragung, zeitliche Verschiebung der Teilimpulse (insbesondere zur offenen Seite der Gliederkette) und bestimmte Steuer- und Halteformen des Kopfes bedürfen der *Bewusstheit* (intellektuelle Regulationsebene, vgl. Kap. 2.1).
- Außerdem sind verschiedene Kenntnisse über Wirkmechanismen und *Gesetzmäßigkeiten* (z. B. biomechanische Prinzipien) in geeigneter Form und in Abhängigkeit des *Alters* der Lernenden zu vermitteln.

Abb. 5.5-10: Hechtrolle: Flug mit überstrecktem Kopf und Rollbewegung mit gebeugtem Kopf

5.5.1.3 Bewegungsrhythmus

Um den Bewegungsrhythmus treffend als Bewegungsmerkmal charakterisieren zu können ist es notwendig, zunächst auf seine *Komplexität* und *Mehrdimensionalität* (Dynamik, Raum, Zeit und Form) hinzuweisen. So kommt der Bewegungsrhythmus

- in der *Dimension „Zeit"* insofern zum Ausdruck, dass sich in ihr die charakteristische zeitliche Ordnung einer Bewegung (azyklische, zyklische oder auch Bewegungskombination) bzw. der Teilelemente einer Bewegung erfassen lässt;

- in der *Dimension „Dynamik"* mit einer typischen Gliederung und Akzentuierung der Muskeldynamik (Spannung und Entspannung der Muskulatur) zum Ausdruck,
- in der *Dimension „Raum"* mit einem typischen räumlich-zeitlichen Verlauf der Bewegung zum Ausdruck und
- ermöglicht in der *Dimension „Form"* (äußere Form) eine Zugangsmöglichkeit zu seiner Objektivierung.

Mit dem Merkmal Bewegungsrhythmus wird eine **typische zeitliche Ordnung** von **dynamischen (Haupt-)Akzenten** einer Bewegung erfasst. Es gilt damit als ein *Struktur ergänzendes Merkmal* und liefert durch *gedankliches Mitvollziehen* auch einen *„inneren" Eindruck* des *dynamisch-zeitlichen Verlaufs* einer Bewegung.

So meint man oft nur, einen guten oder weniger guten Bewegungsrhythmus beim Übenden gesehen zu haben; vielmehr hat man sich auf der Grundlage seiner eigenen *Bewegungsvorstellung* und *praktischen Erfahrungen* beim Beobachten des Übenden gedanklich in die Bewegung *hineinziehen lassen* und stellt beim Soll-Ist-Vergleich entweder Übereinstimmung oder Defizite fest. Dies geschieht auf der Grundlage seiner so genannten **kommunikativen Funktion**: In jeder Bewegung, auch in jeder Teilbewegung, existiert – unabhängig von unserem Bewusstsein – ein charakteristischer Rhythmus (*Objektrhythmus*). Dieser muss vom Lernenden aufgenommen, verinnerlicht und zu seinem eigenen gemacht werden (*Subjektrhythmus*). Das bedeutet für den motorischen Lernprozess, dass die Einheit von Objekt- und Subjektrhythmus hergestellt werden muss. Ist dies erfolgt, beherrscht der Lernende i.d.R. die Bewegung.

Für die *sporttechnische Ausbildung* ergeben sich daraus zusammengefasst folgende *methodischen Aspekte*:

- Jede Bewegung hat einen bestimmten Rhythmus, der vom Lernenden aufzunehmen und zu verinnerlichen ist;
- *Rhythmusübertragung* durch *gedankliches Mitvollziehen* (so genannter CARPENTER-Effekt);
- Ausnutzung der Funktion des *Gruppenrhythmus* (auf der Grundlage einer „kommunikativen Funktion"),
- Erfassung und Wiedergabe des Bewegungsrhythmus´ (optisch und akustisch) und die
- *rhythmische Lehr-* bzw. *Bewegungsweise* durch Hervorhebungen der Rhythmusstruktur der zu erlernenden Bewegung durch
  - *optische* (bei der Demonstration),
  - *akustische* (rhythmisches Sprechen/Betonen oder unter Einsatz akustischer Hilfsmittel wie u. a. Handklatsch, Klanghölzer oder Tamburin zur Taktvorgabe) und
  - *taktil-kinästhetische* Informationen (den Lernenden mit dem richtigen Bewegungsrhythmus bewegen, damit er ihn erfühlen und erleben kann, z. B. enge Partnerführung beim Erlernen von Tanzschritten).

5.5.1.4 Ausdrucksformen (Aspekte) der Verhaltensregulation

Neben den bereits gekennzeichneten beobachtbaren Bewegungsmerkmalen sind weiterhin *Ausdrucksformen der Verhaltensregulation* zu unterscheiden, die vornehmlich die *psychische Einstellung* und *Befindlichkeit* zum *Lernen* und beim sportlichen *Handeln* widerspiegeln. Sie lassen sich größtenteils ebenfalls beim Lernenden *beobachten* und geben Auskunft über seinen *Lernfortschritt* und seine erreichte *Qualitätsstufe* (vgl. Kap. 5.1).

Derartige Ausdrucksformen werden in der Tabelle 5.5-1 zusammengefasst.

Tab. 5.5-1: Ausdrucksformen der Verhaltensregulation im motorischen Lernprozess

Erhöhte Lernqualität und höhere Lernstufe	Verringerte Lernqualität und niedrigere Lernstufe

- verbesserte *Bewegungsantizipation* durch Vorausnahme des gegnerischen und eigenen Bewegungsverlaufs
- gesteigertes *Selbstbewusstsein* vor, während und nach der Handlungsausführung
- zunehmend *vermindertes Selbstgespräch* vor und während der Handlungsausführung
- fortgeschrittene *Automation* in der Handlungsausführung bei Dominanz der sensomotorischen Regulationsebene
- höhere *ästhetische* Ausstrahlung
- verbesserte *Variationsfähigkeit* in der Handlungsausführung insbesondere unter situativ-variablen Bedingungen („Spielwitz")
	- erhöhte *Erwartungshaltung* in Vorbereitung der Handlungsausführung
	  - hoch konzentriert,
	  - Schweißbildung,
	  - Hautrötung
	- *Unkonzentriertheit* und schnelle *Ablenkbarkeit*
	- *ängstliches Verhalten* vor und während der Bewegungsausführung
	- gestörte *soziale Beziehungen* zu Partnern und Mitspielern
	- auf *Bewegungsausdruck* wird kein Wert gelegt
	- *durchschaubare Aktionen*, leicht „ausrechenbar"

5.5.2 Mess- und berechenbare Merkmale sportlicher Bewegungsabläufe

Messbare sportliche Bewegungen (u .a. die gesprungene Weite oder Höhe, die gelaufene Zeit, die erzielten Tore) stellen eine *objektive* Grundlage für *Leistungsbewertungen* dar. Die *Qualität* der Bewegungsausführung ist in diesen Fällen zwar Mittel zum Zweck, aber nicht Gegenstand der direkten Bewertung. Ergänzend zu den *beobachtbaren Merkmalen* (vgl. Kap. 5.5.1) kann durch Messung von *mechanischen Größen* außerdem zur Objektivierung der Bewegung maßgeblich beigetragen werden. Dies ist wichtig, da einerseits Bewegungsbeobachtungen immer *subjektiv* sind und ihre Genauigkeit von den Erfahrungen des Beobachters abhängig und andererseits Teilaspekte der Bewegung nicht oder nur schwer beobachtbar sind, weil sie zu schnell ablaufen. Bewegungsbeobachtungen betreffen vorrangig äußere Aspekte der Übung, während mechanische Messungen auch zur Klärung von *Ursachen* für das beobachtete Bewegungsverhalten beitragen können.

Beschreibungen sporttechnischer Fertigkeiten beinhalten eine *Kombination* von beobachtbaren und messbaren Bewegungsmerkmalen. Zur Ergänzung der beobachteten Bewegungsausführung werden beispielsweise *Abflugwinkel* der *Geräte*, *Winkelstellungen* der *Körperteile* oder die *Länge* der *Anlaufschritte* angegeben. Der Einsatz von messbaren Verfahren zur Bewegungsanalyse erfolgt vorrangig im *Leistungssport* und ist für *Forschungszwecke* unerlässlich.

Messbare Merkmale für die Bewegungsanalyse (bzw. aus diesen Werten berechnete Merkmale) sind *physikalische Größen*. Eine physikalische Größe setzt sich immer aus dem *Messwert* und der *Maßeinheit* (Dimension) zusammen.

Nach der Art der messbaren Merkmale können *kinematische* und *dynamische* unterschieden werden (Tab. 5.5-2).

Tab. 5.5-2: Kinematische und dynamische Merkmale zur Bewegungsanalyse

	Größe	Formelzeichen	Maßeinheit	
kinematische Merkmale	**Weg, Länge, Radius, Höhe**	s, l, r, h	Meter	[m]
	Zeit	t	Sekunde	[s]
	Geschwindigkeit	v	Meter/Sekunde	$[ms^{-1}]$
	Beschleunigung	a	Meter/Sekunde^2	$[ms^{-2}]$
	Frequenz	f	1/Sekunde	$[s^{-1}]=[Hz]$
	Winkel	α, β, γ	Grad	[°]
	Winkelgeschwindigkeit	ω	Grad/Sekunde	$[rads^{-1}]$
dynamische Merkmale	**Masse**	m	Kilogramm	[kg]
	Kraft	F	Newton	[N]
	Impuls	p		$[kgms^{-1}]$
	Drehimpuls	L		$[kgm^2s^{-1}]$
	Drehmoment	M	Newtonmeter	[Nm]
	Arbeit	W	Newtonmeter	[Nm]
	Leistung	P		$[Nms^{-1}]=[W]$

Kinematische Merkmale beziehen sich auf die Objektivierung von *Orts-* und *Lageveränderungen* des Körpers oder von Körperteilen in Raum und Zeit.

Dynamische Merkmale sind *Kraftmerkmale*, die Ursachen für die Bewegung des Körpers oder von Geräten sind.

5.5.2.1 Messung kinematischer Merkmale

Zur Erfassung dieser Merkmale werden *direkte* und *indirekte* Methoden zur Weg-, Zeit- und Winkelmessung angewendet (Tab. 5.5-3).

Tab. 5.5-3: Direkte Verfahren zur Erfassung kinematischer Merkmale

Messgröße	Beispiel	Messverfahren
Weg	Schrittlängen beim Anlauf zum Hochsprung	Wegmessung mit Bandmaß
Zeit	Teilzeiten beim 100 m-Lauf	Messung mittels Lichtschranke
Winkel	Winkel zwischen Ober- und Unterschenkel beim Absprung	Messung mit Goniometer

Die *indirekte* Weg- oder Zeitmessung geschieht durch *optische Verfahren*. Die Bewegung des Sportlers wird mit genormten Methoden *fotografiert* oder *gefilmt*. Im Ergebnis können anhand der Aufnahmen Angaben zu Weg- und Zeitverläufen in den einzelnen Bewegungsphasen abgelesen werden.

Abb. 5.5-11: Chrono-Zyklo-Fotografie im Gerätturnen (Hochmuth, 1982)

Bei der *Serienfotografie* wird die Bewegung mit einer Kamera mit einer konstanten Bildfrequenz (z. B. 100 Hz) aufgenommen.

Durch *Mehrfachbelichtung* in konstanten *Zeitintervallen* können bei der **Chrono-Zyklo-Fotografie** die einzelnen Bewegungsphasen festgehalten werden (Abb. 5.5-11).

Der Einsatz der **digitalen Video-Aufzeichnungstechnik** schafft die Möglichkeit, sich den Bewegungsablauf nach Beendigung sofort ansehen zu können. Das ist für die Einschätzung der Qualität der Bewegung und für notwendige *Fehlererkennung* und im weiteren Sinne auch zur *-korrektur* von großer Bedeutung. Die kurze Zeitspanne zwischen der Bewegungsausführung und deren Betrachtung ist besonders für den Sportler selbst vorteilhaft, da er sein eigenes Bewegungsempfinden mit den Aufzeichnungen (Bewegungskonserven) vergleichen kann (Sofortinformation, Ausnutzung des Kurzzeitgedächtnisses).

Sollen Aufzeichnungen für die Objektivierung *kinematischer Merkmale* verwendet werden, müssen spezielle Hochfrequenzkameras eingesetzt werden. Während handelsübliche Videokameras mit einer Frequenz von 25 Hz arbeiten, haben Spezialkameras heute eine Aufnahmefrequenz von bis zu 1000 Hz.

5.5.2.2 Messung dynamischer Merkmale

Einfache Möglichkeiten der *Kraftmessung* zur Objektivierung *dynamischer Merkmale* nutzen die Verformung von Kraftbügeln oder Federn unter Einwirkung von Druck- oder Zugkräften, die direkt angezeigt werden kann (z. B. Ringkraftmessbügel).

Bei präziseren Verfahren erfolgt die Messung mittels *Dehnmessstreifen*, die auf durch Kraftwirkungen bedingte Änderungen ihrer Länge mit einer Änderung ihres elektrischen Widerstands reagieren. Wenn die Dehnmessstreifen spezifisch geeicht sind, kann aus der Widerstandsänderung auf die sie auslösende Kraft geschlussfolgert werden. Dehnmessstreifen werden in *dynamometrischen Messplattformen* (Abb. 5.5-12) oder z. B. in *Messdollen* am Ruderboot oder an *Messpedalen* am Rennrad verwendet.

Abb. 5.5-12: Dynamometrische Messplattform

Piezoelektrische Messgeber beruhen auf der Eigenschaft bestimmter Quarze, sich bei Druck zu verformen, was eine Ladungsänderung auf der Quarzoberfläche bewirkt. Diese Ladungsänderung wird gemessen und lässt wiederum Schlüsse auf die sie auslösenden Kräfte zu.

Aus den *gemessenen* kinematischen und dynamischen Merkmalen können weitere Größen *berechnet* werden, die zur Erklärung des beobachtbaren Bewegungsverhaltens beitragen. Beispielsweise wird die *Kraft* als auslösendes Element der Bewegung eines Sportlers oder eines Geräts als *Produkt* aus den messbaren Parametern *Masse* und *Beschleunigung* berechnet.

$$F = m \cdot a \quad [N = kg \cdot \frac{m}{s^2}]$$

Die *gemessenen* und *berechneten* Merkmale helfen, sportliche Bewegungen zu *optimieren* bzw. individuelle Abweichungen von sporttechnischen „Leitbildern" aufzuzeigen. Derartige *biomechanische Untersuchungen* zielen auf eine tiefer gehende Analyse menschlicher Bewegungen, wobei die mechanischen Eigenschaften und Voraussetzungen des Bewegungsapparats, die ihrerseits von den biologischen Entwicklungsbedingungen des Sportlers (vgl. Kap. 3.1) abhängen, Berücksichtigung finden müssen.

Kontrollfragen und Aufgaben

1. Mit Hilfe welcher *Merkmale* lassen sich sportliche Bewegungen *beobachten*, *berechnen* und *beschreiben*? Verschaffen Sie sich einen Überblick.

2. Bestimmen Sie die *Struktur* einer selbst gewählten sportlichen Bewegung und *beschreiben* Sie Beginn, Verlauf und Ende ihrer *Hauptphase*.

3. Kennzeichnen und erläutern Sie die *dominierende Art der Bewegungskopplung* bei einer selbst gewählten, azyklischen sporttechnischen Fertigkeit. Welches *biomechanische Prinzip* wird dabei verwirklicht?

4. Durch welche methodischen Maßnahmen ist es in der von Ihnen bevorzugten Sportart möglich, im Sinne einer „*rhythmischen Lehrweise*" den motorischen Lernprozess zu unterstützen?

5. Welche *mess-* oder *berechenbaren Bewegungsmerkmale* werden in der von Ihnen bevorzugten Sportart zur *Bewegungsanalyse* genutzt?

Register

Literaturverzeichnis

Akert, K. (1971). Struktur und Ultrastrukturen von Nervenzellen und Synapsen. In Klinische Wochenschrift, 49 (9), 509-519.

AOK (Hrsg.). (o. J.). Fitneß Timer. Frankfurt/Main: AOK.

Badtke, G. (Hrsg.). (1999). Lehrbuch der Sportmedizin. Heidelberg, Leipzig: Barth.

Berger, J. & Minow, H.-J. (2008). Belastung und Beanspruchung. In G. Schnabel, D. Harre & J. Krug (Hrsg.), Trainingslehre – Trainingswissenschaft (S. 220-236). Aachen: Meyer & Meyer.

Berger, J. & Minow, H.-J. (2008). Zyklisierung des sportlichen Trainings. In G. Schnabel, D. Harre & J. Krug (Hrsg.), Trainingslehre – Trainingswissenschaft (S. 416-435). Aachen: Meyer & Meyer.

Beuker, F. (1976). Leistungsprüfung im Erholungs- und Freizeitsport. Leipzig: DHfK.

Blum, J. & Friedmann, K. (2001). Trainingslehre. Pfullingen: Promos.

Blume, D.-D. (1978). Zu einigen wesentlichen theoretischen Grundpositionen für die Untersuchung der koordinativen Fähigkeiten. Theorie und Praxis der Körperkultur, 27 (2), 141-144.

Breuer, C. (Hrsg.). (2009). Sportentwicklungsbericht 2007/2008. Köln: Sportverlag Strauß.

Costill, D.L. (1980). Muscle Strength: contributions of sprint swimming. In Swimming World 21 (2), S. 28-34. Los Angeles.

de Marees, H. & Mester, J. (1991). Sportphysiologie. Frankfurt/Main: Diesterweg.

Deetjen, P., Speckmann, E.-J. & Hescheler, J. (2005). Physiologie. München: Urban & Fischer.

Demeter, A. (1981). Sport im Wachstums- und Entwicklungsalter. Leipzig: Barth.

Deutscher Olympischer Sportbund (Hrsg.). (2009). Bestandserhebung 2009. Zugriff am 10. Februar 2010 unter http://www.dosb.de/fileadmin/fm-dosb/downloads/bestandserhebung/2009_Heft_Aktualisierung_vom_15.01.2010-NEU.pdf

Deutscher Sportbund (Hrsg.). (2003). WIAD-AOK-Studie II. Bewegungsstatus von Kindern und Jugendlichen in Deutschland. Frankfurt/Main: Deutscher Sportbund.

Findeisen, D., Linke, P.-G. & Pickenhain, L. (1980). Grundlagen der Sportmedizin. Leipzig: Barth.

Fomin, N.A. & Filin, W.P. (1975). Altersspezifische Grundlagen der körperlichen Erziehung. Schorndorf: K. Hofmann.

Frester, R. (1997). Psychologische Handlungskomponenten. In C. Hartmann & G. Senf, Sport verstehen – Sport erleben, Teil I, Sportmotorische Grundlagen (S. 33-37).Radebeul: Sächsisches Staatsinstitut für Bildung und Schulentwicklung, Comenius-Institut.

Frester, R. & Wörz, T. (2003). Mentale Wettkampfvorbereitung: ein Handbuch für Trainer, Übungsleiter, Sportlehrer und Sportler. Göttingen: Vandenhoeck & Ruprecht.

Froböse, I., Hartmann, C., Minow, H.-J., Senf, G., Strunk, K., Waffenschmidt, S. & Wilke, C. (2002). Bewegung und Training. Grundlagen und Methodik für Physio- und Sporttherapeuten. München, Jena: Urban & Fischer.

Grosser, M. & Neumaier, A. (1996). Techniktraining. Theorie und Praxis aller Sportarten. München, Wien, Zürich: BLV.

Grübler, B. & Hartmann, C. (1986). Diagnose und spezielles Training dominanter koordinativer Fähigkeiten in der Sportart Volleyball. Leipzig, DHfK, Diss.

Harre, D. (Red.). (1986). Trainingslehre. Berlin: Sportverlag.

Hartmann, C. (1999). Meinels Merkmale der Bewegungskoordination als Kategorien zur Bewegungsbeobachtung und Bewegungsbeurteilung. In J. Krug & C. Hartmann (Hrsg.). Praxorientierte Bewegungslehre als angewandte Sportmotorik. Leipziger Sportwissenschaftliche Beiträge, Beiheft 8, 106-116.

Hartmann, C. (2002). Motorische Ontogenese. In I. Froböse, C. Hartmann, H.-J. Minow, G. Senf, K. Strunk, S. Waffenschmidt & C. Wilke, Bewegung und Training. Grundlagen und Methodik für Physio- und Sporttherapeuten (S. 6-53). München, Jena: Urban & Fischer.

Hartmann, C. & Minow, H.-J. (1999). Sport verstehen – Sport erleben, Teil II, Trainingsmethodische Grundlagen. Radebeul: Sächsisches Staatsinstitut für Bildung und Schulentwicklung, Comenius-Institut.

Hartmann, C. & Senf, G. (1997). Sport verstehen – Sport erleben, Teil I, Sportmotorische Grundlagen. Radebeul: Sächsisches Staatsinstitut für Bildung und Schulentwicklung, Comenius-Institut.

Hasenkrüger, H., Leirich, J. & Burisch, I. (1976). Die Ausbildung der Bewegungsfertigkeiten. In G. Stiehler (Red.), Methodik des Sportunterrichts (S. 185-220). Berlin: Volk und Wissen.

Hirtz, P., Hotz, A. & Ludwig, G. (2000). Gleichgewicht: Bewegungskompetenzen. Schorndorf: Karl Hofmann.

Hochmuth, G. (1982). Biomechanik sportlicher Bewegungen. Berlin: Sportverlag.

Hollmann, W. & Hettinger, T. (1990). Sportmedizin. Stuttgart, New York: Schattauer.

Hradil, S. (2001). Soziale Ungleichheit in Deutschland. Opladen: Leske + Budrich.

Hurrelmann, K. (1995). Einführung in die Sozialisationstheorie. Weinheim: Beltz.

Hurrelmann, K., Grundmann, M. & Walper, S. (Hrsg.). (2008). Handbuch der Sozialisationsforschung. Weinheim: Beltz.

Israel, S. (1995). Muskelaktivität und Menschwerdung - technischer Fortschritt und Bewegungsmangel. Sankt Augustin: academia.

Keidel, W.-D. (1978). Kurzgefasstes Lehrbuch der Physiologie. Stuttgart, New York: Thieme.

Laurig, W. (1980). Grundzüge der Ergonomie. Berlin: Beuth.

Markworth, P. (2005). Sportmedizin. Reinbek: Rowohlt.

Martin, D. (1993). Handbuch Trainingslehre. Schorndorf: K. Hofmann.

Meinel, K. (1960). Bewegungslehre. Versuch einer Theorie der sportlichen Bewegung unter pädagogischem Aspekt. Berlin: Volk und Wissen.

Meinel, K. & Schnabel, G. (Hrsg.). (2007). Bewegungslehre – Sportmotorik. Abriss einer Theorie der sportlichen Motorik unter pädagogischem Aspekt. Aachen: Meyer & Meyer.

Minow, H.-J. (1995). Bedeutung der Muskelkontraktionsphase als Bestandteil explosiv-überwindender azyklischer Schnelligkeitsleistungen und Ansätze für die trainingsmethodische Beeinflussung. In S. Starischka, K. Carl & J. Krug (Hrsg.), Schwerpunktthema Nachwuchstraining (S. 273-27). Erlensee: SFT.

Neumann, G. (1987). Sportmedizinische Grundlagen zur Leistungsentwicklung in den Sportartengruppen. Teil 1: Ausdauersportarten. Leipzig: DHfK.

Neumann, G. (1993). Zum zeitliche Ablauf der Anpassung beim Ausdauertraining. Leistungssport, 23 (5), 9-14.

Neumann, G., Feustel, G. & Schober, F. (1987). Zur Erhöhung der Reizwirksamkeit der Trainingsbelastung. In Theorie und Praxis des Leistungssports, 25 (8/9), 199-215.

Norden, G. & Schulz, W. (1988). Sport in modernen Gesellschaften. Linz: Universitätsverlag.

Penfield, W. & Rasmussen, T. (1950). The Cerebral Cortex of Man. A Clinical Study of Localization of Function. New York: The Macmillan Comp.

Pöhlmann, R. (1986). Motorisches Lernen. Psychomotorische Grundlagen der Handlungsregulation sowie Lernprozeßgestaltung im Sport. Berlin: Sportverlag.

Reiter, E.D. & Root, A. (1975). Hormonal dranges of adolescence. In Med. Clin. N. Am. 1289. New York.

Roth, K. (1990). Ein neues „ABC" für das Techniktraining im Sport. Sportwissenschaft, 20, 9-26.

Rusch, H. & Weineck, J. (1998). Sportförderunterricht. Schorndorf: K. Hofmann.

Schmidtbleicher, D. (1994). Entwicklung der Kraft und Schnelligkeit. In J. Baur, K. Bös & R. Singer (Hrsg.), Motorische Entwicklung – Ein Handbuch (S. 129-150). Schorndorf: K. Hofmann.

Schnabel, G. (1986). Grundlagen und Methodik der sporttechnischen Ausbildung. In D. Harre (Red.), Trainingslehre (S. 194-218). Berlin: Sportverlag.

Schnabel, G., Harre, D. & Krug, J. (Hrsg.). (2008). Trainingslehre – Trainingswissenschaft. Aachen: Meyer & Meyer.

Schöllhorn, W. (1995). Schnelligkeitstraining. Reinbek: Rowohlt.

Sharma, K.D. & Hirtz, P. (1991). Zum Zusammenhang von koordinativen Fähigkeiten und biologischem Alter. In Medizin und Sport 31, 3/4.

Spring, H. u. a. (1986). Dehn- und Kräftigungsgymnastik. Stuttgart, New York: Thieme.

Literaturverzeichnis

Thoss, U. (2004). Sport-Pocket Teacher Abi. Berlin: Cornelsen.

Verchosanskij, J.U. (1971). Grundlagen des speziellen Krafttrainings im Sport. Theorie und Praxis der Körperkultur, 20, Beih. 3.

Voss, G., Witt, M. & Werthner, R. (2007). Herausforderung Schnelligkeitstraining. Aachen: Meyer & Meyer.

Weineck, J. (1994). Sportbiologie. Balingen: Spitta.

Weineck, J. (2007). Optimales Training. Balingen: Spitta.

Weiss, U. (1977). Biologische Grundlagen und körperliche Leistungsfähigkeit. In K. Egger, Turnen und Sport in der Schule Bd. 1 (S. 33-61). Bern.

Wiemann, K. (1994). Analysen sportlicher Bewegungen. Berlin: Cornelsen.

Wiesener, H. (1964). Entwicklungsphysiologie des Kindes. Berlin, Göttingen, Heidelberg: Springer-Verlag.

Winter, R. & Hartmann, C. (2007). Die motorische Entwicklung (Ontogenese) des Menschen (Überblick). In K. Meinel & G. Schnabel (Hrsg.), Bewegungslehre – Sportmotorik. Abriss einer Theorie der sportlichen Motorik unter pädagogischem Aspekt (S. 243-373). Aachen: Meyer & Meyer.

Zaciorskij, V.M. (1971). Die körperlichen Eigenschaften des Sportlers. Theorie und Praxis der Körperkultur, 20, Beih. 2.

Die Autoren des Buches

Dr. paed. Christian Hartmann

Diplomsportlehrer und wissenschaftlicher Mitarbeiter

Fachgebietsleiter Sportmotorik | Institut für Allgemeine Bewegungs- und Trainingswissenschaft | Sportwissenschaftliche Fakultät | Universität Leipzig

Nach dem Studium und seiner Promotion an der Deutschen Hochschule für Körperkultur (DHfK) in Leipzig übernahm Christian Hartmann von 1990 bis 1997 die Leitung des Instituts für Allgemeine Bewegungs- und Trainingswissenschaft (ABTW).
Er ist Mitautor des Fachbuchs „Bewegungslehre – Sportmotorik" ab der neunten Auflage (1998) sowie von „Bewegung und Training" (2002).

Arbeitsschwerpunkte:
Grundlagen, Trainingsmethodik und Diagnostik koordinativer Fähigkeiten und sporttechnischer Fertigkeiten, motorische Ontogenese, Bewegungsbeobachtung und -analyse, Sport und Medien
chart@rz.uni-leipzig.de

Dr. paed. Hans-Joachim Minow

Diplomsportlehrer und Lehrkraft für besondere Aufgaben (LfbA)

Fachgebietsleiter Trainingswissenschaft | Institut für Allgemeine Bewegungs- und Trainingswissenschaft | Sportwissenschaftliche Fakultät | Universität Leipzig

Hans-Joachim Minow wurde, nachdem er sein Studium und die Promotion an der DHfK abschloss, wissenschaftlicher Mitarbeiter an dieser Einrichtung. Seit 1990 ist er wissenschaftlicher Assistent und LfBA an der Sportwissenschaftlichen Fakultät der Universität Leipzig.

Arbeitsschwerpunkte:
Lehre der Allgemeinen Trainingswissenschaft und Sportmotorik, Inlineskating,
Internationale Trainerkurse
minow@uni-leipzig.de

HDoz. Dr. paed. Gunar Senf

Diplomlehrer für Sport und Biologie sowie Hochschuldozent

Grundschuldidaktik Sport | Erziehungswissenschaftliche Fakultät | Universität Leipzig

Von 1976 bis 1992 arbeitete Gunar Senf als Oberassistent an der Deutschen Hochschule für Körperkultur. Zum Hochschuldozenten der Grundschuldidaktik Sport wurde er 1992 berufen. Mit der erfolgreichen Bewerbung für das Bundesprojekt „Besser essen, mehr bewegen" konnte er 2006 das Leipziger Projekt „optiSTART" initiieren und weiter voranbringen.

Arbeitsschwerpunkte:
Bewegung im Vor- und Grundschulalter, das Bundesprojekt optiSTART (optimaler Start in die Schulkarriere), das Landesprojekt MoKiS (Motorik von Kindern in Sachsen)
senf@rz.uni-leipzig.de

Dr. paed. Petra Tzschoppe

Diplomsportlehrerin und wissenschaftliche Mitarbeiterin

Fachgebietsleiterin Sportsoziologie | Sportwissenschaftliche Fakultät | Universität Leipzig

Petra Tzschoppe nahm mehrfach mit Projektgruppen an sportwissenschaftlichen Hochschulkursen des Nationalen Olympischen Komitees in der Internationalen Olympischen Akademie in Olympia, Griechenland, teil.
Sie wirkte mit an der Bewerbung der Stadt Leipzig um die Austragung der Olympischen Sommerspiele 2012. Seit 2006 ist Petra Tzschoppe Mitglied im Präsidialausschuss Breitensport/Sportentwicklung des Deutschen Olympischen Sportbundes (DOSB).

Arbeitsschwerpunkte:
Soziale Ungleichheit und Sportengagement, Entwicklungstendenzen im Berufsfeld Sport, Schule-Leistungssport-Verbundsysteme zur Förderung von talentierten Kindern und Jugendlichen im Leistungssport
tzschoppe@uni-leipzig.de

Prof. Dr. phil. habil. Maren Witt

Professorin für Sportbiomechanik & Leiterin der Fachgruppe Biomechanik am IAT Leipzig

Fachgebietsleiterin Sportbiomechanik | Institut für Allgemeine Bewegungs- und Trainingswissenschaft | Sportwissenschaftliche Fakultät | Universität Leipzig | Institut für Angewandte Trainingswissenschaft (IAT) Leipzig | Fachbereich MINT

Maren Witt ist Mitautorin verschiedener Bücher zum Kraft- und Schnelligkeitstraining.
Daneben ist sie Vorsitzende der Wissenschaftskommission des Deutschen Schwimmverbandes.

Arbeitsschwerpunkte:
Biomechanik, neuromuskuläre Diagnostik, Kraft- und Schnelligkeitstraining
mwitt@uni-leipzig.de

Die Autoren und ihre Beiträge

Autor (Kapitel)

Dr. Christian Hartmann (2.1 - 2.5; 3.1; 3.3.3; 3.7 - 3.9; 4.4; 5.1; 5.3 - 5.5)

Dr. Hans-Joachim Minow (3.3.1; 3.3.2; 3.4; 3.10; 4.1 [Einleitung]; 4.1.1; 4.1.3.3; 4.1.3.4; 4.1.4; 4.1.5; 4.2 [Einleitung]; 4.2.1; 4.2.3; 4.2.4; 4.3.1; 4.3.3 - 4.3.7)

Dr. Gunar Senf (2.6; 3.2; 3.6; 4.1.2.1; 4.1.3; 4.2.2; 4.3.2; 4.5; 5.2; 5.5.2)

Dr. Petra Tzschoppe (1)

Prof. Maren Witt (3.5; 4.1.2.2; 4.1.2.3)